JEAN-PIERRE ELKABBACH

Ancien directeur de l'information d'Antenne 2, ex-président de France Télévisions et d'Europe 1, Jean-Pierre Elkabbach est un témoin exceptionnel de la vie politique française depuis plus d'un demi-siècle.
Dans *Les Rives de la mémoire*, paru chez Bouquins en 2022, il mêle souvenirs, portraits et réflexions actuelles.
Jean-Pierre Elkabbach est décédé en 2023.

LES RIVES DE LA MÉMOIRE

JEAN-PIERRE ELKABBACH
en collaboration avec Martin Veber

LES RIVES DE LA MÉMOIRE

BOUQUINS
mémoires

ISBN : 978-2-266-33686-4
Dépôt légal : novembre 2023

À Nicole Avril.
À Emmanuelle.

« Ce qui me frapperait plutôt quand je considère ma vie, c'est la disproportion entre les moyens dont je disposais au départ et ce que j'ai obtenu. Le gain me paraît énorme si je considère la mise. [...]

Je ne me plais pas à moi-même. Je ne me déteste pas non plus et serais plutôt porté à me prendre en pitié quand, la nuit je sens sous ma main battre ce cœur fatigué. J'ai été aimé... et haï.

Plus aimé que haï ? Plus haï qu'aimé ? Qui le sait ? »

François Mauriac,
Nouveaux Mémoires intérieurs

I

LA MAISON DE LA VIE

Je suis un enfant de la Méditerranée, de son soleil, de ses rivages arides, de la mer. J'ai quitté Oran, la ville où je suis né, à l'aube de ma vie d'adulte. C'était le début de la guerre d'indépendance. L'Algérie que je laissais derrière moi était devenu un pays de violence et de mort.

Je suis parti sans regret. Pendant toute mon adolescence, je ne pensais qu'à cela : fuir Oran, cette ville sans horizon, rejoindre la France et surtout Paris, où tout me semblait possible. J'ai longtemps gardé vis-à-vis de ma ville natale une profonde rancune. Je ne parvenais pas à la détester tout à fait, mais le mépris social, le racisme, le machisme, l'inculture que j'avais observés autour de moi, tout ce qui m'étouffait dans mes jeunes années continuait de m'oppresser. Mais je sentais que cette ville, à laquelle je m'étais arraché, ne me quitterait pas. C'est elle qui avait façonné sans le vouloir mes aspirations, mon sens de la justice et, plus encore, de l'injustice.

Les années passant, j'ai commencé à éprouver de l'indulgence envers elle. Je percevais à quel point ma personnalité et ma sensibilité s'étaient forgées au feu de ses contradictions, de ses grandeurs et de ses vicissitudes. Aujourd'hui, j'entretiens avec elle une relation apaisée. Je porte Oran en moi. C'est un lien physique, sensuel : ses couleurs, ses parfums, ses lieux, les êtres que j'y ai côtoyés me reviennent chaque jour en mémoire. Je ne ressens pas de nostalgie, plutôt une tendresse, une affection, qui ont creusé en moi des ramifications secrètes et parfois mystérieuses. J'ai fini par aimer Oran, comme réconcilié avec une part de moi-même.

« L'enfance est le tout d'une vie puisqu'elle nous en donne la clé », écrit François Mauriac. Je comprends mieux aujourd'hui ce que je dois à cette ville, témoin de mes jeunes années, même si je me suis souvent dressé contre elle et ses habitants. Grâce à mon métier et à certaines amitiés, j'ai eu, plus qu'un autre, l'opportunité d'y revenir après l'indépendance. Seul, je déambulais dans les rues, parcourant les lieux de mon adolescence. Je retournais dans le vaste jardin de la promenade de Létang, qui surplombe la mer, lieu de promenades sans fin en compagnie de mon frère Max ou de quelques camarades du lycée. J'arpentais les trottoirs des rues d'Alsace-Lorraine et d'Arzew, admirant les immeubles, selon un parcours suivi d'innombrables fois. Je pensais à ma grand-mère Esther, qui habitait là. Petite, agile, les cheveux gris coiffés d'un chignon, elle parlait peu, mais ses silences ne masquaient ni sa bonté, ni son autorité. Elle avait perdu son fils bien-aimé, Adolphe, pendant la Grande Guerre. Nous savions qu'il ne fallait pas prononcer ce nom devant elle. Pourtant, en dépit de sa douleur inextinguible, jamais je n'entendis une plainte sortir de sa bouche. Elle me demandait d'écrire son courrier contre un peu d'argent de poche. Elle avait eu onze enfants et je rédigeais les lettres qu'elle adressait à ceux qui vivaient en métropole. Avant de se coucher, le soir, elle buvait un verre d'eau imprégné de fleur d'oranger, habitude qu'elle m'a transmise, toujours utile lorsque je ne parviens pas à m'endormir. Ma grand-mère a vécu jusqu'à presque cent ans. Elle est morte à Paris, cultivant jusqu'au bout son originalité et sa liberté d'esprit.

Lorsque j'accomplissais à Oran ces pèlerinages qui ne disaient pas leur nom, elle n'habitait plus là depuis longtemps. Je ne reconnaissais personne. Tout le monde était parti. Mort ou contraint de s'en aller pour toujours.

Je me rendais régulièrement à la grande synagogue, où mon père a vécu ses derniers instants. Après l'indépendance, les Algériens ont souhaité qu'elle demeure consacrée au culte juif, et il en fut ainsi pendant une décennie. Sa transformation en mosquée n'a été que le reflet du déclin irrésistible de la communauté juive d'Oran, comme me l'a raconté celui qui la présidait au milieu des années 1970. Dans les premiers temps, vingt à vingt-cinq fidèles la fréquentaient encore régulièrement. Ce nombre s'éteignit d'année en année.

Pour faire une prière, dans la religion juive, il faut être dix. Les jours de fête, le président attendait devant la majestueuse façade de la synagogue. Il observait l'arrivée des fidèles et les comptait un à un. Bientôt, il n'en vint plus qu'une douzaine, puis onze, puis dix. Lorsque leur nombre est tombé à cinq, les Algériens demandèrent la permission d'y installer leur propre culte.

Il y a quelques années, j'ai été fait citoyen d'honneur d'Oran. Peu de distinctions m'ont autant ému. Pas seulement pour le faste de la cérémonie, sans doute déployé par les autorités régionales à la demande du président Bouteflika : musique, chants, danses traditionnelles, gâteaux au miel, discours saluant ma fidélité exigeante à l'égard de l'Algérie. J'eus le sentiment que ce titre renouait un fil, par-delà les conflits et les drames, avec tout un pan d'une histoire de la ville, qui est aussi celle de mon père. Il me semble qu'à travers moi, c'est aussi lui que les Oranais ont honoré. Mon père n'a pas connu les conséquences déchirantes de la guerre d'Algérie. Il a incarné pendant des années la réalité bien vivace d'une cohabitation amicale et presque fraternelle entre juifs et musulmans d'Oran. Dans le sillage de mon père, j'ai grandi porté par cette familiarité, cette chaleur, cette sympathie. Mais la concorde que j'y avais connue n'était pas unanimement répandue. Je n'ai découvert que plus tard les signes hideux du rejet et du mépris.

À Oran, je vivais au cinquième étage d'un immeuble de la rue Bosquet, dans un grand appartement pourvu d'un balcon. Les chambres étaient desservies par un long couloir où je jouais au football avec mon frère Max et parfois ma sœur Betty, tapant dans un ballon de cuir épais, rapporté par mon père. L'immeuble était surmonté d'une vaste terrasse au sixième étage. De là, on apercevait le port d'Oran, la base militaire de Mers el-Kébir, à quelques kilomètres, et la mer à perte de vue. Au-delà de l'horizon, invisible, c'était la France. J'en rêvais.

Mon père s'y rendait souvent : les jours de départ, nous observions depuis la terrasse le lent ébranlement de son bateau et nous le voyions disparaître au loin, comme s'il s'évaporait dans l'air chaud et brumeux. Ses absences duraient des semaines. Quand venait le moment du retour, nous guettions depuis la terrasse l'apparition de petits points sombres posés sur la mer. Quand l'un d'eux grossissait, insensiblement, jusqu'à prendre la forme d'une proue conquérante, nous savions qu'il arrivait et que nous allions descendre au port avec ma mère pour l'accueillir.

Cette terrasse a été un des hauts lieux de mon enfance, un point d'observation idéal, une fenêtre sur la ville et sur le monde. Elle donnait sur le théâtre municipal et la place d'Armes. De cette terrasse m'est parvenu pour la première fois l'écho de la grande histoire, celle des peuples et des nations. C'était l'année de mes cinq ans. Une nuit, on nous réveilla, et je vis toute la famille et nos voisins accourir sur la terrasse, affolés. On entendait des explosions. De la fumée et des flammes s'échappaient de la rade de Mers el-Kébir. Personne ne comprenait ce qui se passait. Certains disaient : « Les Allemands vont arriver ! » Quelques heures plus tard, la nouvelle circulait : « Ce sont les Américains ! » Nous étions en novembre 1942, date du débarquement allié en Afrique du Nord.

Dès qu'il faisait beau, je grimpais sur la terrasse, en compagnie de mon frère. Nous étions tranquilles dans notre abri. De là nous parvenaient les clameurs de la rue. Nous observions les passants, sans qu'ils nous voient, avec le frisson que procure l'interdit. Il nous arrivait de jouer de mauvais tours à des gens du quartier qui ne nous plaisaient pas. Blottis comme derrière un solide rempart, nous nous amusions à verser de l'eau sur ces malheureux qui avaient l'impudence de passer dans notre rue. On ne nous a jamais pris !

C'est aussi sur la terrasse que, dans la torpeur de l'après-midi, nous faisions la sieste. Pelotonnés sous une fine couverture, les yeux fermés, nous attendions que le sommeil nous surprenne. Nous écoutions la radio sur un vieux poste, qui crachait des parasites. Les informations étaient précédées de *La Petite Musique de nuit* de Mozart et de ces quelques mots : « Radio Alger émet depuis ses studios du 10 rue Hoche. » Je ne m'en doutais pas, mais cette courte séquence, entendue mille fois, allait jouer un rôle décisif dans ma vie.

Nous avions acheté un Monopoly et des petits cyclistes en plastique. Nous les avions peints aux couleurs des équipes du Tour de France que nous suivions à la radio. Nous nous glissions dans la peau de nos coureurs préférés, Jacques Anquetil, Louison Bobet, Raymond Poulidor, réitérant ici les exploits qu'ils accomplissaient là-bas, de l'autre côté de la Méditerranée. Nous écoutions les sirènes des navires, et, en contemplant la mer, nous assistions au ballet des départs et des arrivées dans la rade du port.

Nous habitions dans un quartier petit-bourgeois d'Oran, mais notre immeuble comportait à l'arrière une autre terrasse, plus petite, qui donnait sur le quartier juif. Un entrelacs de rues étroites qui toutes portaient un nom lié à l'histoire de la République ou de l'épopée napoléonienne. La rue de la Révolution, la rue de Wagram, la rue de Tilsitt, le Marengo… Ironie du sort, la rue la plus pauvre, avec ses cours intérieures, s'appelait la rue d'Austerlitz. Quelques-unes de mes tantes y habitaient. Tout Napoléon était là, derrière mon immeuble, comme si, consciemment ou non, les juifs d'Oran avaient cherché à s'approprier de cette façon un grand moment de l'histoire nationale, preuve qu'ils étaient des Français à part entière. Les juifs d'Algérie n'ont reçu la citoyenneté française qu'en 1870, avec le décret Crémieux, lors du rétablissement de la République. Beaucoup s'honoraient – et parmi eux, mon père – d'avoir combattu pour la défense de la patrie pendant la Première Guerre mondiale.

Dans notre quartier, autour de la place d'Armes, coexistaient des chrétiens et des juifs. Vers le front de mer vivaient seulement quelques juifs, aux côtés de catholiques particulièrement prospères, des colons, propriétaires terriens, médecins, avocats. Ils ne se mêlaient pas à ceux de la place d'Armes. Derrière chez nous, des escaliers descendaient vers des rues pauvres, dont l'une était connue pour ses bordels, fréquentés par des marins et des militaires de passage. Au-delà, on arrivait dans la Marine, un quartier qui ressemblait à Barcelone, peuplé d'Espagnols, souvent fauchés, de pêcheurs et gens de mer. Plus loin encore, se trouvait Eckmühl, beaucoup plus populaire : des gens modestes, catholiques, quelques musulmans. Enfin, il y avait le quartier musulman d'Oran, dit le « village nègre », avec ses échoppes, ses commerces de légumes, de fruits, d'objets en tout genre, de tissus où régnait une effervescence de tous les instants.

Tous ces quartiers juxtaposés s'ignoraient superbement. Leurs habitants coexistaient sans se voir. Plus tard, alors que je ne vivais déjà plus à Oran, j'ai mesuré à quel point le racisme social et culturel qui régnait à l'époque était inscrit dans la géographie et l'urbanisme de la ville. Pourtant, dans le quartier juif, les commerçants travaillaient souvent avec des musulmans, certains recrutés comme vendeurs dans des épiceries. On se mêlait dans une pauvreté de bon aloi. Des marchands arabes d'olives ou d'épices avaient leur échoppe non loin.

Mon père possédait une boutique d'import-export modeste dans le village nègre. Je me souviens que ses voisins l'invitaient souvent aux cris de : « M'sieur Elkabbach, m'sieur Charles ! Venez prendre le thé avec nous ! » Entre eux prévalait une sorte de fraternité. Ils se traitaient à égalité. C'est pourquoi, pendant la guerre, notre famille n'a manqué de presque rien : les Algériens procuraient à mon père des légumes. Grâce à lui, j'ai connu dans notre quartier cette rencontre si singulière des cultures juive et arabo-andalouse. Les gens s'appréciaient et vivaient dans l'acceptation de l'autre et du mélange des genres.

Ce n'était pas la situation la plus communément partagée, mais elle a existé à Oran, je puis en témoigner, et ailleurs dans le Maghreb. Benjamin Stora et Abdelwahab Meddeb, que j'ai interrogés après la publication de leur *Histoire des relations entre juifs et musulmans*, m'ont confié des souvenirs similaires. L'un comme l'autre étaient dénués d'angélisme. Leur ouvrage démystifiait l'idée d'un âge d'or des relations entre les communautés de l'Andalousie médiévale et le califat de Cordoue, rappelant les discriminations qui y avaient cours. En revanche, tous deux racontaient comment, pendant leur enfance, autour d'eux, juifs et musulmans vivaient côte à côte dans une paisible harmonie. Benjamin Stora a grandi dans un quartier pauvre de Constantine, à l'est de l'Algérie. Sur le chemin de l'école, il passait devant une *medersa* d'où il entendait monter des chants religieux. Quant à Abdelwahab Meddeb, fils d'un imam de renom, il avait été bercé par les mélodies juives qui s'échappaient de la synagogue près de laquelle il habitait.

Cette atmosphère empreinte de beauté mystique a nourri, chez eux comme chez moi, une familiarité bien éloignée des tensions et des conflits qui opposent trop souvent communautés juive et musulmane. Dans mon adolescence, lorsque nous jouions dans la rue avec les gamins du quartier, la question ne se posait pas. Nous étions entre copains : il n'y avait ni musulmans, ni juifs, ni Espagnols, ni chrétiens.

Du haut de mes dix ans, je tenais mon père pour un géant. Pourtant, il ne mesurait qu'un mètre soixante-dix. Mais cette taille lui donnait une certaine allure. Il était enveloppé, mais pas rond, ni lourd. Protecteur, il nous regardait avec un sourire amusé. Je ne l'ai jamais vu en colère.

Il était passionné de football : avant ma naissance, il avait occupé des responsabilités à l'Olympique de Marseille à l'époque où ce sport commençait à se professionnaliser. Il recherchait partout en France, en Algérie et dans tout le Maghreb, les meilleurs joueurs afin de les recruter. Il a ainsi repéré – on me l'a répété des dizaines de fois – Laurent Di Lorto, futur gardien de but de l'équipe de France et joueur mythique. À son retour en Algérie, il est devenu vice-président de l'USMO, l'Union sportive musulmane d'Oran. Il nous emmenait voir tous les matchs du club et nous l'accompagnions aux entraînements.

À Oran, mon père a découvert des joueurs amateurs de grand talent. Ils étaient employés dans une usine de sardines, ciraient des chaussures, travaillaient comme commerçants ou assistants dans une épicerie. Chaque semaine, ils s'entraînaient une ou deux fois en prenant sur leurs loisirs et le dimanche, ils devenaient des sortes d'idoles, faisant rêver un public qui les adulait. Mon père était en admiration : « Avec des dons pareils, ils pourraient se faire un destin en France. Alors qu'ici, ils n'ont pas un sou ! »

Mon père invitait chez nous certains d'entre eux. Je pouvais voir de près, échanger quelques passes avec ces vedettes dont toute la ville savourait les exploits. Certains ont fait des carrières formidables en France. Mon père a notamment contribué à l'arrivée à l'Olympique de Marseille du footballeur marocain Larbi Ben Barek, que la presse française surnomma bientôt « la perle noire » et dont le géant du football brésilien Pelé a pu dire : « Si je suis le roi du football, alors Ben Barek en est le Dieu. »

Mon père était réputé pour son flair. Il donnait des entretiens pour des journaux spécialisés comme *France Football*, connaissait des journalistes sportifs renommés dont Jean Eskenazi, le commentateur du journal *France-Soir*. Sa célébrité parmi les passionnés me valut bien plus tard un accueil aussi étonnant que sympathique du philosophe Louis Althusser, né à Birmandreis, près d'Alger, que je sollicitai pour une interview : « Je sais, depuis le jour où la radio a cité votre nom pour la première fois, que vous êtes le fils de Charles Elkabbach. »

Lorsque j'accompagnais mon père au marché, je voyais se manifester autour de lui le même engouement chaleureux. C'était une fête : il rayonnait. Nous empruntions de petites rues commerçantes aux pavés mal scellés, sur lesquels nous glissions les jours de pluie. J'étais impressionné par le vacarme, les cris des commerçants qui rivalisaient d'énergie pour attirer des clients et s'interpellaient d'une échoppe à l'autre d'une voix sonore. Des gens couraient, fendaient la foule. D'autres, pressés par les charges lourdes qui pesaient sur leur dos, forçaient le passage sans ménagement. J'avançais au milieu de cette cohue, rassuré par la présence tranquille de mon père. Il passait de commerçant en commerçant, échangeait quelques paroles à la cantonade, devisait parfois plus longuement au gré des opportunités. Il humait les melons, soupesait les pastèques, choisissait avec soin les fruits et les légumes les plus beaux. J'aimais les couleurs, les poivrons verts et rouges, le noir luisant des aubergines. Nos achats s'entassaient dans la large hotte d'osier de Kader, un portefaix de notre quartier, dont nous louions les services. Il nous accompagnait jusqu'à l'appartement.

Les boucheries offraient un spectacle terrifiant. Des bêtes entières étaient suspendues à des crochets, leur sang frais dégoulinant sur le sol. Mais ce sont les sacrifices donnés à l'occasion de Yom Kippour qui m'inspiraient le plus d'horreur, d'autant que se mêlait à la cruauté une atmosphère de recueillement tout aussi fascinante. Mes parents, mon frère, ma sœur et moi, nous nous enfermions dans la cuisine en compagnie du rabbin. En cercle autour de lui, nous l'écoutions prier à voix haute. Non loin, crépitait le froissement des ailes des cinq poulets destinés au sacrifice. Selon la tradition, mon père en avait acheté un pour chaque membre de la famille. Le rabbin les prenait l'un après l'autre, d'un geste sûr. La pauvre bête se débattait, solidement entravée. Son cou était plumé d'un geste rapide, puis le rabbin faisait tourner l'animal au-dessus de nos têtes dans un manège étourdissant, saisissant le couteau qu'il tenait entre les dents avant de trancher la peau mise à nu avec la lame effilée. Le sang était recueilli dans une cuvette. Mais le supplice se prolongeait, car la bête continuait de se débattre, coincée sous le pied du rabbin. Le sang jaillissait à grosses gouttes dans toute la cuisine, et il n'était pas rare que, dans un dernier sursaut nerveux et mécanique, un poulet décapité parvienne à se dégager et se mette à courir en tous sens. Chaque année, cette scène atroce se répétait sous nos yeux. Le silence et la dévotion qui entouraient un tel rituel me paraissaient effroyables. Ce mélange de la prière et du sang, cette odeur de la chair, ces cris des animaux suppliciés provoquaient en moi un vertige acre et ténébreux. Je ne le supportais pas mais ne pouvais m'y soustraire.

À l'âge de six ans, je décidai de ne plus manger de viande. À table, lorsque ma mère tentait de me faire avaler un morceau de poulet, je suppliais mon frère : « Je ferai ce que tu veux, je te laisserai même marquer un but, mais je t'en prie, mange ce morceau à ma place ! » Longtemps, j'ai eu en horreur la couleur rouge, image pour moi du sang, de la boucherie, que je retrouvais avec le même rejet sur des écharpes de ma mère.

Depuis, je me suis réconcilié avec cette couleur. Ma femme, Nicole Avril, l'adore. Elle porte des robes, des manteaux rouges. Et je ne me sépare jamais d'un stylo de la même teinte, avec lequel j'annote mes lectures et remplis mes carnets. Il m'arrive même aujourd'hui de manger un blanc de poulet ou quelques petites boulettes dans le couscous – en fermant les yeux. La cruauté envers les animaux à laquelle j'ai été confronté petit m'a marqué à jamais et a nourri en moi, plus qu'un végétarisme strict, un respect vigilant de la nature.

Pendant des années, j'ai souffert de graves crises d'asthme. Dans mon lit, le soir, je ne pouvais pas rester allongé. J'étais comme privé d'air. Je passais des nuits entières éveillé, haletant, le dos bloqué contre l'oreiller, en quête d'oxygène. Je ne pouvais même pas lire. J'avais l'impression que ma respiration, si bruyante, pouvait à tout moment s'arrêter. Mon attention était concentrée sur la prochaine inspiration, comme si, à chaque instant, l'enjeu était ma survie. Au cours de ces nuits blanches et douloureuses, je comptais les minutes et les heures, attendant l'aube qui me délivrerait de ces suffocations. Quand le soleil se levait, c'était une nouvelle naissance. J'étais épuisé, mais je revivais !

Bientôt, mes parents découvrirent un remède contre mes crises. Il se présentait sous l'aspect d'un petit paquet vert qui contenait une poudre, également verte, la poudre Louis Legras. La même, je le découvris plus tard, qu'utilisait Marcel Proust pour se soigner. On prenait une assiette, on formait un cône avec la poudre salvatrice, on l'allumait et on inhalait. Au bout de quelques dizaines de minutes, ma respiration commençait à s'apaiser. Je pouvais de nouveau lire un peu. Vers 5 ou 6 heures du matin, je m'endormais enfin, mais seulement pour un court moment, car il me fallait aller à l'école.

Phénomène étrange, je n'ai jamais réussi à lire Marcel Proust. Les phrases sont si longues qu'elles altèrent ma respiration. Je sens l'asthme monter. Je crois avoir trouvé une clé dans les souvenirs de Céleste Albaret, la gouvernante de l'écrivain. Proust était sujet à des crises et, lorsqu'elles menaçaient, elle plaçait, comme ma mère, des linges humides dans les interstices des fenêtres pour éviter que l'air extérieur ne rentre dans la chambre. Surtout, elle lui préparait sa poudre Louis Legras avec laquelle il fut, lui aussi, soigné pendant des années.

À l'âge adulte, j'ai été délivré de l'asthme. On l'ignorait à l'époque, mais j'étais allergique à toutes sortes de choses qui se trouvaient dans mon environnement : humidité, pollen, certains arbres. Des tests ont révélé chez moi soixante-deux sources d'allergie ! Entre-temps, la poudre Legras, qui avait accompagné mes nuits sans sommeil, a cessé d'être commercialisée, de même que les cigarettes Legras, qui étaient – source d'étonnement pour moi inépuisable – l'autre produit phare de cette marque.

Ce sont mes crises d'asthme, qui ont occasionné mes tout premiers voyages en France. En 1947 et 1948, l'été, mes parents m'emmenaient au Mont-Dore dans le Massif central. J'y suivais une cure qui durait toute la matinée et je faisais du patin à roulettes l'après-midi. Je découvrais la montagne où nous montions prendre du fromage blanc avec des myrtilles ou des fraises.

Après chaque cure, nous partions à Paris. Avec mon frère, nous allions visiter le musée Grévin, nous promener sur les grands boulevards, assister au Parc des Princes à des matchs de football où nous admirions les prouesses de René Vignal, le « goal volant ». Je paradais à la tribune au côté de mon père et de ses amis journalistes sportifs.

Ces moments de félicité ont été les derniers que j'ai partagés avec lui. Il est mort quelques semaines plus tard, le 3 octobre 1949. C'était le jour de Yom Kippour, la fête du Grand Pardon. Cette année-là, il lui revenait de prononcer la grande prière. Il avait acheté cet honneur lors d'une collecte charitable en faveur du Fonds juif unifié. La communauté juive d'Oran dans son ensemble était réunie dans la grande synagogue quand mon père s'est avancé pour accomplir le rituel. Tous les yeux étaient rivés sur lui et le silence qui précéda ses paroles, l'attention de l'assistance étaient traversés d'une exaltation contenue. Un châle de prière en soie blanche était posé sur son costume sombre et il tenait le parchemin de la Torah dans les mains. Je le vois encore absorbé dans la lecture du texte et comme saisi dans un mouvement d'élévation mystique. On lisait la fierté et la joie sur son visage.

Je ne comprenais pas l'hébreu, mais les sonorités mystérieuses qui sortaient de sa bouche, la solennité de ces instants semblaient créer entre lui et l'autre monde un lien sacré. J'ai su plus tard que mon père avait lu une prophétie d'Isaïe : « Brisez les chaînes de vos passions mauvaises. Débarrassez-vous des vaines idoles. Donnez la liberté aux esclaves. Enlevez le joug qui pèse sur le malheureux et la malheureuse. Rompez le pain avec ceux qui ont faim. Ouvrez votre porte à ceux qui n'ont pas d'abri. Offrez des vêtements à ceux qui sont nus. Ne détournez pas les yeux de vos proches parents. Et avant tout, ôtez du plus profond de vous la violence et la médisance. »

Après la prière, mon frère et moi sommes allés l'embrasser avant de rentrer à la maison pour manger quelque chose – à notre âge, nous étions autorisés à rompre le jeûne. Remplis de fierté et d'enthousiasme, nous avons raconté à ma mère la cérémonie, la majesté de notre père qui s'acquittait de son devoir. Nous étions en chemin vers la synagogue, pour assister à la suite des festivités, quand nous avons croisé un taxi vert qui roulait à vive allure. À son bord, notre médecin de famille. Le visage fermé, inquiet, il nous a fait signe de faire demi-tour et de rentrer à la maison. Le taxi s'est arrêté devant l'immeuble et plusieurs voisins et amis en ont sorti mon père, allongé sur une civière, les mains croisées, le chapeau posé sur la poitrine. Après avoir prononcé la prière, peu de temps après notre départ, il s'était effondré en plein cœur de la synagogue, sous les yeux de toute la communauté.

Je me suis approché de lui, incrédule. Il avait les yeux ouverts. Je l'ai entendu me dire, d'une voix faible : « C'est rien. C'est rien, mon fils… » Puis, il a été transporté chez nous, au cinquième étage. Je ne l'ai pas revu vivant. Lorsqu'il a franchi le seuil de l'appartement, il était déjà mort. Son corps a été déposé dans sa chambre. Quand je l'ai vu pour la dernière fois, il avait les yeux fermés. Puis, il a été recouvert d'un drap blanc, formant une silhouette indistincte.

Je ne pouvais y croire. J'étais pétrifié. Ce devait être un cauchemar. Mon père allait soulever ce drap fantomatique, me dire que c'était une plaisanterie. Pendant les heures et les jours qui ont suivi, sur la place d'Armes, la fête foraine continuait de battre son plein et l'on entendait la musique des manèges. Elle se mêlait aux prières pour le défunt qui s'élevaient autour de mon père. À cette époque, les juifs d'Oran enterraient les morts nus, dans un drap, à même la terre. « Poussière, tu retournes à la poussière. » Mon père attendait qu'on le transportât vers le cimetière, étendu sur le sol de sa chambre, le long du mur. Je m'associais aux prières, j'imitais les gestes rituels. Mes lèvres bougeaient, mais aucun son ne sortait de ma bouche. Mon cœur était sidéré. Le monde s'effondrait autour de moi et je le regardais comme un étranger, sans comprendre, comme absent à moi-même.

Le jour de l'enterrement, j'ai entendu monter une rumeur dans la rue. Depuis le balcon de l'appartement, j'ai vu une foule vêtue de noir ou de djellabas blanches se rassembler et former cortège. Des gens d'Oran et de toute la région, tant juifs que musulmans, étaient venus rendre un dernier hommage à mon père. Je me suis retrouvé en tête du cortège. La foule muette s'est ébranlée lentement, embaumée de tristesse et de compassion.

Nous avons traversé la ville vers le cimetière. Au cours des jours de deuil qui avaient précédé, la réalité s'était imposée à moi, implacable. Je ne reverrais plus mon père. Mes yeux étaient secs, mais à l'intérieur, j'étais dévasté. Devant le cimetière, le grand rabbin d'Oran, un sage, vint me dire quelques mots : « Tu as de la chance, mon petit. Dieu a appelé ton père. » J'éclatai de rire. De la chance ? Alors que j'avais tant besoin de lui ? « Il est drôle, votre Dieu, il me prive de mon père ! » Je passai pour un insolent, mais ma révolte était irrépressible. Ce jour-là, j'ai perdu la foi sans retour, même si quelque temps encore, j'ai continué de pratiquer les rites.

Pendant plus d'un an, matin et soir, mon frère et moi allâmes à la synagogue. On ne comprenait rien – on ne lisait pas l'hébreu –, mais on était là. On écoutait les prières, on se levait quand on devait se lever, on s'asseyait quand il fallait s'asseoir. Nous lisions le kaddish, qui est un hommage à la vie et une manière de la perpétuer par-delà la mort. Mais nous répétions cela mécaniquement. C'était pour nous une obligation dénuée de sens. Mon père n'était pas fanatique de la religion, mais il était pratiquant. Il respectait les fêtes, suivait les rites, accomplissait les gestes. Il était religieux. Ma mère ne l'était pas, mais elle appréciait que, par piété filiale, nous manifestions une sorte de continuité avec notre père. Nous l'honorions par ce culte, plus que nous ne rendions hommage à Dieu.

La disparition brutale de mon père a été ma première confrontation avec la mort : j'avais onze ans et demi. Pendant des années, le souvenir de mon père et le traumatisme de sa mort ont suscité chez nous l'étrange sentiment d'une présence absente. Il continuait d'inspirer en partie notre vie, la façon dont nous avons été éduqués, les attentes exprimées à notre égard. Ma mère est restée avec constance dans le culte de son mari. Tout ce que nous faisions, nous devions l'accomplir dans le respect et l'image qu'elle avait gardée de lui. Nous devions être à la hauteur. Et puis, même si mon père n'était plus parmi nous, sa disparition avait fait entrer la mort dans nos vies. Elle ne nous quitterait plus.

Mon père adorait ma sœur, sa petite dernière, Élisabeth, qui n'avait que six ans au moment de sa mort. Lors du jour funeste, elle n'était pas à la maison. Nous voulions la protéger, lui épargner la brutalité insoutenable du choc que nous subissions nous-mêmes, et nous avons décidé de ne pas lui annoncer la terrible vérité. Nous lui avons raconté que notre père était parti en voyage, qu'il reviendrait sans doute bientôt. C'était une erreur que je regrette profondément aujourd'hui. Ma sœur voyait pleurer ma mère, sans comprendre pourquoi. Elle percevait l'immense tristesse qui avait envahi notre famille, le paysage désolé de notre quotidien. Et naturellement, d'autres que nous ont fini par lui révéler notre douloureux secret. Sur le moment, elle n'en a pas parlé, mais des années plus tard, elle nous l'a amèrement reproché.

Ma mère a porté toute sa vie le deuil de son mari, le seul homme qu'elle ait aimé. Pendant mon adolescence, elle était la dame en noir, magnifiée par la dignité, la pudeur et la fidélité absolue au souvenir de son mari. Elle ne nous parlait pas de lui, mais elle s'adressait à lui chaque jour. Elle lui racontait les événements de notre vie de famille, le prenait à témoin, lui demandait ce qu'il en pensait. Mon frère et ma sœur ne disaient rien. Ils laissaient faire. Moi, je ne pouvais pas. L'évidence cruelle de l'absence, l'amertume envers ce destin qui nous avait arraché notre père m'empêchaient de réprimer mon agacement. « Maman, arrête ! Il est loin ! Il est mort ! » Elle n'en tenait pas compte. Peut-être après tout était-ce moi qui avais tort. Elle, si humble, n'était envers moi qu'humanité.

Tous les jours, elle se rendait sur la tombe de son mari. « Je vais embrasser votre père », nous disait-elle. Et tous les jours, nous allions au cimetière avec elle. Elle ne nous demandait rien. Nous le faisions pour elle, mais peu à peu, il devint évident que cette visite quotidienne comptait tout autant pour nous, quoique d'une autre façon. Nous empruntions une calèche tirée par deux chevaux, toujours la même. Je m'installais à côté du cocher, M. Choukroun. Très gentil, il me laissait parfois tenir les rênes. J'aimais cette promenade à travers la ville, rythmée par le claquement des sabots des chevaux sur les pavés. Nous marchions ensuite à travers les tombes jusqu'à celle de mon père. Ma mère s'installait là et continuait de lui parler.

Je m'éloignais et, dans les allées, je récitais à mi-voix, pour moi-même, ces vers de Baudelaire, que j'essaie aujourd'hui d'oublier :

Dans une terre grasse et pleine d'escargots
Je veux creuser moi-même une fosse profonde,
Où je puisse à loisir étaler mes vieux os
Et dormir dans l'oubli comme un requin dans l'onde.

J'examinais les inscriptions funéraires, curieux de cette foule immense d'Oranais qu'avait rejoints mon père. Je regardais leurs noms, essayant de savoir qui ils étaient et d'où ils venaient. La compagnie de tous ces défunts atténuait ma solitude et ma révolte. La mort qui avait emporté mon père était une condition si partagée. Le cimetière et ses occupants demeuraient parmi les vivants. Ils me lançaient comme un appel : « Ne perds pas de temps, jette-toi dans la vie ! »

Je me sentais dépositaire d'une sagesse insufflée par le deuil. Je ne parlais pas de ces visites au cimetière à mes amis, même les plus intimes. Non qu'ils n'aient été en mesure de m'écouter et de me comprendre. Mais je voulais conserver précieusement ce secret comme un talisman que l'on garde toujours sur soi, dissimulé sous un vêtement ou au fond d'une poche. J'aimais aussi me rendre au cimetière, à pied, sans être accompagné. Je voulais être seul. Personne ne troublait ma tranquillité : le lieu était le plus souvent désert. Je voyais parfois d'autres visiteurs, une femme en noir, un vieil homme coiffé d'un chapeau de paille, ou un mouchoir noué sur la tête. Mais ils passaient sans me regarder. Assis sur un petit banc, j'examinais en détail la tombe en marbre gris-bleu, notre nom gravé, les dates, la naissance, la mort. Je laissais mes pensées divaguer. Le départ de mon père avait dépouillé la vie de tous ses oripeaux. Dans ma solitude avait germé une force tendue vers le dépassement de moi-même, de cet adolescent qui ne voulait plus subir. Un jour, devant l'inscription ornant la tombe, je me suis juré de faire connaître notre nom, qui me reliait à lui à jamais.

J'ai puisé dans ces longues heures passées au milieu des tombes une énergie qui m'a porté tout au long de ma vie.

II

PARTIR

La mort de mon père nous a précipités dans la pauvreté. Pauvreté relative – nous avons pu garder l'appartement et n'avons jamais été tenaillés par la faim –, mais pauvreté réelle : ma mère s'évertuait chaque jour à maintenir l'équilibre fragile et frugal de notre foyer. Elle s'appelait Anna, Annette pour ses proches. Dixième venue d'une fratrie de onze, elle avait grandi dans une famille juive oranaise typique, où le soin de la maison et l'éducation des enfants sont les seules et uniques fonctions féminines. Elle ignorait tout du monde au-delà des murs protecteurs de notre appartement. Elle n'avait jamais travaillé. Elle dut en urgence faire sa propre éducation en même temps qu'elle assumait la nôtre. Elle apprit la dactylographie, puis la sténo, et, enfin, réussit à trouver un emploi à la Sécurité sociale.

Elle a tout fait pour que nous ne pâtissions pas de nos difficultés matérielles. Elle aurait aimé que nous ne nous rendions compte de rien, mais nous comprenions. Désormais, c'est moi qui faisais le marché avec mon frère Max. Nous n'avions plus besoin de porteur :

nous achetions trop peu de choses. Certains jours, nous devions nous contenter de thé et de beignets à tous les repas. On ne participait pas aux jeux des autres enfants et, dans notre milieu, les gens étaient tous plus aisés que nous. Mais ma mère n'a jamais rien abdiqué de sa dignité fière et ombrageuse. Rien de notre situation ne devait paraître à l'extérieur.

Dans sa famille, on lui conseillait de nous mettre au travail dès l'âge de quatorze ans. « Tu ne peux pas t'offrir le luxe de leur faire faire des études », lui disait-on. On lui parlait d'apprentis ou de vendeurs, entrés tout jeunes dans une boutique, qui avaient fini par la racheter à force de labeur et de ténacité. Mais ma mère s'y refusait obstinément. Elle partageait avec mon père le culte du savoir et de l'instruction. Elle n'envisageait pas d'autre avenir pour nous. C'était encore une manière de se montrer fidèle au souvenir de son mari défunt.

Annette gardait cachés dans une armoire quelques objets qui lui avaient appartenu, un revolver, une carte de presse délivrée par le journal *France-Soir* et un appareil photo Agfa. Elle les sortait de temps en temps pour nous les montrer, les manipulant avec précaution. Nous contemplions ces trésors secrets, n'osant pas les toucher.

Ma mère voulait nous épargner le sentiment du manque. Elle nous préparait des petits plats, comblait notre gourmandise de gâteaux aux amandes pilées dégoulinant de miel. Elle faisait tout pour nous protéger. Avant la mort de mon père, déjà elle multipliait à l'excès les mises en garde et les précautions. À la plage, elle ne nous laissait pas nous baigner sans nous couvrir d'un tricot marcel : « Pas de coups de soleil, mon fils ! Pas de coups de soleil ! » Elle dramatisait tout – et nous apprit ainsi l'humour et l'autodérision. Toute sa vie, elle s'est efforcée de ne rien montrer de ses blessures, de nos besoins et de ses angoisses. Pourtant, tout l'effrayait, les animaux, les insectes, le soleil, la mer – alors que nous vivions au bord de la Méditerranée ! Elle nous a transmis ses craintes : il nous a fallu des années pour nous en libérer.

Plus tard, elle a suivi mes premiers pas de journaliste avec perplexité. Elle était d'une grande pudeur et d'une timidité, dont j'ai hérité et qui m'a longtemps poursuivi. Ma mère ne se prêtait pas aux grandes fêtes familiales, préférant la compagnie de ses enfants auxquels elle racontait les livres qu'elle avait lus ou les films qu'elle avait vus en compagnie de leur père. Elle vouait un culte à la discrétion, n'acceptait jamais rien sans en être mille fois priée. Plus tard, mes premiers reportages l'ont embarrassée : pourquoi se mettre en avant pour si peu ? Après tout, je n'avais pas découvert un remède contre le cancer, ni construit la tour Eiffel, ni résorbé le chômage. Je l'entends encore m'interroger avec consternation : « Mais où ce métier va-t-il te conduire ? », « Pourquoi tant de risques inutiles ? », « Pourquoi effrayer ta mère à chaque reportage ? » Pour la rassurer, je ne lui parlais jamais de mes départs en voyage. Je l'appelais une fois arrivé, même de l'autre bout du monde. C'était alors une nouvelle volée de questions et de recommandations : « Tu as pris ton écharpe ? Tu es bien couvert ? Fais attention, ne va pas nager, tu pourrais te noyer ! »

Nous avions reçu de mon père un petit héritage dont nous ne pouvions disposer librement. Il était placé sous la responsabilité d'un tuteur, qui était un de mes oncles. Nous étions gratifiés chaque semaine d'une pension, qui, bien qu'insuffisante, nous était indispensable. J'avais à cœur d'aider ma mère et j'avais reçu la charge de me rendre chez cet oncle tous les jeudis, en fin de matinée. Le cérémonial était immuable. Soigneusement habillé, je me présentais avec modestie sur le seuil. Là, je voyais généralement la bonne, à genoux sur le parquet, en train de frotter. Quand elle m'apercevait, elle lançait à ma tante, sans me saluer, ni interrompre son travail : « Madame, madame, voilà le petit qui vient chercher l'argent ! » J'entendais alors dans une autre pièce une voix raide et autoritaire : « Qu'il attende, qu'il attende ! » Si, machinalement, je prenais appui contre un meuble, la bonne me houspillait : « Ah non ! Pas les mains ici ! » Quand ma tante arrivait, c'était d'autres reproches. « Prends les patins ! » Et, quand elle me proposait enfin de m'asseoir : « Pas cette chaise ! L'autre, la petite ! » Une humiliation que j'étais heureux d'épargner à ma mère. Je me consolais en songeant au comique de cette scène, à ce soin maniaque que ma tante accordait à son intérieur.

Ma mère n'acceptait d'aide que de mon oncle Élie, son grand frère, qui habitait en France, à Saint-Maur-des-Fossés. Il était gaulliste et avait fait la campagne d'Italie au sein des FFL. Je le rencontrerais pour la première fois après la guerre. Il avait un large front, un sourire lumineux et un regard clair, plein de franchise. Je l'admirais beaucoup. Il faut dire qu'à mes yeux, le fait qu'il vive en France, qu'il ait combattu les Allemands, lui conférait une aura toute particulière. Mais quand son aide tardait à arriver, nous étions dans l'embarras.

Sur mon temps libre, je travaillais un peu pour soutenir ma mère et gagner de l'argent de poche. J'étais le scribe de ma grand-mère Esther et, çà et là, je donnais quelques cours. J'allais de temps en temps chez ma tante Néna, une femme forte, qui effrayait toute ma famille. Elle était d'origine espagnole et tenait un bordel dans la rue de l'Aqueduc. Elle était plus âgée que le frère de ma mère, Georges, qui l'avait épousée. Je craignais moi aussi sa dureté, mais elle était sensible, généreuse. Elle m'inspirait le respect. Son appartement se trouvait dans le quartier juif. On y accédait par un escalier en colimaçon, qui desservait des chambres où travaillaient les filles. Penaud, mais curieux, j'essayais aussi discrètement que possible de glisser quelques coups d'œil par une porte entrouverte sans réussir à voir quoi que ce soit. Ma tante Néna me recevait généralement allongée sur son lit, en robe de chambre. Elle était très maquillée, les yeux bouffis, comme si elle sortait d'un profond sommeil. Elle devait avoir cinquante-cinq ans. Plusieurs décennies après, il m'a semblé la retrouver sous les traits de Simone Signoret interprétant, dans l'adaptation cinématographique de *La Vie devant soi*, l'ancienne prostituée Mme Rosa, amie du jeune héros. Avec hésitation, je m'approchais de son chevet. « Assieds-toi. Assieds-toi, mon petit. » Elle me faisait parler : « Alors l'école ? Il faut bien travailler… » J'étais touché et reconnaissant de l'attention qu'elle me portait.

Elle avait une fille à qui je donnais des leçons de français et d'anglais. J'en retirais quelques sous. Une des prostituées du bordel, très gentille, veillait sur ma cousine. Quand je donnais mes cours, elle se tenait là, assise à côté de nous, écoutant en silence. S'était-elle mise en tête de nous chaperonner ? Sur le moment, en tout cas, j'étais persuadé qu'elle s'intéressait à ma leçon !

Ma tante Néna avait de la sympathie pour ma mère, parce que c'était la seule de notre famille à accepter de la voir. Quand elle apprit que ma mère avait des ennuis, elle voulut l'aider et lui fit porter de l'argent. Ma mère refusa. Mis à part à mon oncle Élie, qui ne vivait pas à Oran, elle ne voulait rien devoir à personne.

Désormais, nous ne jouions plus au football dans l'appartement, mais dans la rue. Il y avait devant chez nous, à l'arrière du théâtre, un espace étroit, mais suffisamment grand. Nous nous retrouvions là, avec des gamins du quartier. Nous n'avions plus de beau ballon de cuir, comme au temps de mon père. Nous tapions dans des balles fabriquées avec du tissu. Nous remplacions les billes par des noyaux d'abricot ou des pignoles. Nous étions des gamins de la rue. Pas des voyous, non, mais si je n'avais pas trouvé les livres, s'il n'y avait pas eu l'épisode du cimetière, je serais peut-être devenu un grand commerçant passé par le banditisme.

Nous étions toujours passionnés de cyclisme. Je m'imaginais en Fausto Coppi, que nous admirions tous. Nous faisions des courses dans le quartier en chevauchant de vieux vélos empruntés ou loués. Avec l'argent de mes cours, je m'en suis même acheté un neuf : ma mère m'a engueulé et a revendu la petite folie que je m'étais accordée.

Chaque année, *L'Écho d'Oran* organisait des compétitions sportives, notamment des courses cyclistes. Avec mon frère, nous nous faufilions dans le hall de l'hôtel où descendaient les coureurs pour voir les héros de nos jeux : Louison Bobet et Jacques Anquetil.

Une année, il y eut une compétition de basketball. J'ai conservé une photo de nous avec les *Harlem Globetrotters*, des champions américains. Pour la plupart, les joueurs de l'équipe étaient noirs et mesuraient plus de deux mètres. Nous avions pu leur parler. Ils riaient avec mon frère qui leur arrivait à peine à la taille.

Avec Max ou des amis, nous nous promenions dans la rue, autour de la place d'Armes et dans le quartier. On commençait à voir des filles. Nous allions souvent sur la promenade de Létang, car nous savions que les parents ne viendraient pas jusque-là pour nous surveiller. Ils n'aimaient pas trop que leurs filles parlent à des garçons, et les frères étaient bien plus soupçonneux et menaçants encore. C'était un jardin superbe : du haut des remparts du Château-Neuf, on découvrait à perte de vue la rade, le Murdjado, la forêt des Planteurs, le fort de Santa-Cruz et la chapelle de la Vierge. Plus loin, en direction d'Arzew, la pointe de Canastel et la montagne des Lions. Mais ce spectacle sublime nous importait peu. Le lieu était presque désert et nous nous y cachions pour quelques embrassades. Un ami montait la garde. Les flirts n'allaient pas au-delà de caresses furtives et, au début, maladroites. Je me souviens de ces premiers amours, de leurs visages, de leurs prénoms, de la douceur de nos baisers et des lieux de nos rendez-vous secrets. Lequel d'entre nous n'a pas laissé son nom gravé sur un banc de la promenade de Létang ?

Le dimanche après-midi, quand il faisait chaud, tout le monde se précipitait sur les magnifiques plages d'Aïn El Turk ou du cap Falcon, à une quinzaine de kilomètres de la ville. Nos copains avaient des voitures. De temps en temps, ils me proposaient de les accompagner, faute de quoi j'étais condamné à faire un trajet interminable en car, suivi d'une longue marche à travers les collines. Je restais donc à Oran, parcourant les rues désertes de notre quartier, le nez en l'air, à défaut de pouvoir aller au cinéma. Avec Max, nous regardions les affiches. Je me souviens avoir rêvé devant celle du film *Des gens sans importance* où Jean Gabin et Françoise Arnoul formaient un couple magnifique. Nous soupirions devant la jeune actrice au corps leste et au regard mutin, les seins nus sur une des photos du film. Par une de ces facéties du destin, j'ai eu l'occasion de la rencontrer quarante ans plus tard. Lorsque je dirigeais France Télévisions, je présidais la soirée des César et assistais à des déjeuners et des dîners. À l'un d'entre eux, je me suis trouvé assis à côté de cette actrice que je prenais, adolescent, pour une créature légendaire, mi-déesse mi-mortelle. Je lui ai raconté les émois de mon enfance. Françoise Arnoul m'écoutait en me tenant la main, riant, amusée et ravie de cette rencontre qui semblait défier le temps.

C'est au cours de ces longues heures passées sur notre terrasse que j'ai commencé à lire. Je me souviens de ma découverte haletante des journaux de Paul Léautaud, du récit des soirées au théâtre, des comédiens, des gens du Tout-Paris, de ses liaisons, de l'érotisme de ses textes. Ce continent inconnu et lointain m'intriguait.

Nous n'allions pas au théâtre municipal – trop cher –, alors qu'il était là, tout près, à quelques mètres de nous. L'après-midi, quand il faisait beau, les artistes montaient en costume sur le toit-terrasse de l'édifice pour répéter. Perchés dans notre nid, nous assistions à la dérobée aux scènes qui seraient jouées le soir même. Des gentilshommes s'affrontaient, le fleuret à la main, des acteurs interprétaient *Le Cid*, *Andromaque*. La rue était si étroite… Nous entendions la voix des chanteurs lyriques qui faisaient leurs vocalises, les arpèges des pianistes. Ces moments aiguisaient notre dépit de ne pouvoir les voir sur scène.

Je m'étais approprié certains trésors de mon père. J'avais laissé le revolver dans l'armoire, mais j'avais appris à me servir de l'Agfa. Il y avait surtout cette carte de presse de *France-Soir* au nom de Charles Elkabbach. Un jour, n'y tenant plus, j'enlevai la photo de mon père et la remplaçai par la mienne. Grâce à ce précieux sésame, je pus assister à quantité d'événements, aller au stade et quelquefois au théâtre. Arborant autour du cou l'appareil photo, je me présentais à l'entrée des artistes. « *France-Soir* ? » me demandait-on avec étonnement. « Oui, oui, je suis le correspondant. » Je pouvais ainsi me faufiler en douce jusqu'au poulailler avec mon frère et un ou deux amis, aussi fauchés que nous.

En veillant obstinément à ce que je poursuive mes études, ma mère a irrévocablement infléchi le cours de ma vie. C'est au lycée Lamoricière que, grâce à l'engagement et à la passion de quelques professeurs, j'ai pu faire la rencontre de grands auteurs. En classe de sixième commençait l'apprentissage d'une langue étrangère. La plupart de mes camarades faisaient de l'anglais. Mes parents le souhaitaient pour moi, mais je voulais les surprendre. Bien entendu, dans un système colonial, la langue du vaincu, l'arabe, n'était pas enseignée. J'optai donc pour l'allemand, déclenchant l'indignation de ma mère et la fureur de mon père. Je les vois encore dans la cuisine, me suppliant de changer d'avis. Quelques années seulement après la guerre et le déferlement de la barbarie nazie, comment pouvais-je faire pareil affront aux membres de ma famille qui avaient été victimes de l'Holocauste ?

J'arrivais à mes fins, sans toutefois les convaincre. Ils se plièrent à ma volonté par crainte que notre dispute ne déclenche des crises d'asthme. C'était pure insolence de ma part. En réalité, je ne soupçonnais pas tout ce que la littérature et la musique allemandes recèlent de liberté et d'humanité. Comment imaginer que ce qui relevait d'un simple coup de tête m'ouvrirait les portes de la véritable Allemagne, celle de Goethe, Beethoven, Heine, Schiller, Nietzsche ? Ce choix précoce et irréfléchi me permettrait de devenir le correspondant de France Inter et de la télévision à Bonn au tournant des années 1970, dans une République fédérale en train de prendre toute sa part à la réconciliation et à la construction européennes. J'interrogerais les dirigeants socio-démocrates et libéraux, le président de la République, Gustav Heinemann, ancien résistant. J'accompagnerais le chancelier Willy Brandt dans ses voyages. Je suivrais Walter Scheel, ministre des Affaires étrangères au français parfait, teinté d'humour, qui négocia avec les Polonais les frontières d'une future Allemagne unifiée sur la ligne Oder-Neisse. J'assisterais, à Erfurt, aux premières rencontres du dégel entre RFA et RDA, ces deux membres d'une même nation traversée par la cicatrice douloureuse du rideau de fer.

D'emblée, je me révélai assez doué en allemand. Je rivalisais avec un autre élève pour la première place. Ironie : lui comme moi étions juifs. L'un de nos premiers professeurs était très dur, une véritable brute. Il était trapu et nous parlait d'une voix tonitruante sans jamais se défaire du mégot qu'il avait coincé entre ses lèvres. Il avait gardé de ses années d'étudiant une balafre sur la joue droite, les restes d'un duel au sabre. Quand nous étions trop remuants, il braillait – « Bande d'abrutis ! » – et nous punissait à coups de règle sur les épaules. Sa passion, ses connaissances et ses colères nous fascinaient. Il nous a fait découvrir des poètes et des musiciens. Sa façon de nous récompenser en fin de trimestre, quand nous avions bien travaillé, me laisse encore songeur. Il verrouillait les portes de la salle de classe et sortait précautionneusement de l'armoire son vieux pick-up et ses disques d'avant-guerre. Une voix nasillarde, exaltée et menaçante s'élevait dans le silence. C'était des discours de Hitler ! Notre professeur était à Nuremberg en 1933…

En classe de troisième, nous avons eu un professeur d'allemand d'un tout autre acabit, René Clamadieu. C'était un homme précieux, d'une élégance délicate, presque efféminé. Ses cheveux blonds étaient fins, son nez, droit et pincé. Après avoir vu entrer ce grand échalas dans la salle de classe, mes camarades se réjouissaient déjà : « Le pôvre, une bouchée on va faire de lui, dis ! » Tout l'opposait à notre professeur précédent. Pourtant, à notre grand étonnement, il imposa aisément son autorité, sans éclat ni colère. Il parlait d'une voix douce, mais ferme, avec, jointes devant lui, ses mains longues et fines. Il nous fit découvrir Heine, Hölderlin, Goethe, Nietzsche et Thomas Mann, nous familiarisait avec la culture et la civilisation allemandes. Plus encore, peut-être, il nous apprenait à penser, nous enseignait la tolérance.

M. Clamadieu nous avait pris en sympathie, l'un de mes amis et moi. Ce camarade de classe était un grand sportif, dont nous nous moquions de bon cœur, lorsque venait le moment de la récitation, parce qu'un bégaiement lui faisait hacher menu La Fontaine et Racine. Un jour, notre professeur nous invita chez lui. Nous en étions stupéfaits. Comment un personnage aussi éminent pouvait-il s'intéresser à des gamins incultes comme nous ? Surmontant notre timidité, nous nous rendîmes chez lui. Il nous introduisit dans un grand salon meublé de poufs et nous laissa quelques instants. Le sol était recouvert de journaux. Étonné, je glissai à mon ami : « Quel désordre, tu te rends compte ? » Et sans hésiter, nous nous mîmes à ranger les journaux, à les classer par titre. À aucun moment nous n'avions imaginé qu'il pouvait s'agir d'une décoration.

Des années plus tard, j'ai souhaité présenter à ma femme, Nicole Avril, ce professeur qui m'avait tant marqué. Nous sommes allés le voir à Fouras, près de La Rochelle, où il vivait désormais. À cette occasion, il m'a offert les œuvres complètes de Nietzsche dans une version franco-allemande qu'il avait achetée au cours de ses études à Leipzig. Cette marque d'amitié et d'estime compte parmi mes trésors.

Il me semblait que mon ignorance était incommensurable. Elle le reste, d'ailleurs. Il me fallait lire pour tenter de la combler. Je voulais mieux connaître le monde, où j'allais faire mon entrée, et aussi mieux me connaître moi-même. Aujourd'hui encore, il m'arrive d'être accablé par l'étendue de ce que j'ignore. Je croule sous les livres. Je n'ose plus entrer dans mon bureau tant ils s'y accumulent en de hautes piles qui, juxtaposées, me donnent l'image vertigineuse de toutes ces connaissances qui continuent de m'échapper. Je parviens toutefois à me raisonner et, comme l'écrit Claude Roy, je commence peut-être « à marcher au même pas que moi ».

À Oran, je dévorais tout ce que le hasard et les circonstances mettaient à ma portée. Sous l'influence de mon professeur d'allemand, j'essayais – je n'ose le dire – de lire Nietzsche. Je découvris *Les Mandarins* de Simone de Beauvoir. Je lus Lénine, Marx – *Le 18 Brumaire de Louis Bonaparte*, le *Manifeste du Parti communiste.* Je fus fortement impressionné par le récit de Kravchenko, *J'ai choisi la liberté*, qui attaque sans ménagement l'URSS à une époque où elle jouissait d'un prestige inégalé pour son combat victorieux contre le nazisme. Je possédais un enregistrement des *Justes* de Camus, que j'ai dû écouter vingt fois sur mon vieux tourne-disque Teppaz. La pièce était interprétée par Michel Bouquet, Maria Casarès et Serge Reggiani, pour moi l'un des plus grands acteurs du cinéma français. Je ne connaissais pas encore ses films, mais je me pris de passion pour lui. Étudiant fauché à Paris, je suis allé le voir trois fois dans *Les Séquestrés d'Altona* de Sartre. Je l'ai ensuite découvert chanteur, un soir d'octobre 1966, à Bobino. Il était convié à interpréter quelques chansons au côté de Barbara. Je pensais que ce passage par la musique resterait comme une fantaisie sans lendemain. Mais il fut éblouissant, porté par un public enthousiaste qui l'acclamait. Ce soir-là, j'éprouvai pour lui un sentiment de fraternité qui m'accompagne depuis.

Oran ignorait superbement toute cette culture. Pourtant, Camus revenait parfois dans cette ville, où il avait enseigné la philosophie pendant la guerre. Il s'en était inspiré pour *La Peste* et *Noces*. Il avait eu tort d'écrire qu'Oran tourne le dos à la mer : la ville va vers elle et l'accueille, elle est ouverte sur la Méditerranée. J'avais lu avec passion *L'Étranger*, *L'Homme révolté*, écouté *Le Malentendu* et *Caligula* dans des mises en scène radiophoniques. Je rêvais de rencontrer Camus, sinon de le voir. J'ai été amoureux d'une jeune fille dont la mère était liée à lui. Il m'arrivait de lui rendre visite. Son père était un médecin réputé et elle vivait dans un grand appartement, derrière la mairie. Un jour, alors que j'y allais après le déjeuner, j'aperçus sur la table du salon une tasse de café vide et un mégot encore fumant. Albert Camus venait de partir. Ces traces de son passage me firent l'effet de reliques sacrées, de signes précieux de la présence de l'écrivain parmi nous. Je ne vis jamais Albert Camus, mais ses livres, son sens de la justice, son goût du théâtre, ses amours, son destin tragique m'ont marqué. Je le relis toujours, comme on fréquente un parent ou un ami.

En classe de terminale, j'eus comme professeur de philosophie Jean Cohen, un véritable éveilleur. C'était un petit homme aux cheveux gris et frisés qui faisait toujours cours la main glissée dans la poche arrière de son pantalon. Il était revenu enseigner dans sa ville natale après des études à Paris et fut plus tard professeur de poésie à la Sorbonne. Jean Cohen savait bien à qui il avait affaire dans sa classe de terminale, mais il était combatif. En début d'année, il nous avait harangués, sans illusion : « Écoutez bien, fils de marchands, fils de colons, voici pour vous la seule occasion de réfléchir, vous qui allez passer toute votre vie à compter vos sous ! » Lui, comme quelques autres professeurs, m'a sauvé de l'existence inculte qui semblait m'être promise.

C'est à cette époque où la pauvreté nous dictait ses lois que je commençai à vraiment *voir* les Algériens. Je pris conscience de l'injustice dans laquelle vivaient ces hommes que l'on désignait sans égard comme les « musulmans » ou les « Arabes ». Ils étaient nombreux dans notre voisinage, ce qui n'était pas si courant dans cette ville où les communautés vivaient souvent repliées sur elles-mêmes.

Lorsque nous rentrions à la maison avec mon frère, nous suivions toujours le même rituel. Arrivés au pied de l'immeuble, nous criions : « La clé de l'ascenseur ! » Ma mère apparaissait alors à la fenêtre. Elle lâchait au-dessus de ma tête un petit paquet dont le contenu satisfaisait notre paresse. Lorsque ma mère était absente, j'allais chez Mme Yamina, une concierge volumineuse, toujours vêtue d'une robe de toutes les couleurs et d'un foulard. Elle me recevait, assise sur un pouf, dans son logement sombre et décati. Elle me donnait la clé de l'ascenseur et, de temps en temps, m'offrait du couscous. Je l'aimais beaucoup.

Nous entretenions une grande familiarité avec eux, qui était à la fois simples et pauvres. Ils nous ressemblaient sans être nous. Nos vies étaient entremêlées. Mme Yamina avait une fille magnifique, si belle que j'osais à peine la regarder dans les yeux lorsque je la croisais. Il y avait dans l'immeuble une buanderie qui donnait sur une terrasse avec un grand bassin où les habitants venaient faire leur lessive, et parfois leur toilette. Notre salle de bains donnait sur cette terrasse. J'y passais du temps la nuit parce que s'y trouvait un petit bureau où je travaillais. Souvent, dans la pénombre, je voyais apparaître la silhouette de la jeune fille venue se baigner. Je l'observais de ma cachette, troublé, fasciné par sa beauté, sa sensualité, comme si j'assistais au bain de la reine de Saba.

Kader, le porteur qui nous accompagnait autrefois au marché, habitait le quartier. Nous ne faisions plus appel à lui que très occasionnellement. Souvent, je m'asseyais à ses côtés sur une marche devant mon immeuble, et nous discutions. Il était assez âgé. Un jour, il me dit : « Tu vois comment est la vie. J'ai des enfants. Tu connais Mme Untel qui vit au troisième, et Mme Untel qui vit au deuxième. Elles m'envoient toutes les deux faire des courses. J'achète leurs fruits, leurs légumes, leur viande. Je leur rends la monnaie et tout ce que je reçois d'elles c'est "merci Kader" et une poignée de main. Elles ne me paient pas ! Mais moi, comment je fais, sans argent, quand je veux acheter des légumes pour mes enfants ? » Je tombais des nues. Pourquoi ne le payaient-elles pas ? Parce que c'était un Arabe, il n'existait pas ? Il était à disposition ? Kader en était réduit à vivre des rares pourboires dont il était gratifié.

Les femmes arabes étaient désignées comme les « Mauresques ». Sans même s'en rendre compte, les gens parlaient d'elles d'une façon qui leur déniait toute humanité. Une patronne, à qui sa bonne arabe annonçait l'arrivée d'une femme sur le seuil de la maison, demandait : « C'est une femme ou bien une Mauresque ? » Les serviteurs eux-mêmes pratiquaient ces distinctions : « Madame, vous avez de la visite. Trois hommes et un Arabe. » Dans la bouche de certains, les Algériens perdaient jusqu'à leur nom. Au marché, les hommes étaient indifféremment appelés « Ahmed », les femmes, « Fatma », et ce dernier prénom avait fini par désigner toutes les domestiques – une

« Fatma ». Ce mépris teinté de bonne conscience, devenu si commun, me révoltait.

Les premiers attentats éclatèrent le 1er novembre 1954 lors de la « Toussaint rouge ». Au cours d'une embuscade, Jeanine et Guy Monnerot, un jeune couple d'instituteurs innocents, furent assassinés. Sur le moment, nous n'avions pas conscience que ce qu'on appellerait la guerre d'Algérie venait de commencer. Je comprenais qu'on en veuille aux colons, mais ces excès de violence me paraissaient intolérables. La presse locale les présentait comme le fait de voyous, d'ailleurs peu nombreux, que, plus tard, elle désignerait comme des « rebelles » ou des « terroristes », sans jamais évoquer leurs motivations. Pour autant, rien à mes yeux ne pouvait justifier de tels crimes.

C'est dans ces temps troublés que s'éveilla ma conscience politique. L'un de mes grands cousins, Claude, un médecin, était venu de métropole s'installer à Oran. Il lisait la presse de gauche, et en particulier *L'Express*. Dans ce nouvel hebdomadaire, les plumes cinglantes de Jean-Jacques Servan-Schreiber et Françoise Giroud défendaient une ligne moderne, progressiste, et soutenaient Pierre Mendès France, qui était à l'époque la figure politique montante. Chaque semaine, je me rendais chez Claude pour lire ce magazine. Ses titres rouges et ses grandes feuilles de papier bible donnaient de la situation algérienne un aperçu tout à fait opposé à ce que j'entendais autour de moi, mais aussi bien plus juste. J'adhérais à la pensée de Mendès. J'admirais sa pondération, sa sagesse, sa retenue. J'écoutais sa voix claire à la radio. Il nous permettait de comprendre la politique, en lui rendant sa dignité.

Dans mon entourage, tant le magazine que l'homme politique étaient honnis. On accusait Mendès France de brader l'Empire parce qu'il avait su négocier avec Bourguiba l'indépendance de la Tunisie. Et pourquoi pas l'Algérie ? « Avec sa femme égyptienne, il vend des morceaux de France à Nasser ! » s'écriait-on, en ajoutant : « Et en plus, il est juif ! » Lire *L'Express* et écouter Pierre Mendès France passaient pour d'inacceptables provocations. Les convictions qui seraient bientôt les miennes prenaient racine, là, insensiblement. J'étais guéri de la cécité qui masquait la réalité aux très nombreux défenseurs du *statu quo*, mais je me sentais encore solidaire avec eux. Un basculement sans retour se produirait lorsque je verrais les Oranais, partisans indéfectibles de l'Algérie française, verser à leur tour dans la violence.

En février 1956, à Sebabna, près d'Oran, un groupe d'Algériens intégré à l'armée française fait défection. En pleine nuit, il retourne ses armes contre les militaires français qui les commandent. Onze soldats sont tués. Quatre d'entre eux étaient originaires d'Oran.

Placés dans des cercueils drapés de tricolore, ils sont conduits dans la grande salle de l'hôtel de ville, transformée en chapelle ardente. La cathédrale est comble pour la cérémonie religieuse et cent mille Oranais font cortège autour des victimes, transportées à travers la ville arabe vers le cimetière. Je suis parmi eux. Sur les trottoirs, des musulmans se rangent au passage des dépouilles. Aucun incident ; aucune menace n'est proférée au cours de cette marche recueillie. Quand les corps sont mis en terre, je partage l'émotion de la foule qui pleure en silence. Puis monte un vent de révolte. Je suis hors de moi, scandalisé par tant de traîtrise et de lâcheté.

Nous redescendons vers la ville. Comme un torrent, la manifestation prend la direction de la préfecture. Prêts à tout pour se venger, des émeutiers mettent à sac des boutiques dans le quartier arabe, se jettent sur les musulmans qui se trouvent par malheur sur leur passage, tabassent les vendeurs ambulants, souvent pauvres et âgés. Les manifestants bousculent les barrages de police qui se dressent devant eux. Ils jettent des pierres, brisent des vitrines, reçoivent en retour des grenades lacrymogènes. Ils hurlent : « CRS dans l'Aurès ! Nous voulons des armes ! Algérie française ! »

Je suis en état de choc. Je n'avais pas imaginé un tel déferlement de violence indiscriminée. Soudain, cette société coloniale apeurée, étouffante, boursouflée d'elle-même et de péroraisons me devient insupportable. Ce jour-là, je bascule sans retour possible en faveur d'une Algérie indépendante, marchant main dans la main avec la France. Était-ce un songe, une illusion ? Une preuve de naïveté ?

Au lycée Lamoricière, mes camarades de classe sont presque tous des fils de colons, de commerçants et de parents exerçant une profession libérale. Il y a tout de même parmi eux quelques enfants de cheikhs ou de notables arabes. Me sentant moi-même différent des autres gamins, j'éprouve envers eux, qu'on laisse délibérément à l'écart, une sympathie spontanée. Je me lie d'amitié avec certains.

Quelques mois après les violentes manifestations auxquelles j'avais assisté, la France arraisonna un avion qui transportait les principaux chefs politiques et militaires de la révolution algérienne, dont Ahmed

Ben Bella. Les fils de colons affichaient leur fierté et leur satisfaction. « On les a eus ! On a décapité les fellaghas ! » Chez mes amis musulmans humiliés, je sentais une colère sourde, inextinguible.

Mon professeur de philosophie, Jean Cohen, m'avait donné à faire un exposé sur les tentatives de réforme pour une autonomie de l'Algérie. C'était un libéral. Il militait au sein du mouvement Fraternité algérienne, qui défendait l'avènement d'une Algérie démocratique et indépendante, coopérant avec la France entre égaux. L'historien Marc Ferro, qui fut mon professeur au lycée, en faisait également partie. Le mouvement organisait des réunions publiques auxquelles je participais, ce qui nous valait les foudres des pieds-noirs ultras. Invité à prendre la parole lors de l'une d'elles, à Alger, Camus fut reçu aux cris de : « Camus au poteau ! Mendès au poteau ! À bas les juifs ! » Il échappa à un déferlement de haine, alors que son discours prônant la conciliation pour une « Algérie heureuse » était déjà dépassé. « Aucune cause, disait-il, ne justifie la mort de l'innocent. » C'était beau, mais déjà des innocents des deux communautés mouraient, emportés par ce cycle infernal : attentats-répression-attentats-torture.

Avec l'aide de mes amis algériens, je fis en classe de philosophie un exposé à partir de textes de Jaurès, de Marx et de Mendès France, dénonçant avec virulence le colonialisme. Je citai Ferhat Abbas, ce pharmacien de Sétif qui, depuis les années 1930, revendiquait pour les Algériens des droits égaux à ceux des Français. Quelques mois plus tard, il devait d'ailleurs quitter spectaculairement l'Algérie pour Le Caire et prendre la tête du GPRA, le Gouvernement provisoire de la République algérienne.

Mon exposé fut reçu comme une trahison par mes camarades qui, stupéfaits, me rejetèrent. Il n'y eut pas d'éclat : j'étais frappé d'une sorte d'ostracisme silencieux. Quelques semaines plus tard, mes amis algériens disparaissaient subitement. Personne ne savait où ils étaient. Après un certain temps, ils commencèrent à m'écrire. Ils avaient rejoint un maquis dans la montagne. Je ne les soutenais pas, mais il m'était difficile de leur en vouloir : je comprenais leur décision.

Je ne ressemblais pas aux autres jeunes d'Oran et ils ne me ressemblaient pas. J'étais indépendant, je voulais l'être. Je cultivais une forme de solitude, d'abord subie pour des raisons sociales, ensuite recherchée. Mon tempérament m'y portait. C'est quelque chose qui m'est resté. Je ne suis pas à l'aise dans la meute, dans les mouvements collectifs. J'aime le pas de côté, l'opposition, même si j'évite la rupture. « Pour être quelqu'un, écrit Vladimir Jankélévitch, il faut n'être pas tout le monde. Il faut être le même que les autres, et un autre que tous les autres. »

Après la mort de mon père, nous n'avons plus quitté Oran pendant des années. C'était impossible. Nos séjours en France n'étaient plus que des souvenirs irréels. Les sirènes des bateaux montaient du port et me rappelaient tous ces voyages que nous ne ferions plus.

Partir… Je ne rêvais que de ça. Sur le chemin de l'école, nous passions devant un magasin qui appartenait à la famille d'Yves Saint Laurent. Toute mon adolescence, on m'a parlé de lui. Il avait à peine un an de plus que moi. Tout jeune, il avait quitté Oran pour Paris et était déjà, chez Christian Dior, reconnu comme un prodige de la haute couture. « Pourquoi pas nous ? Même avec moins de génie ! »

Un été, j'eus l'opportunité de rejoindre un groupe de touristes qui se rendait en Autriche depuis la France. J'étais prêt à m'en aller n'importe où. Partir, même peu de temps, suffirait, me semblait-il, à dissiper le sortilège qui m'enchaînait à Oran. Naturellement, il me fallait de l'argent. Je trouvai un emploi à la mairie – toute la journée, je collais des timbres sur des enveloppes. À mes amis, je promettais : « Si j'arrive à partir, je ferai quelque chose de fou à mon retour, n'importe quoi. Il faut que je parte ! »

Au bout de deux mois, j'avais récolté suffisamment d'argent. Je pus prendre le bateau et, avec le groupe, visitai Linz et Vienne. Quand je fus rentré à Oran, mes amis, goguenards, me rappelèrent ma promesse : « Eh bien, tu vas chanter ! » C'est ce qu'ils avaient imaginé de plus « fou ».

L'été, sur la promenade de Létang, il y avait de grandes soirées au cours desquelles des artistes venus de France, parfois très célèbres – Yves Montand, Dalida –, se produisaient. Ces numéros attiraient des milliers de personnes et toute la bourgeoisie oranaise dans une atmosphère de fête. Il y avait aussi des radio-crochets. Mes amis me mirent au défi d'y participer.

Je ne voulus pas me défiler : j'appris une chanson et l'entonnai devant le public. Mais, passée la première strophe, impossible de me souvenir des paroles. J'étais paralysé par le trac. Dans un sursaut d'orgueil, je dis alors, tous micros ouverts : « Et bah, merde, je m'en vais ! » Ma mère fut mortifiée, non de ma piètre performance, mais de mon langage ordurier. Je n'étais pas très fier du piteux dénouement de mon aventure.

Mais qu'importe, j'avais conjuré le sort. Je m'étais prouvé que je pouvais partir.

L'année suivante, je sautai sur une autre opportunité de voyage, en tentant avec succès le concours des bourses Zellidja. Ces bourses avaient été fondées par Jean Walter, propriétaire de mines de plomb au Maroc, qui avaient fait sa fortune. Ayant lui-même effectué un périple de six mille kilomètres à vélo à travers l'Europe jusqu'à Istanbul, il avait souhaité offrir à des lycéens et des étudiants de vivre une expérience similaire. Les lauréats recevaient 20 000 francs et une lettre de recommandation, qui les présentait comme de jeunes gens prometteurs, partis en voyage pour devenir des hommes.

J'avais vu au cinéma *Rivière sans retour* avec Robert Mitchum et Marilyn Monroe. Ce western m'avait donné envie de traverser l'océan, même s'il avait reçu un accueil paradoxal : à Oran, la ruée vers l'or américaine évoquait aux spectateurs la conquête de l'Algérie, et les massacres d'Indiens, les premières révoltes réprimées dans le Constantinois. Dans l'obscurité de la salle, les Européens et les Arabes applaudissaient ou sifflaient les scènes à tour de rôle.

Sur les conseils d'un professeur de géographie, M. Vasseur, j'avais soumis un projet d'étude des mines d'amiante du Québec. Je n'avais aucune idée de ce dont il s'agissait avant de me mettre au travail. Un de mes amis, Lucien Kalfon, avait également proposé une candidature, avec un projet sur l'élevage au Canada – il n'avait jamais vu une vache de sa vie.

Lucien venait d'une famille très modeste – je crois que ses parents ne lisaient pas le français. Nous avions en commun ce puissant désir d'ailleurs. Pendant nos flâneries dans Oran, nous échafaudions toutes sortes de plans de vie. Depuis, Lucien, passé par l'ENA, est devenu préfet.

Nos candidatures ont toutes deux été retenues et nous nous sommes préparés pour cette aventure avec nos maigres moyens. 20 000 anciens francs, c'était peu de chose et il faudrait nous débrouiller. Nos mères nous avaient acheté d'épaisses couvertures en laine maghrébines de toutes les couleurs. Munis de sacs à dos et d'une tente, nous embarquâmes à bord d'un bateau à destination de Port-Vendres, au pied des Pyrénées. La traversée durait une vingtaine d'heures. Avec notre billet de troisième classe, nous disposions, dans la cale, d'une étroite couchette, comme tous les passagers fauchés. Mais, en faisant un peu de baratin aux marins, et en échange d'une petite pièce, ils nous laissèrent monter sur les ponts supérieurs. Nous nous y sommes promenés, regardant les passagers de première. Alors que personne ne faisait attention à nous, nous avons pris une chaise longue et, allongés sous une couverture ou un manteau, nous avons regardé la mer. Je garde la nostalgie de ces moments, comme suspendus, sur le seuil de notre grand périple.

Une fois arrivés en France, nous avons entamé une longue remontée vers Paris en auto-stop. À Montélimar, nous restâmes au même endroit pendant deux jours, le pouce levé, trempés d'une pluie qui semblait ne jamais vouloir cesser. Nous essayâmes d'installer la tente, mais ni Kalfon ni moi, n'en étions capables. On nous avait bien montré comment faire, mais un peu trop rapidement, et nous n'étions pas très doués pour l'exercice… Quand nous pensions être arrivés à nos fins, la toile s'effondrait sur nos têtes et il fallait tout recommencer. Finalement, nous renonçâmes à camper. Mais avec nos visages bruns et bronzés, nos vêtements dégoulinants et nos couvertures bariolées, nous avions l'air d'immigrés que les hôteliers étaient peu prompts à recevoir – « D'où êtes-vous ? D'Algérie ? Dégagez, y a pas de chambre ! »

Quelquefois, nous montrions la lettre de recommandation. C'était un document élégant, imprimé sur du beau papier. Mais nous ne récoltions que des sarcasmes ou, au mieux, une indifférence polie. Tout honteux, nous cessâmes de la présenter.

Arrivés à Tours, las de faire du stop, nous allâmes en train jusqu'à Paris. Là, nous travaillâmes une dizaine de jours pour compléter nos 20 000 francs. Nous reprîmes ensuite la route jusqu'à Cherbourg où un armateur accepta de nous emmener en bateau. En échange, nous devions donner des cours de français à des migrants des pays de l'Est ou d'Allemagne, qui allaient s'installer au Canada. C'était possible par temps calme, mais la traversée fut tempétueuse et nos élèves ne firent pas de grands progrès.

Arrivés au Québec, nous ignorions où aller pour réaliser nos enquêtes. Heureusement, je parlai de mon projet à un professeur d'université qui me conseilla de me rendre à Asbestos et Thetford Mines, les plus grandes mines d'amiante à ciel ouvert du monde avec celles de Russie et d'Afrique du Sud. Elles étaient immenses, et faisaient vivre toute la ville. À l'époque, l'amiante était encore considérée comme un bienfait. On pouvait s'en servir pour confectionner aux pompiers des tenues ignifugées, pour sécuriser et isoler les maisons, les avions. Ce n'est que bien plus tard que sa poussière s'est révélée être un danger mortel.

Quand nous sommes rentrés à Oran, nous avons été traités en héros. Pendant toute une semaine, nous fîmes le récit de notre voyage dans *L'Écho d'Oran*. Nous étions remplis de fierté : nos papiers, les premiers que je publiais, étaient illustrés de nos portraits.

Je voyais surtout dans ce voyage au Canada le prélude à un autre départ dont je rêvais depuis des années.

III

PARIS, LE CŒUR BATTANT

Mon baccalauréat en poche, j'embarquai pour la France et surtout pour Paris, où j'allais poursuivre mes études. Je partais sans projet de retour. J'étais exalté et plein d'espoir. Je laissai Oran sans regrets ni chagrin. Je me voyais comme l'avant-garde de la famille et songeais déjà que ma mère, mon frère et ma sœur me rejoindraient tôt ou tard. Sur le bateau, je regardai ma ville s'éloigner puis disparaître, comme absorbée dans la masse de la montagne Santa-Cruz qui la domine. Mon cœur n'était pas sans craintes. J'allais vers l'inconnu sans un sou. Appuyé contre le bastingage, je me laissais hypnotiser par le sillon tracé par le bateau dans les eaux bleues de la Méditerranée. Au-delà du point d'horizon, devant nous, vivaient tous les héros de ma jeunesse, découverts dans mes lectures. Parviendrais-je à les voir, même de loin ? À les approcher ? Peut-être même à les rencontrer ? Au fond, je n'espérais rien d'autre de cette vie nouvelle dont je n'entrevoyais qu'une esquisse hésitante.

Paris m'offrit d'abord un visage ingrat, déconcertant. Tout était gris : le ciel – le plus souvent –, les façades, les monuments, les édifices publics. Malraux n'avait pas encore inspiré le grand effort de restauration qui a rendu leur éclat aux villes anciennes. Les gens couraient dans la rue, dans le métro. Ils avaient l'air malheureux. Paris était encore marqué par cette pauvreté de l'après-guerre que les Trente Glorieuses et leur légende ont un peu fait oublier. Comment la capitale de la culture pouvait-elle être si triste ?

Mais peu m'importait. Cette grisaille n'altérait pas mon enthousiasme. J'avais la passion de la France et de Paris, qui m'attiraient avec une force irrésistible. Et en premier lieu, la rive gauche. Je m'y rendais comme en pèlerinage. Je passais, le cœur battant, devant le Café de Flore et Les Deux Magots, les temples de l'existentialisme qui, de loin, m'avait tant fasciné. Je n'entrais pas – c'était trop cher –, mais il me semblait que Simone de Beauvoir, Jean-Paul Sartre et Juliette Gréco étaient là. Je les imaginais, vêtus de manteaux, écrivant à la chaleur d'un vieux poêle du temps de l'Occupation et des pénuries.

À mon arrivée à Paris, je ne connaissais presque personne. Ma mère ne pouvait rien me donner, ou si peu. Pour vivre, j'obtins un poste de pion au lycée Balzac, qui venait d'être construit. J'occupais une chambre de bonne sans chauffage ni eau chaude à Clichy. Frileux, je travaillais enfoui sous d'épaisses couvertures, la tête rentrée dans les épaules. Je n'étais pas seul dans ce cas, loin de là. Je voyais néanmoins autour de moi, sans envie, mais avec un grand sentiment d'injustice, des jeunes de mon âge, étudiants aisés, arrogants, passer des heures dans les cafés après les cours dans une insouciance qui m'était interdite. Je lisais beaucoup et notamment, à cette époque, les historiens de la Révolution, Albert Mathiez, Georges Lefebvre, Albert Soboul. À l'époque, j'admirais jusqu'à l'aveuglement Robespierre et Saint-Just. Aucun riche ne trouvait grâce à mes yeux : si j'avais pu, je les aurais tous envoyés à l'échafaud moi aussi !

Je passais des après-midi entiers dans les rayonnages de la librairie des Presses universitaires de France. J'aurais voulu tout lire, tout apprendre, tout connaître. Je n'avais pas d'argent, la surveillance était lâche, la tentation, trop forte : je me constituai une petite bibliothèque en dérobant à chacune de mes visites quelques livres, que je glissais sous mon manteau. Un jour, je descendis le boulevard Saint-Michel avec mon butin plaqué contre ma poitrine. Tandis que je m'apprêtais à traverser le boulevard Saint-Germain, une main se posa sur mon épaule. Pas de doute : un flic ! Livide, je me retournai. « Jean-Pierre ! Qu'est-ce que tu fais là ? » C'était un copain !

Après quelque temps, je gagnai suffisamment d'argent pour m'offrir des places de théâtre. Le dimanche, je pouvais y passer la journée, enchaînant la représentation donnée en matinée et celle du soir. J'allais au poulailler où, en hiver, il faisait chaud, beaucoup plus que dans ma petite chambre. J'aimais passionnément le théâtre. À Oran, j'avais vu jouer de grands comédiens, clandestinement au début, puis muni d'un billet en bonne et due forme grâce aux tarifs réduits proposés aux lycéens par le Crad, Centre dramatique régional d'Oran, qui faisait tant pour nous initier à la culture.

J'admirais Pierre Brasseur. Je l'avais vu dans *Les Enfants du paradis*, le film culte de Marcel Carné, et dans *Kean* d'Alexandre Dumas, pièce que Jean-Paul

Sartre avait adaptée pour Brasseur. Il y interprétait cet acteur shakespearien, dont le philosophe avait fait un emblème de la société où, comme un théâtre, chacun est tenu de jouer un rôle. Le timbre mélancolique, grave et tonitruant de Brasseur me faisait frémir : « Sous un faux soleil, le faux Kean criait les fausses souffrances de son faux cœur. Aujourd'hui, cet astre est véritable. Comme elle est morne, la vraie lumière ! »

Avec Lucien Kalfon, lui aussi mordu d'art dramatique, nous nous étions inscrits au conservatoire d'Oran. Nous lisions tout ce que nous pouvions trouver sur le sujet : les livres de Louis Jouvet, Constantin Stanislavski qui, à New York, avait formé tant d'acteurs que nous admirions. Nous travaillions les rôles tantôt chez lui, tantôt chez moi. À Paris, je m'inscrivis au cours Charles Dullin, que Jean Vilar accueillait dans une salle du TNP au Théâtre de Chaillot. J'assistais aux cours de grands professeurs, Georges Wilson ou encore Georges Le Roy. Toujours en manteau, ce dernier, grand, sec, le poing crispé sur le pommeau de sa canne, jouissait parmi nous d'une aura particulière, parce qu'il avait formé Gérard Philippe – comme, plus tard, Jean-Paul Belmondo.

Pour quelques billets, je faisais de la figuration au théâtre du Châtelet où *Le Secret de Marco Polo*, une opérette portée par Luis Mariano, faisait salle comble. Expérience rocambolesque : j'étais tour à tour bonze, hallebardier et guerrier de l'empereur de Chine. Pour atteindre la salle des costumes, il fallait monter quatre étages. Je les grimpais à toute allure et j'avais à peine le temps de me déguiser qu'il me fallait retourner sur scène, encore essoufflé. Dans l'un de mes rôles, je portais un faisceau dont la flamme se rapprochait à chaque instant plus dangereusement de mes doigts. La scène me semblait interminable et ce n'est qu'au tout dernier moment qu'on m'autorisait à jeter à l'eau l'accessoire qui menaçait de me brûler.

Luis Mariano, qui avait dû interpréter son rôle des centaines de fois, jouait de façon quasi mécanique. Un jour, le public fut tout étonné de le voir chanter en tendant une carotte dans le vide. Il ne s'était pas aperçu que le beau cheval blanc censé manger dans sa main était malade ce soir-là et n'avait pas quitté les coulisses. Lors d'une autre scène, où Marco Polo s'entretenait avec l'empereur de Chine, le ténor chantait face au public. Je me trouvais derrière lui avec d'autres figurants. De temps en temps, il se retournait furtivement et nous glissait : « Qu'est-ce que j'en ai marre ! » Puis – magie du playback –, il reprenait position sans que personne n'ait remarqué son incartade. C'était à la fois drôle et plutôt désolant. Je découvrais l'envers du décor.

Dès mon arrivée à Paris, j'ai cherché à rencontrer de grands acteurs. Avec cette ténacité qui ne m'a pas quitté, j'ai mis tout en œuvre pour cela. Ainsi de François Périer qui se produisait dans une comédie, *Bobosse*, au Théâtre de la Michodière. Je m'y précipitai, profitant des répétitions pour tenter de lui parler. À l'accueil, on me dit qu'il était là, dans la salle. Je franchis une porte : le parterre et la scène étaient vides. Je m'approchai discrètement, de peur de déranger l'artiste en plein travail. Soudain, j'entendis tonner une voix, venue de nulle part : « Il paraît que vous voulez me voir ? » Mais il n'y avait personne. C'était comme si le théâtre lui-même s'adressait à moi ! « Là ! Je suis là ! » Il se trouvait dans les étages. Il descendit de son Olympe pour me rejoindre. Apprenant que je souhaitais être comédien, il me dit : « C'est un métier difficile. Vous y arriverez peut-être dans quelques années, mais n'abandonnez pas vos études… » J'étais un peu déçu. J'espérais recevoir en confidence les secrets de sa vocation artistique et voici qu'il tempérait mes ardeurs, comme s'il cherchait à me décourager.

Néanmoins, j'étais bien plus passionné de tragédies que de comédies. Je rêvais de jouer Mathan, le prêtre apostat, sacrificateur de Baal, dans *Athalie*. Je connaissais dans ses moindres nuances le rôle d'Oreste dans *Andromaque*, sa montée vers la folie :

Grâce aux dieux ! Mon malheur passe mon espérance.
Oui, je te loue, ô ciel, de ta persévérance.
Appliqué sans relâche au soin de me punir,
Au comble des douleurs tu m'as fait parvenir.
Ta haine a pris plaisir à former ma misère ;
J'étais né pour servir d'exemple à ta colère,
Pour être du malheur un modèle accompli.

J'admirais aussi Laurent Terzieff, merveilleux interprète du *Tête d'or* de Paul Claudel, et le grand tragédien Alain Cuny, qui accepta de me recevoir et m'invita même à déjeuner chez lui, rue de Bourgogne. Sa taille, sa prestance, son exigence, la gravité et la musique de sa voix m'impressionnaient. J'étais tout intimidé devant lui. Avec une voix d'outre-tombe, il me parla du théâtre, de la tragédie. Puis, ce furent les mêmes préventions que François Périer, les mêmes mises en garde : « Pour faire du théâtre, il faut avoir de la culture, travailler. Faites des études, vous verrez bien après. »

L'appréhension me dévorait à l'idée de monter sur scène. Un jour, perclus de trac, je tentai d'incarner cet Oreste, dont je me sentais si proche. À la fin de ma réplique, alors que je n'avais pas encore quitté l'état d'âme du héros, je me tournai vers le professeur comme le condamné attendant sa sentence. « C'est bien, me dit-il, c'est bien. Mais vous devriez peut-être plutôt faire du comique. » Moi ? Du comique ? Tout décontenancé, je balbutiai quelques protestations. « Non, vraiment… Vous, ce sera plutôt le registre comique », me répétait-il. Mon accent pied-noir donnait certainement à la noirceur d'Oreste un relief surprenant. Qu'importe, le couperet venait de tomber. Bon perdant, je tirai ma révérence. Mais ma passion pour le théâtre est demeurée intacte.

Peu après, je quittai ma chambre de bonne, le froid, l'isolement, les lumières et les rues étroites de Clichy pour la cité universitaire internationale. Un ami d'Oran, Gérard Fardoux, futur grand mathématicien et compagnon fidèle de mes premières pérégrinations parisiennes, m'avait offert l'hospitalité. Il habitait une chambre au pavillon des provinces de France qu'il me proposa de partager. Passionné d'échecs et de poker, il était rarement dans son lit la nuit, trop occupé à jouer aux cartes jusqu'au petit matin. Hôte clandestin de mon ami, je me levais à son retour et me préparai pour me rendre au lycée. Lui se glissait dans les draps, encore chauds. Enfin, en me prévalant de la bourse Zellidja, j'obtins ma propre chambre au pavillon du Maroc. Je n'y restai pas seul longtemps : mon nouveau logement prit à son tour l'allure d'un campement quand mon frère Max, puis ma sœur Élisabeth, vinrent poursuivre leurs études à Paris.

Fardoux avait un scooter et j'avais réussi à m'acheter un Vespa. Nous sillonnions les rues, émerveillés par l'extraordinaire vitalité de la ville. Nous venions d'Oran, c'est-à-dire – pensions-nous alors – de nulle part. Le père de Fardoux était gendarme, j'envoyais de l'argent à ma mère. Nous n'étions personne, mais la ville la plus belle du monde s'offrait à nous. Nous étions euphoriques. Je nous vois encore sur nos scooters, traversant le pont des Invalides, riant aux éclats, le visage saisi par le vent et la vitesse, en criant à tue-tête : « À nous, Paris ! À nous, Paris ! » Tels deux Rastignac venus, non d'Angoulême, mais d'Oran. Nous étions assoiffés de spectacles, de promenades, de rencontres, de conférences.

Fardoux adorait la chanson et m'emmenait écouter des interprètes, déjà célèbres ou encore inconnus. Un soir, il choisit d'aller aux Trois-Baudets où se produisait un certain Jacques Brel. Avec les sept ou huit copains de la cité universitaire qui nous accompagnaient, nous étions seuls dans la salle ! Brel ne s'en formalisa pas. Sa simplicité était émouvante, l'atmosphère autour de lui, intime, affectueuse.

Un autre soir, Fardoux m'emmena à L'Écluse, un petit café pourvu d'un piano, sur le quai près du boulevard Saint-Michel. Il voulait absolument écouter cette jeune femme. « Tu verras, elle chante vachement bien. Je pleure quand je l'écoute. » C'était Barbara. À l'époque, personne ne la connaissait. Quand elle a commencé à être célèbre, nous étions tout fiers de l'avoir connue à ses débuts. Je vis aussi Ferré et Brassens, seul ou en compagnie de Fardoux.

Ce qui rendait Paris si merveilleux, c'était le foisonnement de tous ces talents et leur présence physique, réelle, dans les théâtres, les cafés, les salles de concert. On pouvait aussi les croiser dans la rue, les voir, peut-être même leur parler. Tout était possible. Quand Édith Piaf se produisit à l'Olympia, j'achetai un billet pour l'une des toutes premières dates. Dans la salle, j'approchai Yves Montand, Simone Signoret, Pierre Brasseur. Naturellement, j'avais une place dans les hauteurs, mais, à l'entracte, je descendis m'asseoir sur des marches, au premier étage, côté droit. Je baissai la tête au début, craignant un peu d'attirer l'attention. Puis, discrètement, je levai les yeux, dévisageai furtivement mes voisins et tressautai : Georges Brassens, Michèle Morgan, Gérard Oury étaient là, tout près, comme autrefois mes héros cyclistes invités par *L'Écho d'Oran*. Je ne cherchai pas à leur adresser la parole. Le simple fait de pouvoir les observer me ravissait. Je n'imaginais pas que mon métier de journaliste me donnerait l'occasion de rencontrer Montand, Signoret, Brel. Que je nouerais des amitiés singulières avec Ferré, Brassens, et surtout Raymond Devos. J'éprouvais au cours des moments passés en leur compagnie un étrange sentiment d'irréalité.

Je voulais approcher ces grandes figures intellectuelles qu'à Oran j'avais admirées, ces maîtres qui osaient dénoncer la torture et avaient éveillé ma conscience : les *Bloc-notes* de François Mauriac, les textes de Camus, Raymond Aron et Jean-Paul Sartre... Nous allions les écouter au Collège de philosophie, en face de l'église Saint-Germain. Bien des années plus tard, à La Coupole, j'observerais Sartre attablé dans un coin, seul ou en compagnie de Françoise Sagan, engloutissant son repas avec avidité. Il serait là, en chair et en os, presque aveugle. Ému, je le regarderais quitter le restaurant et marcher en tâtonnant sur le boulevard Montparnasse.

Par une succession de hasards, je me trouvais aux premières loges lors du choc du 13 mai 1958 qui allait précipiter le naufrage de la IVe République. Un de mes cousins, avocat, m'invitait de temps en temps à déjeuner. C'était un très bon praticien, sérieux, rigoureux, et – il faut bien le dire – assez peu disert. Son associé, en revanche, était flamboyant. Charmant, charismatique, il m'accordait une attention amicale qui me flattait. Son nom ? Roland Dumas. À l'époque, il était député de l'Union démocratique et socialiste de la Résistance et siégeait à l'Assemblée nationale, au côté de François Mitterrand. Il m'invita à visiter le Palais-Bourbon.

J'étais grisé à l'idée de pénétrer dans ce temple de la République. C'était un mardi. J'arpentai tous les recoins de l'Assemblée. Une énième crise ministérielle approchait de sa fin : le président du Conseil Pierre Pflimlin et son gouvernement étaient suspendus au vote d'investiture des députés. Rien que de très banal à cette époque. Mais simultanément, un événement extraordinaire était en train de se produire. Des gens couraient dans les couloirs étroits. Saisis de panique, ils s'interpellaient : « Massu a pris le pouvoir ! L'armée a pris le pouvoir à Alger ! »

La nouvelle venait de la salle des pas perdus où le crépitement des téléscripteurs ajoutait à la frénésie. Depuis le début de l'après-midi, les dépêches qui tombaient les unes après les autres annonçaient la révolte qui couvait. En fin de matinée, des voitures munies de haut-parleurs sillonnaient les rues d'Alger, invitant la population à manifester dans le calme. L'appel à la grève générale entraîna la fermeture des magasins, des cafés et des restaurants. Dans l'après-midi, des dizaines de milliers de personnes convergeaient vers le centre de la ville, chantant *La Marseillaise*, criant : « Algérie française ! », « Pflimlin, démission ! », « L'armée au pouvoir ! » Puis, des jeunes gens montés sur un camion militaire enfonçèrent la grille du ministère de l'Algérie, autrefois siège du gouvernement général. La foule se précipita à leur suite, occupant le bâtiment, jetant dossiers et papiers par les fenêtres. Elle ovationnait les généraux rebelles, Salan, Jouhaud, Massu et l'amiral Auboyneau, arrivés sur les lieux de la manifestation.

À 21 h 10, le général Massu donna lecture aux manifestants du télégramme qu'il avait adressé au président de la République : « Vous rendons compte création Comité salut public civil et militaire à Alger, sous ma présidence, moi, général Massu, en raison gravité situation et nécessité absolue maintien ordre, et ce pour éviter toute effusion de sang, exigeons création à Paris d'un gouvernement de salut public, seul capable de conserver l'Algérie partie intégrante de la métropole. » De façon à peine voilée, l'armée et les pieds-noirs menaçaient l'Assemblée pour lui imposer leurs vues.

En ce temps-là, je détestais cette armée au savoir « expéditif », qui pratiquait les fouilles brutales, la torture, les exécutions avec la « corvée de bois », en réponse aux attentats du FLN. Je me suis réconcilié avec elle quand elle a condamné ses méfaits passés.

Au même moment, à l'Assemblée, l'hémicycle est presque vide : les députés sont en train de dîner. La séance reprend bientôt mais, chose à peine croyable, sans interrompre le cours normal des débats autour de l'investiture de Pflimlin. Devant le perchoir, un député lit, sans dévier d'une ligne, le discours qu'il a soigneusement préparé quelques heures plus tôt, comme si le coup de force de l'armée en Algérie n'avait rien changé. Autour de moi, je vois des élus s'étrangler : « Pourquoi continue-t-il de parler ainsi à la tribune ?! Ne sait-il pas, cet imbécile, que Massu a pris le pouvoir à Alger ? » L'un d'entre eux tente de l'interrompre. Il est rappelé à l'ordre par le président de séance : « Laissez parler l'orateur ! » Une heure passe ainsi avant qu'un autre député bondisse à la tribune et dénonce le *diktat* du Comité de salut public : « C'est en fait un gouvernement insurrectionnel qui vient d'être constitué contre la République et pour la sécession de l'Algérie ! »

Face au péril, le gouvernement Pflimlin fut investi à 3 heures du matin. Il tint à peine quinze jours. Un gouvernement d'union nationale prit sa place. À Alger, le Comité de salut public en appela au retour du général de Gaulle. Comment le général du 18 juin 1940 était-il devenu celui du 13 mai 1958 ? L'Assemblée venait de démontrer sa faiblesse et son impéritie. En réalité, le général de Gaulle répondait à une nécessité : l'homme d'État n'avait pas changé.

L'Algérie que j'avais quittée en quête d'un ailleurs mythifié n'avait jamais cessé d'occuper mes pensées. Je n'ignorais pas que, de l'autre côté de la Méditerranée, la situation continuait de s'envenimer. Elle se transportait d'ailleurs en France, non sans conséquences pour les immigrés. Avec mon patronyme, mes yeux et mes cheveux sombres, mon teint hâlé, j'attirais l'attention lors des contrôles d'identité. Je me suis trouvé plus d'une fois les bras en l'air, plaqué contre un mur, ou interrogé dans un commissariat de police.

La philosophie me passionnait, mais j'étais mal à l'aise avec le décalage manifeste entre ses réflexions spéculatives et les enjeux vitaux de l'époque. Ces heures graves incitaient à l'engagement et à l'action. Un jour, à la Sorbonne, j'assistai à un échange de vues d'une technicité assommante entre le vieux et vénérable André Lalande, auteur du fameux dictionnaire, et le philosophe chrétien Gabriel Marcel. Il s'agissait de préciser la définition de deux termes de logique. Au cours des trois heures de cette discussion, la perplexité chassa en moi l'admiration, comme les nuages noirs offusquent le soleil avant l'orage. Je sortis de la salle de conférences, la conscience claire de ce hiatus entre mes préoccupations et ces arguties érudites. Était-ce vraiment tout ce que la philosophie avait à nous offrir alors qu'on torturait et que tant de gens mouraient en Algérie ? Dès lors, je me détournai quelque peu de ce premier amour pour me consacrer davantage aux sciences politiques.

Je ne devais pas aller au bout de mes études. Je faisais des petits boulots et j'envoyais de l'argent à ma mère qui se débattait sans un mot, sans une plainte, pour que mon frère et ma sœur ne manquent de rien. Dans ces conditions, je n'avais pas assez de temps à consacrer aux cours et aux examens. J'ai longtemps regretté cette situation, la vivant comme une blessure. Mais je me suis consolé en constatant à de multiples reprises que les diplômes accumulés ne suffisaient pas à donner du courage, de l'imagination, de la fantaisie. Ils ne forgent pas le caractère. J'ai rencontré nombre de gens extrêmement brillants, bardés des titres académiques les plus divers, qui avaient peur de tout et qui s'effondraient dès que venait le temps de passer à l'action. Lorsque je demanderais plus tard à Henry Kissinger ce qui, à ses yeux, faisait un homme d'État, il me répondrait en souriant : « L'intelligence ? Non, vous la trouverez partout. Ce qui compte, c'est le caractère. »

J'ai dû chercher ma propre voie hors des sentiers battus. Les livres m'y ont aidé. J'aime à penser que cette école de ténacité, d'indépendance et d'inventivité a autant compté pour moi que pour d'autres, les années de cours magistraux et de travaux dirigés.

Ma mère est arrivée à Paris quelques mois seulement après mon frère et ma sœur. Ce n'est pas la guerre qui lui a fait quitter l'Algérie. Tout ce qui importait pour elle, c'était de vivre avec ses enfants. J'avais quitté Oran sans état d'âme vis-à-vis de ma famille : je projetais de la faire venir dès que les circonstances le permettraient. Celles-ci se présentèrent beaucoup plus vite que je ne l'imaginais.

Un jour, sur les Champs-Élysées, profitant d'un moment de soleil après les longs mois d'hiver, j'eus sous les yeux un journal – c'était *Le Figaro*. Je le feuilletai, page après page, m'arrêtant plus ou moins longuement sur les articles. Je parcourus distraitement les petites annonces quand soudain, mes yeux furent accrochés par ces quelques mots : « Médecin échangerait appartement à Paris contre appartement semblable à Oran. » Sans hésiter, je manifestai mon intérêt et, quelques semaines plus tard, nous nous installions tous les quatre boulevard Exelmans, près du village d'Auteuil et du Parc des Princes, dans le XVIe arrondissement.

Cette petite annonce inattendue fut le premier maillon d'une chaîne de hasards qui me conduisit au journalisme. Ma mère n'ayant pu venir qu'avec quelques valises, il me fallut retourner en Algérie pour achever le déménagement. Je ne trouvai pas de bateau direct pour Oran et fus contraint de passer par Alger. Je débarquai à 7 heures du matin, mon train partait à 13 h 30. Je ne connaissais personne à Alger, je me promenais, faisais halte dans un café, reprenais mes déambulations. Et puis, tout à coup, me revinrent en mémoire la *Petite Musique de nuit* de Mozart et une adresse : « 10 rue Hoche ». C'était la signature, entendue mille fois, de Radio Alger que nous écoutions, enfants, avec mon frère. Flanqué de ma petite valise, je m'y rendis et découvris un petit bâtiment vieillot, presque à l'abandon. Devant, un vieillard algérien était assis sur des marches, la tête surmontée d'un turban. Un peu désolé, je lui demandai si c'était bien le siège de la radio. « Non, non, il y a une nouvelle maison pour la radio ! Boulevard Bru. C'est tout beau, tout blanc, en face de la mer. »

Dès mon arrivé, je tombai nez à nez avec un ancien camarade de lycée, Robert Piétri : « Le service militaire, je le fais là, dans le service des armées, pour la communication. Tu sais, c'est extraordinaire, me raconte-t-il. On est plein de jeunes. » Tous ces types dynamiques, dans des bureaux et des couloirs neufs, me faisaient envie. Le DRH me renvoya vers le directeur de la rédaction, Pierre Dourne, un agrégé de philosophie, pas très à l'aise dans ce milieu colonial.

— Vous avez déjà fait du journalisme ?

— Non, non…

— Si vous y tenez, alors revenez fin août, début septembre. Je vous prendrai à l'essai.

Il tint parole et, me sachant originaire d'Oran, m'y envoya apprendre les rudiments du métier.

IV

« NOTRE ENVOYÉ SPÉCIAL À ALGER »

Le destin est parfois farceur. Lorsque je demandai à faire ce stage à Radio Alger, j'étais prêt à quitter Paris et à traverser à nouveau la Méditerranée. Certainement pas à renouer avec les ruelles et les quartiers de mon enfance. J'avais tant souhaité quitter Oran. Quelle ironie ! Je n'eus pas à le regretter : j'avais tout à apprendre du métier et la connaissance que j'avais déjà du terrain me permettrait de me concentrer sur l'essentiel.

La RTF, à Oran, c'était un tout petit local équipé de deux vieilles caméras, à peine fonctionnelles. Nous étions trois journalistes, dont un Algérien, avec qui je suis longtemps resté en contact. La station était dirigée par un Français de métropole, Pierre-Olivier Martin, qui m'inculquait mes premiers éléments de journalisme : « Quand vous étudiez un fait, examinez-le bien, de tous les points de vue. Écoutez ce qu'en disent les radios, lisez les journaux, surtout. Dites-vous bien qu'aucun d'entre eux ne détient la vérité. Chacun donne une version, qui n'est jamais exempte d'idéologie. Peu à peu, à force de travail et de recoupements, vous allez approcher la vérité des faits, comme le ferait un historien du présent. »

Il fallait nourrir nos journaux parlés. Nous ne pouvions pas prendre appui sur des dépêches d'agence, il n'y en avait pas. Sur le terrain, il nous arrivait de collecter des informations inédites – peu de choses, à vrai dire. En fait, nous découpions principalement la presse locale, notamment *L'Oran républicain*, dont la rédaction était autrement plus nombreuse que la nôtre. Pour les questions ayant trait à la situation nationale, nous écoutions la radio de France. Nous la recevions à grand-peine, presque inaudible derrière un épais brouillard de parasites. « Quoi ? Paris Inter, qu'est-ce qu'ils disent ? Le gouvernement est tombé ? Tu as compris, toi ? » Dans ces conditions, parler avec assurance devant un micro pour informer les auditeurs oranais relevait d'un impossible numéro d'équilibrisme.

Après quelques mois, on m'envoya à Alger poursuivre mon stage. Je commençais à écrire des papiers, mais j'étais encore loin de me sentir légitime comme journaliste. Je voyais travailler d'autres jeunes, dont les plus talentueux devaient se faire un nom comme reporters : Jean Lanzi, Michel Honorin. Je les regardais écrire, je les observais en train de réaliser leurs émissions de télévision, envieux de ses aînés comme le cadet de la fratrie. Je bouillais d'impatience.

Parmi ces jeunes professionnels, il y en avait un qui jouissait d'un statut particulier. Rien dans son apparence et dans ses activités n'indiquait qu'il faisait son service militaire. Protégé de Pierre Lazareff, il était habillé en civil, toujours avec élégance. Il passait son temps à écrire des papiers pour *France-Soir*. C'était Philippe Labro, que le puissant patron de presse avait personnellement recommandé au directeur de la radio. Un tempérament et une plume.

En décembre 1960, les musulmans manifestèrent en masse en faveur de l'indépendance. L'occasion leur en était donnée par un séjour de De Gaulle en Algérie. Il y effectuait auprès des militaires une « tournée des popotes », si bien décrite par ce témoin unique, mon ami Jean Mauriac. On était à quelques semaines du référendum sur l'autodétermination. La population voulait montrer sa résolution et inciter le Général à aller plus loin dans le processus politique qu'il avait engagé. Venus des quartiers périphériques, les musulmans descendirent dans le centre d'Alger, brandissant ouvertement des drapeaux aux couleurs du FLN. Ailleurs, les quartiers européens étaient déserts. Il y régnait un étrange silence. Les pieds-noirs semblaient sidérés par cette irruption du sentiment national algérien.

Je me rends alors aux abords de la casbah, en ébullition. Des moindres ruelles et de toutes les terrasses s'élèvent des youyous, des claquements de mains et l'hymne algérien. Les habitants crient, chantent, arborent des bannières. Les femmes font tournoyer leurs voiles blancs au-dessus de leur tête. Face aux habitants, des gardes mobiles casqués ont pris position. Ils se tiennent prêts à tirer et à lancer des grenades lacrymogènes.

Avec un confrère italien, nous nous mêlons à la foule. Entraînés dans la cohue, nous dérivons, d'abord imperceptiblement. Puis nous nous sentons comme aimantés vers la haute casbah. Tout autour de nous, il n'y a plus que des Algériens. On nous interpelle : « Qui êtes-vous ? Que faites-vous ici ? » La tension monte. Nous tâchons de nous frayer un chemin en répétant haut et fort : « Presse, presse, presse ! » Quelques manifestants nous encadrent et nous conduisent vers un petit bonhomme maigrichon et moustachu. Sous son long manteau gris, on aperçoit une mitraillette. Il contrôle nos papiers. Bien sûr, nous nous présentons comme journalistes. Mon compagnon, qui est blond, n'a pas de mal à le convaincre de ses bonnes intentions. On l'exhorte : « Toi, l'Italien, défends-nous ! » En revanche, j'ai tout du pied-noir et ma carte de presse de Radio Alger ne me rend pas particulièrement sympathique aux yeux de nos hôtes forcés. Autour de nous, l'attroupement est toujours aussi dense. Je me sens tout près de me faire casser la figure.

Heureusement, mon confrère se porte garant de moi. Dès lors, les habitants de la casbah nous invitent chez eux. Ils ne font pas mystère de leur soutien au FLN. Les maisons abritent toutes sortes de cachettes. Dans les garde-manger, sous les tables, partout, des trappes dissimulées renferment des armes. Les fouilles des militaires n'ont longtemps mené à rien. Il leur a fallu bien du temps et une impitoyable brutalité pour débusquer ces caches.

Nous visitons aussi un hôpital clandestin. « Racontez bien ce que vous avez vu, nous dit-on. Expliquez notre combat aux opinions française et italienne. »

Politiquement, la situation était de plus en plus tendue à mesure que progressait la marche vers l'indépendance. Aux soulèvements des musulmans répondaient ceux des pieds-noirs. En janvier 1960, les activistes français dressèrent des barricades dans Alger pour tenter de faire reculer de Gaulle et s'emparèrent de l'université. Ils étaient persuadés que l'armée se rallierait à eux et n'étaient pas les seuls à le penser : de nombreux officiers supérieurs doutaient de la loyauté de leurs subordonnés. La confrontation entre les forces de l'ordre et les insurgés dégénéra. Une fusillade tua quatorze gendarmes, huit manifestants, et fit cent cinquante blessés.

Les activistes pieds-noirs auraient-ils pu infléchir la position du Général ? Je sus plus tard par Pierre Fromentin, l'un de mes patrons à Paris Inter, que de Gaulle avait accueilli la nouvelle avec une incroyable placidité. Le soir de la fusillade, des responsables de l'information avaient accompagné le Premier ministre, Michel Debré, chez le président de la République pour l'informer de la mauvaise tournure des événements. Il était plus de 23 heures et de Gaulle s'apprêtait à dormir. Nul n'ignorait qu'il détestait être dérangé dans les premières heures de la nuit, même en cas de force majeure. Mais ce soir-là, Michel Debré passa outre. Les forces françaises avaient tiré sur des pieds-noirs. Le Premier ministre, incandescent, peinait à contenir son émotion. « Mon Général, mon Général, le sang coule à Alger ! » Après un silence, l'air las, de Gaulle lui répondit d'une voix courroucée : « Eh bien, Debré, laissez-le sécher ! » Il congédia ensuite ses hôtes et se recoucha.

J'ai souvent repensé à cette leçon digne de Machiavel : quand on exerce le pouvoir, il faut se garder de toute impulsivité, ne jamais agir sous la pression des événements – quitte à manifester le cynisme le plus brutal. « Le pouvoir, me dirait plus tard François Mitterrand, c'est l'indifférence. » Cette armure qui protège, qui met à distance, ce métal froid sur lequel glissent les émotions, est aussi nécessaire qu'effrayant.

L'histoire donna raison à de Gaulle. Après une semaine d'incertitude, les autorités reprirent la main. Mais ce sont deux des principaux instigateurs de l'insurrection, Jean-Jacques Susini et Pierre Lagaillarde, qui, quelques mois plus tard, fondèrent l'OAS.

Ce climat de violence explique que la guerre d'Algérie ait épuisé tant de jeunes journalistes. Tous mes aînés, les Lanzi, Honorin partirent les uns après les autres, Alger était devenue trop dangereuse pour eux. Non à cause du FLN, mais des pieds-noirs. Les radios nationales avaient besoin de correspondants pour témoigner, raconter ce crépuscule de l'Algérie coloniale. Or les activistes pieds-noirs écoutaient la radio française. Aux journaux de 13 heures et de 19 heures, ils les entendaient rendre compte d'une voix claire et forte des troubles et de l'agitation qui régnaient dans les quartiers européens des grandes villes. Ces jeunes envoyés spéciaux appelaient un chat un chat : ils ne parlaient pas d'« événement » ou du « pseudo-GPRA », mais de « guerre d'Algérie ».

Chaque fois qu'un État envahit ou occupe un autre État, il veille à ne pas employer les mots justes. Pour Vladimir Poutine, agresseur de l'Ukraine indépendante, il ne se passe dans ce pays qu'une « opération militaire spéciale ». La loi russe punit quiconque parle de « guerre ».

En Algérie, les journalistes qui refusaient ce genre d'euphémisme devenaient suspects et étaient aussitôt dénoncés. On les cherchait dans les rues pour les intimider. Ces menaces étaient prises au sérieux par la radio-télévision. Nos chefs ne voulaient pas risquer la vie de leurs correspondants. Rapidement, ils les rappelaient à Paris pour les mettre à l'abri et leur cherchaient des remplaçants.

Je fus l'un des bénéficiaires de ces rotations forcées. Un jour, à ma grande surprise, on m'annonça très tranquillement : « Maintenant, c'est toi qui vas faire les papiers pour Paris Inter. » Parler à la radio nationale ? Toute autre audience : c'est à Paris que j'allais désormais m'adresser. Mais je me sentais encore si neuf, si novice… Avec fébrilité, j'envoyai mon premier papier à la rédaction nationale. J'y parlais de la guerre, des manifestations des pieds-noirs, de l'effervescence qui régnait à Alger. Allait-il être accepté ? Serait-il coupé et réduit à une peau de chagrin ? Ou même jeté avec dédain au fond d'une corbeille ?

Au moment de la diffusion du journal, je marchais dans la rue d'Isly, la grande artère d'Alger, un petit transistor collé contre l'oreille. L'estomac noué, j'écoutais le présentateur égrainer les principaux titres, un à un. Et soudain, j'entendis mon nom, prononcé comme une évidence : « Jean-Pierre Elkabbach, notre envoyé spécial à Alger », puis mon papier résonner sur les ondes de part et d'autre de la Méditerranée. C'était ma voix !

Je regardais chaque passant, la poitrine gonflée de fierté : « Et celui-là, m'écoutera-t-il ? Imagine-t-il une seule seconde qu'il a devant lui un correspondant de Paris Inter ? » C'est ce jour-là, qu'à mes propres yeux, je suis véritablement devenu journaliste : une nouvelle naissance ! Une route s'ouvrait où j'allais m'engager sans retour.

J'étais installé dans un tout petit hôtel, situé juste en face de la Maison de la radio. Un matin d'avril 1961, je me réveille dans une atmosphère inhabituelle.

De la rue, j'entends monter des marches militaires. La radio ne diffuse pas ses propres programmes, mais des communiqués émanant de l'armée. On apprend que des officiers supérieurs ont fait occuper les points stratégiques de la ville. Ils veulent sauver l'Algérie française que l'Élysée est en train d'abandonner. De nombreux officiers et soldats du contingent se seraient ralliés aux putschistes – information qui se révélera être une opération de manipulation pure et simple. Nos autres canaux d'information habituels sont coupés : les radios émettant de Paris sont brouillées.

Je me rends dans les locaux de la radio, boulevard Bru. Des légionnaires sont postés à l'entrée et, à chaque étage, un garde surveille les allées et venues : tension et inquiétude. Au cinquième étage, les journalistes musulmans travaillent sans oser lever les yeux. Au sixième, où est installé le reste de la rédaction, le silence est d'une autre nature, plus fiévreux. L'illégalité dans laquelle ont basculé les putschistes effraie. Certains les approuvent sans réserve, mais ils sont plus nombreux à suivre par paresse ou par lâcheté que par conviction. Les plus zélés ne font pas mystère de leurs espoirs : ils pensent imposer leurs vues sur l'Algérie à Paris, comme ils ont déjà su le faire en mai 1958. Et si le « vieux » leur résiste, ils feront sécession et fonderont une nouvelle Afrique du Sud.

J'apprends que des listes de proscrits commencent à être dressées. Pas une seconde je n'imagine y figurer. Rétrospectivement, je me dis que j'aurais dû me méfier davantage : on me savait lecteur de journaux de gauche et ami des libéraux. Je ne voulais pas travailler avec les nouveaux responsables. Pour les ultras, j'étais un traître. Mes confrères qui se sentaient menacés avaient pris leurs précautions et s'étaient mis à l'abri dans leur famille ou chez des amis. J'aurais sans doute mieux fait de les imiter. Cependant, Alger n'est pas ma ville et je ne connais presque personne.

Je me rends sur la place du Gouvernement où les généraux rebelles ont convoqué la population. C'est là, depuis le balcon du palais, que de Gaulle a adressé aux pieds-noirs son fameux « Je vous ai compris ». Salan, Jouhaud, Challe et Zeller entendent ainsi renouer avec la pureté initiale des intentions gaulliennes, celles du moins qu'ils avaient cru déceler. Je vois le peuple transporté d'enthousiasme par l'audace de ses chefs. À chaque fois que l'un d'eux se montre des clameurs s'élèvent et se répondent d'un bout à l'autre de la place. Je n'en crois pas mes yeux : « Ils sont fous ! Ils ne peuvent pas recommencer le 13 mai ! »

C'est très impressionnant, mais je n'en reste pas moins dubitatif. Je suis convaincu que ce moment aura des conséquences dramatiques pour les pieds-noirs. Dans leur ensemble, les Français n'en peuvent plus de la guerre. Ils ne sont pas disposés à se laisser forcer la main une seconde fois. Je pressens que cette bravade va accélérer la marche vers l'indépendance. D'autant qu'autour de nous, il n'y a pas le moindre musulman. Tous écoutent désormais le FLN.

Le lendemain de cette manifestation, très tôt, je suis réveillé par des voix et des bruits de pas sonores dans les couloirs de mon hôtel. Cinq paras aux ordres des putschistes viennent me cueillir au saut du lit. Ils déchirent mes papiers et m'emmènent à la Maison de la radio. Des confrères algériens que je croise m'adressent discrètement des signes d'encouragement. D'autres confrères, au contraire, m'évitent.

Je suis conduit dans les sous-sols. Je n'en mène pas large : les paras se sont illustrés par leurs méthodes brutales depuis qu'en 1956, le président du Conseil, Guy Mollet, et le gouverneur d'Alger, Robert Lacoste, tous deux socialistes, ont accordé les pleins pouvoirs à l'armée pour mettre au pas les indépendantistes. Ils mettent en joue les musulmans contre les murs, mains sur la tête. Ils en tuent sommairement dans les montagnes, torturent pour obtenir des renseignements. Sous les ordres de Jacques Massu, ils ont brisé le FLN pendant la bataille d'Alger, n'hésitant pas à dynamiter des maisons lorsqu'ils soupçonnaient la présence de combattants ennemis. C'est parce que les soldats qui l'assiégeaient allaient faire sauter l'immeuble où il se trouvait que le chef de la zone autonome d'Alger, Yacef Saâdi, accepta de se rendre.

Les cinq malabars qui me surveillent n'ouvrent pas la bouche. Ils m'annoncent seulement que je serai bientôt entendu par le colonel Godard, un officier de renseignement de sinistre réputation. Je m'efforce de rester digne et de faire face, malgré la peur.

En début de soirée, je commence à sentir une certaine fébrilité parmi mes geôliers. Soudain, sans explication, ils me conduisent chez l'un de leurs officiers. L'interrogatoire passe beaucoup plus vite que je ne me l'imaginais : « Écoute, petit con ! Fous le camp, démerde-toi, et qu'on ne te revoie plus ! » Je file sans demander mon reste.

Je suis libre, mais hagard, sans papiers et sans le sou, errant à travers une ville plongée dans la nuit et toujours en état d'insurrection. Je trouve finalement refuge dans la famille d'un ami, à Saint-Eugène, dans la banlieue d'Alger.

Échaudé, je n'ose plus mettre les pieds dehors et suis les événements à la radio. L'antenne du boulevard Bru fait l'objet d'une bagarre féroce. Longtemps, elle semble fermement tenue par les putschistes. Quand, tout à coup, on entend la voix haletante d'un journaliste que je connais crier dans le micro : « Tous au forum ! On nous a trahis ! Tous au forum ! » Il y a ensuite un silence qui semble interminable. Puis, de nouveau, une voix féminine, franche et résolue : « Ici, Paris, nous reprenons nos émissions. Restez à l'écoute. » Mais les putschistes n'ont pas dit leur dernier mot. Ils reprennent possession de la fréquence un moment, avant d'en être définitivement chassés. La radio républicaine reprend ses droits.

À vrai dire, jamais la radio n'avait joué auparavant un rôle aussi important dans une crise politique. Sur leurs petits transistors, dans tous les douars et sur tous les pitons, les soldats du contingent avaient entendu l'appel de De Gaulle, fustigeant le « quarteron de généraux » rebelle. Un dialogue muet s'était établi. De Gaulle, derrière son micro, avait exhorté, imploré même, ses concitoyens de l'aider à sauver la République menacée. Les appelés du contingent lui avaient répondu en gardant l'arme au pied, souvent contre leurs officiers : plébiscite des citoyens-soldats en faveur du pouvoir civil contre les militaires, de l'État de droit contre la force illégitime.

Le putsch et son échec bousculèrent l'organigramme de la radio. Une partie des équipes avait pris le parti des insurgés. Une nouvelle direction s'était empressé d'épurer les brebis galeuses. Paris demanda une enquête sur le comportement des personnels et Georges Drouet, le rédacteur en chef, reprit en main la radio-télévision. Il écarta les uns, réattribua les postes aux autres.

Je fus envoyé à Constantine, dans l'est de l'Algérie, une ville que je ne connaissais pas. La population y était à majorité musulmane. La station de la RTF, pour l'essentiel une antenne radio, était toute petite. Je parcourus en tous sens cette région aride, jusqu'aux bleds oubliés de la frontière tunisienne. Je rencontrais pour la première fois ces paysans musulmans dont, jusque-là, je ne parlais que de manière abstraite. Avec un journaliste algérien, nous nous lançâmes dans des interviews bilingues. Mon confrère posait des questions en arabe, et moi en français. C'était une initiative inédite.

Un jour, au cours d'un reportage dans un bled, appelé Châteaudun-du-Rhumel, à une cinquantaine de kilomètres de Constantine, j'embarque un autostoppeur avec sa guitare. Il s'appelle Gaston Ghrenassia. Instituteur-formateur, il ne se sépare jamais de son instrument, même lorsqu'il donne ses cours. Il me raconte sa famille, des guitaristes formidables, qui lui ont appris la musique, son « tonton Raymond », qui sera assassiné. Il joue et chante en toute occasion, dans les radio-crochets, les concours et les galas. Chaleureux, expansif, il parle de paix et de réconciliation avec une confiance que rien ne semble pouvoir ébranler. Lorsque nous l'interviewons, il répond tantôt en français, tantôt en arabe et assure lui-même la traduction de ses propos.

Le passage radio de ce musicien anonyme fut suivi de milliers d'autres. En effet, le jeune homme quitta l'Algérie pour la France quelques semaines plus tard. En 1962, je le revis à Paris. Il était venu m'offrir son premier disque, un modeste quarante-cinq tours. Je le mis entre les mains de deux programmateurs de Paris Inter. L'un, séduit, accepta de le diffuser, l'autre me rendit le disque : « Il ne vaut pas un clou. Dis à ton ami de trouver un autre métier. Il n'est pas fait pour la musique. » Un an plus tard, il devenait célèbre grâce à l'émission *Cinq Colonnes à la une*. Entre-temps, on lui avait fait prendre un nom de scène : Enrico Macias. Sa chanson *J'ai quitté mon pays, j'ai quitté ma maison* et son visage juvénile incarnèrent dès lors la douleur de l'exil et le souvenir lumineux de la terre natale.

Mon séjour à Constantine ne dura pas très longtemps. Dans mes papiers, je n'hésitais pas à fustiger l'attitude de l'OAS, de l'armée, de tous ceux qui en appelaient à la répression et ne voulaient pas comprendre qu'ils étaient en train de créer l'irréparable. Rapidement, nous commençâmes à nous sentir menacés. Des voitures piégées explosèrent non loin de nos locaux. Des appartements furent plastiqués. Nous n'avions aucune protection. *A minima*, on cherchait à nous intimider. Aussi, par précaution, je fus à mon tour rappelé à Paris en juillet 1961.

À travers la guerre d'Algérie, je vivais, pour la première fois, la complexité de ces grands événements qui font l'histoire des nations. Rechercher une position équilibrée entre les belligérants revenait déjà à prendre parti. Le devoir commandait de combattre ceux, des deux bords, qui utilisaient la violence pour arriver à leurs fins. Je n'avais pas le moindre point commun avec le FLN et son bras armé, l'ALN. Je n'acceptais avec eux aucun compromis. Mais je pensais à mes amis de lycée qui avaient souffert. Je pensais à ces musulmans d'Algérie, qui étaient comme des ombres silencieuses, sans droits, qu'on ne daignait alors même pas appeler des « Algériens ». Ceux qui avaient le tort de s'exprimer trop bruyamment, on les réprimait.

Revenu au pouvoir avec une promesse de fermeté à l'égard des indépendantistes, de Gaulle lui-même donnait l'impression d'avoir évolué, suscitant pour cela toutes les détestations. Les meilleurs connaisseurs de De Gaulle prétendent que, bien avant son retour en 1958, il avait décidé de conduire l'Algérie à son indépendance. Sur le moment, je ne le crus pas. Mais rapidement, il parla de l'égalité des droits, de la décolonisation, processus dans lequel la France était engagée en Afrique noire, et d'autodétermination dès le 16 septembre 1959, de « paix des braves ». Après un temps de méfiance, j'adhérais à ce discours qui promettait le développement économique et social de l'Algérie, tout en reconnaissant que la solution au conflit ne pouvait être que politique. Or la réponse à la politique gaullienne fut la source de plus de violence encore, déchaînée par des terroristes français.

Quand, à la mi-juillet 1962, je retraversai la Méditerranée, c'est dans une Algérie indépendante que j'accostais. Les accords d'Évian avaient mis un terme à la guerre. On me confia la tâche de couvrir les premiers pas de la république indépendante. Les pieds-noirs quittaient le pays par centaines de milliers. Il s'agissait aussi pour moi de rendre compte de ce qui restait de l'ordre public, très précaire du fait des attentats de l'OAS et de l'arrivée de l'armée algérienne. La menace d'actes de représailles suscitait également l'inquiétude, au moment où les Algériens des périphéries et de la campagne, s'appropriaient, non sans jubilation, les logements des villes laissés inhabités par leurs propriétaires français.

Je me rendis à Oran. Je revis la place d'Armes, mon quartier, mon immeuble. Il faisait chaud. Dans les rues, personne, ou presque. Ma ville était silencieuse, quasiment vide. Des papiers et des feuilles d'arbre volaient, emportés par le vent. Les Français, chrétiens comme juifs, les Espagnols, tous avaient fui. Des années plus tard, je fus frappé de retrouver cette même atmosphère dans les premières images de l'arrivée des Khmers rouges à Phnom Penh. Mais lors de mon passage à Oran, je ne savais rien des meurtres, des massacres, des enlèvements et des disparitions intervenus quelques jours auparavant, au moment de l'indépendance. Le 5 juillet 1962 reste une journée de sang et de deuil.

Ces crimes terribles étaient le point d'aboutissement de la folie meurtrière dans laquelle une partie des pieds-noirs avait sombré après le putsch des généraux. Cette période fut une des plus cruelles de la guerre. L'OAS faisait régner la terreur et, à tout moment, un voisin ordinaire pouvait se révéler un ennemi mortel. Ma cousine me raconta qu'un adolescent pied-noir de son immeuble, qui possédait un revolver, avait tiré de son balcon au hasard, y compris sur des femmes et de vieux Algériens. Dans une fuite en avant furieuse et destructrice, certains de ces enragés revendiquaient leur droit de tuer tous ces « bougnoules », ces « bicots ».

Il y eut donc des règlements de comptes indiscriminés, parfois au vu et au su de l'armée algérienne qui, prenant possession des villes, a pu laisser faire. Il y eut aussi des musulmans qui protégèrent des pieds-noirs. Mais le plus scandaleux, ce 5 juillet 1962, c'est que le général Katz qui, jusque-là, exerçait son commandement sur la ville d'Oran, était parfaitement informé de ce qui était en train de se passer. Il appliqua néanmoins scrupuleusement les ordres donnés par Paris : désormais, c'est l'armée algérienne qui était responsable de la sécurité. Quoi qu'il arrivât, les Français ne devaient pas intervenir. On connaît la suite.

Non sans honte, je dois admettre que, dans les premiers temps, l'exode des pieds-noirs ne m'inspira aucune compassion. À mes yeux, ils l'avaient bien cherché, comme on dit. Je pensais qu'il n'y avait pas de fatalité à leur départ, mais qu'ils l'avaient rendu inévitable à force de mépris et d'aveuglement.

Très vite, mon regard a changé. Dès que j'ai vu les premières images de ces rapatriés, n'ayant plus que quelques valises et débarquant la peur au ventre, je compris que c'étaient les plus pauvres des Français d'Algérie qui arrivaient. J'ai fait ce que j'ai pu, des interviews, des reportages à la radio, pour qu'ils soient aidés. Ces gens avaient été manipulés par les colons, les grands propriétaires, ces notables qui possédaient les journaux, avaient soutenu sans réserve la révolution nationale de Pétain et dominaient une société dont ils entretenaient les illusions en favorisant ses préjugés. Ceux-là n'étaient pas à la dérive. Ils possédaient des appartements avenue Foch et des comptes bancaires en Suisse. Avec leur pouvoir économique et financier, ils avaient maintenu dans la dépendance ces Français d'Algérie qui, dans de nombreux cas, étaient proches des Algériens ou n'avaient pas conscience de leurs revendications. De fait, les pieds-noirs, dans la majorité, ne connaissaient pas les conditions de vie des musulmans, qui étaient absents du centre des villes.

On ne les voyait pas, sauf quand ils travaillaient comme domestiques. L'ignorance des pieds-noirs a contribué à leur cécité politique, comme aujourd'hui, en France, les mêmes causes produisant les mêmes effets, l'ignorance explique en partie l'état d'abandon des quartiers populaires défavorisés. Bien entendu, y a aussi ce que l'on préfère ne pas voir…

La violence redoutée par les pieds-noirs s'est surtout abattue sur les harkis, et, plus généralement, sur les Algériens à qui l'administration coloniale avait confié des responsabilités. Aujourd'hui, en Afghanistan, le départ des troupes de la coalition occidentale expose à la vengeance tous ceux qui, pendant vingt ans, ont participé à la lutte contre les talibans. Comme eux, les supplétifs musulmans de l'armée française couraient de grands dangers. Le gouvernement et le commandement militaire en étaient conscients. Leurs craintes étaient d'autant plus justifiées que, dans les régiments français aux méthodes les plus expéditives, des harkis, très minoritaires, s'étaient fait détester du peuple algérien en pratiquant des interrogatoires sanglants et en se livrant, dans certains cas, à des exécutions sommaires auprès de commandos français.

C'est pourquoi, dès le 9 novembre 1961, lors des discussions avec le GPRA, le principe de « non-représailles » avait été posé et admis comme préalable à un accord de paix. Ce point de convergence débloqua d'ailleurs les négociations. Néanmoins, le FLN fit preuve de duplicité en refusant d'appliquer les mesures d'amnistie conclues à Évian. La vengeance déchaînée contre les harkis et les sympathisants des Français a été largement le fait de l'armée algérienne. L'idée de violences spontanées exercées par la population est un mythe algérien entretenu par le régime pour masquer la vérité. Engagés dans une rivalité exacerbée pour le pouvoir, les chefs du FLN voyaient dans ces victimes toutes désignées un moyen d'affirmer leur ferveur patriotique et leur légitimité.

Les enlèvements commencèrent dès les semaines qui suivirent les accords d'Évian, mais c'est pendant l'été et l'automne 1962 que les crimes les plus nombreux et les plus barbares furent commis. Jean-Marie Robert, sous-préfet d'Akbou en 1962, alerta Paris, en particulier le ministre des Affaires algériennes Louis Joxe et le ministre de la Défense Pierre Messmer. Il rendit compte du supplice d'un ancien conseiller général musulman. Cet homme avait toute l'estime de la population. Pourtant, il fut arrêté, enfermé dans un camp, puis enterré vivant, la tête dépassant et recouverte de miel, en compagnie de plusieurs autres détenus. Son agonie, le visage mangé par les abeilles et les mouches, dura cinq heures.

Même s'il ne pouvait imaginer les proportions que prendraient ces actes de vengeance, le gouvernement français n'était pas naïf. Il avait conçu un plan de rapatriement des harkis, mais celui-ci était très restrictif. Arrivé en Algérie le 6 juillet 1962, l'ambassadeur Jean-Marcel Jeanneney donna aux forces armées la consigne de « recueillir » et d'« embarquer » les harkis et leur famille qui se manifestaient. On les regroupa dans des camps, sous bonne garde, avant leur transfert en France où ils furent installés dans d'autres camps. Cette directive sauva de nombreuses vies, mais le commandement supérieur, à l'exception de quelques généraux, s'attacha à en limiter les effets.

Les réticences françaises ont des causes multiples parmi lesquelles, surtout, la crainte et le refus d'une vague migratoire massive d'Algériens musulmans. Au Conseil des ministres du 25 juillet 1962, de Gaulle déclara : « Le terme "rapatrié" ne s'applique évidemment pas aux musulmans : ils ne retournent pas dans la terre de leurs pères. Dans leur cas, il ne saurait s'agir que de réfugiés. Mais on ne peut les recevoir en France comme tels que s'ils couraient des dangers. » Le Général exprima de façon plus claire et plus abrupte sa pensée à son ministre Alain Peyrefitte. Il ne voulait pas voir débarquer en France des dizaines et des dizaines de milliers d'Algériens de religion musulmane dont il pensait qu'ils s'assimileraient mal : « Qu'est-ce que vous voulez ? Que demain, chez moi, ce soit "Colombey-les-Deux-Mosquées" ? » Une formule devenue célèbre, exploitée depuis par l'extrême droite, mais qu'il faut se garder d'interpréter hors de son contexte.

Les harkis étaient devenus des parias. Sympathisants ou soutiens de la cause de l'indépendance, les intellectuels et les hommes politiques de gauche étaient particulièrement sévères à leur égard. Ils sont peu nombreux à avoir fait leur *mea culpa.* En 1961, dans un article des *Temps modernes*, la revue de Simone de Beauvoir et de Jean-Paul Sartre, Claude Lanzmann les qualifia de « chiens » au service du colonisateur. Cinquante ans plus tard, devenu le directeur de cette institution de la vie intellectuelle, Lanzmann leur consacrait un numéro spécial. Il espérait ainsi réparer « une grande injustice » en tentant de « dire la vérité ». Il le répéterait devant moi lors d'une émission de *Bibliothèque Médicis*, consacrée au sujet.

En 2021, Emmanuel Macron a eu raison de demander pardon aux harkis et à leur famille au nom de la France. Ils méritent notre gratitude et notre solidarité. Trop d'erreurs ont été commises, trop de décisions mesquines ont été prises quand ils servaient en Algérie sous le drapeau tricolore. Ceux qui ont été évacués ont été mal accueillis, parqués dans de véritables réserves. Dans l'adversité, un grand nombre de leurs enfants et petits-enfants est parvenu à s'en sortir, réussissant de belles carrières à force de volonté et de travail. Mais leur blessure reste vive. Ils ont besoin de la considération qui leur a manqué pendant des décennies.

Durant cet été 1962, après Oran, je passe presque deux mois à Alger. La situation politique est confuse, mais l'exaltation et l'espoir de lendemains meilleurs prévalent dans cette Algérie indépendante, née d'une révolution que beaucoup imaginent émancipatrice. À mon arrivée, Ahmed Ben Bella a déjà pris le pouvoir. Je suis au pied de la tribune avec plusieurs autres journalistes lorsque s'ouvre la première session de l'Assemblée nationale constituante. J'assiste au discours de son président Ferhat Abbas, dont je rends compte pour la radio française. La République algérienne s'installe, avec ses institutions, son gouvernement.

Plus que tout autre, Ferhat Abbas incarne le projet d'une Algérie démocratique pluraliste. Au début de son engagement politique, dans l'entre-deux-guerres, il n'avait rien d'un indépendantiste forcené. Il estimait – ce qui lui serait violemment reproché plus tard – qu'il n'y avait pas de nation algérienne, mais que l'Algérie et les Algériens devaient avoir des droits au sein de la France. Il ne reçut, pour toute réponse, qu'un silence assourdissant. À partir de 1943, il revendiqua de sa voix douce et voilée un État algérien autonome, avec son gouvernement et sa Constitution : « Désormais un musulman algérien ne demande pas autre chose que d'être un Algérien musulman. » Mais d'indépendance complète, il n'en était pas encore question, et moins encore d'insurrection. La IVe République le déçut à son tour. Toutes les réformes libérales étaient torpillées par les colons qui disposaient de leur presse, de leur police et de leur justice, avec la complicité des gouverneurs généraux socialistes Marcel-Edmond Naegelen, puis Robert Lacoste, qui se révélèrent être, lors des élections, les pires truqueurs. Fin 1955, Ferhat Abbas, désillusionné, rejoignit le FLN au Caire.

Au moment même où l'armée nationale algérienne recueillait les lauriers de ses huit années de lutte, le nouveau président de l'Assemblée me confiait : « De Gaulle nous a brisé les reins. L'opération Jumelles du général Challe a cassé l'ALN. Dans les maquis, les djebels, notre armée était vaincue militairement, mais elle a remporté la victoire politique. » À ses yeux, de Gaulle était grand, parce qu'il avait compris que la force conduisait la France dans l'impasse et qu'il n'y aurait d'issue que politique. Même si le Général passait pour un menteur auprès de tout ce que l'Algérie française comptait de sympathisants, la marche vers l'indépendance avait été inéluctable. L'accélération des dernières années était le fruit de la volonté gaullienne.

Mais la sensibilité démocrate et libérale de Ferhat Abbas coexistait avec d'autres, forgées dans la clandestinité, le maquis ou en prison. Les neuf chefs historiques de l'insurrection, détenus en France pendant toute la guerre, rentrèrent au pays, auréolés d'un immense prestige. Six acceptèrent de me parler à moi, ce pied-noir qui cherchait à comprendre. Tous voulaient se faire entendre, notamment de la France. Je rencontrai Mohamed Boudiaf avec lequel je nouai des relations de sympathie. Un homme intègre, honnête, modeste. Emprisonné par les siens après l'indépendance, il vécut par la suite vingt-huit ans en exil avant d'être rappelé et placé à la tête de l'État. Six mois après, en 1991, il fut assassiné à Annaba par un fanatique islamiste, selon la version officielle. Il était devenu suspect aux yeux des conservateurs en affichant sa volonté de réformes démocratiques. Je fis aussi la connaissance d'Hocine Aït Ahmed, élégant, doté d'une éloquence magnifique. Peu en prise avec le pouvoir et ses réalités, il en fut tenu éloigné.

Surtout, j'interrogeai Ben Bella, l'homme fort du régime naissant, qui, d'emblée, avait placé ses hommes aux postes clés. Chef du gouvernement, il exerçait un pouvoir autoritaire. C'était un ancien combattant des Forces françaises libres. Il avait servi sous les ordres du maréchal Juin et pris part à la bataille de Monte Cassino qui, en 1943, avait fait sauter le verrou nazi sur la péninsule Italienne. À l'instar de tous les dirigeants algériens que j'ai rencontrés, il admirait de Gaulle, l'homme du 18 juin, de la Résistance, de l'indépendance. Comme beaucoup de colonisés ayant contribué à la libération de la France, il était rentré en Algérie avec des sentiments mélangés de fierté, d'ambition et de dépit. Tant d'hommes avaient perdu la vie ou avaient été blessés au nom de la liberté alors qu'ils n'avaient aucun droit dans leur propre pays. Ben Bella exigeait plus de droits. Les insurgés de Sétif et Guelma, en 1945, voulaient plus de droits. Leur répression féroce acheta au prix du sang quelques années de tranquillité. Mais dès lors, Ben Bella et quelques compagnons commencèrent à se réunir clandestinement, à réfléchir à l'élaboration d'un mouvement capable de conquérir l'indépendance. À Oran, ils attaquèrent la poste près de laquelle, dans mon enfance, je buvais l'*agua limone*, une eau citronnée sous forme de glace pilée. Les gens les prenaient pour des bandits ; en réalité, ils préparaient leur révolution.

À l'indépendance, Ben Bella prit le pouvoir en s'appuyant sur le colonel Houari Boumédiène qui, pendant la guerre, avait exercé un commandement extérieur à l'Algérie, du côté du Maroc. La paix signée, il entra dans le pays avec ses troupes. Son état-major comptait de nombreux jeunes, dont deux de mes amis de lycée, ceux-là mêmes qui avaient disparu sans crier gare pour rejoindre le maquis. Ils étaient chargés de tâches administratives. Je ne les imagine pas avoir tué. Ce sont eux qui me donnèrent accès à Boumédiène. Avant de devenir de farouches ennemis politiques, Ben Bella et lui ont été des frères d'armes. Ils habitaient tous les deux la villa Joly, dans le centre d'Alger. J'y passai beaucoup de temps, ayant compris que la réalité du pouvoir se trouvait là. Les deux hommes avaient chacun leur chambre au même étage et partageaient une salle de bains – à l'occasion, j'y vis même leur linge de corps sécher côte à côte.

Le colonel Boumédiène parlait peu, mais il était ambitieux. Le corps sec et le visage osseux, d'apparence timide, il fumait cigarette sur cigarette. Il accepta de m'accorder une interview. Ce fut une surprise pour beaucoup, d'autant qu'il décida de me parler en français. Il était réputé pour ne s'exprimer qu'en langue arabe. C'était un choix politique à la signification évidente. Ce jour-là, pour le public français, il chercha vraisemblablement à montrer un visage rassurant.

L'entretien finit à la trappe : seuls quelques fragments en furent diffusés. L'actualité politique, marquée par l'attentat du Petit-Clamart contre le général de Gaulle le 22 août 1962, l'annonce du référendum sur l'élection du président de la République au suffrage universel direct le 20 septembre, la censure du gouvernement le 5 octobre et la dissolution de l'Assemblée nationale le 9 octobre, effaçait toute autre préoccupation. Rétrospectivement, je discerne pourtant dans cet échange des signes avant-coureurs du chemin cahoteux qu'allait emprunter la République algérienne. Boumédiène me parla de son alliance avec Ben Bella en des termes qui suggéraient sa relative fragilité : « Nous reconsidérerons les choses si l'un d'entre nous dévie de la ligne révolutionnaire. Pour moi, c'est une amitié conditionnelle. » Tout était dit.

La Maison de la radio du boulevard Bru était devenue celle de la radio algérienne. C'est là qu'eut lieu l'interview. Nous ne disposions que d'une caméra et, à chaque changement de pellicule, il nous fallait faire une pause. Pendant l'une d'elles, je surpris une conversation entre le colonel et une speakerine algérienne maquillée : « Vous savez, les femmes et les jeunes qui fument et qui boivent de l'alcool se trompent. Notre pays ne sera pas la Tunisie de Bourguiba. Au laxisme de l'Occident, nous répondrons, le moment venu, par plus de rigueur. » À travers Boumédiène, tout ce que l'Algérie comptait de religieux et de conservateurs occupait déjà le cœur du pouvoir.

L'alliance entre le libéralisme de Ferhat Abbas et l'autoritarisme de Ben Bella, joint à celui de Boumédiène, ne devait pas durer très longtemps. À la fin des années 1970, je retrouvai en France le pharmacien de Sétif. Il me raconta la mise au pas de la république naissante et son propre sort, lui qui avait été président de l'Assemblée constituante. Dès septembre 1963, Ben Bella imposa une nouvelle Constitution avec un parti unique, fondée sur le modèle soviétique. Ferhat Abbas protesta vigoureusement : « C'est pas possible. On n'a pas fait la révolution pour ne pas avoir la démocratie ! » Ben Bella balaya ses cris d'orfraie, disant tout le mépris que lui inspirait le Parlement. Toutefois, l'aspirant dictateur n'en craignait pas moins son rival démocrate. Il le fit arrêter et l'envoya au fin fond de l'Algérie, dans le Sud, à Colomb-Béchar. Ferhat Abbas y fut détenu pendant plus d'un an et demi, souffrant l'été de chaleurs terribles, proches des cinquante degrés. La nourriture manquait. Les gardiens tuaient des pigeons, dont certains étaient malades, et les servaient aux prisonniers. Après sa libération, il vint se faire soigner à Paris.

Les luttes à mort auxquelles se livrèrent les dirigeants du FLN dans l'Algérie post-indépendance ont des racines anciennes. En 1989, Pierre Vidal-Naquet, pourtant militant anticolonialiste et pourfendeur de la torture, déclarait discerner dans les pratiques du FLN et de l'ALN à l'époque de la guerre « l'origine d'une violence d'État symétrique à la violence française ». Sur les 200 000 à 300 000 personnes qui, estime-t-on aujourd'hui, ont perdu la vie pendant la guerre d'Algérie, 50 000 sont des Algériens tués par le FLN, selon la pratique révolutionnaire. Les massacres dont l'ALN s'est rendue coupable ont servi la propagande française, qui avait intérêt à assimiler les combattants indépendantistes à des assassins cruels, sans foi ni loi. La violence des paras, celles du FLN insurgé, de l'OAS et du FLN au pouvoir se sont répondu comme en miroir. Elle a ruiné l'ambition d'un lien fort entre la France et l'Algérie souveraine, d'une coopération intense dont je rêvais.

En outre, peu d'entre nous avaient saisi la dimension religieuse de la révolte algérienne. Dès le déclenchement de la Révolution, le 1er novembre 1954, le FLN avait revendiqué une république démocratique, populaire, sociale, mais aussi islamique. À l'époque, les partis révolutionnaires, souvent inspirés par le marxisme, n'affichaient pas de références religieuses. Mais, dans les rangs du FLN, deux tendances se sont bel et bien affrontées sur la question de l'islam. Au congrès de la Soummam, en août 1956, des militants, réunis autour d'Abane Ramdane, le responsable politique du Front pour la ville d'Alger, ont défendu l'idée d'une révolution politique sans l'islam. Quelques mois plus tard, Ramdane, l'incarnation de cette tendance laïque, était étranglé par les siens. La question si épineuse de l'ouverture des archives algériennes ne tient pas seulement au conflit de mémoire avec la France. Elle obligerait aussi le régime à se confronter à tous ces meurtres d'opposants et de rivaux commandités en sous-main.

À l'époque, je n'étais pas plus clairvoyant qu'un autre. Comme Fabrice del Dongo à Waterloo, je voyais la bataille de près, mais il me manquait une vue d'ensemble. Les grands enjeux, que les historiens mettent en avant avec le recul, m'échappaient.

Le week-end, je rencontrais mes amis de l'état-major de Boumédiène. Ils me proposèrent de rendre visite à un de leurs copains, qui était de garde à la radio. C'était un lieutenant. Lorsque je le vis pour la première fois, il portait une tenue militaire et avait devant lui, sur une table, des livres de Jean Lacouture sur Nasser, Bourguiba et Nkrumah. Il me demanda si je les avais lus, m'en parla. Très vite, nous avons sympathisé. Nous parlions de tout et de rien, de nous, de l'avenir.

— Qu'est-ce que tu veux faire dans la vie ? me demanda-t-il.

— Moi ? Je rêve d'être journaliste. Mais c'est compliqué, il faut des pistons, des combines… Et toi ?

— Moi, je voudrais faire de la politique.

— Mais tu es dans l'armée !

— C'est vrai, mais tu verras… Un jour, on passera de l'armée à la politique.

Il s'appelait Abdelaziz Bouteflika. Nous avions tout juste vingt-cinq ans. Nos vies se sont évidemment séparées, chacun suivant son destin. Mais, des décennies plus tard, nous nous sommes retrouvés et avons renoué sans peine les fils de cette relation singulière, faite d'affection et de confiance.

C'est le Bouteflika de la jeunesse que j'ai connu, tout feu tout flamme, séducteur, amoureux des femmes, plein d'idées pour son pays. C'était bien avant qu'il ne devienne cette momie au visage de cire, aux yeux vides, manipulée par un clan corrompu – son frère et quelques généraux –, par cet entourage qui l'a ridiculisé en le poussant à une quatrième puis à une cinquième candidature à la présidence de la République. Le peuple, les jeunes surtout, a eu raison de protester dans la rue et

que ce qu'on lisait déjà partout dans les journaux. Aucun canal d'échange, direct ou indirect, aucune initiative, en cours ou à venir, pour explorer les voies d'une relation renouvelée. Peu de temps après, Jacques Chirac devait effectuer un voyage officiel en Afrique. Crânement – j'en conviens –, je suggérais : « Il y a urgence ! Est-ce que Jacques Chirac, en chemin, ne pourrait pas s'arrêter à Alger pour un déjeuner, un café avec Bouteflika ? Le nouveau président attend des signes. Il se demande ce que va faire la France. » Fin de non-recevoir. Catherine Colonna eut les mots les plus durs. Elle me déclara avec le sourire – sans doute l'a-t-elle oublié : « Nous n'avons aucune confiance dans ces gens-là. » *Ces gens-là* ? J'étais estomaqué. « Mais vous ne vous rendez pas compte qu'ils peuvent être des alliés ! » lui dis-je.

Les réserves à courte vue de l'Élysée n'étaient pas totalement infondées. Mais cette position timorée tenait aussi, très vraisemblablement, à des motivations électoralistes qui, des deux rives de la Méditerranée, ont longtemps miné la relation franco-algérienne : le souci de ne pas déplaire aux pieds-noirs et aux harkis l'emportait sur toute autre considération.

Dans les mois qui suivirent, je retournai en Algérie à plusieurs reprises. Je voyais Bouteflika pour l'interroger ou seulement pour discuter. Nous passions quatre ou cinq heures ensemble. Il m'expliquait sa politique. Il souhaitait développer les relations avec la France sur le plan culturel. Opposé à une arabisation exclusive de l'Algérie, il voulait faire venir des enseignants français, raviver l'économie nationale, attirer des investissements étrangers – du moins l'espérait-il. Il attendait de la France une aide militaire, des hélicoptères pour remplacer des modèles russes hors d'âge et défaillants, des armes à vision nocturne pour combattre les terroristes islamistes, qui refaisaient surface de façon intempestive et qui finirent par essaimer en Afrique et en Europe. « Je t'en prie, me disait Bouteflika, dis-le-leur ! »

Peu à peu, les Français baissèrent la garde et commencèrent à parler aux Algériens. En juin 2000, le président de la République algérienne fut convié à Paris en voyage officiel. Il fit forte impression, sans jamais transiger sur les questions pour lui essentielles. Invité à l'Assemblée nationale, il s'adressa à une assistance clairsemée. Une partie des députés de droite refusa, en effet, d'assister au discours, invoquant un « devoir de mémoire » à l'égard des rapatriés et des harkis. En revanche, lors du dîner officiel à l'Élysée, Jacques Chirac salua en Bouteflika « l'homme d'État qui rend espoir et courage à l'Algérie meurtrie, qui redonne à ce grand pays la place qui lui revient sur la scène internationale ».

Une seule ombre assombrit cette visite, qui inaugurait une période de coopération et d'échanges. Présentant à 20 heures le journal de France 2, Béatrice Schönberg demanda à Bouteflika pourquoi les anciens harkis n'étaient autorisés sous aucun prétexte à se rendre en Algérie. Il répondit : « C'est exactement comme si on demandait à un Français de la Résistance de toucher la main d'un collaborateur. » Les harkis ne furent pas les seuls à se sentir insultés.

En mars 2003, Jacques Chirac fut invité en Algérie, première visite d'État d'un président français depuis François Mitterrand, plus de vingt ans auparavant. Je l'accompagnais, notamment à Oran. Les Algériens lui réservèrent un accueil extraordinaire. Il fut fêté comme un héros. Des foules s'étaient massées pour assister au passage du cortège. Beaucoup de jeunes gens, dont certains grimpaient dans les arbres pour l'apercevoir. Partout, on entendait crier « Vive Chirac ! ». C'était la preuve éclatante que la France, contrairement aux idées reçues, n'était pas haïe en Algérie, bien au contraire. Du moins du peuple…

Le président français récoltait les lauriers de sa politique équilibrée à l'égard d'Israël et des Palestiniens, dont lui savait gré la rue algérienne. On était, en outre, en pleine crise diplomatique avec les États-Unis. Jacques Chirac s'était montré solidaire de l'Amérique, endeuillée par l'attaque qui avait frappé les tours jumelles du World Trade Center. Le terrorisme islamiste avait alors affiché son audace et sa cruauté en plein cœur de New York. Cependant, Chirac désapprouvait la conduite de George W. Bush qui, sous l'impulsion des néoconservateurs et des faucons du Pentagone, cherchait par tous les moyens à légitimer une invasion de l'Irak. Face aux Américains, le président français apparaissait comme le chef de file du refus et le défenseur du droit international, l'ami aussi des peuples arabes. Mais les Algériens qui l'acclamaient avaient également des préoccupations plus terre à terre. Au président français, ils demandaient les visas qui leur ouvriraient les portes d'une vie meilleure.

Les Algériens n'ont pas eu leur printemps arabe. Traumatisés par la guerre civile, ils ne voulaient pas remettre en cause le système politique qui prévaut depuis l'avènement de leur république. La guerre en Syrie, au Yémen, le retour de pouvoirs autoritaires en Égypte et en Tunisie après des expériences islamistes liberticides justifient rétrospectivement leur prudence. En 2019, avec le Hirak, le peuple est pourtant massivement descendu dans les rues pour crier son exaspération et son exigence de changement.

La révolution portée par le FLN est morte. Depuis l'indépendance, ce sont toujours des militaires, parfois déguisés en civils, qui ont fait la loi. Au nom du peuple. L'État était tenu par des généraux corrompus, rentiers d'une révolution qu'ils n'ont pas faite. Les femmes, actives pendant la guerre, ont été, pour la plupart, renvoyées dans leurs foyers. Les jeunes, abandonnés, privés de liberté, d'emploi et d'avenir, sont surveillés, malmenés, alors qu'ils rêvent d'apprendre, de se loger et de s'aimer sans contraintes.

En juin 2022, j'ai rencontré le successeur de Bouteflika, le président Abdelmadjid Tebboune, élu en 2019. Il m'a reçu dans son palais et nous avons discuté avec une grande liberté de la situation politique algérienne et des relations avec la France. Éphémère ministre de Bouteflika, Tebboune est souvent tenu pour un représentant de l'ancien régime. Pourtant, il se considère lui-même comme le premier héritier du Hirak.

— Sans ce mouvement, je ne serais pas là.

— Mais pourquoi y a-t-il tant de militants du Hirak en prison ?

— Ce ne sont pas des gens du Hirak. Il y a des terroristes et de la graine d'islamistes qui se sont introduits dans le mouvement. Ce sont eux que l'on poursuit et que l'on condamne.

Tebboune veut mettre le pays en mouvement. Il entend incarner l'honnêteté, le respect du peuple algérien. La corruption est un fléau, désormais combattu avec intransigeance. À ses yeux, elle est responsable de l'atonie du marché du travail, de l'anémie des investissements, du désespoir de la jeunesse. Elle nourrit l'islamisme et menace les institutions démocratiques. L'impunité des hauts responsables est révolue, affirme le président algérien. Beaucoup purgent de longues peines de prison.

Les questions migratoires et de développement économique ne peuvent être considérées indépendamment de la démographie. Quand le pays est devenu indépendant, après le départ des pieds-noirs, il comptait neuf millions d'habitants. Aujourd'hui, les Algériens sont quarante-cinq millions et ils approcheront les soixante millions en 2030. Pour offrir un avenir aux jeunes, qui sont massivement scolarisés et éduqués, pour les retenir en Algérie, il faut de l'investissement, du dynamisme. La France peut y aider à travers une coopération qui – c'est son obsession – doit être conduite d'égal à égal.

L'Algérie est une puissance qui compte dans les relations internationales. Au Sahel, rien ne peut se faire sans le concours de son armée et de ses services secrets. Alger répond aux sollicitations de Paris mais ne veut à aucun moment donner le sentiment que ses forces se placent sous une tutelle française.

Alors que la guerre en Ukraine menace la sécurité énergétique de l'Europe, les ressources en gaz de l'Algérie sont un atout considérable. Les Italiens et les Allemands ne s'y trompent pas : ils cultivent de bonnes relations avec Alger – il est vrai qu'ils n'ont pas le même passé colonial. La France ne devrait pas rester le dos tourné : il faut aider les Algériens à développer leurs infrastructures.

Personnellement, le président Tebboune n'attend plus d'excuses ou de gestes de repentance sur la guerre d'Algérie. Il reconnaît que des violences et des crimes ont été commis des deux côtés dans un combat où le droit du plus fort n'a pas prévalu sur celui des peuples. Pour la dignité du peuple algérien, la question de la colonisation est la plus brûlante : « Chaque nation a ses mythes fondateurs. Nous, c'est la violence de la conquête française à partir de 1830, les enfumades de gens dans des grottes, l'incendie de mosquées remplies de fidèles. » Le président Tebboune attend de la France qu'elle reconnaisse les crimes commis pendant la période coloniale et l'assujettissement des Algériens. Il ne se fait pas d'illusions : les Français ne sont pas prêts à franchir un tel pas. Mais il faut tout de même avancer. C'est le chemin emprunté par Emmanuel Macron lors de son voyage en Algérie en août 2022.

Alger veut l'ouverture de nos archives ? La guerre fait l'objet d'un travail de mémoire tumultueux depuis des décennies de ce côté de la Méditerranée. Colonisation, « pacification », torture, rapatriement des pieds-noirs, sort des harkis : protagonistes, témoins, historiens débattent vigoureusement, mais librement, de toutes les questions. C'est une œuvre de longue haleine dans laquelle la vérité ne surgira qu'après bien des détours.

En 2021, la France a commémoré les manifestations du 17 octobre 1961 à Paris, réprimées avec une brutalité inouïe et dont le bilan meurtrier, plus d'une centaine de morts, a longtemps été occulté. Pendant plusieurs jours, on repêcha les corps de nombreuses victimes précipitées dans la Seine. En tant que préfet de police de Paris au moment des faits, Maurice Papon a joué un rôle crucial dans ce drame. En 1991, désirant faire progresser la vérité, je l'interrogeai à la télévision sur sa conduite et son rôle dans la répression. Publiquement, il reconnut avoir fait preuve d'une « fermeté excessive » face à ce qu'il estimait être un acte de guerre du FLN qui voulait investir le cœur de Paris (on notera pourtant qu'aucun policier ne fut tué au cours de cette journée). Mais il confessa aussi avoir été débordé par ses troupes. Il le reconnut lui-même : le général de Gaulle lui en fit le reproche.

Condamné plus tard, avec raison, pour son rôle dans la déportation des juifs durant l'Occupation, il était devenu un coupable idéal. Et, bien souvent, c'est sur ses uniques épaules que l'on fait peser la responsabilité du massacre d'octobre 1961. Ce jugement occulte la tension exacerbée qui, en 1961, régnait à Paris entre la police et l'armée, d'une part, et les musulmans algériens, d'autre part. Les indépendantistes entendaient porter la guerre jusqu'au sein de la capitale et le FLN recourait à des méthodes de terreur pour souder son propre camp, rançonnant les travailleurs immigrés, tuant récalcitrants et opposants du Mouvement national algérien de Messali Hadj. Quant aux autorités françaises, elles ont perdu le contrôle des troupes de maintien de l'ordre, dont une partie était avide de venger les policiers victimes d'attentats dans les mois précédents.

Toutes ces questions sont sur la table, pesées, argumentées, débattues. Au plus haut niveau de l'État, les présidents font des gestes forts, reconnaissent des fautes, parfois des crimes, expriment des regrets au nom de la France. En 2021, le rapport Stora a poursuivi ce chemin douloureux, mais salutaire. Rien de tel en Algérie. Le cerbère responsable des archives de la guerre refuse de les ouvrir, y compris aux historiens algériens. Sans doute craint-il que soient découverts les règlements de comptes entre révolutionnaires, les exécutions sommaires dans les maquis comme sous le ciel de l'Algérie indépendante. Aujourd'hui, la relation entre nos deux pays est empoisonnée par des considérations de politique intérieure algérienne : la guerre d'indépendance est devenue une légende, récit des origines qui seul alimente la légitimité d'une classe dirigeante prévaricatrice. Pour tourner la page de six décennies d'autoritarisme, les Algériens doivent s'engager eux aussi dans une révolution de la mémoire. Peut-être y parviendront-ils avec l'actuel président, Abdelmadjid Tebboune.

V

« ENCORE UN CHEVAL ET ON S'EN VA »

En juillet 1961, indésirable en Algérie, j'intégrais la rédaction parisienne. France Inter s'appelait encore Paris Inter et nous ne cavalions pas encore dans les longs couloirs de la Maison de la radio, inaugurée trois ans plus tard. Je travaillais sur les Champs-Élysées, au n° 116. Les journalistes que je rejoignais appartenaient à une génération de fondateurs. Ils avaient bâti cette antenne après la restitution par les Américains, en 1946, d'un émetteur radio situé à Rueil-Malmaison. L'immeuble des Champs-Élysées était vétuste, étroit, inconfortable, mais la rédaction y avait ses habitudes. C'est en traînant les pieds que les anciens déménagèrent dans le paquebot à l'architecture novatrice de l'avenue de Versailles, dédaignant presque leurs nouveaux studios, pourtant à la pointe de la technique.

Les jeunes recrues qui, comme moi, arrivaient d'Algérie avec leur enthousiasme débordant et leur accent à couper au couteau n'étaient pas vues d'un très bon œil. À l'antenne, je savais le contenir – on m'avait incité à le gommer pendant mes cours de théâtre. Mais je sentis très vite qu'il me faudrait aussi m'en défaire dans les conversations de tous les jours. À force de travail, il évolua jusqu'à disparaître, même s'il reste toujours dans ma voix un zeste du soleil d'Oran.

Mes camarades et moi étions affamés de découverte et d'action. Mais – il faut bien l'admettre – nous étions encore des analphabètes en matière de journalisme. Par chance, nos chefs, Jacqueline Baudrier et Pierre Fromentin, avaient à cœur de former ces jeunes pousses, qui avaient du tempérament, mais peu de savoir-faire. Taquins et caustiques l'un envers l'autre, ils formaient un tandem assez drôle.

Je dois beaucoup à Jacqueline Baudrier, excellente journaliste, qui s'était imposée dans un univers où les femmes étaient généralement cantonnées à des rôles de potiches. Lorsque je l'ai rencontrée pour la première fois, je connaissais déjà sa voix. C'était elle qui présentait les bulletins d'information lorsque j'étais en Algérie. Nous admirions sa rigueur, son acharnement au travail et son courage. Elle nous a formés à la dure : intransigeante, elle a corrigé, revu, parfois déchiré un nombre incalculable de nos papiers. Mais, en même temps, elle nous a donné la chance d'être à l'antenne, nous laissant prendre les initiatives les plus folles.

Pierre Fromentin était le directeur de l'information. Il avait le souci de l'indépendance de la rédaction et ne manquait pas de le faire savoir. Quand un cabinet ministériel l'appelait pour se plaindre d'un papier, on l'entendait répondre d'un ton bourru : « Comment ? Mais qui êtes-vous ? » Puis : « Vous vous trompez d'adresse ! » Et il raccrochait comme on claque la porte au nez d'un visiteur importun. Sur ce, il faisait venir le journaliste et s'expliquait avec lui, parfois sans ménagement. Lorsqu'à mon tour, je fus directeur de l'information, je lui empruntai cet usage : sans être imperméable aux critiques, ne jamais placer la rédaction en position de faiblesse vis-à-vis des pressions extérieures. Nous réglions les problèmes entre nous.

Pierre Fromentin protégeait ses journalistes, et j'en sais quelque chose. L'ouïe délicate d'un patron de la RTF avait été froissée par mon patronyme, trop exotique à son goût. Le mépris au coin des lèvres, ce gaulliste avait déclaré à Fromentin : « J'entends un type, à l'antenne, El Kabbach. Vous n'y pensez pas ? Avec un nom pareil, on ne fait pas carrière à la radio française. Vous allez lui dire qu'il s'appelle Durand ou Dupont, n'importe quoi, mais pas El Kabbach. »

Il aurait été simple pour lui de s'exécuter, mais mon directeur s'opposa à cet oukase. Il se refusa même à m'en parler sur le moment. Quand il me raconta cet épisode, deux ans plus tard, je tombai des nues. Il n'y avait rien d'indigne dans mon nom. Sans doute était-il difficile à porter dans la France des années 1960, mais j'en étais fier. J'aurais renoncé au journalisme, cette passion d'une vie, plutôt que d'en changer. D'autres ont pris un nom de plume. Mais faire de même aurait été pour moi une blessure. Pour rien au monde, je ne me serais laissé entraîner dans cette honte et cette trahison de mes origines. Je n'étais pas prêt à payer ce prix-là pour être accepté.

Tout compte fait, j'ai eu raison. Contrairement à ce que l'on peut penser, mon nom a ralenti ma progression professionnelle, m'a valu des insultes et des haines, a fait souvent de moi une cible de choix. Peu m'importe. J'ai fini par le rendre commun et par l'imposer. Et si j'avais accepté un pseudonyme, chaque fois qu'on m'aurait dit : « Bonjour Jean-Pierre Durand », jamais je n'aurais cru qu'on s'adressait à moi. Changer de nom, c'aurait été enterrer mon père une seconde fois et renier la terre de ma naissance.

À mon arrivée à la rédaction, Paris Inter était une radio vieillissante. L'antenne qui montait de façon fulgurante depuis sa naissance en 1955, c'était Europe 1. Sur ses fréquences, elle avait promu toute une nouvelle génération d'animateurs et de journalistes, parmi les plus talentueux. Ce ton singulier, cette complicité avec l'auditeur en faisaient la radio d'une génération. En Algérie, nous suivions discrètement ses journaux pour nourrir nos bulletins d'information sur les questions nationales. 22 h 30, 23 heures, minuit : les éditions s'enchaînaient. « Putain, ces journalistes, qu'est-ce qu'ils sont bons… » On apprenait en les écoutant.

Pierre Fromentin et Jacqueline Baudrier voulaient dépoussiérer la radio publique, dont les « speakers » étaient, en comparaison, engoncés, maniérés et pontifiants. Ils nous donnaient toute latitude pour innover, expérimenter. Nous travaillions jour et nuit, planquions des heures devant des commissariats ou des ministères pour recueillir une déclaration, une réaction. Nous nous formions sur le terrain, à tous les postes, faisions du reportage et des bulletins d'information. Nous habitions presque la radio : arrivée à 5 heures du matin pour les premiers journaux, pause dans la matinée pour prendre une douche et un café, retour à midi pour préparer les émissions du soir.

Avec l'un de mes jeunes collègues, originaire de Constantine, nous étions comme chien et chat. Très Algérie française, il était rempli d'animosité envers moi qui ne cachais pas mes sympathies. Pour des raisons de salut public, nous avions été placés l'un et l'autre au fond de couloirs opposés. On aurait dit deux éléments chimiquement instables, l'un susceptible d'exploser en présence de l'autre.

Un jour, Pierre Fromentin nous emmena tous les deux au café et nous sermonna : « Vous comptez nous faire suer longtemps avec vos gamineries ? Maintenant, ça suffit, vous allez travailler ensemble. » Révolté, mon collègue bondit sur sa chaise : « Mais c'est pas possible ! Il était contre les militaires ! L'Algérie est foutue à cause de lui ! » Pierre Fromentin resta inflexible. Et c'est ainsi que commença ma collaboration avec Jean-Claude Héberlé. Nous finîmes par nous entendre et par développer une amitié confiante et solide. Avec cet homme entier, tranchant, irascible, je formai un tandem hyperactif, qui innova dans les pratiques de la radio.

Aux usages de nos collègues plus anciens, nous avons apporté vitesse et réactivité. Auparavant, pour rendre compte du Conseil des ministres, les journalistes quittaient l'Élysée en voiture et filaient lire leur papier en studio. Avec un semblant de naïveté, j'interrogeai les techniciens :

— Pourquoi ne pas diffuser sur place ?

— Ça ne s'est jamais fait.

— Mais on peut le faire ?

— On peut le faire.

Il suffisait de demander…

À partir de ce moment-là, nous avons obtenu qu'une voiture apporte toute l'installation technique nécessaire sur le perron de l'Élysée. À peine sortis du palais, nous diffusions nos papiers. Nos confrères n'en revenaient pas : ils nous prenaient pour des fous furieux !

Pour les débats parlementaires, même problème. Jusque-là, le journaliste de Paris Inter assistait aux séances, notait les mots et les formules qui l'intéressaient puis, quand tout était terminé, sautait dans un taxi pour raconter ce qu'il avait vu à l'antenne. Ce processus long ne permettait pas de rendre compte de l'atmosphère des débats, des murmures de l'assistance, des bruits de pupitres, des altercations. Nous voulions faire des reportages plus vivants.

Nous demandâmes donc à émettre sur place en direct. Après une négociation serrée, le président de l'Assemblée nationale, Jacques Chaban-Delmas, souriant et incrédule, nous attribua une petite pièce où nous installâmes un preneur de son et un monteur. Avec Jean-Claude Héberlé, nous écoutions les débats et, à tour de rôle, nous montions les sujets avec les techniciens, presque instantanément. Quand l'information était prête à être diffusée, elle était encore brûlante. C'était du jamais-vu ! Mais notre petit studio se trouvait à côté de toilettes et ne bénéficiait d'aucune isolation phonique digne de ce nom. Pour éviter les bruits parasites pendant les enregistrements, nous n'avions d'autre choix que de nous interposer sur le chemin des usagers. « S'il vous plaît, ça ne vous ennuie pas d'attendre deux ou trois minutes ? L'orateur a bientôt fini de parler… »

Il était difficile d'en demander davantage. Mais ce système était loin d'être infaillible. J'ai ainsi le souvenir d'une déclaration solennelle du ministre des Affaires étrangères, Maurice Couve de Murville, emportée dans le tourbillon sonore d'une chasse d'eau.

Forts de ces expériences et de notre réputation d'hurluberlus, nous fûmes envoyés couvrir les voyages officiels de De Gaulle en France. C'était à la fois la récompense de nos efforts et de notre esprit d'initiative, un privilège et une responsabilité effrayante.

Nos papiers, nos reportages et nos interviews étaient attendus tous les jours, de journal en journal, scrutés et jaugés. Nous avions des instructions simples : « Soyez bons, précis. Ne faites pas d'erreur. Essayez de rivaliser avec Europe 1. Soyez plus rapide qu'eux ! »

En 1958, j'avais été hostile au retour de De Gaulle, mais c'est la manière, surtout, que je rejetais. Pierre Mendès France, à qui je gardais toute mon admiration, mettait en garde l'opinion et le monde politique contre la tentation autoritaire incarnée par le Général. J'avais tout juste vingt et un an et, pour la première et dernière fois, j'adhérai à un parti politique, l'Union des forces démocratiques, UFD, qui réunissait sous une même bannière tous ceux qui, au sein de la gauche modérée, ne se résignaient pas au coup de force. Je voyais encore en de Gaulle l'homme de la France libre, mais celui du 13 mai m'effrayait. Je craignais l'avènement d'un pouvoir militaire.

Cependant, je n'étais pas aveuglé par la peur. Il fallait redresser le pays et la IVe République s'était montrée tragiquement incapable de décoloniser. Trop fragile et timorée, elle avait manqué de vision et de courage. De Gaulle, au contraire, prit des décisions rapides, gouvernant par ordonnance et lançant de nouveaux chantiers en s'appuyant sur le travail de commissions. J'écoutais les slogans, les discours : personne ne parlait de multiplier les casernes, ni de mettre les militaires dans les rues. On entendait plutôt évoquer le « développement économique », la « lutte contre l'inflation » et les « grands projets ». En Algérie, de Gaulle annonça le plan de Constantine pour assurer l'essor de l'éducation et de l'industrie. Politiquement, je le voyais évoluer et l'imaginais suivre la voie qui avait fait ses preuves en Tunisie : décoloniser pour mieux coopérer. Le vieux général reprenait le flambeau de Mendès France, lequel rejetait les institutions de la Ve République.

Aussi, quand on me proposa, quelques années plus tard, de suivre ses déplacements en province, je n'eus pas le moindre état d'âme. Au contraire, je remerciai le ciel d'un tel cadeau. Ces voyages en France d'un président de la République n'eurent plus d'équivalent par la suite. Les successeurs du Général en reprirent le principe, mais sans jamais quitter l'Élysée plus d'une nuit ou deux. De Gaulle partait sur les routes six jours, parfois une semaine entière, à la rencontre des Français. Le cortège présidentiel s'étirait en une longue file de voitures, avec, aux premières loges, les officiels, ministres, préfets, grands élus. Journalistes, nous étions relégués en queue de peloton.

Notre agilité se prêtait bien à ces tournées dont la logistique lourde impliquait de s'adapter à des conditions d'émission sans cesse changeantes. Nous avions un monteur, mais pas de preneur de son. Je courais toute la journée, lesté de mon enregistreur Nagra, une petite merveille technique qui permettait de partir en reportage seul, mais qui pesait dix ou douze kilos. Nous suivions les discours, interrogions les officiels et les quidams, les admirateurs énamourés et les opposants sans merci. Nous montions l'ensemble sans délai et diffusions à une vitesse inégalée. C'était notre marque de fabrique.

Dès que la délégation s'arrêtait, nous bondissions hors de la voiture à la poursuite de De Gaulle qui – comme chacun sait – ne se préoccupait pas de l'intendance. Nous cherchions à nous tenir le plus près possible de lui. Il y avait quelque chose de raide dans sa haute stature. Avec ses petits yeux cernés et ses oreilles décollées, son nez plongeant comme une trompe, on aurait dit un éléphant nanti d'une peau rose de bébé. Il serrait des mains, distribuait quelques paroles aux uns et aux autres, levait les bras pour former le V de la victoire. Nous étions en permanence auprès de lui, tendant notre micro : chaque déclaration, improvisée ou non, pouvait avoir un sens politique et faire l'actualité. Si nous l'avions pu, nous aurions agrippé le tissu de son uniforme pour ne rien manquer.

Sans doute notre présence insistante avait-elle pour lui quelque chose de pesant. De Gaulle ne manquait pas de nous le faire sentir. Je glissais mon Nagra sous son bras, par-dessus son épaule, à droite quand il regardait à gauche, à gauche quand il tournait la tête de l'autre côté. Lorsqu'il nous sentait trop près, il nous balayait d'un geste. Nous revenions à l'assaut par un autre versant. J'avais l'impression d'être dans le film *King Kong*, aux commandes de ces petits coucous que le monstre repousse et fracasse parfois d'un revers de main.

Les dîners avaient lieu à la préfecture. Nous n'y étions pas admis, mais nous attendions sur le perron jusqu'à ce que la dernière cuillerée du dessert eût été avalée. Nous ne voulions rien perdre de ce que le Général aurait pu déclarer.

De Gaulle voyait très mal, mais tenait à se montrer sans lunettes. Il les avait pourtant en permanence sur lui, dans la poche arrière de son pantalon. De temps en temps, il les sortait et les fixait dans sa main droite, les branches croisées autour de l'index, comme un gri-gri. Quand il chaussait ses lunettes, c'était seulement l'espace d'un instant pour passer en revue l'assistance. Il les ôtait toujours pour parler.

Aussi relisait-il inlassablement ses discours au point de les connaître par cœur, ce qui lui permettait de les prononcer sans notes. Même pour ses fameuses conférences de presse, il préparait méticuleusement certaines de ses réponses : pendant quinze jours ou trois semaines, il refusait tout rendez-vous et s'enfermait pour écrire, barrer, raturer et reprendre des textes dont il mémorisait l'ultime version. En politique, les symboles sont puissants et parfois incontrôlables. Les verres épais aux multiples foyers de ses lunettes auraient révélé son infirmité. Il ne pouvait s'y résoudre. Pour un homme qui prétendait exercer le pouvoir avec vision et clairvoyance, il était difficile d'admettre une telle cécité.

Le souci de dissimuler sa mauvaise vue donnait lieu à des situations cocasses. Un jour, nous faisons étape à Dijon où de Gaulle, toujours en uniforme, est accueilli sur la grande place de la Libération par le député-maire et des habitants, souvent des familles entières, parmi lesquels des éleveurs, venus avec leurs bêtes. Je suis juste derrière le Général. Il va au-devant de chacun, adresse des saluts, et, à un moment, s'exclame avec chaleur :

— Comment allez-vous, les enfants ?

Discrètement le responsable du protocole le détrompe :

— Non, mon général…

— Comment ça, non ?

— Ce sont des moutons.

À des ecclésiastiques en soutane, il pouvait aussi adresser de francs et déférents « bonjour madame » et donner du « mon père » à d'austères institutrices.

Un jour, je le vis marcher, confiant et résolu, vers un mur en ciment. Son aide de camp le rattrapa avant qu'il ne fût trop tard :

— Mon général ! Non, mon général !

— Pourquoi, non ?

— La foule est là-bas, sur la gauche. Là, il y a un mur…

Bon joueur, le président corrigea son cap et se remit en marche avec allant.

Dans ses improvisations, de Gaulle était direct, brutal, comique. En conférence de presse, les premières questions étaient préparées par les services de l'Élysée et posées par des journalistes proches du palais. Mais ensuite, le président répondait sans ambages aux interrogations les plus variées. J'étais intimidé et me sentais comme au spectacle. Un jour, mon confrère Dominique Pado, journaliste de *L'Aurore* et antigaulliste notoire, l'interrogea sur la candidature britannique à la Communauté économique européenne. De Gaulle y était hostile parce que les Anglais, par tradition, tenaient à conserver intactes leurs relations privilégiées avec le Commonwealth et leur alliance avec les États-Unis. Seul à la tribune devant tout un parterre de journalistes français et étranger, il se redressa, comme pour se laisser une seconde de réflexion, puis asséna, sans plus de commentaires : « L'Angleterre ? Eh bien… Je la veux toute nue ! »

Comme un bonimenteur se rendant de marchés en fêtes de village, de Gaulle voyageait avec des techniques oratoires rodées et des bottes secrètes que nous, journalistes, finissions par connaître par cœur. Il déclinait certaines formules d'étape en étape, soulevant immanquablement l'enthousiasme. Ainsi, cette déclaration prophétique, dont nous avions entendu auparavant des dizaines de variantes : « Fécamp, grand port de pêche, et qui entend le rester ! » Entre nous, c'était devenu une plaisanterie récurrente. Mais à ces mots, prononcés avec un lyrisme exalté, il donnait toujours une nouvelle jeunesse. Reprise dans chaque ville, selon sa spécialité, la formule emplissait les habitants de fierté et de confiance en l'avenir.

Il y avait dans ces rencontres entre le Général et les Français quelque chose de mystique. Pour les élus, les habitants des villes et des moindres villages, il était la France. Même les manifestants que nous interrogions, venus exprimer leur opposition et leur mécontentement, conspuer le régime du coup d'État permanent, étaient déférents envers la personne de De Gaulle.

Un jour, en Bretagne, le cortège présidentiel est arrêté dans sa marche par le maire d'une petite commune, entouré de ses administrés. L'élu interpelle de Gaulle : « Mon général, mon général ! C'est la sécheresse. Nous n'en pouvons plus. Une rivière a été détournée et depuis, nous manquons d'eau. Mon général, faites quelque chose ! » Pendant qu'il parle, la silhouette massive de De Gaulle émerge à travers le toit ouvrant de la voiture présidentielle. Sans sortir du véhicule, le Général se tourne vers le requérant et lui répond d'une voix forte et solennelle : « Eh bien, monsieur le maire, vous aurez bientôt de l'eau. Je m'y engage. » Quelques secondes plus tard, un coup de tonnerre retentissant se fait entendre et la pluie se met à tomber. Une clameur monte parmi les villageois qui, l'espace d'un instant, croient au miracle. Quand ils retrouvent leurs esprits, le Général a déjà disparu sous le capot de sa voiture, comme le roi de France dans son carrosse, prêt à reprendre la route. Qu'il neige ou qu'il pleuve, il détestait s'écarter du programme de la journée.

Yvonne de Gaulle était de tous les voyages. Elle restait seule, assise au fond d'une DS noire. Elle voyait tout, suivait chacun des discours de son mari. Elle était là mais ne parlait jamais. Avec Jacques Chapuis, journaliste à RTL, j'ai essayé à plusieurs reprises de l'aborder dans sa voiture mais, dès qu'elle nous apercevait, elle remontait précipitamment la vitre.

Nous avions de bonnes relations avec les gardes du corps de De Gaulle, en dépit de notre présence constante à ses basques, qui ne devait pas faciliter leur travail. L'un d'eux, un malabar dévoué corps et âme au Général, avait assisté à une scène qui en disait long sur l'ascendant discret d'Yvonne sur les choses du quotidien. De Gaulle adorait la soupe et y trempait du pain jusqu'à la dernière goutte. Mais, à une certaine époque, Yvonne trouvait qu'il mangeait trop. Un jour, alors que, comme à son habitude, il pérorait en prenant son potage, engloutissant tout le pain qu'il trouvait à sa portée, elle laissa libre cours à son agacement. Elle tira sa propre assiette et y plaça bruyamment les couverts. Saisi, de Gaulle la regarda un court instant, puis dit simplement : « En effet. » Et, du bout des doigts, il repoussa son assiette. C'était, au fond, un couple tout à fait traditionnel : chacun exerçait le pouvoir dans la sphère qu'il estimait être la sienne.

Toujours placé à un ou deux mètres de lui, j'étais très impressionné par de Gaulle. Je ne le regardais jamais sans penser à 1940, à la Résistance, à la grande alliance contre le nazisme. J'avais lu ses *Mémoires* et je l'imaginais dînant à Bakou au côté de Staline. Le général de Gaulle avait rencontré Molotov, l'homme du pacte germano-soviétique, et Béria, l'orchestrateur des terribles purges ordonnées par le « Petit Père des peuples ». Voyager avec lui était une expérience exaltante. Non seulement il représentait un monument vivant de l'histoire nationale, mais cette histoire, il la poursuivait. Je n'ai pas attendu sa disparition pour mesurer la place qu'il y occupait.

En 1964, au début de l'été, nous apprîmes que de Gaulle s'apprêtait à accomplir un voyage d'un mois en Amérique latine. Par chance, j'étais en lice pour couvrir ce périple. À cette époque, j'étais hébergé par ma mère, en attendant de trouver un nouveau logement après une histoire de cœur malheureuse.

Un matin, je suis en train de me raser, quand j'entends frapper à la porte. Ma mère ouvre. Ce sont des gendarmes, qui demandent à me voir. « Votre sursis est fini. Vous êtes convoqué lundi prochain au camp d'Arpajon. » Je balbutie : « Ah bon… Moi ? L'armée ? » Mais ces simples messagers, que rien ni personne n'aurait pu infléchir, avaient déjà tourné les talons.

Je n'avais pas fait mon service militaire : j'avais obtenu un sursis pour études. Comme tous les jeunes du même âge, j'aurais dû rejoindre l'armée. Je respectais et soutenais les appelés. Mais l'idée d'aller combattre en Algérie, de mettre en joue des gens qui auraient pu être des amis, leurs parents, leurs frères, sœurs, cousins, cousines m'était insupportable.

Je n'avais pas été rappelé par la suite alors que le sursis avait expiré. Avec mes émissions, mes reportages, mes journaux, les voyages de De Gaulle, mon nom commençait à être un peu connu. Il m'arrivait de penser au service militaire, mais plus le temps passait, plus grandissait l'espoir qu'on m'ait oublié ou que, la guerre d'Algérie terminée, on n'ait plus besoin de ma modeste personne. Aussi, cette convocation, au moment même où l'on me proposait d'accompagner le général en Amérique latine – un mois ! –, m'accablait comme un mauvais coup du destin.

Le jour dit, je me rends à la caserne d'Arpajon. Tout bien pesé, la seule chose qui peut me sauver est l'asthme, ce compagnon de mes nuits blanches. Problème : je vais beaucoup mieux et rien ne m'assure qu'une crise se produira sous peu.

Avec une bande d'appelés comme moi, je me présente devant un adjudant ou un sergent, avec une valise. D'entrée, je joue un peu la comédie, je fais le type essoufflé.

— Dis donc ! Tu vas te dépêcher, toi, là. Allez, allez !

— Oui, bien sûr, mais… Je suis malade…

— Qu'est-ce que tu as ?

— De l'asthme.

J'ai répondu dans un souffle, mais, manifestement, sans convaincre. Le cerbère me dévisage d'un œil noir et méfiant.

— Allez, mets tes valises là.

Pendant les quelques jours que nous passons à la caserne d'Arpajon pour recevoir nos uniformes, faire les premiers exercices physiques, je traîne la patte, paraissant plus souffreteux que jamais.

Enfin, je tente une improbable mystification. J'appelle des copains et leur demande de téléphoner à la caserne en prétendant que « le ministre » a besoin de moi. Ils s'exécutent. On me fait venir. « Dis donc, le trouffion. On te demande au téléphone. »

Je prends la communication. Devant mes chaperons plus dubitatifs qu'impressionnés, j'engage la conversation : « Vous dites… ? Très bien monsieur le ministre, j'attends votre collaborateur. » Un de mes complices, fanatique de belles voitures, se présente alors devant la caserne avec ses gants en cuir de pilotage, au volant d'un petit bolide bleu aux pneus blancs. Nous passons un moment ensemble à rire de toute cette comédie, puis il repart et je retrouve mes quartiers, guère plus avancé.

Mes efforts ne sont pourtant pas tout à fait vains. Lassé de mes plaintes, mon instructeur se débarrasse de moi en m'expédiant à l'infirmerie. Mais à quoi bon, puisque je n'ai pas le moindre commencement d'une crise d'asthme ? Rien n'y fait et je commence à désespérer.

On finit par m'envoyer à Percy, hôpital des armées. J'y rencontre Holda, qui deviendra ma première épouse. Je suis affublé d'un pyjama vert tendre et passe quelques jours et quelques nuits comme en suspens. Je lis des livres, dont une étude passionnante d'Alain Girard – je m'en souviens encore – sur les journaux intimes comme genre littéraire. Stendhal, Amiel… Puis vient l'heure de vérité. Avec d'autres jeunes hommes vêtus de leur uniforme de malade, j'attends, assis dans un couloir, la visite médicale. Je sais que tout va se jouer maintenant.

Mon nom retentit : « Elkabbach ! » Tremblant, je me présente devant le médecin, un colonel. Il porte une blouse blanche, moi, mon pyjama. Je me sens comme un fugueur devant le surveillant général de son pensionnat : pas très fier de moi et prêt à discuter. Le médecin me fait asseoir et regarde sa fiche.

— Jean-Pierre Elkabbach… Tu es parent avec le Elkabbach de la radio ?

— C'est moi.

— C'est vous ?

Il marque un temps d'arrêt, lève la tête et me dévisage. Je me dis : « S'il est contre de Gaulle, je suis foutu. »

Mais tout à coup, le ton change.

— Je vous ai encore entendu l'autre jour… Qu'est-ce que vous faites là ?

Je lui raconte : le sursis, la radio, les gendarmes, Arpajon, les crises d'asthme, la poudre Louis Legras.

— Mais on ne vous a pas vu en crise, là.

— Non, en effet. Mais, vous savez, si je souhaite tant être réformé, c'est surtout parce que je dois accompagner de Gaulle en Amérique latine…

Je n'eus pas besoin d'en dire plus. Le colonel m'exempta de service militaire pour raison médicale. Je quittai l'hôpital incrédule, comme un condamné aux galères libéré de ses chaînes après l'intervention miraculeuse d'un saint homme ou de la Providence. Je ne tire aucune fierté de cet épisode peu glorieux. J'étais tellement passionné par mon métier que j'étais prêt à tout pour continuer sur ma lancée. Quand j'y repense, je songe surtout à toutes ces choses qui, dans ma vie, se sont jouées sur un coup de dés.

J'arrivai juste à temps pour accompagner de Gaulle aux commémorations du débarquement en Provence, le 15 août 1964, et pus m'envoler avec lui vers l'Amérique latine.

Les États-Unis et l'URSS, à travers Cuba, rivalisaient d'efforts pour étendre leur influence sur l'ensemble du sous-continent, qu'ils entraînaient ainsi dans la guerre froide. De Gaulle entendait incarner une troisième voie, fondée sur l'indépendance nationale, dont la France serait la cheffe de file. Au mois de mars précédent, il avait fait un premier voyage au Mexique et, le jour de la fête nationale, avait prononcé un discours en espagnol depuis le balcon du palais présidentiel. Une foule compacte, frémissante, l'avait ovationné quand il avait appelé la France et le Mexique à œuvrer ensemble pour la paix et le progrès, « *la mano en la mano* ».

Le voyage de la fin de l'été s'annonçait plus complexe et éprouvant. En l'espace de vingt-six jours, de Gaulle devait faire étape dans dix pays. Je fus choisi pour l'accompagner avec deux autres journalistes. J'étais de toutes les escales tandis que mes collègues se rendaient dans une ville sur deux, faisant des reportages en marge du voyage. Diffuser nos papiers en direct à une telle distance était un exploit technique qui était auparavant l'apanage de pionniers. Mais les radios entendaient être à la hauteur de l'événement.

Avec de Gaulle, c'était la France de la Résistance et de la liberté qui venait à la rencontre des peuples sud-américains. Partout, le Général encourageait les revendications d'émancipation, dans des pays souvent placés sous la férule de dictateurs civils ou militaires. Il forçait ceux-ci à écouter des leçons de démocratie, qui rencontraient les aspirations populaires.

En Bolivie, de Gaulle n'atterrit pas à La Paz où les conditions atmosphériques étaient jugées trop dangereuses. Le manque d'oxygène à l'altitude où il se trouvait (plus de quatre mille mètres) valait en effet à l'aéroport le surnom évocateur de « tombeau des ambassadeurs ». Le cortège présidentiel se posa donc à Cochabamba, petite ville minière où quelques milliardaires tiraient de l'étain des fortunes en exploitant les populations andines. Sous une pluie fine, nous vîmes descendre des montagnes des milliers d'Indiens, portant chapeaux et ponchos bariolés. Ils dansaient et, sur leur passage, on entendait tinter les milliers de clochettes qui ornaient leur costume. Certains venaient au-devant de De Gaulle, toujours en uniforme, et embrassaient le bas de son pantalon. Partout, on entendait crier : « *¡Francia, Francia! ¡De Gaulle, de Gaulle!* » Le président français ne ménageait pas ses hôtes. Il encourageait le peuple bolivien : « Il faut vous libérer des propriétaires fonciers qui accaparent vos terres ! » Le Général pouvait tout dire et ne s'interdisait rien.

Nous arrivâmes dans une Argentine en proie, depuis des années, à de violents soubresauts politiques. En 1955, Juan Perón, président charismatique et autoritaire, porté par la popularité de sa femme, Eva, avait été renversé au profit d'une dictature militaire. De Gaulle fut accueilli à Buenos Aires par Arturo Umberto Illia, un président civil, élu démocratiquement l'année précédente. Il était étroitement surveillé par l'armée qui, quelques années plus tard, finirait par le démettre à son tour. Quant au peuple, il réclamait le retour de Perón, contraint à l'exil. Pendant presque tout le voyage, il y eut des heurts entre la police et les manifestants, des bagarres, des jets de pierres à Córdoba. De Gaulle lui-même fut atteint par un projectile. Un vent de panique traversa la délégation française. « De Gaulle est touché ! C'est une insurrection ! » Heureusement, on ne déplora aucune blessure et l'incident fut clos.

La radio argentine nous accueillit dans ses studios afin que nous puissions envoyer nos sujets. Chaque journaliste disposait d'une fenêtre étroite pour travailler et nous nous succédions devant les micros. J'attendis mon tour derrière l'un des grands reporters d'Europe 1, une voix grave magnifique. Je l'écoutai dire son reportage, séduit par son timbre clair aux accents dramatiques : « Je me dépêche, car j'ai peu de temps… Les manifestants et la police sont derrière moi… À tout moment, ils peuvent envahir le studio ! » Autour de nous, pas un bruit, pas un murmure, pas l'ombre d'une pancarte ou d'une matraque… Et pourtant, mon confrère renchérissait : « La violence des manifestations… De Gaulle frappé par un projectile… Peut-être grièvement blessé ! » Peut-être blessé. Précaution bien commode qui permet de dire n'importe quoi. Un bel exemple de bidonnage !

Après mon propre papier, je reçus un coup de téléphone de mon patron à Paris : « Mais qu'est-ce qui s'est passé ? Vous n'avez rien vu ! Tout ce qu'on a entendu sur Europe 1… Vous vous rendez compte ? » J'avais dit la vérité sans fard, sans grossir, ni déformer, et j'étais bien mal payé du sérieux de mon papier.

La répression menée par les forces de l'ordre argentines était d'une grande violence. La présence de De Gaulle attisait le feu de la contestation. Que savaient vraiment les manifestants du président français ? En tout cas, il incarnait pour eux la volonté populaire et la liberté. Partout où nous allions, nous entendions la foule scander « *¡De Gaulle, Perón, la tercera posición! ¡De Gaulle, Perón, el mismo corazón!* » J'étais heureux d'être là : émerveillé, j'assistais au rayonnement de la patrie des droits de l'homme jusque dans l'autre hémisphère. Nous ressentions physiquement la ferveur que suscitait de Gaulle, l'homme de la Résistance aux nazis, celui qui tenait tête à l'Amérique, au capitalisme, l'avocat des droits des peuples à disposer d'eux-mêmes et de leur émancipation. La foule le vénérait. Entouré de deux ou trois gardes du corps et protégé par les services de sécurité du pays hôte, le Général n'en allait pas moins au contact du peuple, prenant des risques qui nous paraissent aujourd'hui inouïs. Quand on l'acclamait, il saluait les deux bras en l'air, formant le V de la victoire. Bien sûr, il jouait de sa légende, de son aura. Mais la foule en comprenait la force, s'y associait et se l'appropriait pour servir sa cause. Jamais, depuis lors, je n'ai constaté, à l'étranger, un tel engouement pour un président français.

Les Argentins offrirent au Général de quoi admirer leur animal fétiche, le cheval, compagnon de leurs pérégrinations à travers les immenses pampas. Ils l'invitèrent avec son épouse à visiter de riches haciendas. Chaque étape était scandée par un arrêt dans un manège où des chevaux de toutes races, tailles, robes, leur étaient présentés. Pendant des heures, le couple se tenait debout, s'efforçant de faire bonne figure. J'étais derrière eux, micro en main. Le Général sentait l'agacement et la fatigue de son épouse, qui l'implorait du regard. À un moment, il se pencha tendrement vers elle et je l'entendis murmurer : « Yvonne, encore un cheval, et on s'en va… » J'ai tant aimé cette formule que dans les événements mondains où je m'ennuie, il m'arrive de glisser à ma camarade d'infortune : « Nicole, encore un cheval et on s'en va ! »

La dernière étape du voyage eut lieu au Brésil. Elle devait se terminer par une réception à bord du *Colbert*, croiseur français qui mouillait alors en baie de Rio de Janeiro. Mais, ce jour-là, tous les yeux étaient rivés sur une autre région du monde : Khrouchtchev, maître du Kremlin depuis huit ans, grand ordonnateur de la déstalinisation, venait d'être limogé. Sans exception, nos directions parisiennes nous appelèrent pour nous donner leurs instructions. Nous devions tout faire pour obtenir une réaction officielle. De la part de De Gaulle, cela semblait exclu. Il ne s'adressait jamais à tel ou tel journaliste en particulier, estimant que le président de la République dégraderait sa fonction en répondant en toutes circonstances à n'importe lequel d'entre nous. Il refusait tout dialogue singulier et renvoyait à ses conférences de presse, spectacles grandioses où le monarque républicain faisait face à plusieurs centaines de journalistes, parmi lesquels j'avais la chance de me trouver.

Maurice Couve de Murville était plus accessible. Il était grand, les cheveux blancs ondulés, d'une élégance toute britannique. Il parlait la langue inimitable du Quai d'Orsay. J'avais bon espoir d'obtenir de lui un commentaire et, avant de rejoindre le *Colbert*, je me mis à sa recherche. La réception de son hôtel m'apprit qu'il était dans sa chambre. On l'appela et il me proposa de monter. Je frappai à la porte, m'attendant à le trouver en costume d'apparat. Une voix m'invita à entrer. Dans la chambre, je ne vis personne, mais de l'eau coulait dans la salle de bains. Je m'approchai et tombai sur le ministre, en bras de chemise et bretelles. Il était en train de laver son linge dans le lavabo ! J'étais sur le point de me confondre en excuses, quand, avec flegme, et sans le moindre embarras, Maurice Couve de Murville me dicta la réaction du ministre des Affaires étrangères français à la chute de Nikita Khrouchtchev.

Fort de ce succès, je m'enhardis. Depuis le début du voyage, je m'étais mis au défi de poser une question à de Gaulle. C'était devenu une obsession : mais à chaque étape, au Pérou, en Bolivie, au Paraguay, j'avais échoué. Je ne disposais plus de beaucoup de temps pour y parvenir. À bord du *Colbert*, j'en parle à d'autres journalistes plus confirmés, qui avaient réalisé des interviews du Général à l'Élysée. Amusés, ils saluent l'audace – je n'en étais pas à ma première excentricité à leurs yeux – mais ne veulent pas se compromettre : « Jean-Pierre, on sera près de toi, m'assurent-ils. Si tu poses la question, on renchérira, mais ne compte pas sur nous pour nous lancer les premiers. »

Je rejoins le lieu de la réception, repère de Gaulle, me mets dans sa roue, et à la première ouverture, je tente ma chance. L'air sévère, de Gaulle me toise un instant, puis me demande : « Qui êtes-vous, mon petit ? »

Déjà désarçonné, je bredouille du bout des lèvres : « France Inter… » Comme si m'accrocher à l'étendard de la radio publique pouvait me valoir son attention. « Eh bien, me dit-il, nous nous retrouverons à l'Élysée quand je ferai ma conférence de presse. Nous serons alors tous ensemble. »

Et sans un mot de plus, il passe, continuant à saluer les convives. Après un tel flop, je suis déconfit. Mais, micro à la main, je continue de m'accrocher à ses semelles. Quelques minutes plus tard, j'aperçois une Brésilienne magnifique au décolleté ravissant, paradant au bras de son mari. De Gaulle s'approche du couple et, sans autre forme d'introduction, déclare : « Bonjour madame. *Sic transit gloria mundi.* »

Ainsi passe la gloire du monde. Mon étonnement est à son comble. Celui de ses interlocuteurs aussi.

— *Que ?* répond la passante Brésilienne, interdite.

— *Sic transit gloria mundi*, répète le Général, sans rencontrer plus de succès.

Finalement, plongeant son regard dans le décolleté de la jeune femme, il se résigne : « Ça ne fait rien. Seule la mort est importante. Bonsoir madame. »

Puis il reprend son bâton de pèlerin.

Le couple n'a rien compris, mais tout est enregistré sur mon Nagra. Et, de retour sur le pont du navire, je fais écouter la scène à mes confrères.

Nul n'en ignorait les circonstances pour le moins surprenantes. Et cependant, le lendemain, toute la presse présenta cette sentence, saisie de manière impromptue, comme la réaction officielle du président à la chute de Khrouchtchev. Ces propos furent sortis de leur contexte. Pourtant, aucun démenti ne fut exigé. *Sic transit gloria mundi*... L'Élysée s'accommoda sans doute d'une réaction parfaitement adaptée, à laquelle ni ses conseillers, ni de Gaulle lui-même n'avaient rien à redire.

Après l'Amérique latine, j'accompagnai également Charles de Gaulle à Moscou en 1966. Ce n'était pas mon premier voyage en Union soviétique. Ma première visite, en 1964, avait été un choc. Je rêvais d'enquêtes loin de l'Algérie et de la France et j'étais tout heureux d'avoir été désigné pour ce périple, comblé à l'idée d'atterrir à Moscou et de fouler les pavés de la place Rouge. C'était, dans mon esprit, la glorieuse capitale du bloc de l'Est, ce monde en soi qui, par la puissance de ses armées et la force de son idéologie, tenait en respect les pays capitalistes. Je n'étais pas communiste, loin de là – *J'ai choisi la liberté* et le procès Kravchenko m'avaient définitivement ouvert les yeux –, mais j'étais impressionné à distance par la détermination implacable et la résilience de peuples qui avaient lutté contre les armées de Hitler. Après avoir dénoncé les crimes du régime stalinien, l'URSS poursuivait le projet communiste et se posait en alternative conquérante à nos démocraties libérales.

Premier jour à Moscou. Je sens encore l'odeur du *borsch* brûlant. Avec Pierre Fromentin, je me rends sur la place Rouge qu'arpentent de rares passants. Ce haut lieu du pouvoir russe, je le connais déjà à travers les images des grandes parades militaires et des portraits gigantesques des dirigeants soviétiques déployés sur les façades. Nous apercevons quelques groupes de jeunes qui viennent faire du trafic de cigarettes et d'autres marchandises ordinaires. L'un d'eux s'approche et m'adresse la parole en anglais, avec un accent russe prononcé : « *My sister, your shirt ?* » Je ne comprends pas et lui demande de répéter. Il s'exécute, alliant cette fois à la parole un geste évocateur. Pas de doute : il veut échanger ma chemise contre une passe avec sa sœur. Interloqué, je décline poliment mais fermement sa proposition et rejoins mon patron. Je lui raconte la scène. « C'est ça, l'homme nouveau ? C'est ça, la recherche de l'égalité, d'une société plus juste, plus abondante ? »

Je ne m'attendais pas à une telle pauvreté. Aujourd'hui, le Goom, l'équivalent de nos Galeries Lafayette, est redevenu un temple de l'abondance et du luxe. Mais, à l'époque, transformé en magasin d'État, ses boutiques et ses rayonnages étaient quasiment vides, mis à part deux ou trois bricoles.

En URSS, comme dans les démocraties populaires que j'ai pu visiter à l'époque, Allemagne de l'Est, Bulgarie, Pologne, Hongrie, Roumanie, il n'était pas facile de rencontrer des gens ordinaires. Les hôtels étaient très surveillés, du personnel mobilisé à chaque étage. Nous étions affublés de garde-chiourmes qui contrôlaient nos papiers lorsque nous rejoignions nos chambres et qui en interdisaient l'accès à quiconque nous accompagnait, à plus forte raison aux femmes que nous avions rencontrées. De toute façon, les gens dont nous faisions la connaissance refusaient de se montrer trop ostensiblement avec nous. Ils se compromettaient en nous fréquentant. Pour discuter librement avec eux, nous nous promenions dans les jardins de l'université sur le mont Lénine, prenions un de ces bateaux qui naviguent sur la Moskova, ou encore le train de nuit Moscou-Léningrad, aller et retour, méthodes auxquelles les couples illégitimes russes avaient couramment recours pour « se voir ».

Les étudiants nous racontaient qu'ils étaient sans cesse sur la sellette. Un mot de travers suffisait pour perdre le privilège d'aller à l'université et ne plus avoir pour horizon qu'un travail à l'usine. Il n'y avait donc pas de contestation, d'autant que chacun était encouragé à dénoncer l'autre. Un jour, une étudiante m'invita chez elle, dans la banlieue de Moscou. Je la suivis et découvris qu'elle vivait avec ses parents, sa petite sœur et sa grand-mère. Elle partageait la chambre de son aïeule et disposait d'un espace à elle, séparé du reste de la pièce par un simple rideau. Pour le rejoindre, il fallait passer par-dessus le lit de la grand-mère. Le soir venu, nous entendîmes monter la respiration des uns et des autres, qui dormaient tout près. Paralysés, nous ne pouvions plus nous parler qu'en chuchotant et nos espoirs d'une plus grande intimité ne purent qu'être déçus.

Les jeunes femmes rencontrées au cours de ces séjours ne rêvaient que d'épouser un Français, un Allemand ou un Anglais, pour trente-six heures seulement, juste le temps de se sortir de là.

Au moment du voyage officiel de De Gaulle, en 1966, l'Union soviétique était au faîte de sa puissance, même si certaines fragilités étaient déjà perceptibles. Le Général fut reçu à Moscou, Léningrad, Stalingrad, Volgograd, toutes villes où de mémorables batailles avaient été livrées contre les armées du IIIe Reich. Il fut accueilli comme un héros, de ceux qui s'étaient tenus au côté du peuple russe pendant la grande guerre patriotique. J'assistai à tous ses discours : c'est lors de ce voyage que de Gaulle énonça le triptyque « Détente, entente, coopération », qui est souvent repris comme la doctrine française en matière de relations avec l'URSS, puis avec la Russie.

À Moscou, de Gaulle rencontra pour la première fois le *triumvirat* qui avait succédé à Khrouchtchev : le président de l'Union, Podgorny, le président du Conseil des ministres, Kossyguine, à la triste figure, et le secrétaire général du Parti, Léonid Brejnev, des trois le plus roué, l'homme clé du système. La *troïka* soviétique reçut le président français et sa délégation au Kremlin dans l'immense salle Sainte-Catherine.

Au moment où ils se saluent, je remarque l'émotion des trois hommes. Ils ne sont pas intimidés mais laissent poindre leur admiration pour ce vieux chef d'État qui, aux heures les plus sombres, a été le compagnon d'armes de Staline, reçu par lui au Kremlin à la fin de la guerre. Malgré tout, le tyran reste pour eux une figure tutélaire. Avec leur invité, ils s'assoient autour d'une table tapissée de vert. Devant eux, des bouteilles d'eau minérale en plastique et des crayons. Agenouillé près du général de Gaulle avec mon micro, je ne manque rien de la scène. La conversation s'engage formellement. L'atmosphère est morose. On s'ennuie ferme. Brejnev lit un texte sans lever la tête. Soudain, on le sent s'animer. Il regarde de Gaulle et lui dit quelque chose que, vraisemblablement, il trouve amusant. La traduction vient presque instantanément : « Vous connaissez déjà la salle Sainte-Catherine. Vous étiez là en 1944. » De Gaulle se redresse et écarquille les yeux comme si des images de cette précédente visite lui revenaient subitement en mémoire. Un éclair de malice traverse son visage et d'une voix caverneuse, il répond à Brejnev : « Oui... Et c'est Staline qui était en face de moi ! » Le trait décoché n'échappe à personne. Je vois Brejnev rentrer la tête dans les épaules, presque imperceptiblement. Puis il reprend la lecture de son texte tandis que nous, journalistes, sommes priés de quitter la salle.

La même année, je suis le voyage de De Gaulle au Cambodge en compagnie de Jacqueline Baudrier. Aussi étonnant que cela puisse paraître après des décennies de tutelle coloniale, c'est la première fois qu'un chef d'État français se rend à Phnom Penh. Les temps ont changé : désormais, c'est l'intervention militaire américaine au Sud Viêtnam qui polarise toute l'attention. Les États-Unis s'enlisent irrésistiblement dans un conflit dont les Français, après huit années de guerre en Indochine, connaissent bien la nature, les pièges et les impasses.

Norodom Sihanouk, ancien roi, devenu « chef de l'État du Cambodge », suit une ligne de crête étroite pour préserver la neutralité de son pays, qui suscite la convoitise de la Chine de Mao. Nous assistons à l'accueil en grande pompe qu'il réserve au général de Gaulle. Sihanouk lui présente ses principaux ministres et conseillers : tous sortent des universités et des grandes écoles françaises. Dans la salle du trône du palais royal, azur et or, de Gaulle reçoit la clé de la ville de Phnom Penh, avec le titre de citoyen d'honneur. Le trône est un siège carré, également en or, placé sur un piédestal à cinq étages, et surmonté d'un parasol à neuf couronnes de soie superposées. Pour les Cambodgiens, il symbolise le Mérou, la montagne cosmique située au centre de l'univers, et par laquelle les forces terrestres et célestes communiquent. Fait extraordinaire, de Gaulle est invité à prendre place sur ce trône que les souverains eux-mêmes n'occupent qu'une fois, le jour de leur couronnement. Les Cambodgiens surnomment le président français « De Gaulle-Varman », « Le protégé du sort » et baptisent leur propre dirigeant « Norodom de Gaulle ». C'est dire si le chef de l'État du Cambodge attend beaucoup de la voix de la France dans cette région du monde dévastée par la guerre.

De Gaulle défend la neutralisation du Sud-Est asiatique, se plaçant délibérément en opposant à la politique américaine. Il entend parler à toutes les parties prenantes du conflit. Toujours cette troisième voie, par laquelle il refuse l'alignement aveugle exigé de leurs alliés par les Américains. Il rencontre même un représentant du Nord Viêtnam, homme d'une quarantaine d'années aux cheveux clairsemés, qui parle un français parfait et sans accent. De ce fait, on ne saura rien de la teneur de leur entretien, qui a lieu sans témoin ni interprète.

Par son indépendance affichée, de Gaulle est accusé de fragiliser la cohésion du « monde libre ». C'est le bloc de l'Est qui se fissure à l'époque. Certains signes ne trompent pas : pendant toute la réception offerte au président français, l'ambassadeur chinois feint d'ignorer son homologue russe. Cette petite vexation vient à la suite de manifestations monstres à Pékin et à Shanghai contre le « révisionnisme soviétique ». La Chine ne tolère déjà plus l'hégémonie de Moscou. Quant au représentant du Nord Viêtnam, embarrassé, il se tourne tantôt vers l'ambassadeur chinois, tantôt vers l'ambassadeur russe, afin de ménager ces indispensables alliés.

Le lendemain, cinq mille personnes occupent les travées du stade où de Gaulle doit prononcer un discours très attendu. Nous assistons à un spectacle extraordinaire : des centaines de lycéens et d'étudiants réalisent des tableaux vivants en brandissant au-dessus de leur tête des drapeaux colorés. À des paysages montagneux succèdent les portraits de Sihanouk, puis de De Gaulle, puis des deux chefs d'État ensemble.

Je suis au pied de la tribune et je vois le Général passer devant moi, en uniforme. Il a ses lunettes à la main. Il monte quelques marches et prend place devant le micro. Son discours restera comme la prise de position la plus nette et la plus forte de la France dans le conflit qui oppose les États-Unis et le Nord Viêtnam. Il en appelle à un accord politique qui seul peut rétablir la paix. Cet accord doit « garantir la neutralité des peuples de l'Indochine et leurs droits à disposer d'eux-mêmes », proclame-t-il. Au préalable, les États-Unis doivent se désengager du Viêtnam et rapatrier leurs troupes. De Gaulle lance cet appel au nom de l'amitié franco-américaine, vieille de deux siècles, et de l'idée que la France s'est faite jusqu'à présent des États-Unis.

Au discours de De Gaulle, le président Johnson fit une réponse laconique : les États-Unis ne se retireraient du Viêtnam qu'à partir du moment où « la violence elle-même déposera les armes ». Bon résumé, en somme, de l'impasse vietnamienne. Ce n'était pas une surprise : le président français ne se faisait pas d'illusions sur l'effet à court terme de ses propos. Néanmoins, par son discours, il plaçait clairement la France en position d'arbitre. Aussi, ce n'est pas un hasard si c'est à Paris que commencèrent, moins de deux ans plus tard, à l'hôtel Lutetia, les pourparlers entre les belligérants.

À cette époque, ma passion pour les affaires internationales emportait tout. Cet intérêt était à la mesure de l'atonie de la vie politique française. Il y avait bien des partis, mais ils peinaient à exister. La figure du Général écrasait tout. Ce n'est qu'à partir de 1965, lors de la première élection du président de la République au suffrage universel, qu'un frémissement se fit sentir. Personne n'avait vu venir le centriste Jean Lecanuet, cet homme jeune, moderne, avec son large sourire et ses dents blanches, qui se prenait pour John Kennedy. Et, surtout, François Mitterrand qui parvint à rallier à sa candidature l'électorat de gauche, dispersé et sans leader depuis 1958. À eux deux, ils réalisèrent l'improbable exploit de mettre de Gaulle en ballottage et le Général fut contraint de donner un entretien unique, spectaculaire, à Michel Droit. C'est d'ailleurs au cours de cette interview qu'il prononça la phrase, désormais célèbre : « Bien entendu, on peut sauter sur sa chaise comme un cabri en disant : “L'Europe, l'Europe, l'Europe”, mais ça n'aboutit à rien et ça ne signifie rien. »

Pour moi, ces péripéties politiques étaient de peu de poids face aux épopées gaulliennes telles qu'elles se déroulaient hors de nos frontières. Nous revenions étourdis, émerveillés, jouissant auprès de nos confrères d'une aura de grognards de retour d'Austerlitz. Ces voyages furent une initiation politique et historique sans égale. Chaque étape apportait son lot de découverte de pays et de peuples, semait les graines de projets ultérieurs, faisait naître des désirs de voyages.

Approcher ainsi de Gaulle, l'observer à tout instant, l'écouter était une chance, une expérience qui marque à tout jamais. Je le voyais, les yeux plissés, se déplacer avec lenteur comme si, avec sa haute taille, il portait le fardeau de l'histoire. J'ai perçu son obsession de la France, sa solitude, ses moments secrets de doute et de découragement. De Gaulle fut critiqué, caricaturé, diabolisé, haï, pris pour cible par les terroristes de l'OAS. Aujourd'hui, les politiques, unanimes, défilent devant sa tombe et l'immense croix de Lorraine de Colombey-les-Deux-Églises. Le Général est désormais une référence – que certains tentent de s'approprier abusivement –, une figure tutélaire et une source d'inspiration. Il reste tant à connaître de lui.

VI

LE ROI EST NU

Le premier grand intellectuel que j'ai interviewé fut Karl Jaspers en 1963. C'était un projet un peu fou, car le philosophe allemand n'était pas du tout connu du grand public. Mais nos chefs nous incitaient à suivre notre instinct et nos goûts.

Jaspers était un des représentants les plus éminents de cette philosophie de l'existence qui s'emparait du problème de la condition humaine, de la liberté, de la question du destin et de la contingence. Il vivait dans son temps et venait de publier un livre sur le grand problème politique et moral de l'époque : *La Bombe atomique et l'avenir de l'homme.*

J'avais lu sur épreuves une traduction française de son essai. Jaspers soulignait combien la bombe atomique impliquait pour l'humanité une rupture existentielle, et ce problème moral n'était nullement réservé aux scientifiques, aux militaires ou aux politiques. Hiroshima nous avait rendus collectivement responsables de notre survie.

J'admirais la lucidité de Jaspers et la façon dont il avait su accorder sa vie à sa pensée. Il était l'incarnation de ces intellectuels allemands qui avaient refusé tout compromis avec Hitler, à la différence de Heidegger. Tous deux avaient formé une étudiante promise à un grand destin, Hannah Arendt. Mais Heidegger avait soutenu les nazis avant même leur arrivée au pouvoir. En 1933, après leur victoire électorale et l'incendie du Reichstag, il avait accepté de devenir le recteur de l'université de Fribourg. Au même moment, Jaspers choisissait l'exil, refusant toute allégeance au IIIe Reich. En s'installant à Bâle, il entendait aussi protéger sa femme, Gertrud Mayer, menacée parce que juive. Là encore, le philosophe ne se berçait pas d'illusions. Le premier, il dénonça la culpabilité collective des Allemands.

L'attitude de Heidegger a fait l'objet de longues controverses. Certes, il quitta ses fonctions de recteur dès 1934. Mais pourquoi avoir continué à adhérer au parti nazi pendant encore dix ans ? Je ne perçois pas, chez lui, la bienveillante humanité qui me frappa lorsque je rencontrai Jaspers. Dans ses *Cahiers noirs*, publiés après sa mort, Heidegger n'avait-il pas écrit : « Je ne comprends pas que Jaspers ait quitté l'Allemagne pour sa juive » ?

Lorsque je cherchai à rencontrer le philosophe, il était déjà âgé. Il ne recevait plus la presse et, tout en acceptant de m'aider, son éditrice ne me cacha pas son scepticisme. Pourtant, Jaspers m'accorda une heure d'entretien, et nous restâmes finalement ensemble durant deux heures et demie.

Je me rendis donc en Suisse. C'est Gertrud Mayer qui m'ouvrit la porte et me conduisit jusqu'au bureau du philosophe. Jaspers était immense. Son visage était surmonté d'une belle chevelure blanche. Il parlait peu, mais les silences qu'il observait étaient paisibles. Il nous fit part de l'effroi que la bombe suscitait en lui. Pour autant, l'idée d'un désarmement unilatéral des puissances nucléaires lui paraissait être une sottise gigantesque. L'État qui désarmerait le premier serait immédiatement dévoré : les moutons ne mangent jamais les loups ! La perspective de grands accords internationaux de limitation des armements laissait Jaspers perplexe, la signature d'États totalitaires étant pour lui sans valeur.

Par-dessus tout, il était préoccupé par la tranquillité trompeuse dans laquelle s'était installée l'humanité vis-à-vis de la bombe. Depuis Hiroshima et Nagasaki, aucun cataclysme nucléaire ne s'était produit. De nouveaux États, dont la France, avaient acquis l'arme nucléaire. Pourtant, le monde était passé tout près du gouffre un an plus tôt lors de la crise de Cuba. Jaspers appelait à une prise de conscience vitale. L'humanité devait sortir de sa torpeur et prendre la mesure de l'immensité de la menace. Il lui fallait engager une réforme intérieure, comprendre que la question des armes nucléaires sur laquelle l'individu n'a, en apparence, aucune prise, le concerne en réalité immédiatement. Jaspers nous livra cette leçon, si actuelle lorsque l'on songe à la crise écologique : « Quand un homme dit à propos d'une question qui le dépasse "cela me concerne", dès lors, il commence à philosopher. »

La catastrophe redoutée par Karl Jaspers ne s'est, pour l'instant, pas produite. L'équilibre de la terreur et la dissuasion nucléaire ont fonctionné à plein. Les États-Unis et l'URSS ont conclu des accords de désarmement, et un traité de non-prolifération a été signé sous l'égide des Nations unies. Pourtant, le philosophe avait vu juste : les puissances nucléaires se sont multipliées. Israël détient la bombe. L'Iran et la Corée du Nord s'agitent. L'Inde et le Pakistan demeurent à couteaux tirés. Dans leur déraison, Trump et Poutine ont fait fi des traités limitant les armes stratégiques en Europe et le maître du Kremlin a clairement laissé entendre, au moment d'envahir l'Ukraine, qu'il pourrait y recourir. La menace nucléaire est plus pressante aujourd'hui qu'au temps de la guerre froide.

L'entretien fut diffusé sur France Inter et attira l'attention de *L'Express* qui en publia une version longue. Je ne boudais pas mon plaisir. Au moment de la diffusion, le présentateur du journal me demanda avec une légèreté confondante : « Ton Jaspers, c'est bien le footballeur qui joue avant-centre au Mönchengladbach » ? Il n'avait pas l'habitude de lancer ce genre de témoignage.

Quelques années plus tard, je parvins à interroger longuement Michel Foucault. Cela me valut d'être entraîné, bien malgré moi, dans l'une de ces controverses picrocholines qui font l'écume de la vie intellectuelle. Un an auparavant, le philosophe avait publié *Les Mots et les Choses*. Cet ouvrage passionnant connut un succès public inattendu, devenant le livre à la mode. Foucault s'était mu en porte-drapeau du structuralisme, perçu à l'époque comme le principal courant philosophique émergent. Il était un des esprits les plus originaux de son temps, et je voulais d'autant plus lui donner la parole qu'il prétendait dépasser l'existentialisme sartrien, si marquant pour moi. Cette posture était loin d'être appréciée de tous. *Les Mots et les Choses* avait fait l'objet d'une critique acerbe dans *Les Temps modernes*. Çà et là, on le qualifiait même de « livre de droite » – insulte suprême !

Foucault vivait et enseignait à Tunis. Il avait toutefois un appartement à Paris où il résidait lors de ses séjours en France. C'est là qu'il me reçut. Son regard était cruel, son rire, presque carnassier. Il parlait d'une voix claire, tranchée, coupante comme un scalpel. Pour le convaincre de m'accorder un entretien, je dus insister, revenir plusieurs fois à la charge, montrer mon intérêt constant pour la philosophie, invoquer ma rencontre avec Karl Jaspers.

Finalement, il accepta. L'entretien dura une heure. Le propos fut limpide, définitif. Foucault ne retint pas ses coups contre Sartre avec lequel il prenait clairement ses distances. L'existentialisme, me dit-il, ne pouvait plus avoir cours. D'ailleurs, Sartre lui-même avait abandonné le champ de la réflexion philosophique proprement dite au début des années 1950 pour investir le champ politique.

Tel un prophète biblique, Foucault m'annonça la mort de l'Homme. Non pas celle que redoutait Jaspers, mais plutôt la fin d'une certaine conception de l'humanité, née au XIXe siècle. On avait cru être en mesure de soustraire l'individu à ses aliénations grâce aux sciences humaines, censées les révéler. L'Homme allait devenir maître et possesseur de lui-même. Vaine espérance : on le découvrait mu par l'inconscient, les pulsions, les instincts. Foucault se montra catégorique : plus la connaissance de l'homme progressait, plus l'idée de liberté paraissait s'éloigner. Impitoyable, il reléguait Sartre et son humanisme sur les rayonnages poussiéreux du musée de la pensée philosophique.

L'entretien fut diffusé en partie dans le journal à une heure de grande écoute et fit l'objet de deux émissions thématiques. Foucault avait exprimé sa pensée avec une clarté étonnante. Il ne s'était pas contenté de se démarquer de Sartre. Il avait expliqué longuement sa propre démarche et celle de ses contemporains. Il assignait désormais au philosophe le rôle de « diagnostiquer le présent », de mettre en évidence ce qui faisait la singularité absolue de celui-ci par rapport au passé. Lui-même expliquait vouloir révéler « l'inconscient de la science », les lois et les déterminations sous-jacentes de son développement.

À la suite de la diffusion, je reçus un appel de l'éditeur François Erval, qui dirigeait une collection de philosophie chez Gallimard. Il aurait bien aimé, me dit-il, voir le texte de l'interview. Je lui en donnai l'enregistrement. Dix jours plus tard, je l'appelai pour connaître ses intentions. Il ne semblait pas encore tellement fixé et, étant pris par d'autres tâches, je laissai cette histoire me sortir de la tête. Mais un soir, à Saint-Germain-des-Prés, je vis en devanture d'un kiosque la couverture de *La Quinzaine littéraire*, barrée d'un titre énergique : « Foucault attaque Sartre ». Pour moi, ce n'était pas une surprise. Foucault avait abattu sa foudre sur son aîné devant moi et j'en avais eu la primeur. Curieux, j'achetai tout de même le magazine, l'ouvris à la page de l'article et découvris… mon interview ! Personne n'avait jugé bon de demander mon autorisation, ni même de m'informer.

À Tunis, Foucault entra dans une colère noire lorsqu'il découvrit la publication de notre entretien. « Je n'ai jamais critiqué Sartre ! » Sa fureur (et, il faut bien le dire aussi, sa mauvaise foi) était telle que je fus contraint à un droit de réponse. J'y regrettais cette publication sauvage mais restais ferme sur le fond :

mon enregistrement était là pour prouver mon honnêteté. Pendant quelques semaines, dans le petit monde des idées, je devins « cet Elkabbach qui attaque Michel Foucault ». Pourtant, je n'avais aucune prétention philosophique et n'étais pour rien dans le guet-apens qui m'était reproché.

Après cet épisode malheureux, j'ai estimé que Foucault, ce philosophe majeur, n'en était pas moins un lâche. Il n'avait pas assumé ses propos, tenu ferme sa position. Quelque temps plus tard, il se rapprocha même de Sartre et c'est en sa compagnie qu'il alla à Neauphle-le-Château rendre visite à l'ayatollah Khomeyni. À cette époque, des liens étroits existaient entre la gauche marxiste et les religieux iraniens, alliés objectifs contre le régime du shah d'Iran. Et c'est ainsi qu'après la révolution de 1979, alors qu'à Téhéran on pendait des gens dans les rues, Foucault, ce maître à penser, affirma que l'islamisme des ayatollahs allait consolider la démocratie. Je ne lui pardonne pas cette froide cécité.

* * *

Le 27 janvier 1964, le général de Gaulle annonça la reconnaissance par la France de la République populaire de Chine. Trois jours plus tard, je l'écoutais expliquer sa décision en conférence de presse : « La masse propre à la Chine, sa valeur et ses besoins présents, la dimension de son avenir la font se révéler de plus en plus aux intérêts et aux soucis de l'univers tout entier. Pour tous ces motifs, il est clair que la France doit pouvoir entendre directement la Chine et aussi s'en faire écouter. »

À aucun moment, le général de Gaulle ne chercha à présenter le régime totalitaire de Mao sous un jour favorable. Cette reconnaissance ne valait pas approbation du système politique chinois : « La France reconnaît simplement le monde tel qu'il est. » La Chine « multiséculaire » était une réalité qu'on ne pouvait ignorer.

L'initiative diplomatique gaullienne provoqua la fureur des États-Unis, aux yeux desquels les nationalistes retranchés à Taïwan étaient seuls détenteurs du pouvoir légitime. Lucide, le Général jugeait impossible de résoudre les conflits entre le Nord Viêtnam et ses voisins sans le concours du géant chinois. En outre, la rivalité entre la République populaire et l'Union soviétique ne cessait de s'accentuer. Le président français avait compris qu'elle portait en germe un affaiblissement du bloc de l'Est. C'est en développant la même analyse que, huit ans plus tard, le secrétaire d'État américain Henry Kissinger obtint de Richard Nixon la reconnaissance du gouvernement de Pékin. Le sort de Taïwan n'en demeure pas moins un *casus belli* entre les deux pays.

Étudiant, j'avais lu avec passion le témoignage sur la Longue Marche d'Edgar Snow, ami américain de Mao et Zhou Enlai, et avec intérêt les récits de voyage en Chine de Claude Roy, Edgar Faure et François Mitterrand. En 1961, ce dernier avait été reçu par Mao pendant deux heures. Subjugué, il l'avait décrit comme un « humaniste » – les effets désastreux et meurtriers du Grand Bond en avant n'étaient pas encore bien connus en Occident. « Vous savez, avait confié le Grand Timonier à son visiteur, nous sommes patients. On ne veut pas de nous, ici ou là ?

Nous pouvons attendre dix ans, trente ans, cent ans. La Chine sera toujours la Chine. » Xi Jinping ne désavouerait pas ce principe.

Au milieu des années 1960, le pays était fermé aux étrangers. Un de mes amis, cependant, s'occupait d'une agence de voyages, autorisée par les dirigeants chinois à organiser des séjours touristiques. En juillet 1965, accompagné d'un technicien radio, je me joignis à un groupe d'une vingtaine de personnes – des professeurs, un médecin, une pharmacienne, etc. Il nous fallut neuf jours pour traverser le continent eurasiatique d'ouest en est à bord du transsibérien. À Pékin, place Tian'anmen, je me mis à genoux et embrassai le sol. Ce lieu m'avait tant fait rêver !

Je rentrai en France avec l'intention ferme de repartir. Je convainquis Jacqueline Baudrier et Pierre Fromentin de m'envoyer en reportage à l'occasion de la première foire économique franco-chinoise qui devait avoir lieu à Pékin au début de l'hiver suivant. Je fus intégré à la délégation française, mais il était exclu que je sois accrédité comme journaliste. Aussi fut-il convenu que je représenterais France Inter lors de la foire. J'y distribuai des porte-clés aux couleurs de la radio, que personne ne pouvait écouter dans cette région du monde.

La délégation française fut reçue par le Premier ministre Zhou Enlai en présence de Peng Zhen, le maire de Pékin. En France, quelques jours auparavant, le premier tour de l'élection présidentielle de 1965 avait eu lieu et le général de Gaulle s'apprêtait à affronter le candidat de l'opposition de gauche, François Mitterrand. J'entendis Zhou Enlai déclarer aux principaux délégués français : « Dites au général de Gaulle que le président Mao et moi-même souhaitons sa victoire à l'élection présidentielle. »

Idéologiquement, les dirigeants de la Chine communiste avaient davantage d'affinités avec François Mitterrand, mais cette proximité leur importait peu au regard du refus du duopole américano-soviétique qu'incarnait le Général sur la scène internationale. Je décidais de n'en rien révéler. Je ne voulais pas que cette confidence, qui n'engageait que les Chinois, interfère d'une manière ou d'une autre dans le processus électoral français.

En 1966, je repartis en Chine au sein d'un groupe de voyage, mais cette fois, c'est moi qui faisais office de guide. À chaque gare du transsibérien, les Chinois briquaient les compartiments dont ils avaient la charge, tandis que les wagons entretenus par les Russes étaient dans un état de saleté avancé.

J'avais la responsabilité des billets des vingt-cinq passagers du groupe. Quand je quittai Moscou, le chef de train russe me demanda de les lui remettre. Grand, gros, portant une veste gris clair tachée, il me fit mauvaise impression. Mon instinct s'avéra juste : lorsque le chef de gare chinois demanda à voir nos titres de transport, le Russe admit qu'il ne savait plus où ils se trouvaient. À la gare suivante, trois officiers chinois, sanglés dans d'impeccables uniformes gris, exigèrent que, pour repartir, on leur présente nos passeports et nos billets : « Sans cela, vos passagers ne rentreront pas en Chine », prévinrent-ils.

Ils laissèrent finalement le train continuer son parcours – nous étions encore en Russie –, mais la même scène se reproduisit à chaque arrêt. Les voyageurs de mon groupe commençaient à s'inquiéter et je tentai de parlementer avec les officiers chinois. Ayant contrôlé mon passeport au départ du train, ils savaient que je m'étais déjà rendu dans leur pays et me rassurèrent : « Ne craignez rien : vous êtes un ami du peuple chinois. Vous rentrerez en Chine. Mais nous n'aimons pas les révisionnistes pro-capitalistes de la Russie soviétique. Nous voulons leur donner une leçon. »

Nous faisions les frais des tensions sino-soviétiques !

De gare en gare, le ton montait entre les responsables de la ligne. Incapable de retrouver nos billets, le chef de train négligeant fut contraint d'en demander une copie à ses supérieurs. Celle-ci nous parvint *in extremis* et nous pûmes entrer en Chine.

En tant qu'Occidentaux, on nous appelait les « tapitzés » – les « grands nez ». Les rues étaient sillonnées par une multitude de bicyclettes. On croisait des autobus, des camions, mais les voitures étaient rares – seulement quelques vieux taxis ou bien des véhicules officiels, plus récents. Les femmes étaient vêtues comme les hommes, de manière uniforme, en bleu ou en kaki. Jamais en robe.

Dès que j'en avais le loisir, je faussais compagnie au groupe. Je m'entretins avec Jacques Guillermaz, conseiller militaire à l'ambassade, grand spécialiste de la Chine, et Claude Martin, plus tard ambassadeur de France, qui m'aida à rencontrer des Chinois.

Tous ceux avec qui je parlais avaient en poche *Le Petit Livre rouge*, où Mao présentait la Révolution culturelle comme nécessaire pour atteindre le socialisme. L'objectif prioritaire affirmé : empêcher la formation de classes sociales. En réalité, le Grand Timonier tenait surtout à consolider son pouvoir, à éliminer ses rivaux au sein du parti et de l'État en déchaînant les passions révolutionnaires de la jeunesse.

L'emprise qu'il exerçait sur la population chinoise était ahurissante. Un jour, après avoir nagé quinze kilomètres dans le Yang-Tsé-Kiang – disait-on –, le Grand Timonier célébra dans un poème les vertus d'une telle pratique, supposée développer « un esprit courageux ». Ce fut le point de départ d'une grande campagne nationale en faveur de la natation. Dans tout le pays, on se ruait vers les rivières et les fleuves en criant et en chantant. Un dimanche après-midi, à Pékin, je vis plusieurs milliers de jeunes plonger dans le lac du parc du palais d'été en criant « Vive Mao ! ». Nombre d'entre eux ne savaient pas nager…

À la radio, dans les communes populaires, à l'usine, dans les écoles, avant toute activité, on commentait une pensée de Mao. Dans un hôpital de Shanghai, j'assistai à une opération chirurgicale du cerveau. Le malade, pleinement conscient, écoutait des textes du Grand Timonier que lui lisait une infirmière. Il souriait.

Deux ou trois fois par semaine, les travailleurs se pliaient à une réunion d'autocritique. Ceux que j'interrogeais prétendaient s'y rendre sans déplaisir : ils tenaient absolument à bien comprendre la pensée de Mao.

Car cet endoctrinement effrayant avait pour corollaire une nette amélioration de leur niveau de vie. Les villes étaient approvisionnées en fruits et légumes frais, abondants et bon marché. La viande, le poisson et le poulet étaient désormais en vente libre. Les tickets de rationnement n'étaient plus qu'un souvenir. Les produits de consommation courante s'étaient diversifiés dans les échoppes et leur prix avait baissé.

Un étudiant qui parlait français, fils de paysan, m'expliqua un jour : « Avant la révolution, mes parents et moi, qui n'étais qu'un jeune enfant, nous mendiions dans les rues de Pékin. Si la révolution n'avait pas eu lieu, nous serions peut-être morts ou réduits à la misère. C'est le président Mao, notre gouvernement et le parti communiste qui nous ont sauvés. »

Ses parents, ses trois frères et ses deux sœurs travaillaient dans une commune populaire.

— Auparavant, me dit-il, je n'aurais pas pu aller à l'école. Aujourd'hui, j'ai terminé mes études et mes parents mènent une vie heureuse.

— Quand on interroge de jeunes Chinois, lui demandais-je, ils disent tous à peu près la même chose, leur satisfaction envers le président et le Parti. N'est-ce pas de la propagande ?

— C'est la réalité, me répondit-il. Je crois au marxisme-léninisme. J'aime le président Mao. Seul le président Mao peut nous donner le bonheur.

Les rares personnes qui n'admettaient pas la pensée du Grand Timonier étaient éliminées. Déjà, elles subissaient un stage de rééducation afin de renouer avec la ligne idéologique « correcte ».

Au cours de ce séjour, j'assistais à des manifestations massives. À Shanghai, un matin, une délégation se présenta à notre hôtel et proposa à notre groupe de prononcer un discours au nom de la France en soutien à la République populaire. Naturellement, nous déclinâmes l'invitation. Toutes les artères de la ville étaient fermées. Seuls les camions transportant des miliciens ou des soldats étaient autorisés à circuler. Sur la place du peuple, une mer humaine : 700 000 à 800 000 personnes, vêtues uniformément en kaki, gris clair ou bleu sombre, étaient assises à même le sol. Des étudiants, des miliciens et des miliciennes, des soldats étaient armés de fusils et de vieux modèles de lance-roquettes. Ils brandissaient des drapeaux et des banderoles rouges et jaunes.

Dans toute la ville, des haut-parleurs faisaient entendre des discours sur la guerre du Viêtnam. Tous disaient à peu près ceci : « Quels que soient les sacrifices à consentir, nous vaincrons les impérialistes américains ! » et « À bas les révisionnistes soviétiques ! » Après chaque discours montaient des clameurs gigantesques. Des meneurs criaient des slogans, repris en cœur par les manifestants.

À mon retour en France, je prenais contact avec le journaliste du *Monde* Robert Guillain pour lui proposer un article. Spécialiste de l'Extrême-Orient, il faisait figure pour moi d'autorité morale et de référence professionnelle. Il écouta avec scepticisme mes impressions de voyage et mes observations.

« Les Chinois viennent juste de sortir du Grand Bond en avant, m'objecta-t-il. Une révolution culturelle ? Oui, peut-être, mais pas avant quelques années. » Guillain accepta néanmoins de publier mon texte en le réduisant. « Un été brûlant en Chine » parut dans *Le Monde* le 15 août 1966. Je pense toujours avec fierté à cet article, qui fait de moi l'un des premiers témoins français de la Révolution culturelle. Depuis, à chacun de mes quatorze voyages, j'ai vu la Chine se moderniser, devenir cette puissance rivale des États-Unis. Avec Xi Jinping, il lui manque toujours la liberté.

* * *

La montée en puissance fulgurante de la télévision dans les années 1960 introduisit une rupture dans le domaine politique. En 1965, la petite lucarne joua pour la première fois un rôle important dans la campagne présidentielle. Jean Lecanuet se voulait un candidat moderne, s'exprimant tant dans la presse qu'à la radio et à la télévision. Avec son sourire éclatant et sa mine de playboy, il était parfaitement télégénique. De même que les films parlants ont fait pâlir l'étoile de bien des vedettes du cinéma muet, la télévision rebattait les cartes des compétitions électorales.

En 1966, Pierre Mendès France fut invité à débattre avec Maurice Schumann sur le plateau de l'émission *À armes égales*. Pour lui, c'était une première, et il avait conscience (ou bien on l'avait alerté) des écueils qui allaient se dresser devant lui au cours de cet exercice inédit. Mendès voulait donc s'entraîner et son entourage me demanda, ainsi qu'à un autre journaliste, Michel Bassi, de le préparer à ce débat.

Nous nous retrouvâmes à l'École alsacienne qui disposait (chose rare !) d'un équipement de télévision pour les élèves. J'étais terriblement intimidé. Le mythe Mendès exerçait encore sur moi toute sa puissance. Il était ce réformateur résolu, énergique, qui, chaque semaine, pendant les sept mois et sept jours de son gouvernement, avait rendu des comptes à la radio alors que les temps étaient au mensonge et à la confusion. C'était Mendès l'intransigeant, qui avait claqué la porte du gouvernement quand Guy Mollet avait renforcé les pouvoirs des militaires en Algérie. Il incarnait à mes yeux l'action, la vertu, le courage.

Dès que l'échange s'engagea, je perdis toute appréhension. D'emblée, je le bousculai. Je voulais qu'il soit bon. Les questions fusaient. Mendès répondait tant bien que mal. Nous visionnions les images ensemble. Je ne le ménageais ni sur le fond, ni sur forme : « Vous devez vous raser, vous maquiller. Votre cravate, il ne faut pas la porter comme ça. Vos arguments sont faibles et inaudibles… »

Lorsque je suis rentré chez moi, ce soir-là, je n'en revenais pas : « Mendès France ? Je lui ai vraiment dit tout ça ? » Je ne le regrette pas. La télévision est cruelle pour ceux qui l'abordent avec naïveté. La société française changeait à vive allure et même un homme comme Pierre Mendès France devait s'adapter pour que sa voix continue de porter.

En 1968, je n'ai pas senti se lever le vent de mai. J'avais un métier exaltant, je rencontrais des gens extraordinaires, je voyageais sans cesse. Le pays appesanti par l'ennui que brocardait Pierre Viansson-Ponté au début du printemps n'était pas le mien. Du moins celui que je ressentais, comparé à ce qui se passait ailleurs.

De l'autre côté du rideau de fer, la Tchécoslovaquie secouait le joug soviétique. Alexander Dubček tentait de convertir le régime à un socialisme « à visage humain ». On se souvient surtout de l'issue tragique de cette expérience inédite : l'entrée des chars soviétiques à Prague en plein été, le désespoir de Jan Palach qui, en s'immolant publiquement, choisit la mort faute de pouvoir vivre libre. Mais, au début de l'année 1968, tout semblait possible et chacun pensait que ce qui se passait à Prague aurait des répercussions décisives dans l'ensemble du bloc communiste.

Aux États-Unis, les étudiants se soulevaient dans les campus. Ils exigeaient une société plus libre – comme, plus tard, les Français –, et surtout, ils protestaient contre l'engagement de leur pays au Viêtnam, où nombre d'entre eux étaient envoyés combattre. Leur lutte trouvait un écho en Europe parmi les intellectuels. L'illustre philosophe et scientifique britannique Bertrand Russell, pacifiste convaincu, avait lancé l'idée d'un tribunal pour juger l'attitude américaine dans la guerre. Sartre s'en empara et, avec d'autres, lui donna corps. Cette initiative n'était pas la bienvenue, même dans la France du général de Gaulle, qui ne souhaitait pas cautionner une démarche clairement antiaméricaine. C'est à Stockholm que se tint la première session du tribunal.

Je passais plusieurs jours en Suède au cours desquels je rencontrais Jean-Paul Sartre, Simone de Beauvoir et Gisèle Halimi.

Le parti social-démocrate suédois, marqué par la figure détonante d'Olof Palme, avait offert d'accueillir les audiences. Palme, qui exercerait bientôt le pouvoir comme Premier ministre, prônait une politique de « neutralité active », n'hésitant pas à défier ouvertement les États-Unis et à afficher son soutien au Nord Viêtnam. Les Suédois abritaient ainsi avec bienveillance les jeunes appelés américains qui refusaient d'aller combattre.

Je passai plusieurs soirées avec certains d'entre eux. Beaucoup étaient des Noirs. Même si la lutte en faveur des droits civiques, conduite notamment par le pasteur Martin Luther King, avait porté quelques fruits, le racisme et les discriminations à leur égard restaient immenses. La guerre du Viêtnam était un nouveau moment de prise de conscience : majoritairement, c'étaient des jeunes Blancs pauvres et des Noirs qui servaient de chair à canon.

Je fis la rencontre de Stokely Carmichael, ce jeune militant qui avait lancé, en 1966, le mot d'ordre révolutionnaire du Black Power, rompant avec le combat réformateur de Martin Luther King. Encore peu connu, il devait devenir l'une des figures de proue des Black Panthers. Grand, mince, élégant, souriant et passionné, il était habillé d'un jeans et d'une veste de velours. Il me parla du ghetto noir de New York où il avait grandi, de son père qui ne parvenait pas à nourrir correctement sa famille malgré les trois jobs qu'il cumulait.

Je voulais que cette voix se fasse entendre. Même s'ils rejetaient la radicalité du Black Power, mes chefs acceptèrent le principe d'une interview, qui eut lieu quelques mois plus tard, à Copenhague où Carmichael était venu témoigner devant une nouvelle session du tribunal Russell. Au micro, il déclara avec une morgue tranquille : « Mon père est venu au monde pauvre et noir. Il a donné sa sueur et son sang aux hommes blancs. Et il est mort pauvre et noir. Je n'ai pas besoin de travailler pour mourir pauvre et noir. Alors, j'ai décidé de combattre le système. »

Je l'interrogeais sur son récent séjour à Cuba, auprès de Fidel Castro, sur le projet politique de son mouvement, sur les accusations de racisme à son encontre. Carmichael ne s'en laissait pas conter. À ses yeux, les Noirs américains faisaient partie du tiers-monde au même titre que Cuba et le Nord Viêtnam. De ce fait, ils avaient un ennemi commun : l'impérialisme américain, qui les oppressait. Il s'affirmait Noir, plutôt qu'Américain. C'était de sa part une forme de nationalisme, et non de racisme : il considérait que les Noirs étaient des Africains et que leur dispersion dans le monde était l'œuvre des esclavagistes blancs. Aux États-Unis, ce sont les Blancs qui refusaient de vivre avec les Noirs, et non l'inverse. Les territoires où vivaient les Noirs étaient administrés de l'extérieur par des Blancs. Le Black Power en exigeait le contrôle. Il caressait également le rêve de fonder un nouvel État en Afrique pour les Noirs américains dont l'intégration aux États-Unis lui semblait chimérique.

Carmichael n'était pas un homme de paix. S'il avait un temps adopté la non-violence, ce n'était pas un principe mais une tactique politique. Il se disait même prêt, si nécessaire, à livrer une guérilla contre ses compatriotes au cœur des villes américaines. J'avais plus de sympathie pour le chemin de Luther King. Mais comment comprendre l'ébullition de la société américaine et la violence des rapports sociaux dans ce pays de liberté sans entendre la révolte du Black Power ?

En 1968, au début du mois de mai, des négociations s'ouvraient à Paris entre Nord-Vietnamiens et Américains pour tenter de trouver une issue à la guerre. J'interviewai le philosophe américain d'origine allemande, Herbert Marcuse, qui était de passage en France pour un colloque. Son essai, *L'Homme unidimensionnel*, était une grande source d'inspiration pour les étudiants sur les campus. Après l'émission, il me dit qu'il souhaitait rencontrer les représentants du Nord Viêtnam. Or j'avais des contacts à l'ambassade. Lors du voyage de De Gaulle au Cambodge, avec Jean-François Kahn, nous avions rencontré le journaliste australien Wilfred Burchett, qui défendait ardemment le Nord Viêtnam et la Chine communiste. Nous espérions pouvoir nous rendre à Hanoï grâce à ses relations, mais nos espoirs furent déçus.

Je multipliai les démarches auprès de l'ambassade pour obtenir un visa. Mes efforts n'aboutirent pas, mais je rencontrai quelques diplomates nord-vietnamiens auprès desquels je n'étais plus un inconnu. C'est donc moi qui, avec ma vieille bagnole, conduisis Marcuse de la Maison de la radio à l'hôtel Lutetia, où avaient lieu les négociations.

À Nanterre, les étudiants étaient mobilisés depuis le mois de mars. Ils s'insurgeaient contre leurs professeurs, les tournant en ridicule, en particulier le pauvre Paul Ricœur. Tout avait commencé par une étincelle en apparence dérisoire : filles et garçons se révoltaient parce qu'ils voulaient pouvoir se rendre librement les uns chez les autres. Puis, quelque chose, dans l'air, avait explosé, un besoin puissant de liberté et de libération sexuelle, qui échappait complètement au pouvoir politique.

Après la fermeture de l'université de Nanterre, les « enragés » du mouvement du 22 mars appelèrent à manifester dans la cour de la Sorbonne. Dans le Quartier latin, les premiers affrontements eurent lieu au cours de la nuit du 4 mai.

Le 6 mai, je présente le journal. Le correspondant d'Inter chargé de couvrir les manifestations est à bout de souffle. Lorsque je lui donne l'antenne, les CRS viennent de charger et il a dû courir se mettre à l'abri. On entend des tirs, des grenades qui explosent.

Mené par Sauvageot, Geisman et Cohn-Bendit que j'interrogeai, le mouvement prend bientôt de l'ampleur. On raconte que les pharmaciens du Quartier latin vendent à tour de bras des cachets de rumicine et de bicarbonate de soude, qui sont réputés apaiser les effets des gaz lacrymogènes. Une grève générale est lancée tandis que, dans la nuit du 13 au 14 mai, les étudiants protestataires occupent la Sorbonne.

Le 14 mai, de Gaulle doit se rendre en Roumanie et, en compagnie de Jacqueline Baudrier, je suis du voyage. L'enjeu n'est pas négligeable. Comme Tito, Ceaușescu marquait à l'époque son refus de l'emprise exercée par Moscou sur son pays. Le pouvoir soviétique le menaçait, jugeant sa volonté d'autonomie inacceptable. De Gaulle entendait saluer le courage du dirigeant roumain, dont on percevait encore mal la rigueur autocratique. Cette prise de distance d'un pays du bloc de l'Est donnait corps à sa recherche d'une troisième voie entre les deux grands blocs.

En Roumanie, de Gaulle fut accueilli en grande pompe. Au début, à chaque édition, les présentateurs ouvraient leurs journaux avec nos papiers. Le Général continuait de faire l'actualité. Mais après deux ou trois jours, nous commençâmes à sentir un peu d'impatience : « Bon, Jean-Pierre, aujourd'hui, tu fais plus court. » Petit à petit, nous fûmes relégués de plus en plus loin dans le journal, et à la fin, la rédaction ne voulut plus entendre parler de nous. « Ça va, tu nous emmerdes avec ton de Gaulle ! »

Dans les médias, de Gaulle était comme surclassé par les étudiants qui manifestaient. Il n'y avait plus de place pour lui. Seule exception : un discours sur la sélection à l'université prononcé devant un public roumain conquis. La rédaction parisienne s'empara avidement de notre papier, trop contente de pouvoir le présenter comme une confrontation verbale, à distance, entre le Général et les étudiants, conduits par Daniel Cohn-Bendit.

De Gaulle comprenait-il l'ampleur et la signification du mouvement ? Certains conseillers avaient tenté de le dissuader de partir, mais son entourage lui cachait vraisemblablement une partie de la réalité. Or, à mesure que se prolongeait son triomphe roumain, il perdait du crédit et de l'autorité auprès des Français. Il en venait à incarner le passé face aux jeunes qui couvraient les murs de Paris de leurs slogans imaginatifs, inspirés par les situationnistes Raoul Vaneigem et Guy Debord.

Lorsque nous rentrâmes de Roumanie, la France était totalement bloquée. En l'absence de De Gaulle, Georges Pompidou, dès son retour d'Afghanistan, n'avait pas ménagé sa peine pour apaiser le conflit. Il décida de rouvrir la Sorbonne et esquissa la tenue de grandes négociations entre syndicats et patronat. Rendez-vous était pris au ministère du Travail à partir du 25 mai. Cependant, le Général voyait d'un mauvais œil les concessions de ce Premier ministre, qui lui devait tout. De ce désaccord naquirent la défiance, puis la rupture entre les deux hommes.

Le 24 mai, de Gaulle tente de reprendre la main à sa façon, il s'adresse directement aux Français. Paralysé depuis dix jours par la grève générale, le pays tout entier est suspendu à ses lèvres. Il faut un geste fort pour sortir de l'impasse et démontrer que le pouvoir comprend les attentes de la société française. Le discours de De Gaulle provoque un grand éclat de rire. Le roi est nu, dépassé par les événements.

Désormais, c'est le Premier ministre qui semble détenir les clés de la crise. Mais les accords de

Grenelle, conclus trois jours plus tard avec soulagement, ne satisfont pas les grévistes. Georges Séguy, le négociateur de la CGT, avec Henri Krasucki, est désavoué par les siens. Le mouvement se poursuit, et la crise sociale se mue en crise de régime.

Les quelques jours qui suivent sont vertigineux. On a l'impression qu'un chapitre de l'histoire de France s'est refermé pour laisser place à une nouvelle page, encore blanche, sur laquelle tout reste à écrire. François Mitterrand se pose en recours. Quelques échos nous parviennent de l'Élysée : de Gaulle serait désemparé, découragé. L'hypothèse de son retrait est sérieusement envisagée. Puis, le 29 mai, stupeur : le président de la République a disparu. Pendant plusieurs heures, personne, pas même le Premier ministre, Georges Pompidou, ne sait où il se trouve. Deux hélicoptères ont quitté Paris pour une destination inconnue. On apprendra d'ailleurs plus tard que le pilote de l'appareil présidentiel avait reçu l'ordre d'observer le silence radio et de voler en rase-mottes pour ne pas être repéré par les radars. Certains croient de Gaulle à Colombey, mais sur place, les militaires sont formels : pas de trace du Général. D'autres le pensent à l'abri à l'étranger, d'autres encore s'imaginent qu'il est allé s'assurer du concours de l'armée en vue d'une mise au pas du mouvement.

Après quelques heures d'incertitude, le mystère se dissipe : de Gaulle est à Baden-Baden où il est allé rencontrer le général Massu, commandant des forces armées en Allemagne. De leur conversation, rien n'a filtré. Mais, à son retour, le Général décide de parler une nouvelle fois au pays. Le 30 mai, dans une brève allocution radio, il annonce la dissolution de l'Assemblée nationale et le report du référendum. Dans cette impasse, les institutions prévaudront : c'est le suffrage universel qui tranchera le nœud gordien de la crise. Son discours est suivi d'une immense manifestation de soutien. Les grandes figures du gaullisme, André Malraux, François Mauriac, Michel Debré, Jacques Chaban-Delmas, défilent en tête de cortège sur les Champs-Élysées. La lassitude et la peur du chaos entraîneront le triomphe du Général aux législatives de juin. Mais déjà, son autorité est une étoile morte. Quelques mois plus tard, elle cessera de briller.

Que s'est-il passé à Baden-Baden ? Que se sont réellement dit de Gaulle et Massu ? Le 7 juin, lors d'une interview donnée à Michel Droit, le Général avait confié avoir eu la tentation de se retirer puis s'être ravisé par crainte du chaos : « J'ai pensé que si je partais, la subversion menaçante allait déferler et emporter la République. Alors, une fois de plus, je me suis résolu. »

Quel rôle Massu a-t-il joué dans le retour de De Gaulle ? Nous savions que les deux hommes entretenaient une relation singulière. Ils n'étaient pas intimes, mais le Général appréciait les manières franches, directes, bourrues de l'ancien para, sa fidélité indéfectible. Seul un moment de tension particulièrement aigu avait semblé abîmer leur relation. En 1960, Massu, qui commandait le corps d'armée d'Alger, s'était laissé aller à parler politique. Au cours d'un entretien avec un journaliste allemand de la *Süddeutsche Zeitung*, il avait déploré que le gouvernement ne mette pas tout en œuvre pour maintenir l'Algérie française. Il s'était même fait menaçant : « L'armée a la force. Elle ne l'a pas montrée jusqu'à présent parce que l'occasion ne s'en était pas encore présentée, mais elle fera intervenir sa force si la situation le demande. » De Gaulle l'avait convoqué sans délai à l'Élysée. Selon la légende, les deux hommes n'auraient pas mâché leurs mots :

— Alors, Massu, toujours aussi con ?

— Toujours gaulliste, mon Général !

L'officier rebelle fut relevé de son commandement.

En 1969, Massu devait prendre sa retraite et je saisis cette occasion pour aller l'interroger à Baden-Baden. Il me reçut dans la propriété qu'il occupait du fait de ses fonctions et nous déjeunâmes ensemble avec sa femme, Suzanne, qui avait été une grande résistante. Il avait le visage taillé au ciseau, et comme cabossé. Prudemment, je lui demandai : « Comment ça s'est passé avec de Gaulle ? » Je me doutais qu'il ne voudrait pas me faire un récit circonstancié. C'était trop tôt et la loyauté lui commandait la discrétion. Mais il me livra tout de même quelques bribes de ce qu'il devait raconter bien plus tard dans ses *Mémoires*.

Quand Massu avait été prévenu de l'arrivée de De Gaulle, l'hélicoptère était déjà en vol. C'est Suzanne qui avait répondu au téléphone. « Le Général ? Il arrive ? Attendez, je vais prévenir mon mari. » Il faisait beau cet après-midi-là et Massu faisait la sieste au soleil dans le jardin, complètement nu. En toute hâte, il s'était rhabillé pour accueillir le président. La mine sombre, défaite, de Gaulle avait déclaré dès sa descente de l'hélicoptère : « Tout est foutu, les communistes ont provoqué une paralysie totale du pays. Je ne commande plus rien. Donc, je me retire. Je viens chercher refuge chez vous afin de déterminer que faire. » Pendant plus d'une heure, Massu l'avait secoué, exhorté à ne pas se décourager, à retourner à Paris, à lutter. « Vous, l'homme du 18 juin, vous ne pouvez pas céder ! » De Gaulle avait repris ensuite l'hélicoptère pour Paris, rasséréné et combatif.

On s'est beaucoup interrogé sur l'état d'esprit et les intentions du Général, qui demeurent aujourd'hui encore assez énigmatiques. Il ne trouvait plus le sommeil à l'Élysée et disait vouloir quitter Paris pour se reposer. Il avait ce sens de la mise en scène qui, ce jour de mai, fonctionna si bien : organiser sa propre disparition, consulter l'armée au travers d'un officier supérieur dont la légende était connue de nombreux Français, reparaître, s'adresser à la nation et décider. En quelques heures, le Général était parvenu à faire ressentir et presque vivre les grandes alternatives qui se présentaient aux Français, avec ou sans lui. C'était désormais à eux de saisir la main tendue.

Pour de Gaulle, ces jours de mai ont été une épreuve. On aurait tort de l'imaginer calculateur, sans affect, déterminé uniquement par les jugements sûrs d'une raison froide. Je ne crois pas son désarroi feint. Ces moments de découragement, de doute, furent à mon sens bien réels. Un homme d'État devrait-il être inébranlable jusqu'à l'aveuglement ? Sa force de caractère n'était-elle pas dans le sursaut dont il sut faire preuve, même dans les circonstances les plus dramatiques ?

Comme je demandais à Massu s'il ne gardait pas de rancune de son éviction pendant la guerre d'Algérie, il balaya cette idée d'un revers de main. « Je dois tout au général de Gaulle. C'est grâce à lui que j'ai pu continuer de combattre sous l'uniforme français en 1940. » Avec quelques camarades, Massu avait fait basculer le Tchad du côté de la France libre. Il était déterminé à continuer la guerre. Sans de Gaulle, il aurait dû rejoindre l'armée britannique en Égypte. « Je ne l'aurais jamais laissé tomber, même lorsqu'il m'a fait souffrir, comme pendant l'affaire algérienne… »

Le 30 mai, alors que de Gaulle était sur le point de prendre la parole, j'avais la tête ailleurs. Holda, ma première épouse, était à la maternité, sur le point d'accoucher. J'attendais un appel téléphonique qui devait m'annoncer la naissance.

Tout à coup, mon assistante entra dans le bureau en criant : « Ça y est, on l'a, on l'a ! » Je sentis mon cœur s'emballer.

— C'est une fille ? Un garçon ?

— Non, c'est de Gaulle ! Il parle dans dix minutes !

Emmanuelle, ma fille, vint au monde quelques heures plus tard. Ce fut un très grand bonheur pour moi de tenir ce bébé dans mes bras, mon enfant.

Longtemps, ma passion du journalisme fut ma priorité – je le reconnais. Au détriment de mes proches et d'Emmanuelle. J'ai mis des années à m'occuper vraiment d'elle. J'étais souvent absent, en voyage. Il me faut aussi admettre que j'étais rétif à toute forme de contrainte familiale ou sociale. Je me refusais à subir les obligations d'une vie rangée, à passer d'interminables dimanches après-midi chez mes beaux-parents, à arpenter les jardins publics derrière une poussette. L'idée même de ce quotidien réglé m'étouffait.

Ma notoriété croissante fut pour elle une gêne et un handicap au collège puis au lycée. Avec une méchanceté dissimulée derrière le paravent de plaisanteries potaches, on lui répéterait plus tard : « Emmanuelle ! Taisez-vous Elkabbach ! » Actrice talentueuse, ses débuts furent un parcours du combattant. Il lui arriva de surprendre des discussions désolantes en fin d'audition.

— Elle est bien, hein ?

— Quoi ? La fille d'Elkabbach ?

Saquée. Mais elle ne voulait surtout pas que j'intervienne et me l'interdisait. Du reste, cela aurait probablement eu des effets négatifs. Elle décida d'abréger son nom en Emmanuelle Bach.

Sans ressentiment ni colère, avec patience, humour, courage, elle a poursuivi son chemin. Elle a gagné l'estime de sa profession, qui reconnaît ses qualités d'actrice. Après des rôles dans différentes séries télévisées, elle participa à une des réussites exemplaires de la télévision publique : *Un village français*, sans cesse rediffusé.

Emmanuelle a un sens du comique irrésistible qui lui sert à dissimuler son hypersensibilité. Elle entretient ses amitiés avec délicatesse, voue aux autres une attention désintéressée. Elle comprend les gens simples, ceux qui travaillent et souffrent en silence, crée avec eux, sans effort, une chaleureuse proximité. Elle donne du temps aux abandonnés, aux invisibles, et leur marque du respect. Je suis fier de son allure, de sa personnalité forte, indépendante et rebelle. Elle est active, cultivée, sportive, passionnée de la scène et du jeu, sensible et drôle.

Tant de moments partagés dans son enfance me reviennent en mémoire. Ce bébé de quelques mois menant déjà sa vie, filant sous la table à quatre pattes entre les jambes de nos invités. Cette petite fille riant à pleines dents lors des vacances radieuses pendant lesquelles je lui appris à nager. La joie des retrouvailles à l'aéroport quand des milliers de kilomètres nous séparaient. Dans l'ébullition de son adolescence, elle m'a reproché mes absences. Ma vie professionnelle m'absorbait tant. J'avais le sentiment de ne pas avoir d'alternative.

Je n'ai longtemps pas su ménager une place suffisante dans ma vie pour que s'épanouisse pleinement cet amour. On ne rattrape pas le temps perdu, mais nous profitons désormais sans retenue de tous les moments que nous passons ensemble. Il n'est pas un jour sans que je pense à elle, sans que j'entende sa voix et son rire. Nos liens sont un trésor. Je ne laisserai plus la vie nous éloigner.

VII

DE L'AUTRE CÔTÉ DU MUR

Depuis la mi-mai 1968, une effervescence inédite régnait à la Maison de la radio. Les assemblées générales se multipliaient et le mouvement de grève s'étendait de jour en jour. L'enjeu principal était l'indépendance des journalistes vis-à-vis du pouvoir. Il faut se souvenir que le ministre de l'Information, Alain Peyrefitte, avait dans son bureau une ligne téléphonique directe vers les directeurs de l'information de la radio et de la télévision publiques – lors de son entrée en fonction, il s'en était lui-même étonné ! Devenu président de la République, Georges Pompidou considérait que les journalistes de la télévision avaient une responsabilité particulière, étant perçus dans le pays et à l'étranger comme « la voix de la France ». Plus encore, de Gaulle n'aimait pas la presse, qu'il jugeait hostile envers lui. En 1965, un journaliste avait ouvert la traditionnelle conférence de presse élyséenne par une question en apparence amicale, mais non dénuée d'arrière-pensées : « Comment vous portez-vous, mon général ? » De Gaulle, qui venait de subir une opération chirurgicale, lui avait répondu, cynique :

« Je ne vais pas mal. Mais, rassurez-vous, un jour, je ne manquerai pas de mourir. » La salle avait éclaté de rire, mais le trait d'humour était révélateur. De Gaulle trouvait Alain Peyrefitte trop proche des journalistes et craignait que celui-ci, attendri, ne lâche un peu trop la bride. Pourtant, le ministre de l'Information ne nous épargnait pas !

Nous jouissions cependant à la radio d'une grande liberté par rapport à nos confrères de la télévision. Nos chefs subissaient peut-être des pressions, mais ils nous protégeaient et tâchaient d'assurer autant que possible l'objectivité du traitement de l'information. Il est vrai, également, qu'ils étaient de fervents gaullistes, notamment Jacqueline Baudrier qui ne faisait pas mystère de son admiration pour le Général. Même si je ne subissais moi-même ni pression, ni censure, mes confrères de la télé défendaient une juste cause. Je ne pouvais pas faire partie des non-grévistes qui assuraient coûte que coûte le journal alors que les autres risquaient leur poste pour obtenir une indépendance qui profiterait à tous.

Jacqueline Baudrier se sentait trahie par tous ces jeunes qu'elle avait formés. Elle prenait la fronde de ses équipes comme une attaque personnelle et injuste, ce qui, dans mon cas, n'était pas vrai. Cette rupture me causa beaucoup de chagrin.

La grève prit un tour vital au mois de juin lorsqu'il apparut de plus en plus que le pouvoir qui vacillait en mai avait retrouvé son assise et promettait de prendre sa revanche. De ville en ville, de manifestations en meetings, nous ne ménagions pas notre peine. Mais le raz de marée gaulliste aux élections législatives eut raison du mouvement. La reprise du travail fut votée sans réelle contrepartie. Au contraire, les grévistes furent sévèrement sanctionnés.

Chacun attendait d'être fixé sur son sort. Beaucoup furent licenciés, purement et simplement. D'autres, moins nombreux, subirent des mutations disciplinaires. Un à un, nous fûmes reçus par Roland Dhordain, le patron de France Inter, que nous aimions bien. Lorsque mon tour vint, il me dit : « Bon, Jean-Pierre, tu as fait le con. On va t'envoyer en province. À Toulouse ou à Lyon. » Jacqueline Baudrier était là, derrière moi, silencieuse. Elle ne m'adressait plus la parole. Je m'entendis dire, en toute sincérité : « Je ne sais pas. Peut-être que je vais partir, essayer de trouver du travail ailleurs. » C'est alors que j'entendis dans mon dos la voix de Jacqueline Baudrier, sévère et consternée : « Roland, dites-lui de ne pas faire cette bêtise. Qu'il accepte d'aller à Toulouse ou à Lyon. Qu'il se débrouille ! »

Je partis donc pour Toulouse où je passai cent quatre-vingts jours qui restent pour moi un très bon souvenir. Pourtant, mes nouveaux confrères ne me réservèrent pas le meilleur accueil. Devant moi, le directeur de la station locale avait dit à tout le monde que je m'étais « occupé de la grève », puis on m'avait installé au fond d'un bureau, où je devais écrire des informations. Cette étiquette de « rouge » me rendait assez infréquentable, d'autant que mes nouveaux collègues pouvaient légitimement m'imaginer au désespoir d'être « exilé » à Toulouse, au vu des circonstances de mon arrivée.

Je ne connaissais personne et partais complétement de zéro, mais j'avais à cœur de montrer qu'on pouvait faire le journal autrement qu'en découpant *La Dépêche du Midi* tous les matins. J'obtins une chambre à la cité universitaire de Toulouse, au bord de la Garonne, et allai sur le terrain, sillonnant la ville en bus, l'enregistreur calé sur l'épaule. Je glanais des informations à la préfecture, parlais aux étudiants à l'université, je rencontrai des chefs d'entreprise, des syndicalistes, des sportifs.

Je fis surtout la rencontre marquante de monseigneur Guyot. On l'appelait « l'archevêque rouge » parce qu'il avait pris le parti des étudiants pendant le mouvement de mai. Il tempêtait contre ceux qui « n'avaient rien compris » à leurs aspirations et demandaient qu'on améliore les conditions de vie des femmes, des ouvriers, des étudiants et des immigrés. C'était un petit homme chauve avec des lunettes, une tête de diablotin et de grandes oreilles. Il était sympathique, discret et délicat. Mais quand il parlait, toujours avec douceur, il avait un souffle extraordinaire.

Il me recevait le samedi pour le thé, qui nous était servi par une sœur avec des petits gâteaux. Pour moi qui étais juif et qui n'éprouvais pas, à l'époque, d'intérêt particulier pour les grands textes religieux, c'était une drôle d'expérience. Jusque-là, j'avais plutôt ressenti de l'appréhension devant cet univers spirituel qui m'intimidait et me rebutait un peu. Mais monseigneur Guyot se gardait de tout prosélytisme et s'adressait à moi sur un pied d'égalité, ce que rien ne justifiait. De ces discussions naquit une curiosité nouvelle pour l'histoire des religions, la vie des Églises et des communautés religieuses. Je pus, grâce à lui, nouer par la suite, très naturellement, des liens d'amitié avec des figures éminentes, telles que l'archevêque de Paris, Jean-Marie Lustiger, plus tard le grand rabbin de

France, Haïm Korsia, ou le recteur de la grande mosquée de Paris, Chems-Eddine Hafiz.

Haïm Korsia m'a réconcilié avec le judaïsme. Avec sa voix douce, il apaise, rassure, suscite la curiosité. Il aime les êtres : il les approche, cherche à les comprendre, à leur offrir une petite part de sagesse. Il sait trouver les mots, toujours avec le sourire. Avant d'ouvrir un de ces livres sacrés, qu'il commente si bien, il raconte une plaisanterie, toujours drôle et d'un symbolisme profond.

Mon père s'est effondré après avoir lu en hébreu la prière du prophète Isaïe. Depuis plusieurs années, le jour anniversaire de sa mort, Haïm Korsia m'invite à la commenter en français. Un jour, je voulus y déroger.

— J'en ai assez. Je répète le texte de votre prophète depuis cinq ans. Ça suffit !

— Bien sûr que non ! Nous récitons ces prières depuis presque six mille ans. Elles nous parlent toujours au présent.

Le grand rabbin est un Mozart du Talmud. Ses prêches éblouissants, souvent improvisés, jaillissent du fond des siècles. Il chante la grandeur du destin tragique des juifs et de leur choix libre de la République.

Nous nous retrouvons régulièrement avec Sylvain Kern, inspirateur et cheville ouvrière de la Cité de la réussite, ce rendez-vous intellectuel international foisonnant qui se tient tous les deux ans à la Sorbonne, et avec l'avocate Julie Jacob, qui évolue avec une dextérité sans pareille dans l'univers sans cesse changeant des nouvelles technologies numériques. Nos discussions sont toujours une fête joyeuse où fusent des idées venues de toutes parts.

Haïm Korsia connaît la terre entière. À tout instant, il peut intervenir pour aider des êtres en difficulté, les rabbins de France qu'il a choisis et formés tout autant que des opposants. Inutile de l'inviter à déjeuner, il ne mange presque rien. Un peu de pain et de miel. Il se fera en revanche un plaisir de préparer votre poisson ou de découper vos côtes d'agneau. Toujours servir.

Quant à Chems-Eddine Hafiz, le recteur de la grande mosquée de Paris, il défend un islam républicain tolérant qui intègre la laïcité. Depuis qu'il est en fonction, les Français musulmans sont plus actifs, plus rassurés dans leur pratique religieuse et leurs convictions. Les jeunes y ont trouvé un foyer et un havre de tranquillité. La charte de l'islam de France, que Chems a en grande partie rédigée seul, est une véritable révolution. Elle énonce dans son préambule qu'aucune conviction religieuse ne peut être évoquée pour se soustraire aux obligations des citoyens. Elle affirme que la laïcité garantit le principe de liberté. Elle proclame l'égalité femme-homme en la fondant sur le texte coranique. Elle s'élève contre la criminalisation du renoncement à l'islam. Il fallait du courage pour l'annoncer et l'appliquer. Il en a.

Mais la bataille est rude. Jean-Luc Mélenchon s'accommode de salafistes en costume cravate qui séduisent les jeunes. Leur prosélytisme est efficace et la menace pour la cohésion des sociétés européennes est grande.

Les rencontres et le dialogue entre le recteur de la mosquée de Paris et le grand rabbin de France ont surpris chez les musulmans comme chez les juifs. L'un et l'autre savent entretenir des relations avec l'épiscopat français – le pape François a même accordé à Chems une longue audience personnelle en 2022. Lors de rencontres avec l'archevêque de Marseille, Jean-Marc Aveline, ils affichent avec humour le lien qui les unit. « Mon père est d'Oran, rappelle Haïm Korsia, Chems est d'Alger et Aveline, de Sidi Bel Abbès. Nous avons l'Algérie en commun. Vous ne réussirez pas à nous diviser ! »

* * *

Mon expérience toulousaine prit fin avec un coup de fil du correspondant à Bonn de France Inter, Paul Maugain. Il cherchait à s'adjoindre un journaliste pour faire des reportages dans tout le pays. Je n'hésitai pas, heureux de me confronter à des horizons plus vastes et à retrouver les questions internationales. Il fallait cependant l'accord de ma hiérarchie dont la rancune persistait. Finalement, mon changement de poste fut avalisé et je m'envolai pour Bonn.

Je n'avais pas même posé mes valises que l'actualité m'appelait à Berlin. Le président américain, Richard Nixon, devait y rencontrer le chancelier Kiesinger, auquel son passé nazi avait valu d'être giflé publiquement par Beate Klarsfeld, symbole, avec son mari Serge Klarsfeld, du courage. On leur doit la liste des noms de chaque Français juif envoyé dans les trains de la mort vers Auschwitz. J'étais surpris que Paul Maugain ne couvre pas lui-même un événement aussi important et, naïvement, je lui fis part de mon étonnement. Je compris mieux alors pourquoi il m'avait recruté. « Aller à Berlin ? Jamais ! Ces salauds, je suis bien content qu'on ait rasé la moitié de la ville ! » Maugain n'avait pas pardonné aux Allemands leur naufrage dans le national-socialisme. Seuls Bonn et les dirigeants de la RFA, qu'il connaissait bien, trouvaient grâce à ses yeux et il ne quittait jamais la capitale fédérale.

À mon arrivée à Berlin, je n'en menais pas large. Je devais assurer en direct la traduction des propos de Nixon et de Kiesinger. Pour le président américain, ça ne posait pas de problème, je m'arrangerais avec mon anglais. L'allemand m'inquiétait davantage. J'avais appris cette langue dans ma jeunesse, mais il ne m'en restait que peu de choses. Pour ne pas céder à la panique, je me jetai à l'eau avec un radeau de fortune : je remplaçai les passages qui m'échappaient par des extraits d'un précédent discours de Kiesinger sur des thématiques similaires (l'Otan, les relations germano-américaines, le conflit Est-Ouest). À Paris, les responsables du journal furent parfaitement satisfaits de ma traduction. C'est dire si les discours officiels sont originaux !

La capitale d'alors, Bonn, était une ville charmante, mais ensommeillée et ennuyeuse. Beethoven y était né et y avait passé sa jeunesse, mais il en était parti. À part le Parlement, la chancellerie et le gouvernement, il n'y avait rien. Dès que je le pouvais, je m'en allais en reportage. Je cherchais tous les sujets imaginables pour m'échapper. Je me rendais à Munich ou à Berlin-Ouest, petit îlot libéral, enserré dans la RDA communiste, que l'on ne pouvait rejoindre qu'en avion. De là, j'ai franchi quelquefois le mur pour gagner Berlin-Est. Au checkpoint Charlie, j'étais soumis à un contrôle rigoureux et, une fois passé de l'autre côté de la frontière, la surveillance, certes plus discrète, ne se relâchait pas. Il n'y avait presque personne dans les rues. On s'y sentait épié par des policiers en éveil, de préférence invisibles. Tout était fermé et la ville semblait entièrement recouverte d'un voile de tristesse. Cinq décennies plus tard, j'eus une impression analogue à Paris, confinée pour cause d'épidémie.

L'Allemagne où je vadrouille en cette fin des années 1960 est secouée par les mêmes soubresauts que la France, mais nettement plus violents. Après l'amnésie de l'après-guerre, les plus jeunes demandent des comptes à leurs parents qui ont porté Hitler au pouvoir par les urnes en 1933 et se sont accommodés pour beaucoup de la barbarie quand ils n'y ont pas eux-mêmes mis la main. Le retour d'un passé refoulé obsédant empoisonne la société allemande.

Albert Speer, l'architecte de Hitler, son « chouchou » et, pendant un temps, son héritier putatif, venait de publier ses *Souvenirs* du IIIe Reich. Il accepta de me recevoir pour réaliser un entretien et je passai deux jours chez lui, dans une vieille maison, pas très grande, sur les hauteurs de Heidelberg.

À Nuremberg, où il avait été jugé avec d'autres dignitaires du régime, il avait habilement accepté la culpabilité de l'Allemagne nazie et la sienne propre. De ce fait, il avait échappé à la pendaison, le tribunal l'ayant condamné à vingt ans de prison. Depuis sa sortie, il s'était engagé dans une démarche de rédemption. S'étant rapproché du Parti social-démocrate et de Willy Brandt, il témoignait de la barbarie hitlérienne, n'ayant plus d'autre espoir, disait-il, que d'être pardonné.

Speer me montra comment il avait écrit secrètement ses mémoires dans sa cellule de Spandau. Le manuscrit original avait pour support un papier toilette bleu sombre, qu'il fit sortir de la prison petit à petit par l'entremise de sa femme. Celle-ci avait conservé un tas de documents et de plans témoignant des ambitions architecturales du Führer. Speer me montra des dessins de la main de Hitler lui-même, réalisés en 1925. Le trait était sûr, précis, méticuleux. Il avait projeté la construction d'une chancellerie aux proportions gigantesques, plus de trois cents mètres de haut. Berlin devait surpasser toutes les capitales mondiales.

Aucun de ces grands projets ne vit le jour. À la fin de notre entretien, je lui posai la question : « Que reste-t-il de l'architecte Speer à Berlin ? » Il prit quelques secondes pour réfléchir en silence, puis, de but en blanc, me dit avec un fort accent, dans un mélange de français et d'allemand : « *Ein lampadaire !* »

Le rez-de-chaussée de sa maison était pourvu d'une sorte de terrasse circulaire, assez étroite. Il y faisait des tours pour prendre l'air, toujours accompagné d'un chien policier. Invité à marcher avec lui, je sacrifiai moi aussi à ce rituel. Le chien sautillait autour de nous et, parfois, nous bousculait, sa gueule humide et ses dents acérées frôlant mes mains et mes mollets. Tout d'un coup, j'eus comme un flash et fus pris de panique. Une photo m'était revenue en mémoire : on y voyait Hitler, sur cette même terrasse, avec son ami Albert et le même genre de chien policier.

Pourquoi Speer avait-il suivi Hitler ? Au départ, il y avait cette amitié fondée sur l'architecture. Speer était ambitieux. Il avait le goût du pouvoir – « C'est délicieux », m'avait-il dit. Il m'a menti sur les camps, en prétendant ne rien avoir su de l'extermination des juifs. De 1942 à 1945, Speer avait été ministre de l'Armement. Il avait supporté, me confia-t-il, les interminables soirées de Berchtesgaden et les monologues délirants de Hitler. Le 19 mars 1945, Hitler donna à Albert Speer l'ordre « Néron ». Il s'agissait de raser l'Allemagne et d'éliminer les survivants d'un peuple qui, selon le Führer, s'était montré incapable de résister. Speer insista auprès de moi : il avait contesté la décision démoniaque de Hitler. Courage tardif. Sans doute se souciait-il moins de la survie de l'Allemagne que de son destin personnel. Il avait poursuivi les travaux du mur de l'Atlantique, engagés par son prédécesseur, Todt, et mis tout son sens de l'organisation au service de l'effort de guerre nazi en exploitant les prisonniers des camps qu'il visita. Il en avait été un rouage essentiel et avait supporté sans trop d'états d'âme la folie destructrice de Hitler. « Je veux payer mes erreurs jusqu'à la fin de mes jours », répétait-il. Était-ce le même opportunisme froid qui le poussait désormais à faire acte de contrition dans l'Allemagne de Willy Brandt ?

Les chrétiens-démocrates et les libéraux, qui dominaient le paysage politique depuis l'après-guerre, laissaient place à cette époque à une gauche réformiste regroupée autour du parti social-démocrate. Ce n'était pas encore l'heure de l'écologie, qui arriverait plus tard, au début des années 1980, avec la création des Verts. Néanmoins, cette sensibilité à la nature, si particulière, magnifiée par les romantiques allemands du XIXe siècle, avait déjà refleuri sur les cendres du national-socialisme.

En France, une traduction du livre de Konrad Lorenz *Il parlait avec les mammifères, les oiseaux et les poissons* venait de paraître. Ce père de l'éthologie, qui reçut le prix Nobel de médecine en 1973, vivait près de Munich. Je saisis l'occasion que me donnait cette actualité éditoriale pour lui rendre visite. C'était un homme immense, magnifique, avec une longue barbe et des cheveux blancs. Il vivait dans une grande ferme, entouré d'animaux de toutes sortes. Où qu'il aille, il était accompagné d'une oie cendrée, qui ne le quittait pas. Elle avait son lit, un petit panier, installé dans le bureau de l'éthologue. Alors que nous discutions, l'animal était monté d'un bond sur le secrétaire, comme pour faire irruption dans la conversation.

Lorenz vivait depuis trois ou quatre ans avec des oies cendrées, jour et nuit. C'était pour lui à la fois des objets d'étude et des animaux de compagnie. Il m'avait expliqué que les animaux ne parlaient pas au sens où, à l'exception des abeilles, ils ne disposent pas d'un langage symbolique, mais qu'ils communiquaient par signaux. Lorenz avait déchiffré ceux auxquels ses oies avaient recours. Il les comprenait et était capable de se faire entendre d'elles. Il m'en fit la démonstration à l'antenne – ce morceau de bravoure n'arrangeant pas la réputation que j'avais de m'intéresser aux personnages les plus farfelus. Pendant une bonne minute, les auditeurs de France Inter entendirent en effet le vieil Allemand cacarder avec conviction pour passer en revue le lexique de ses protégées.

J'aurais moi-même été bien en peine de m'adresser aux oies de Lorenz. Pour être compris, il fallait – m'expliqua l'éthologue – que l'individu émettant ces signaux fasse partie de la même espèce qu'elles. Lorenz leur était désormais si familier qu'elles le considéraient comme une des leurs ! Et réciproquement…

Lorenz s'amusait des stéréotypes et des malentendus dont les animaux faisaient l'objet, soulignant les pièges de l'anthropomorphisme. Il se moquait ainsi de la noblesse prêtée à l'aigle. Les hommes croient discerner dans son anatomie ses sourcils froncés, son œil perçant, sa bouche close avec fermeté, le tempérament déterminé que l'on prête aux héros. Ils en ont donc fait un emblème, que l'on retrouve brandi sur les étendards des légions de César et du Reich allemand. L'auraient-ils fait s'ils avaient considéré combien l'intelligence de ces oiseaux est limitée ? Si on peut dresser les aigles pour la chasse, c'est qu'ils ne comprennent pas qu'à leur retour sur le poing du dresseur, ils seront de nouveau attachés. Jamais un corbeau ne commettrait une erreur si stupide !

Lorenz respectait les animaux et les aimait tels qu'ils sont. Il défendait ce qu'on appelle aujourd'hui « la cause animale », mais sans tomber dans la grande confusion entretenue par les antispécistes, qui placent les êtres humains et les bêtes sur un pied d'égalité. La plupart des gens s'imaginent les animaux comme dans les fables, où chaque espèce se voit attribuer un métier ou une fonction sociale particulière. Aussi, dans la nature, quand ils voient un renard tuer un lapin, ils croient voir leur boucher assassiner leur boulanger. C'est absurde ! Le prédateur chasse d'autres espèces pour se nourrir, comme le font les hommes depuis des millénaires. Inversement, le loup, que les hommes traquent et tuent pour défendre leurs troupeaux, ce loup, si redouté, ne tue pas ses congénères. Il arrive souvent, m'apprit Lorenz, que le chef de la meute soit contesté par un autre membre, souvent plus jeune. Quel que soit le vainqueur de l'affrontement, le vaincu n'est pas tué. Jamais d'acharnement dans ce combat rituel. Mais lorsque, plus tard, le vaincu croise le chemin du chef de meute, il baisse la tête en signe d'allégeance et de respect. Hobbes a fait du tord au loup : le loup n'est pas un homme pour le loup. Mais l'homme est bien un loup pour l'homme. Les guerres civiles, les crimes contre l'humanité, Auschwitz, hélas, le montrent.

Willy Brandt, ancien maire de Berlin, et homme de paix, rompait avec l'intransigeance diplomatique de ses prédécesseurs. Il menait son *Ostpolitik*, cherchant les voies d'une réconciliation entre les deux Allemagne et avec l'Est du continent. Ses efforts suscitaient la méfiance des Américains, des Français – Georges Pompidou se sentait plus proche des Anglais – et des Soviétiques. Visaient-ils une réunification et le rétablissement de la puissance germanique au cœur de l'Europe ? Willy Brandt ne risquait-il pas de bousculer la cohésion des blocs, par naïveté ou par malice ? Je l'accompagnais dans tous ses voyages, sauf quand il se rendait à Paris, où j'étais encore *persona non grata* en tant que journaliste.

En mars 1970, j'étais à Erfurt où le chancelier de la RFA devait retrouver Willi Stoph, Premier ministre de la RDA. À la descente du train qui transportait la délégation fédérale, les deux hommes échangèrent une poignée de main franche et vigoureuse, qui symboliserait très vite leurs efforts de rapprochement. De fait, cette rencontre aboutit à une reconnaissance mutuelle de la RFA et de la RDA en 1972. Quelque temps plus tard, je découvrirais qu'une photo de l'événement avait été placée près du checkpoint Charlie, comme pour annoncer aux Berlinois, dont la ville était fracturée, que leur épreuve aurait bientôt une fin. Au second plan, ils pouvaient apercevoir un journaliste français, le micro tendu, admiratif devant ce geste courageux de réconciliation.

La question des relations avec la Pologne était également brûlante. En 1945, l'Allemagne avait capitulé, mais sans pour autant reconnaître ses frontières orientales, qui demeuraient contestées par la RFA. En 1970, je fis un reportage sur la ligne Oder-Neisse, qui séparait la RDA et la Pologne. J'en ai gardé un souvenir très précis car c'est là, dans un bar, que j'appris à la télévision la mort du général de Gaulle. Je rendis compte des négociations menées par le ministre des Affaires étrangères de la RFA, Walter Scheel, avec ses homologues polonais. Elles débouchèrent sur le traité germano-polonais de décembre 1970 où la RFA s'engageait à ne pas avoir recours à la force pour faire valoir ses revendications territoriales.

Willy Brandt et son gouvernement furent les grands artisans de la détente sur le continent européen. Ils n'avaient toutefois pas les clés pour résoudre le conflit qui déchirait les Allemands eux-mêmes. Elles se trouvaient à Moscou et à Washington. Seule la fin de l'affrontement entre les grands permettrait la réunification.

Le 9 novembre 1989, dans la soirée, le mur de Berlin fut abattu par inadvertance. Ce jour historique allait changer l'Europe et préfigurer l'effondrement de l'Union soviétique, que Mao Zedong qualifiait déjà en 1966 de « Tigre de papier ». Le matin même, je recevais sur Europe 1 le ministre des Affaires étrangères français, Roland Dumas. Je le prévins quelques minutes avant l'interview que j'aborderais avec lui la question de la fin du mur de Berlin puisque Gorbatchev, avec sa *perestroïka*, était en train de faire bouger les choses.

Il me répondit : « Ça n'arrivera jamais. Ne perdons pas de temps avec un faux sujet. Ne croyez-vous pas qu'il vaut mieux éviter les prophéties définitives ? » À l'antenne, il nuança. Un jour, peut-être verrions-nous la chute du mur…

Quelques heures plus tard, Alain Duhamel et moi déjeunions à l'Élysée avec François Mitterrand. Alors que nous attendions de passer à table, dans un salon d'un jaune hideux, il nous parla de mon entretien du matin. « Roland est trop optimiste. Et vous, votre précipitation est une erreur. Aucun de nous, ni Roland, ni vous, ni Duhamel, ni moi, ne verra l'effondrement du mur et la réunification de l'Allemagne. » Le président était contrarié de cette déclaration pourtant timide, dont il pensait qu'elle allait inutilement froisser Kohl et son gouvernement.

Le soir même, j'accompagnais Nicole à la foire du livre de Brive où elle devait présenter son ouvrage *Dans les jardins de mon père*. Avant le dîner, nous regardâmes un instant le 20 heures à la télévision. Le mur de Berlin tombait par morceaux. Détruit, il permit la jonction des Allemands de l'Est vers l'Ouest et la naissance d'une Europe différente avec une Allemagne encore plus puissante. Alain et moi étions à Berlin le jour où tous les dirigeants européens proclamèrent l'unité de l'Allemagne et du continent devant le Bundestag reconstruit. Nous n'avons jamais plus parlé du 9 novembre 1989 à François Mitterrand ni à Roland Dumas. Ainsi va l'histoire.

Séparés pendant plus de quatre décennies, les Européens de l'Ouest et de l'Est héritent d'une histoire politique et de dynamiques sociales radicalement différentes. Ces dernières années, la crispation des nouveaux membres de l'Union européenne à l'égard de l'accueil des réfugiés et leur raidissement conservateur en sont le signe et le symptôme. La mémoire de la Seconde Guerre mondiale et celle de la Shoah sont une autre pomme de discorde. Non sans heurts, les Allemands de l'Ouest se sont confrontés au passé hitlérien de l'Allemagne et au génocide des juifs. Après un processus de dénazification imparfait, mené sous la houlette de leurs vainqueurs et protecteurs anglo-saxons, ils ont regardé en face les crimes du Reich, aiguillonnés par une jeunesse pour laquelle l'amnésie des générations précédentes était intolérable. Il n'y eut rien de tel en RDA. Selon l'histoire officielle, les anciens nazis avaient trouvé refuge en RFA et les cadres du nouvel État étaient tous des hommes neufs, liés aux libérateurs soviétiques. La Pologne, pays martyr, rejetait sans nuance la responsabilité de tous les crimes commis pendant la guerre. Elle avait elle-même souffert du massacre de Katyń. 22 000 officiers Polonais exécutés un à un d'une balle dans la tête. Il fallut attendre Gorbatchev pour avoir la confirmation que des commandos de l'Armée rouge avait exécuté les ordres de Staline.

J'étais à Varsovie lorsque Willy Brandt alla visiter le quartier du ghetto, ce lieu de claustration et de mort, symbole de la révolte désespérée des juifs face à l'entreprise de destruction qu'ils avaient subie. Je connaissais le monument construit à leur mémoire. Quelque jours plus tôt, une jeune et jolie guide polonaise m'y avait conduit avec une petite équipe de télévision. De l'ancien quartier, détruit, il n'y avait plus le moindre vestige : tout avait été soigneusement reconstruit. « Le ghetto était là, nous dit notre guide. Il reste encore quelques juifs, mais heureusement, la plupart sont partis et on a pu reconstruire. » Nous étions stupéfaits.

Le geste de Willy Brandt devant le monument à la mémoire du ghetto était-il spontané, dicté par le caractère insoutenable des crimes nazis ? Avait-il été pensé, préparé ? En tout cas, aucun d'entre nous, qui accompagnions le chancelier, ne s'y attendait.

Pour ce voyage, on m'avait associé à Adolphe Drhey, grand caméraman et réalisateur, qui avait fait partie de l'équipe de *Cinq Colonnes à la une*. Voyant le chancelier arriver au loin, Drhey me positionna en hâte devant le monument. Il voulait me filmer disant mon papier avec, à l'arrière-plan, la délégation allemande.

Concentré sur mon texte, je regarde la caméra sans savoir ce qui se passe dans mon dos. Tout à coup, Drhey m'interpelle : « Pousse-toi, bourricot ! Il est en train de s'agenouiller ! » Je saute sur le côté et me retourne. Brandt est là, devant la stèle massive, haute et sombre, les deux genoux à terre, le buste droit, la tête inclinée, le visage grave, pénétré, presque défait. Le geste est saisissant, d'une force peu commune. L'espace d'un instant, le chancelier semble porter sur ses épaules tout le poids des crimes du IIIe Reich.

De nombreux photographes saisirent l'événement, mais seules deux caméras l'ont filmé, celle d'une équipe allemande et la nôtre. Aussi, dans les heures qui suivirent, les images d'Adolphe Drhey, qui symbolisent aujourd'hui encore l'acceptation par l'Allemagne de sa culpabilité dans la Shoah, firent le tour du monde.

C'est à cette époque que je visitai pour la première fois le camp d'Auschwitz. Władysław Gomułka, dirigeant stalinien qui avait réprimé les manifestations étudiantes de 1968, avait été chassé par une révolution de palais. On avait d'ailleurs pris pour prétexte le fait que sa femme était juive. Le nouveau pouvoir voulait assouplir le système politique afin de ménager une société au bord de l'asphyxie. Son nouvel homme fort, Edward Gierek, donnait des meetings auxquels nous assistâmes. Je souhaitais l'interviewer et, faute d'accès, imaginai interroger sa mère. Elle vivait dans une petite maison toute simple. Nous nous présentâmes sur son palier, mais notre visite ne dura que quelques minutes : elle ne voulait pas parler et finit par nous mettre à la porte. Par une coïncidence étrange, elle habitait Oświęcim, cette ville que les nazis, en 1940, avaient rebaptisée Auschwitz. Le camp d'extermination se trouvait non loin de là, dans la banlieue.

Nous décidons d'y aller et, nous présentant comme journalistes, négocions pour qu'on nous accorde l'accès. Le camp est recouvert de brume et vide de toute présence humaine. Nous sommes en novembre, en fin de journée. La lumière est blafarde. Nous voyons les fours crématoires et les objets arrachés aux déportés à la descente du train. Nous restons silencieux. Les mots nous manquent. Le camp était alors bien loin de présenter son aspect actuel, défiguré par le tourisme de masse.

Le 27 janvier 2005, je suis retourné à Auschwitz pour commémorer la libération du camp. Cette année-là, il y eut une grande réunion internationale à laquelle prirent part Jacques Chirac, Simone Veil et plusieurs autres grands dirigeants internationaux comme Vladimir Poutine – les États-Unis étaient représentés par le vice-président Dick Cheney. Dans l'avion, je fis la connaissance de deux rescapées, des vieilles dames, très gaies et pleines de vie. Nous étions ensemble au moment de pénétrer dans le camp. J'étais accrédité pour suivre les cérémonies et disposais d'un badge, mais elles non. Une bande de flics polonais, des malabars, contrôlaient l'accès. Ils étaient habillés tout en noir avec des bottes, des brassards, et ils exigeaient de chacun ses « papiers ». Froidement, sans égard, ils dirent à mes deux vieilles dames : « Pas de papiers ? Vous ne rentrez pas. » L'une se tourna vers moi et me glissa dans un mélange d'humour et de consternation : « C'est bien la première fois que je dois me battre pour entrer à Auschwitz ! » Elles levèrent alors la manche de leur manteau et montrèrent le numéro que les nazis leur avaient tatoué sur le poignet. Les malabars les laissèrent passer.

La cérémonie donna lieu à des discours très émouvants. Jacques Chirac prit la parole. Simone Veil également, à deux pas de l'endroit où elle avait été détenue. Il faisait un froid terrible et nous étions frigorifiés. Je visitai le camp au sein d'un petit groupe que guidait Simone Veil. Elle nous conduisit dans le baraquement où elle avait été affectée et nous montra la place de sa couchette. À un moment, Jacques Chirac lui posa doucement la main sur l'épaule et lui dit, la voix chargée d'émotion : « Mon poussin, tu as tant souffert… »

L'archevêque de Paris, Jean-Marie Lustiger, assistait également aux commémorations. C'était un homme d'un rayonnement tel qu'on savait dès le premier regard qu'on avait affaire à une personnalité exceptionnelle. Il se dégageait de lui une profonde humanité. Je l'aimais beaucoup. Lorsque je l'ai rencontré pour la première fois, il était encore évêque d'Orléans et venait d'être élu archevêque de Paris. J'étais alors directeur de l'information d'Antenne 2. Quand j'appris la nouvelle, j'appelai immédiatement le spécialiste éducation et religion de mon équipe, Dominique Lory : « Dominique, prends une voiture, va à Orléans dès ce soir, et ramène Jean-Marie Lustiger ici demain matin. Il va devoir s'adresser aux Parisiens et aux Français. Il faut que ce soit avec nous. » Le lendemain, après la conférence de rédaction, Dominique arriva dans mon bureau en compagnie de monseigneur Lustiger. Il était d'accord pour parler dans le journal de 13 heures, mais, nous dit-il, il lui fallait tout de même se préparer en jetant quelques notes sur un papier. Je lui laissai mon bureau et c'est là qu'il élabora sa première déclaration publique en tant qu'archevêque de la capitale.

Nous nous sommes ensuite revus, notamment à l'archevêché où je lui rendais visite. Il me parlait de tout, de la vie, de la mort. Nous nous entendions très bien. Quand je l'invitais à la radio, il s'asseyait devant le micro, ôtait son anneau pontifical et le plaçait devant lui. Il le regardait intensément, comme pour puiser son inspiration dans ce symbole de son élection et de sa mission épiscopales. Puis, il me disait : « Jean-Pierre, on a combien de temps ? Dix minutes ? Douze ? D'accord, allons-y. » Et, avec sa mécanique intellectuelle exceptionnelle, il déployait un propos millimétré et unique pour tenir dans le temps prévu.

Monseigneur Lustiger a beaucoup œuvré pour favoriser les relations entre catholicisme et judaïsme. Ses parents étaient juifs, mais adolescent, il s'était converti. Cela lui valut d'ailleurs des critiques de tous côtés, les fidèles supportant mal qu'un juif devienne archevêque de Paris, et les juifs lui reprochant d'avoir abandonné leur foi.

À Auschwitz, je le vis s'agenouiller dans la neige et prier un long moment à l'endroit où sa mère était morte. Elle avait été arrêtée en 1943, déportée et assassinée dès son arrivée dans le camp.

Dans l'avion du retour, j'étais assis à côté de lui. Alors que nous discutions, il me dit sur un ton énigmatique : « Vous voyez, l'homme qui est assis derrière nous, à gauche ? C'est avec lui que vous devez parler. » Il se tourna vers lui et lui demanda :

— Mon père, Elkabbach peut-il s'asseoir avec vous ?

— Puisque vous me le demandez.

Ce prêtre était Patrick Desbois, le directeur du Service national des évêques de France pour les relations avec le judaïsme. Depuis 2002, il conduisait une grande enquête dans toute l'Europe de l'Est sur les massacres perpétrés par les nazis à l'encontre des juifs de l'Union soviétique, ce que l'on appellerait, après lui, « la Shoah par balles ». Enfant, il avait été très marqué par les histoires que lui avait racontées son grand-père, prisonnier de guerre français, qui fut détenu après plusieurs évasions dans le camp disciplinaire de Rava-Rouska, en Ukraine. « Un jour, il faudra aller voir du côté de la Biélorussie et de l'Ukraine, au fond des forêts. Je suis sûr qu'il y a des fosses communes… » Quand le mur est tombé, l'Église a repris la parole dans les pays de l'Est et les évêques ont dit à la population : « Ceux qui ont vu, vous êtes libres de raconter. Exprimez-vous. » Sachant cela, Patrick Desbois est parti avec un ou deux assistants, des micros, trois chaises et une table pliantes. Il s'est posté à l'entrée des villages et les habitants de soixante-quinze ou quatre-vingts ans sont venus lui raconter ce qu'ils avaient vu. « Oui, lui disait-on, dans le village d'à côté, ils ont ramassé tous les juifs. Ils ont aligné les gens devant des fosses communes, et ils les ont exécutés d'une balle tirée à bout portant. » Les soldats allemands obligeaient alors les voisins, parfois des enfants de dix ou quinze ans, à venir jeter de la chaux sur les charniers. Parfois, le bras d'un survivant émergeait du monceau de cadavres. On tendait alors une pelle au malheureux pour lui permettre de s'enfuir.

L'existence des *Einsatzgruppen* qui perpétraient ces tueries était connue, mais l'enquête du père Desbois révéla l'ampleur des massacres. Des historiens ont contesté ses méthodes. Il n'en reste pas moins que des centaines de charniers ont été identifiés grâce à son travail. Je le persuadai de venir faire avec nous sur Europe 1 un *Grand Rendez-vous* dès notre retour afin d'évoquer cet aspect méconnu de la Shoah. Après l'émission, nous reçûmes tant d'appels téléphoniques d'auditeurs bouleversés que nous la rediffusâmes la semaine suivante. Par la suite, Patrick Desbois raconta son histoire dans un livre et continua de porter auprès du public cette mémoire douloureuse comme « un acte de justice vis-à-vis des morts, un acte de construction de la civilisation, mais aussi un acte de prévention d'autres génocides ».

Je continuai de le suivre et de le soutenir lorsqu'il chercha à alerter l'opinion sur le sort des Yézidis, persécutés par Daesh. Ce peuple irakien, quiétiste, qui pratique une religion inspirée par Zoroastre, fut une des cibles privilégiées de l'État islamique. De nombreuses femmes furent réduites en esclavage et violées de façon systématique. Privés de secours et d'alliés, les Yézidis organisèrent des réseaux de passeurs pour sauver les victimes des djihadistes. Le père Desbois et son association, Yahad-In Unum, les aidèrent, recueillirent leur témoignage et parvinrent à mobiliser pour cette cause jusqu'au pape François et l'Académie suédoise, qui attribua en 2018 le prix Nobel de la paix à Nadia Murad. Cette jeune rescapée yézidie se battait pour que son peuple obtienne une protection internationale. Chez le père Desbois, le passé, la mémoire, la connaissance ont trouvé un prolongement naturel dans le présent, l'action et un engagement résolu pour secourir les victimes de la barbarie humaine, qui ne s'est pas évanouie avec le nazisme.

Je quittai en 1971 mes fonctions de correspondant en Allemagne à l'appel de Pierre Desgraupes et de son équipe, à qui avait été confiée l'information sur la première chaîne de télévision. Pendant mon expatriation, le pouvoir avait changé de mains. Élu président, Georges Pompidou avait nommé à Matignon un gaulliste historique, Jacques Chaban-Delmas. Le nouveau Premier ministre avait annoncé, non sans panache, son projet de « Nouvelle Société », qui impliquait une libéralisation de l'information à la télévision. Figure tutélaire du journalisme audiovisuel, artisan du succès de *Cinq Colonnes à la une*, Pierre Desgraupes, qui était proche de Jacques Chaban-Delmas, s'imposait comme l'homme de la situation.

Je fus chargé de présenter le journal télévisé de 13 heures et de 20 heures en alternance avec Jean Lanzi, que j'avais connu en Algérie, Étienne Mougeotte et Philippe Gildas, alternance qui n'a pas duré très longtemps, car c'est à cette époque que s'est imposé l'usage de confier ce rôle à une seule et même figure. Pour incarner le JT, Desgraupes et son équipe s'en sont remis à l'écrivain Georges Walter, un type magnifique, avec une gueule et une belle voix. C'était un ami de Joseph Kessel et du directeur de l'information, Joseph Pasteur. La désinvolture assumée de Walter nous faisait beaucoup rire. Il ne connaissait pas grand-chose à la politique et, trop content de mettre Joseph Pasteur au supplice, il n'hésitait pas à en rajouter. Il y avait sur la table du présentateur, à portée de main, un ampli permettant de passer des messages dans tout le studio. Quelques minutes seulement avant la prise d'antenne, Walter s'amusait à lancer des appels comme :

— Joseph ? Joseph ! Willy Brandt, c'est le Premier ministre de Grande-Bretagne, c'est bien ça ?

Pasteur s'étranglait :

— Non ! De la RFA !

— Ah oui, c'est ça, je confonds toujours !

Il s'en fichait complètement mais avait ce charisme, cette présence si importante sur le petit écran.

Je retournais régulièrement en Allemagne et en Europe de l'Est, car c'est à moi que l'on confiait les reportages qui concernaient la région. En décembre 1970, des émeutes avaient éclaté dans le nord de la Pologne pour protester contre la hausse du prix des denrées alimentaires. Avec Adolphe Drhey, nous voulions y aller en reportage, mais les frontières étaient fermées. Les autorités ne délivraient plus de visa pour les journalistes. La veille de Noël, espérant pouvoir entrer clandestinement dans le pays par la Suède, nous nous cachâmes dans un énorme poids lourd hongrois, qui attendait d'embarquer à destination du port de Stettin, sur la Baltique. Il faisait très froid et, à mesure que le temps passait, je parvenais de moins en moins à contenir ma peur d'être arrêté. Nous fûmes finalement repérés et prestement expulsés, sans plus de conséquences.

Quelques mois plus tard, je retournai en Pologne. Nous avions cette fois l'intention d'interviewer Edward Gierek, arrivé au pouvoir juste après les émeutes. Mais je voulais aussi parcourir les ports de la Baltique, recueillir les témoignages des ouvriers réprimés. Je vis la pauvreté et la désolation des campagnes, l'aspect famélique des chevaux qui tractaient les carrioles bringuebalantes des paysans. Depuis, l'adhésion à l'Union européenne et les fonds structurels ont métamorphosé le pays et ont rendu son gouvernement arrogant.

Quarante-six ans plus tard, ces pérégrinations polonaises, dont le souvenir s'était estompé, me revinrent soudainement en mémoire. Un jour de 2018, je reçus un appel téléphonique de Varsovie. Au bout du fil, Tomasz Wolski, un jeune documentariste polonais parlant anglais. Il avait croisé mon nom à plusieurs reprises au cours d'une enquête et souhaitait me rencontrer. Sceptique, je lui demandai de m'en dire plus.

Après la chute du mur de Berlin, les archives du renseignement et de la police secrète polonaises avaient été ouvertes aux chercheurs. Tomasz Wolski s'était plongé dans cette vaste documentation, et, au cours de ses investigations, avait découvert une figure inconnue de lui : Leopold Trepper.

Mon attention redoubla quand j'entendis prononcer ce nom. J'avais bien connu Trepper, qui avait été le chef de l'Orchestre rouge, ce réseau de renseignement soviétique actif en France et en Belgique pendant la Seconde Guerre mondiale. Quand j'avais appris, au début des années 1970, que cet espion antinazi au service de Staline était toujours vivant et habitait Varsovie, j'avais absolument voulu le rencontrer.

En 1945, Leopold Trepper était rentré à Moscou persuadé qu'il serait traité en héros. À son arrivée à l'aéroport, il avait immédiatement été jeté dans la grande prison de Loubianka. Pendant dix ans, sa femme et ses enfants étaient restés sans nouvelles de lui : ils le croyaient mort. Mais, libéré et réhabilité, l'ancien espion était rentré dans son pays, la Pologne, et, tenant à peine debout, s'était présenté à la porte de l'appartement familial. En l'absence de sa femme, c'est son plus jeune fils qui était venu lui ouvrir. « Qui êtes-vous monsieur ? Que voulez-vous ? » L'adolescent n'avait pas reconnu son père.

Trepper avait dès lors été choyé par le régime de Gomulka. Il avait joué un rôle important comme représentant de la communauté juive de Varsovie. Cependant, victime du regain d'antisémitisme qui suivit la guerre des Six Jours, il déclara son intention d'émigrer en Israël, comme de nombreux autres juifs polonais. Les autorités lui opposèrent un refus catégorique. Il était hors de question que Leopold Trepper quitte définitivement la Pologne et passe à l'Ouest, emportant avec lui de supposés secrets d'État. Au moment où je fis sa connaissance, l'ancien espion était donc de nouveau persécuté.

Au téléphone, Tomasz Wolski m'expliqua qu'il avait trouvé dans les archives de la police secrète tout un dossier consacré à un journaliste français et à son équipe, qui avaient été en relation avec Trepper. Les noms étaient diversement orthographiés et de façon assez fantaisiste. Aussi, le jeune documentariste avait eu un mal fou à identifier les personnes concernées. Il avait appelé l'ambassade de Pologne à Paris et diverses rédactions, jusqu'à ce quelqu'un reconnaisse mon nom.

Il devait venir à Paris et, naturellement, j'acceptai de le rencontrer. Il arriva avec un dossier complet de documents dactylographiés et de photos que je ne connaissais pas. On nous voyait, mes collaborateurs et moi, dans la rue, mais aussi dans nos chambres d'hôtel, avec nos pantalons à pattes d'éléphant et nos chemises colorées. Je me doutais que nous étions alors surveillés, mais je n'imaginais pas une telle débauche de moyens.

Le jeune réalisateur avait traduit à mon attention certains documents. Nous y étions décrits comme des ennemis de l'État polonais. Tous nos faits et gestes étaient rigoureusement consignés, les lieux où nous nous étions rendus, les personnes rencontrées, les appels que nous avions passés, l'identité de nos correspondants. Nos téléphones étaient sur écoute : des photos où l'on me voyait, le combiné à la main, étaient associées à des transcriptions.

Ironie de la vie, l'ancien espion, qui voulait émigrer en Israël, vivait rue de Jérusalem. Je l'avais appelé pour organiser une rencontre. Je retrouvai notre conversation, noir sur blanc, dans le dossier. Trepper tentait de s'expliquer avec l'énergie du désespoir : « Même si je veux partir, je suis resté communiste ! Je ne raconterai pas de secrets, je n'en ai pas ! »

Tomasz Wolski m'invita ensuite à l'Institut polonais, rue Jean-Goujon, où m'attendait une surprise. Il voulait me projeter des images et filmer mes réactions. Bien installé devant un grand écran, je découvris une interview brute, non montée, que j'avais réalisée quarante-six ans plus tôt, et que je croyais disparue à jamais.

Sachant Leopold Trepper surveillé et comme détenu dans son propre appartement, nous avions décidé de l'interroger dans le plus grand secret. Le jour de son anniversaire, nous achetâmes un gâteau chez Blicklé, le pâtissier de Varsovie le plus ancien et le plus renommé, et nous l'apportâmes ostensiblement rue de Jérusalem. Les immeubles étaient noirs, le ciel, gris et lourd, la ville, sans âme et sans vie. Chacun de nous portait, dans son sac ou dans les poches de son manteau, de la pellicule ou des pièces détachées de magnétophone et de caméra.

Trepper nous reçut avec sa femme Liuba. C'était un homme petit et trapu. Ses cheveux, coiffés en arrière, étaient grisonnants. Il avait beaucoup vieilli par rapport aux photos que je connaissais de lui. D'abord méfiant, il finit par me parler chaleureusement et sans retenue. Il était malade, mais n'avait pas le droit d'être soigné à l'hôpital. Le couple ne disposait d'autre ressource que la médiocre retraite d'institutrice de Liuba.

Discrètement, Leopold Trepper me montra par la fenêtre l'immeuble d'en face. Des policiers de la sûreté d'État y étaient installés pour le surveiller. Dehors, nous vîmes aussi des types sinistres avec manteaux de cuir et gants noirs, des policiers en civil comme on en trouvait dans tous les pays de l'Est. Dans le vestibule, il y avait des documents et quelques affaires, le tout soigneusement ficelé et prêt à être emporté en cas de départ précipité.

Nous tournâmes un entretien de trois quarts d'heure environ, une séquence formidable où Trepper se racontait. Puis, comme nous nous sentions suivis, chacun partit de son côté. À l'hôtel, nous pliâmes bagage à toute vitesse, dispersant les bobines de film dans des sacs différents. Une collaboratrice en glissa même une dans son soutien-gorge. Nous filâmes ensuite à l'aéroport, mais nous y étions attendus. Nous fûmes contrôlés, déshabillés presque intégralement. Les bobines tombèrent sur le sol. Je ne parvins à en sauver qu'une, qui était cachée dans le talon d'une de mes chaussures. Tout le reste fut perdu. Pas une seconde nous n'imaginions que l'interview dormirait des décennies sur une étagère de la police secrète !

De retour à Paris, nous essuyâmes une avoinée de nos patrons, qui n'avaient jamais entendu parler de Trepper. « Vous êtes partis quinze jours et c'est tout ce que vous rapportez ? » Au journal, je présentai l'ancien espion, racontai ses conditions de détention, la confiscation de nos images. Je diffusai ce que nous avions pu sauver. J'arrivai à joindre Trepper par téléphone et à le faire parler sur France Inter. L'information fut reprise dans la presse écrite, *Le Monde*, *Le Nouvel Observateur*. J'étais en contact avec Gilles Perrault, dont le livre *L'Orchestre rouge* m'avait mis sur la piste de l'ancien espion, et l'avocat Daniel Soulez Larivière, qui animaient un comité de soutien à Trepper. Ils renchérirent sur mes papiers, multipliant les communiqués et les manifestations. Pendant des mois, dès que l'occasion se présentait, nous parlions à l'antenne de Trepper, exigeant sa libération. Un jour, Pierre Desgraupes reçut un appel du cabinet du ministre des Affaires étrangères, Maurice Schumann. On le priait de bien vouloir mettre au pas ses troupes, car notre action portait « atteinte à la sûreté de l'État ». Les diplomates supportaient mal que les relations entre la France et la Pologne soient perturbées par cette affaire.

Desgraupes leur opposa une fin de non-recevoir : « À chacun son job. »

La Pologne accorda finalement un visa à Liuba puis, quelques mois plus tard, à Leopold Trepper, qui fut d'abord soigné à Londres. Nous célébrâmes ensemble, à Paris, notre victoire dans cette bataille de près de deux ans et je poussai Trepper à se raconter dans un livre qu'il écrivit en collaboration avec un jeune journaliste, Patrick Rotman. Puis il alla finir ses jours en Israël, comme il en avait exprimé le souhait.

Aujourd'hui, Leopold Trepper est tout à fait oublié en Pologne. Pour aider Tomasz Wolski qui a ressuscité cette histoire, je l'ai mis en contact avec le cameraman de l'équipe, Jean-Louis Saporito, avec Gilles Perrault et Daniel Soulez Larivière. Le réalisateur a travaillé, filmé, monté. Le film est très avancé. Mais comme si le sort continuait de s'acharner contre Trepper, la télévision publique polonaise, très liée aux catholiques ultraconservateurs aujourd'hui au pouvoir, ne veut pas entendre parler de ce héros national. Certes, Trepper a combattu le nazisme et a été persécuté par les Soviétiques et les communistes polonais, mais il était juif et il a quitté le pays pour Israël.

Quand bien même elle accueille avec une grande générosité les réfugiés ukrainiens, la Pologne est toujours travaillée par ses vieux démons. Il faudra du temps pour qu'elle se réconcilie avec son histoire. Autrement dit avec elle-même.

VIII

LUCIEN, GISÈLE, SIMONE ET LES FEMMES

« L'expérience Desgraupes » d'une information indépendante sur la Une fit long feu. L'état-major de l'Élysée, en particulier Pierre Juillet et Marie-France Garaud, accusait Chaban-Delmas d'« avoir livré la télévision à ses pires adversaires ». Aussi Desgraupes perdit-il son poste moins d'une semaine après que son protecteur eut quitté Matignon en juillet 1972. La tutelle politique sur l'audiovisuel avait encore de beaux jours devant elle.

Les membres de l'équipe qui n'avaient pas quitté l'ORTF furent transférés sur INF 2, tandis que nos confrères qui travaillaient sur cette petite chaîne, tout juste créée, nous remplaçaient sur la Une. On nous proposa, à Jean-Claude Héberlé et moi-même, de devenir respectivement rédacteur en chef et rédacteur en chef adjoint. Le tandem qui avait si bien fonctionné sur France Inter quelques années auparavant était ainsi reconstitué. L'audience d'INF 2 était modeste, mais nous étions désormais responsables des choix éditoriaux dans une société qui, après le choc de Mai 68, était en état d'ébullition. Nous avions autorité sur le journal télévisé et je lançai *Actuel 2*, une émission politique et de société, dont je choisis le titre en hommage aux chroniques de Camus. Flanqué de quatre confrères de la presse écrite, j'interrogeais pendant une heure un invité. À un moment donné, nous le confrontions à un témoin surprise qui était là pour lui apporter la contradiction. Nous donnâmes leur place à certaines questions essentielles, mais encore marginales dans les médias à l'époque.

Ces années furent un grand moment de mobilisation féministe. Les militantes faisaient des happenings, comme ce dépôt d'une gerbe à la femme du soldat inconnu sous l'Arc de triomphe, et manifestaient en nombre pour le droit à l'avortement. Nous vivions encore sous le régime de la loi de 1920, soutenue par le parti communiste dirigé alors par Maurice Thorez et Jeannette Vermeersch, qui rendait passible de prison ce que l'on appellerait plus tard l'IVG et sanctionnait la « propagande anticonceptionnelle ». Les 343 femmes qui affirmaient dans *Le Nouvel Observateur*, avoir avorté bravaient la loi. Gisèle Halimi, que je connaissais depuis des années, faisait partie des signataires et fonda Choisir, une association visant à défendre celles qui seraient traînées devant les tribunaux. J'avais pour elle de l'admiration. Sa voix très douce, suave, sensuelle avait séduit Albert Camus, dont elle avait repoussé les avances. Elle était capable d'exécuter un adversaire sans y paraître. Ses victimes ne s'apercevaient pas toujours sur le moment qu'elles étaient visées. Il était déjà trop tard quand elles s'en rendaient compte. Jusqu'à la fin de sa vie Gisèle fut l'amie et resta la confidente de ma femme, Nicole Avril.

Lorsque s'ouvrit le procès de Bobigny, où Gisèle Halimi devait défendre une jeune femme ayant avorté après un viol, je savais qu'elle était résolue à en faire une tribune politique. Nous couvrîmes donc largement le procès, sur lequel nous ouvrîmes à plusieurs reprises le JT. J'étais décidé à suivre les audiences jusqu'au bout. Gisèle Halimi fit défiler à la barre les plus grands professeurs de médecine de l'époque, dont le prix Nobel Jacques Monod. Le procès eut un retentissement tel qu'il ouvrit la voie à la loi Veil sur l'IVG, deux ans plus tard.

J'étais d'autant plus sensible aux injustices subies par les femmes que j'avais grandi dans une société où leur condition était particulièrement rétrograde. Dans mon milieu, elles étaient formées pour devenir, en silence, les gouvernantes de leur mari. On les sortait de l'école assez tôt. Elles restaient le plus souvent chez elles, comme cloîtrées. Ensuite, la marieuse intervenait, les attachait à un homme à qui elles devaient faire des enfants. Divorcer était inconcevable. Elles pouvaient se voir entre amies dans la rue mais restaient sous la surveillance des hommes. Bien entendu, elles ne travaillaient pas. Elles tenaient le foyer, se contentant dans les familles bourgeoises d'être associées à la vie de leur mari, à leurs sociabilités d'avocats, de médecins ou autres notables.

Dans les fratries, les aînées devaient être mariées les premières, suivies des cadettes, et ainsi de suite jusqu'à la petite dernière. De ce fait, ma mère fut fiancée à mon père pendant six ans avant d'être autorisée à l'épouser. À la mort de celui-ci, elle fut prise au piège de son éducation genrée. Dénuée de toute qualification, elle dut se mettre à travailler à l'âge de trente-neuf ans pour subvenir à nos besoins. Fidèle aux principes qui lui avaient été inculqués, elle fit preuve d'un dévouement complet. Jour après jour, on la voyait laver notre linge, repasser, faire la cuisine, apprendre à taper à la machine, partir travailler, rentrer à la maison et se remettre à la tâche. Elle nous paraissait héroïque : c'est elle qui m'a révélé, par son exemple, sans même nous en parler, l'injustice de la condition des femmes.

J'éprouvais pour ma mère une gratitude et une admiration qui la situaient au plus haut. Mais ce modèle me semblait étouffant, pour les femmes évidemment, mais d'une certaine façon aussi, pour les hommes. J'aspirai très tôt à vivre avec quelqu'un d'indépendant, qui refuserait de se laisser dominer par un autre. Je souhaitais que ma compagne conserve son autonomie. Lorsque, plus tard, je recevrais des invitations adressées à M. et Mme Elkabbach, je déchirerais les cartons comme s'ils nous insultaient. Nicole témoignait de son indépendance, en tant que femme et grande écrivaine, avec une exigence indiscutable. Après notre mariage, j'ai toujours voulu qu'on l'appelle « Nicole Avril » – et elle-même ne l'entendait pas autrement.

À Oran, les relations entre filles et garçons étaient étroitement surveillées. Adolescent, j'étais timide, mais j'eus heureusement quelques flirts. Nous nous promenions dans la rue et les jardins publics sous le regard inquisiteur de chaperons. Ce n'est qu'après quelques années, mon métier de journaliste aidant, que je pris de l'assurance, surmontant mes appréhensions.

Par une forme de schizophrénie très commune dans les sociétés patriarcales, l'honneur des filles réside dans leur virginité, mais les garçons n'aspirent qu'à coucher avec elles. La solution la plus simple était donc d'aller au bordel. Certains types de ma classe se vantaient de leurs exploits avec les « putains de Manon ». Leurs fanfaronnades me répugnaient. La vie sexuelle des jeunes couples passait par divers subterfuges et pratiques de remplacement. Le tout était que, le jour de son mariage, la jeune fille puisse dire sans se parjurer : « je suis vierge ». Mais lorsqu'une fille se « laissait faire », les mecs en parlaient comme d'une traînée. Les filles n'étaient pour eux qu'un instrument de plaisir et un objet de conquête, que leur passage avait flétri. Ça m'écœurait.

J'étais d'autant plus amer que cette attitude machiste était souvent le fait de types de mon âge, qui avaient de l'argent. Tout semblait plus facile pour eux. C'était comme s'ils pouvaient acheter, corrompre et salir ce qu'il y avait de plus digne. Sur la plage, ils allaient draguer les femmes des militaires, qui s'y trouvaient seules. Ils les approchaient, faisaient leur numéro, cherchaient à « se les faire », puis en parlaient comme de putes.

Sans doute aurais-je bien aimé avoir une aventure avec une femme de militaire. C'était très romanesque. Mais cela me semblait une manière vulgaire, veule, de les traiter.

Dès mes débuts de journaliste, je m'intéressai à la question de la contraception, condition essentielle de la liberté des femmes. Liberté de choisir leur vie, liberté de vivre également, si c'était leur souhait, une vie sexuelle épanouie. Au cours de mes enquêtes, je rencontrai notamment la médecin gynécologue Marie-Andrée Lagroua Weill-Hallé, une des fondatrices du Planning familial. Depuis 1956, l'association délivrait dans des dizaines de centres une information sur le couple, la sexualité et le moyen de maîtriser leur fertilité. Les membres du Planning étaient contraints de s'exprimer par euphémismes. Elles ne voulaient pas se voir reprocher de tenir un discours antinataliste. D'ailleurs, l'association affirmait agir en vue du bien-être, du bonheur et de l'équilibre des couples, sans leur recommander le moins du monde de limiter leur progéniture.

On estimait alors qu'il y avait chaque année en France autant d'avortements – clandestins par définition – que de naissances. Pour Marie-Andrée Lagroua Weill-Hallé, c'était un drame et un fléau contre lequel il fallait lutter par l'éducation sexuelle et la contraception.

J'avais également tissé des liens avec Lucien Neuwirth, gaulliste de la première heure, et député dans les années 1960. À contre-courant de sa famille politique, il fit courageusement progresser la cause de la pilule. Il jouissait d'une aura particulière pour avoir rejoint de Gaulle à Londres à tout juste seize ans. Membre d'un commando parachutiste arrêté par les Allemands aux Pays-Bas, il avait été fusillé avec ses camarades et achevé, semblait-il, par le commandant du peloton d'exécution. Les malheureux avaient été emmenés sur la charrette d'un paysan pour être enterrés dans une fosse commune. Mais sur le chemin, ce dernier avait découvert que l'un des corps bougeait. Ce rescapé, c'était Neuwirth. Les tirs avaient ricoché sur la plaque d'immatriculation de sa veste d'uniforme. Le paysan avait décidé de sauver le jeune homme qui, ayant échappé à une mort certaine, s'était promis de faire quelque chose de cette vie qui lui avait été laissée par miracle.

Lucien Neuwirth avait contribué au retour de De Gaulle en 1958 et entretenait avec lui des liens personnels. Attaqué par les élus de droite sur son projet de légalisation de la pilule, il réussit à rencontrer le général à l'Élysée. « Alors Neuwirth, vos histoires de femmes à libérer ? » Après avoir écouté les arguments du député pendant quarante minutes, de Gaulle lui dit : « Vous avez raison. Transmettre la vie, c'est important. Il faut que ce soit un acte lucide. Continuez. »

Ni l'affolement de démographes comme Alfred Sauvy, qui prédisait une chute de la natalité de 5 à 10 %, ni les outrances des députés conservateurs, qui imaginaient la France se transformer en « lupanar », ni les petits cercueils envoyés à son domicile pour l'intimider n'eurent raison de la détermination de Neuwirth. La loi autorisant la contraception fut votée le 19 décembre 1967. Il fallut toutefois des années pour que fussent pris les décrets nécessaires à son application.

Neuwirth défendit ensuite la libéralisation de l'avortement. Quelques jours après le verdict du procès de Bobigny, je consacrai à cette cause une émission d'*Actuel 2*. J'invitai le député gaulliste et un professeur de gynécologie de l'hôpital Necker. Les deux hommes avaient une même approche sanitaire et humanitaire de la question. Ils voulaient éviter les décès, les séquelles et l'infertilité qu'entraînaient les avortements clandestins. Le témoin surprise de l'émission fut, ce jour-là, l'actrice Delphine Seyrig, très engagée au sein du MLF, qui venait d'ailleurs de témoigner au procès de Bobigny. Lorsque arriva son tour d'entrée en scène, elle apparut flamboyante, avec sa crinière blonde et, bien que défendant la même cause que mes invités, le droit à l'avortement, elle étrilla leurs conceptions d'une voix posée, renvoyant ces deux hommes mûrs au rang de vieilles barbes. Elle récusait une éducation sexuelle limitée à la procréation et à la contraception, s'exaspérait du paternalisme avec lequel étaient traitées les femmes et revendiquait pour elles la liberté sexuelle. Elle ne voulait pas d'une libéralisation de l'avortement, mais exigeait sa liberté totale. Pour elle, l'émancipation des femmes était à ce prix.

Gisèle Halimi fit également une apparition percutante comme témoin surprise lors d'une émission consacrée à l'éducation sexuelle à l'école. Alors que les invités évoquaient la nécessité d'une information portant essentiellement sur la procréation, elle intervint en tant que femme, mère de trois enfants, avec toute la puissance du verbe qu'elle déployait dans ses plaidoiries. Consternée, Gisèle remarqua d'abord que, depuis le début de la conversation, le mot « plaisir » n'avait à aucun moment été prononcé. Avec la radicalité dont elle était coutumière, elle déclara que mon émission serait éventuellement utile si elle déracinait l'idée répandue selon laquelle la sexualité était indissociable de la procréation. Gisèle y voyait une complète hypocrisie : tout indique au contraire que le sexe a beaucoup plus à voir avec le désir et l'amour.

Gisèle rentrait d'un voyage en Scandinavie et au Danemark. Évoquant l'éducation sexuelle qu'il fallait proposer aux enfants dès le plus jeune âge, elle avait sorti deux petites poupées nues, une femme et un homme en érection, qu'elle avait montrées à l'antenne. Dans les maternelles danoises, nous avait-elle expliqué, on faisait manipuler ces figurines aux enfants pour leur expliquer ce qu'était faire l'amour. C'était une responsabilité de la société vis-à-vis des plus jeunes.

Le geste était spectaculaire et tout à fait approprié au sujet du jour. Mais inutile de dire qu'après l'émission, je me fis engueuler – il n'y a pas d'autre mot – par tous les responsables que comptait la chaîne.

Gisèle avait un tempérament extraordinaire. Son action a rendu possible la bataille de Simone Veil pour l'IVG. D'ailleurs, les deux femmes étaient amies. Elles se voyaient, mais loin de chez elles, afin que Simone Veil puisse fumer en toute tranquillité. Pour la ministre de la Santé, engagée dans la lutte contre le tabagisme, être surprise la cigarette aux lèvres aurait été du plus mauvais effet !

Lorsque je fis sa connaissance, Gisèle Halimi jouissait déjà d'une forte notoriété pour avoir défendu les indépendantistes en Algérie devant les tribunaux militaires d'exception. Avec beaucoup de courage, elle avait affronté des atmosphères de lynchage dans les bleds afin d'éviter aux accusés la guillotine ou le peloton d'exécution. Pour plaider leur cause, elle avait rencontré de Gaulle, qui l'avait jugée effrontée.

— Dois-je vous appeler madame ou mademoiselle ?

— Appelez-moi maître, lui avait-elle répliqué.

Elle était proche de Simone de Beauvoir, et son mari, Claude Faux, lui aussi avocat, avait été le secrétaire de Jean-Paul Sartre. Pour Gisèle, la « cause des femmes » était un engagement permanent, un combat qu'elle a livré, entourée de soutiens fervents. Il y eut, bien sûr, toutes ses sœurs d'armes, mais aussi et peut-être surtout, Claude qui avait faite sienne la cause de son épouse. Gisèle disait de lui qu'il était l'homme le plus féministe qu'elle ait jamais connu.

Quand je pense à leur couple, je trouve d'autant plus absurde l'attitude des néo-féministes qui font des hommes en général leurs ennemis. Il est indéniable que la misogynie existe. D'ailleurs, si Gisèle Halimi n'a fait en politique qu'un court passage au début des années 1980, s'en détournant après un mandat de députée, c'est bien parce que les dirigeants du PS – Pierre Joxe, par exemple – donnaient toujours de préférence la parole à des hommes. Il est essentiel – et la moindre des choses – que les femmes puissent s'exprimer et que leur parole soit défendue. C'est une juste cause qui est aujourd'hui largement partagée. Mais ce serait une erreur de rejeter les soutiens nombreux que les femmes trouvent parmi les hommes.

Lorsqu'à l'époque du combat pour la contraception, je proposais aux féministes d'intervenir à l'antenne, ce n'était pas chez moi une attitude militante. Je cherchais avant tout à rendre compte des dynamiques, des tensions et des conflits qui travaillaient la société. Dans mon entourage professionnel, je ne rencontrais pas vraiment de résistance. Tout au plus mon intérêt faisait-il sourire les gens, qui y voyaient une obsession, mais personne ne me réprouvait. J'ai toujours eu à cœur de faire connaître des gens engagés, dont la notoriété ne dépassait pas encore les limites d'un cercle d'initiés. Ainsi, à cette époque où le pouvoir était tellement dépassé par l'évolution des mœurs et les revendications sociétales qui en découlaient, j'ai été l'un des rares à donner la place qu'elle méritait à la grande enquête du docteur Pierre Simon sur la sexualité des Français, la première du genre. J'aime briser des tabous et mettre en avant des sujets encore passés inaperçus.

Plus tard, j'ai fait diffuser dans le journal télévisé les premiers reportages internationaux contre l'excision, qui nous parvenaient de Genève. Ce combat continue, porté notamment par mon amie Assita Kanko, essayiste d'origine burkinabée, de nationalité belge, qui, à l'âge de huit ans, a dû subir ce rituel traditionnel inhumain appliqué par les femmes, en l'occurrence sa propre mère et sa tante ! Aujourd'hui députée européenne, elle le dénonce avec une éloquence passionnée, de même que les mariages précoces.

Les représentations liées au corps des femmes expliquent que des maux pourtant très répandus demeurent occultés, y compris en France. Ainsi, c'est de manière tout à fait fortuite que j'ai découvert l'endométriose, dont souffrent 10 à 15 % des femmes en âge de procréer et dont il est si difficile de parler ouvertement en raison du tabou qui entoure les règles et les douleurs féminines en général. Me rendant un soir dans l'appartement d'un ami avec Nicole, nous sommes tombés au beau milieu d'une réunion d'une trentaine de femmes qui évoquaient la question. Parmi elles se trouvaient Chrysoula Zacharopoulou, une gynécologue grecque, élue depuis députée européenne puis nommée secrétaire d'État dans le gouvernement d'Élisabeth Borne, et l'actrice et productrice Julie Gayet. Toutes deux avaient créé l'association Info Endométriose en 2015. Elles me confièrent avoir beaucoup de mal à parler de leur combat dans les médias. Je les invitai donc à venir s'exprimer dans la matinale de CNews. Par la suite, je pus me réjouir que *Paris-Match* et *ELLE* consacrent plusieurs pages à l'endométriose. L'écho de cette cause est parvenu jusqu'au président Macron et à son Premier ministre

Jean Castex, qui lancèrent, en 2022, un plan d'action contre cette maladie.

Pour être audible, il faut savoir choisir son moment. Si je sens que l'intérêt du public et de mes confrères est capté par autre chose, je préfère attendre un contexte plus favorable. Mais quand je suis happé par une cause, je n'en démords pas et rien ne m'arrête, même si l'on doit me reprocher mes choix éditoriaux.

À l'époque d'*Actuel 2*, j'avais noué des liens avec René Dumont, le père de l'écologie politique en France. Autour de moi, on le jugeait farfelu et mon intérêt en rendait plus d'un perplexe. Nous avions noué des relations complices. À la radio, il venait une demi-heure ou trois quarts d'heure avant l'émission et me demandait de lui préciser le moment exact de son passage à l'antenne. Puis il s'allongeait, mettait son sac à dos sous sa tête et me disait : « Entendu, réveillez-moi dix minutes avant. » Il croisait alors les mains sur la poitrine et s'endormait.

En 1972, le Club de Rome avait fait grand bruit en publiant le rapport Meadows sur les limites de la croissance, qui ne pouvait continuer indéfiniment sans épuiser les ressources de la planète. Edgard Pisani, dont j'étais proche, en était membre. Sous de Gaulle, il avait œuvré comme ministre à la modernisation de l'agriculture française, mais il s'effrayait désormais des conséquences du productivisme. Sicco Mansholt, l'un des principaux artisans de la politique agricole commune, avait interpellé la Commission européenne sur la nécessité d'une politique écologique. Le désert dans lequel prêchait jusque-là Dumont commençait à bruisser de voix nouvelles, et qui comptaient.

Dumont mettait en garde contre les effets d'une croissance démographique sans précédent, notamment dans les pays en développement. Mais ce sont les pays riches qu'il appelait à une prise de conscience. Une famille américaine consommait et polluait vingt-cinq fois plus qu'une famille indienne. Dumont jugeait que notre génération se comportait comme si elle était indifférente au sort des générations futures. Dans *Actuel 2*, il notait que « la voiture privée est un mode de civilisation inacceptable moralement parce qu'on ne peut pas la généraliser à l'échelle mondiale ». Il ne ciblait pas le capitalisme mais plutôt le productivisme qui avait également cours en URSS. D'ailleurs, le rapport Meadows avait suscité de violentes critiques de la part du secrétaire général du parti communiste, Georges Marchais, qui défendait l'aspiration des ouvriers à posséder une voiture. L'agacement de la gauche de la gauche vis-à-vis des « bobos » écolo procède d'une longue tradition.

René Dumont n'est pas le père d'une écologie opposant les vertueux aux pollueurs. À ses yeux, l'épuisement des ressources terrestres découlait de choix de société et non de comportements individuels condamnables. Dans les années 1970, on aménageait la ville pour la voiture (nous en héritons !) et la rareté des transports collectifs rendait l'automobile indispensable. Mais, disait Dumont, « c'est le schéma que j'attaque, pas l'homme qui a une voiture ! ».

Ce père des écologistes déployait une pensée mondiale. Il montrait du doigt les causes structurelles qui enfermaient les pays en développement dans une spirale de pauvreté et mettaient les riches face à leurs responsabilités. Il dénonçait l'échange inégal entre les matières premières achetées à des prix sans cesse plus bas aux pays producteurs, alors que le coût des biens d'équipement nécessaires à leur développement augmentait.

Dumont ne disait pas *Halte à la croissance* comme le Club de Rome, il voulait une autre croissance, fondée sur le recyclage des ressources et des choix d'aménagement raisonnés. Cinquante ans plus tard, nous y arrivons !

Les contradicteurs que j'avais conviés dans *Actuel 2* ce jour-là n'avaient pas même le début d'une prise de conscience de la crise environnementale qui se profilait. Ils se contentaient de voir dans l'écologiste un oiseau de mauvais augure. Certains estimaient que seule l'écorce de la terre avait été exploitée et que nous trouverions encore des ressources infinies dans ses profondeurs. D'autres, comme aujourd'hui, spéculaient sur les solutions techniques encore inimaginables qui ne manqueraient pas d'émerger.

« On n'a jamais progressé que par des utopies », avait conclu Dumont face aux sceptiques. Le fantasque professeur, raillé par beaucoup, s'est révélé un précurseur d'une rare clairvoyance.

IX

ELLE

Je vis avec Nicole Avril depuis près de cinquante ans. Cinq décennies de bonheurs partagés, d'épreuves traversées ensemble. C'est à l'époque d'*Actuel 2* que tout a commencé. Je dois notre rencontre à une succession de hasards. Tout s'est noué dans un instant parfaitement contingent, le 6 octobre 1972. Quand, à la manière de l'écrivain espagnol Javier Cercas, je considère l'anatomie de ce moment décisif, ses déterminations tout à fait aléatoires, je suis comme pris de vertige.

Je sortais de la télévision des dépêches à la main quand, en levant les yeux, je fus saisi par le visage d'une jeune femme brune dans le bus 92, qui passait lentement. Elle lisait et, ayant marqué une pause, elle aperçut un inconnu qui lui faisait signe de le rejoindre. Les autres passagers, croyant que nous nous connaissions, demandèrent au conducteur de s'arrêter. Lequel obtempéra par miracle pour moi et, second miracle, la jeune femme descendit du bus.

Elle était magnifique, l'autorité conjuguée à l'élégance. Jusque-là, j'aimais le frisson d'une séduction facile, distraite. Je sentis immédiatement qu'aucune rencontre ne serait comparable à celle-là. C'était comme si, inconsciemment, je l'avais toujours attendue.

Nicole n'aurait pas dû se trouver dans ce bus. Elle avait renoncé à sa voiture au dernier moment pour aller à un rendez-vous. J'aurais dû quitter plus tôt la rue Cognacq-Jay, mais le Conseil des ministres, ce jour-là, s'était éternisé. J'empruntais précisément cette rue parce qu'une amie m'attendait dans un café voisin, le Café de l'Alma – je l'appelai peu après pour lui dire que je ne viendrais pas. Ce sont les choses de la vie…

Nicole écrivait et, ne regardant pas la télévision, ne me connaissait pas, mais je savais qui elle était. J'avais lu les critiques élogieuses de ses romans faites par les redoutés Michel Cournot, Bernard Pivot et d'autres plumes sévères, et j'avais vu ses deux premiers livres sur les présentoirs de ma librairie préférée. Je m'étais promis, deux ans après une séparation, qu'on ne m'y reprendrait plus. Ma résolution s'effondra d'un coup. Si elle me voulait, j'étais prêt, au point que, dans mon empressement, je lui ai bêtement avoué que j'allais divorcer et que je serais bientôt libre. Je confesse le manque de délicatesse et la maladresse d'un Méditerranéen trop enthousiaste. Il me fallut de l'habileté pour la convaincre de me revoir. Miracle d'un instant. Plus tard, Nicole en fit un adage : « Il faut savoir descendre du bus. »

Lorsque nous nous sommes rencontrés, elle venait de publier *Les Gens de Misar*, où elle avait imaginé une cité repliée sur elle-même et délibérément coupée du monde. Depuis, elle avait découvert qu'en Inde, à Auroville, près de Pondichéry, un groupe de rêveurs et d'aventuriers tentait de bâtir une cité nouvelle. Elle en avait rencontré l'architecte en chef, Roger Anger. Il était français. Elle voulait voir de ses propres yeux cette œuvre qui n'en était encore qu'à ses balbutiements.

Nicole n'eut pas de mal à me convaincre qu'Auroville cristallisait certaines aspirations révolutionnaires de la jeunesse hippie et sa rupture avec le monde moderne. Je lui proposai donc que nous allions y réaliser un reportage ensemble pour INF 2. Ma direction était un peu sceptique, mais mon ardeur eut raison des réticences de mes chefs. J'avais, je l'avoue, une autre motivation, plus personnelle : ce film était l'occasion de faire avec Nicole un grand voyage. La perspective de partir avec elle m'enchantait.

Auroville avait été construite sous l'égide d'un ashram fondé par Sri Aurobindo. Ce philosophe indien, éduqué en Angleterre, avait recherché une synthèse supérieure entre les cultures bengali et sanscrite, d'une part, et occidentales, d'autre part, en particulier scientifique. Au moment de notre séjour, il était mort depuis deux décennies, mais la flamme de son enseignement était entretenue par la « Mère », une Française qui, à ses côtés, avait assuré avec autorité le fonctionnement quotidien de l'ashram. Une nuit, elle avait rêvé d'une ville, « l'aurore de l'humanité », que construiraient ensemble des idéalistes venus de tous les pays du monde. Là pourrait se forger et s'épanouir un « homme nouveau » – projet qui, d'emblée, nous semblait suspect tant il était associé aux régimes totalitaires.

À notre arrivée en Inde, nous fûmes frappés – lieu commun entre tous – par l'immense pauvreté de la population. La faim et la maladie rongeaient les corps, notamment la lèpre. C'était une vision d'enfer.

Pondichéry semblait quelque peu préservée de cette misère. L'ashram d'Aurobindo attirait de nombreux visiteurs indiens et occidentaux. Il nous apparut d'abord comme un business florissant. La « Mère » avait développé à l'échelle de la ville toutes sortes de filiales : Aurofood, imprimerie de Sri Aurobindo, hôtels, Sri Aurobindo Pâtisserie, station-service, bureau de poste et autres « auroboutiques ». Le contraste était tel avec l'ambition d'une spiritualité délestée de toute contingence matérielle qu'il en était drôle. Et nous n'étions pas loin de penser que les visiteurs venant chercher ici leur édification étaient de sacrés naïfs.

Nous avons cherché Auroville pendant toute une journée, sans succès. Les Indiens ignoraient où la cité nouvelle se trouvait. Nous savions seulement que la terre y était rouge. Nous commencions à désespérer quand, enfin, nous l'avons trouvé : le site était entouré de grillages, tenant à bonne distance des mendiants faméliques.

Auroville était encore un grand chantier. Les habitants logeaient dans de petites maisons dispersées entre d'immenses édifices de facture moderne, posés comme autant d'isolats au milieu de nulle part. Cette démesure, alors qu'Auroville ne comptait encore qu'un ou deux milliers d'habitants, m'évoquait Brasília.

Rien dans ce projet ne semblait être pensé pour répondre aux extraordinaires défis auxquels l'Inde de cette époque était confrontée. Les pionniers d'Auroville conduisaient une révolution personnelle et intérieure. Ils se détournaient de leurs contemporains, fussent-ils leurs voisins. Les travailleurs tamouls d'une grande maigreur, à demi-nus, effectuaient des travaux de force au côté des bâtisseurs occidentaux. Ils y gagnaient quelques roupies, rien de plus. Il n'y avait pas de place pour eux dans cette cité « idéale » qui sortait de terre.

Pourtant, on ne saurait douter de la sincérité des Aurovilliens. Toutes les personnes que nous y avons rencontrées étaient réfléchies et à l'écoute. Elles avaient quelque chose de lumineux. Leur regard était d'un éclat qui suggérait une assurance tranquille, radieuse. Elles étaient à leur place, cherchant dans une aventure intérieure leur être profond. Nous avions avec elles des discussions passionnantes.

Les bâtisseurs d'Auroville, qui travaillaient ensemble et prenaient leurs repas en commun, venaient du monde entier : ils étaient de tous les horizons, de tous les âges. Tous voulaient rompre avec leur existence passée. Ils rejetaient les valeurs matérialistes, recherchaient la sobriété et une forme d'autosuffisance. Ils aspiraient à des relations simples entre les êtres. Dans la société qu'ils construisaient, l'éducation, moyen d'épanouissement d'un moi profond, rendrait à terme inutile l'existence des lois, des forces de police ou des prisons.

Mais nos doutes subsistaient. Toute cette intelligence et cette candeur étaient placées sous la coupe de la « Mère », omniprésente. Partout, des portraits d'elle et d'Aurobindo. La « Mère » régentait leurs vies. C'était un guide spirituel, un de ces gourous dont les Indiens sont familiers. Charlatanisme de génie ou sagesse supérieure ? Les habitants d'Auroville ne s'étonnaient pas de notre perplexité : ils y étaient habitués. Dans leur famille, restée en Europe, on ne les comprenait pas non plus.

Un jour, je rencontrai un Italien dans la librairie de l'ashram. Grand médecin, il s'était défait de tous ses biens et les avait légués à sa famille. Il était venu vivre auprès de la « Mère », sans intention de retour. Chaque après-midi, il se présentait avec humilité et dévotion pour « voir la Mère » ou poser quelques instants sa tête sur ses genoux. « Il faut voir la “Mère” ! », « Vous avez vu la “Mère” ? » nous répétait-on. D’un simple regard, d’un geste, elle élevait les visiteurs ou les disciples qui se pressaient vers elle. Du moins le croyaient-ils !

Après une négociation serrée, on nous permit de rencontrer la « Mère ». Avec notre équipe de tournage, nous prîmes notre place dans la file des pèlerins, attendant notre tour. Tout le monde était vêtu de blanc. Peinant à dissimuler notre scepticisme, nous avions l’air de gamins turbulents. À tour de rôle, nous passâmes devant la « Mère ». Elle avait plus de quatre-vingt-dix ans, et, muette, prostrée, semblait accablée par la vieillesse. On nous demanda avec insistance de nous agenouiller devant elle. Passé ce rituel, nous retrouvâmes nos hôtes qui nous lancèrent : « Maintenant, vous êtes des sages ! » Des sages ? En réalité, la magie n’avait pas opéré.

Les Aurovilliens appliquaient aux enfants des principes éducatifs dans lesquels prévalait une liberté presque totale. On ne cherchait pas à les instruire, mais on les laissait apprendre ce vers quoi les portaient leurs goûts et leurs intuitions. L’important était, comme pour les adultes, de trouver leur personnalité profonde. Avec une telle éducation, ces enfants seraient-ils en mesure de s’adapter à un autre environnement qu’Auroville ? N’était-ce pas les enfermer dans cet univers utopique qui tournait le dos au monde extérieur ? Ne seraient-ils pas les victimes de la quête toute personnelle de sagesse de leurs parents ? J’interrogeai une fillette de neuf ou dix ans, une petite Allemande, blonde, ravissante. Elle parlait trois ou quatre langues. La caméra l'intimidait, mais elle me répondit courageusement. Quel métier ferait-elle plus tard ? Elle ne le savait pas. C'est la « Mère » qui déciderait. Voulait-elle des enfants ? « La Mère ne pense pas que ce soit bien. C'est quelque chose du passé. Il faut des choses nouvelles. »

Trente-cinq ans plus tard, une journaliste de Public Sénat, que je dirigeais alors, s'intéressa à Auroville et me proposa de lui consacrer un sujet. Je lui parlai de notre film, et elle partit en Inde retrouver les habitants que nous avions interrogés. Auroville existait toujours. Sa population avait légèrement augmenté, entre deux et trois mille âmes, très loin des cinquante mille envisagées au départ. Nombre des pionniers de 1972 y vivaient encore. Dans les images filmées par la journaliste, que je visionnai à son retour, je retrouvai sur leurs visages creusés cet air de béatitude qui nous avait frappés à l'époque. Les jeunes gens exaltés étaient devenus des femmes et des hommes mûrs, parfaitement épanouis. L'esprit de la « Mère » avait continué de souffler sur la ville, bien après sa disparition. Certains étaient partis définitivement, d'autres étaient revenus. La fillette qui s'en remettait en toute chose à la « Mère » avait décidé d'elle-même, à l'âge de quatorze ans, de ne pas avoir d'enfant et de se consacrer entièrement à la sculpture. Elle avait fait des études aux États-Unis et était revenue vivre à Auroville. Nos craintes ne s'étaient donc pas vérifiées.

Quant à nous, nous n'y sommes jamais retournés. Nos hôtes fuyaient le fracas du monde pour se trouver eux-mêmes. Au contraire, nous aimions sentir battre le pouls de notre époque, sans céder au tohu-bohu.

Lors du voyage de De Gaulle en Amérique latine, j'avais eu droit à une petite surprise le jour de mon anniversaire. C'était aussi celui de Michel Bassi, qui était journaliste au *Figaro*. Nous étions dans l'avion de la presse qui, à chaque étape, précédait d'une demi-heure celui de De Gaulle. Cela nous permettait d'être sur le tarmac, prêts à travailler, dès son arrivée. Nous survolions le Pérou quand nous entendîmes un message du pilote : « Bon anniversaire à Michel Bassi et à Jean-Pierre Elkabbach ! Qu'est-ce qu'on peut proposer pour vous faire plaisir ? Vous voulez qu'on survole le Machu Picchu ? » Je ne savais pas bien de quoi il s'agissait, les autres journalistes, pas beaucoup plus. Mais nous avons évidemment accepté. L'avion a viré et commencé à dessiner des courbes dans le ciel. À mesure qu'il s'inclinait, nous avons vu apparaître par les hublots les pics andins acérés qui veillent sur les ruines de la cité inca. Dans leur alignement géométrique, les terrasses rocheuses, tapissées d'un vert lumineux, étaient comme agrippées à la montagne. La cité semblait avoir jailli dans la jungle au milieu de nulle part, comme une île volcanique baignée dans l'immensité d'un océan vert. Nous étions émerveillés et, ce jour-là, je me dis que, lorsque j'aimerais une femme, je reviendrais ici, avec elle.

Mon vœu fut exaucé en 1982. Nicole préparait un livre sur Flora Tristan. Nous décidâmes de faire un voyage ensemble au Pérou, pays du père de cette paria qui fut une des toutes premières penseuses et militantes de la cause des femmes et du socialisme. De Lima, nous nous rendîmes à Arequipa où avait vécu la famille paternelle de Flora Tristan. Nicole fit des rencontres importantes, puis nous reprîmes notre itinéraire à travers le Pérou. Nous vîmes Cuzco et nous arrivâmes à Machu Picchu à bord d'un petit train qui sillonne les Andes sur une voie haut perchée. Partis à 5 heures du matin pour l'ascension du Machu Picchu – « la vieille montagne » –, nous avons vu la masse énorme du soleil, incandescente, se lever derrière la montagne et passer devant nous. Nous étions enchantés. Mais, je n'avais pas remarqué l'étroitesse des sentiers menant au sommet, ni vu les ravins spectaculaires qu'il nous faudrait longer. Dès le début de notre ascension, je fus pris d'un vertige incontrôlable et dus rebrousser chemin. C'était pour le moins inattendu. Le lendemain, j'accompagnai tout de même Nicole dans l'ascension du Huayna Picchu – « la jeune montagne » qui, avec son aînée, encadre la ville inca –, mais à la jumelle : depuis une terre, pour moi plus ferme, je scrutai sa progression le long de l'abrupte masse rocheuse.

L'été, lorsqu'elle part seule faire de longues promenades sur la plage, au bord de l'océan, j'ai pris l'habitude de regarder sa silhouette disparaître au loin et d'attendre patiemment qu'elle reparaisse.

Je suis de la Méditerranée, Nicole, de l'Atlantique. Elle a toujours besoin de ses marées, du vent, des vagues, des embruns. L'océan a nourri ses rêves, son inspiration et les lieux de ses romans. Peut-être est-ce pour cela que nous aimons Tanger, ce point de fusion entre l'Atlantique et la Méditerranée, entre la mer et l'océan. Paul Morand, lui aussi, aimait Tanger. Souvent, il s'installait au cap Spartel pour se baigner, appréciant tantôt le bouillonnement des eaux violentes, tantôt la paix des matins calmes. Nous avons des caractères forts, complémentaires, parfois impatients et bruyants, comme le déferlement des vagues.

Même si Nicole pense le contraire, les années n'ont pas eu de prise sur elle. Elle reste toujours la même : cette présence légère et intense, cette silhouette immuable. Sa coiffure a changé, marquant les étapes de sa vie : ce chignon noir, étincelant, du premier instant, puis cette large chevelure de lionne, frisée, libre, devenue plus courte à mesure que les années passaient, autour de ce visage où le temps n'a creusé que quelques rides.

J'admire cette discipline personnelle qu'elle observa longtemps : écriture le matin et jusqu'en début d'après-midi, sortie, puis longue marche, exercice physique enfin. Elle écrivait toute la semaine et, le week-end, je lui lisais son texte à voix haute. Je remplissais en quelque sorte le même office que le gueuloir de Flaubert : en m'écoutant, elle entendait la musique de ses phrases. Si elle avait senti mon attention se relâcher dans tel ou tel passage, elle en révisait le rythme.

Nous avons toujours préféré le tête-à-tête aux bavardages vains des dîners en ville, qu'elle déteste. Lors des trois années de ma présidence de France Télévisions, les courbettes, les obligations – même réduites au minimum –, les mensonges, les fourberies, les salamalecs, hélas inévitables, furent les moments, pour elle, les plus pénibles.

Sur les êtres, d'emblée, elle est moins naïve que moi. À plusieurs reprises, nous avons supporté ensemble l'ingratitude et la mort sociale. Nicole m'a protégé du ressentiment, même si, comme le comte de Monte-Cristo, j'ai parfois eu la tentation de me faire justice moi-même. Je pense de temps à autre à François Pinault, dont la blessure d'enfance infligée par des camarades de classe qui se moquaient de sa mère au collège, l'obligeant à quitter très tôt l'établissement, n'a jamais guéri. Devenu l'homme d'affaires que l'on connaît, il a pris sa revanche sur chacun d'eux, en les ruinant l'un après l'autre. Sans Nicole, j'ignore ce que je serais devenu. Grâce à sa présence, j'ai pu traverser toutes les épreuves sans y laisser ma peau. Elle a su calmer mes colères, maîtriser mes impatiences, m'aider à remplacer l'envie spontanée de contre-attaquer par une forme d'indifférence.

Je sais ma dette à son égard, elle qui m'a encouragé, contesté, soutenu, coûte que coûte. À chacune de nos rencontres, Jacques Chirac me demandait de ses nouvelles, « la meilleure moitié de vous-même ». Il se trompait : la part de Nicole en moi dépasse de beaucoup la moitié. Moi, c'est elle, et elle, c'est elle. Souveraine, elle s'appartient tout entière.

Nous avons nos désaccords. Politiquement, elle est résolument de gauche. Jeune professeur de lettres en 1965, elle soutenait déjà François Mitterrand pendant la campagne présidentielle. Autant dire qu'elle a souffert lorsque, en 1981, j'ai été érigé, bien malgré moi, en incarnation du giscardisme vaincu. Elle me croit de droite parce que le réformisme, à ses yeux, ne transforme pas la société et ses injustices assez vite. Lors du débat de 2007 entre Nicolas Sarkozy et Ségolène Royal, chacun de nous s'était installé dans une pièce différente pour soutenir son champion et éviter de reproduire dans le couple cette image d'animosité que donnaient les candidats.

Nicole est beaucoup plus rationnelle, méthodique et organisée que moi. Je suis un peu dans ma bulle et m'accommode du désordre le plus complet. Elle est plus proche des réalités. Je ne m'occupe pas des impôts. Heureusement pour nous, elle a pris en main progressivement la question. Je n'ai aucune idée de ce que nous avons sur nos comptes en banque. C'est elle qui gère tout. Je brise les œufs par maladresse sans leur laisser la moindre chance d'arriver jusqu'à la poêle. Je ne sais pas me faire un thé. Cette incapacité totale, que je reconnais et déplore, est l'effet de mon éducation à l'orientale. « Mon fils, tu es l'aîné. Surtout, ne fais rien ! » Ma mère entendait protéger son garçon. Nicole me dit à peu près la même chose – « Surtout, ne fais rien ! » –, mais pour nous protéger. « Ne touche pas aux plaques, tu vas mettre le feu à l'immeuble ! »

Nicole Avril est un écrivain : sa seule ambition est littéraire. Je l'ai vue écrire jour après jour, une vingtaine de romans, d'essais, de biographies, de récits personnels. Lorsque nous nous sommes rencontrés, elle avait déjà publié deux livres, le même jour, chez deux éditeurs différents, *L'Été de la Saint-Valentin* et *Les Gens de Misar*. La presse soulignait la profusion de ses dons. L'impératrice d'Autriche Elizabeth, Sissi, n'était pas le personnage sucré et sans consistance interprété au cinéma par l'exceptionnelle Romy Schneider. La biographie qu'en a faite Nicole est devenue un classique en Autriche, au château de Schönbrunn et en Allemagne. Ce livre, après *Les Gens de Misar*, *La Disgrâce*, enseignée dans les lycées, et avant *Le Roman du visage* et *Le Regard de la grenouille*, *Moi, Dora Maar*, fut un immense succès.

Elle n'aime pas entendre ces compliments. Pourtant, ils ne viennent pas du mari, mais d'un journaliste qui sait lire, qui a créé les prix du livre France Inter, France Télévisions, et animé pendant plus de quinze ans *Bibliothèque Médicis*, le rendez-vous culturel emblématique de Public Sénat. Je suis impressionné par son style, élégant, sans fioriture, qui touche le lecteur. Pas à pas, elle a échafaudé une œuvre d'imagination et de fidélité à ses admirations, Flora Tristan, Dora Maar, Picasso, Simone de Beauvoir et Gisèle Halimi, dont elle soutint le juste combat jusqu'à ses derniers instants. Sa sensibilité féministe est toujours en éveil.

Elle écrit, je me contente de lire, et encore pas tout. Je ne fréquente pas, comme elle, Proust et Dostoïevski. Mes favoris, Sénèque, le jésuite Baltasar Gracián ou Nietzsche, l'ennuient.

Même si mon parcours m'inspire une certaine fierté, je trouve de la vanité et de la futilité à mon métier. Le scientifique ou l'écrivain importent davantage que le journaliste et dureront plus longtemps. Mitterrand m'a dit un jour que, s'il avait su écrire, il n'aurait pas fait de politique. C'était sans doute une coquetterie de sa part. Il souffrait quand il écrivait – c'est également mon cas.

En 2019, je fus contraint de me faire soigner pour un mal soudain, pernicieux, douloureux. Je la trouvais à mes côtés dès mon réveil brumeux à l'hôpital. Elle fut le meilleur des remèdes pour reprendre goût à la vie. Elle m'administrait la dose quotidienne de morphine qui m'était prescrite, cachant ses craintes avec humour et tendresse. Elle croyait en ma résurrection, luttait pour qu'elle se produise. Pendant ma convalescence, elle m'a réappris à respirer, à marcher, à manger, à regarder les couleurs du ciel. Je vis grâce à la science et à Nicole qui m'a redonné l'énergie de continuer, de repartir. Avec ma fille Emmanuelle, elle a été constamment présente. Je dois beaucoup à la professeure Sylvie Bonvalot et à son collaborateur le chirurgien Dimitri Tzanis. En quinze ans, ceux-ci ont sauvé des malades de tous âges qui, sans eux, n'auraient eu comme perspective que la mort ou l'amputation. On admirera et on ne soutiendra jamais assez ces pionniers et ces chercheurs à qui tant doivent la vie.

Il y a quelques jours, Nicole m'a bouleversé avec l'un de ces mots que nous échangeons souvent : « Nous sommes si proches, si mêlés, si indissociables, si l'un par l'autre, si l'un pour l'autre, que toute séparation, toute attente, même courte, est douloureuse. » Le moment venu – le plus tard possible –, je souhaite partir le premier. Pour que Nicole soit le dernier visage, le dernier sourire, le dernier regard de ma vie. Rien ne presse. Mais, après ma disparition, longtemps après, j'espère que cette femme que j'aime tant me rejoindra et que, main dans la main, comme dans nos siestes, nous reposerons ensemble.

X

TOUS AZIMUTS

Dépassée par son époque, l'ORTF fut transformée dès les premiers mois du septennat de Valéry Giscard d'Estaing, président réformateur qui fit tant pour les femmes et les jeunes. L'office unique fut éclaté en plusieurs entités, dont trois chaînes de télévision, la Une, Antenne 2 et FR3. But affiché : donner sa chance à la créativité et, dans le domaine de l'information, à l'objectivité. But inavoué : affaiblir les syndicats dont les forces se trouvaient dès lors dispersées.

Il fut décidé que je ne serais pas de l'aventure. À la fin de l'été 1974, Marcel Jullian, le nouveau président de la chaîne, me convoqua dans son bureau, en présence de son conseiller spécial, Jacques Chancel, dont j'admirais les *Radioscopies*. Sa morgue n'atténua pas la sentence : « Tu n'as pas ta place parmi nous ! »

Nous avions couvert la campagne présidentielle de façon équilibrée et mon poste ne me semblait pas particulièrement menacé. Nous n'avions favorisé personne, ni Giscard, ni un autre – et cela nous était reproché. Je ne me souviens que d'un incident significatif : le ministre de l'Intérieur, Michel Poniatowski, ayant annoncé une conférence de presse, nous avions envoyé un journaliste place Beauvau, pensant qu'un groupe de confrères serait présent. Quand il arriva, il était seul et filma une déclaration de Poniatowski, du type : « Françaises, Français, faites attention ! Si vous votez pour les communistes, les chars soviétiques paraderont de la place de la Concorde à l'Étoile ! » C'était une propagande grossière que nous avons refusé de relayer.

À l'Élysée, à Matignon et au ministère de l'Intérieur, après l'élection, on dressa des listes pour répartir les personnels de l'ancienne ORTF selon les nouvelles entités de l'audiovisuel public. Je n'y figurais pas. Parce que j'avais été recruté au sein de l'équipe de Desgraupes, on me tenait pour un sympathisant de Chaban-Delmas, le candidat gaulliste malheureux face à VGE. Ironie du sort : six ans plus tôt, j'avais été exilé en tant que meneur de grève, taxé de gauchisme. Pour la deuxième fois, des sympathies politiques m'étaient abusivement prêtées. Elles me valaient d'être écarté.

On me proposa d'abord une porte de sortie *a priori* enviable : un poste de correspondant à Londres. Je m'y rendis pour préparer notre venue et trouvai une maison. J'étais prêt à accepter mais souhaitais auparavant savoir qui composerait l'équipe avec laquelle je travaillerais.

— Une équipe technique ? Non, ce n'est pas prévu.

— Donc je travaillerai avec la BBC ou une autre chaîne ?

— Non.

— Mais pourquoi aller là-bas si je n'ai pas de caméra ?

J'étais envoyé à Londres pour ne rien faire. C'était hors de question.

Je mis trois mois à retrouver un poste. Partout où j'allais, je me heurtais à une porte close. Placée à la tête de Radio France, Jacqueline Baudrier, avec laquelle je m'étais réconcilié, me proposa finalement de présenter le 13-14 heures, puis le 12-14 heures sur Inter. J'acceptai ce retour aux sources.

Il me fallut reprendre mes marques, me réadapter à l'absence d'images. La radio est un média beaucoup plus épuré que la télévision. Elle joue davantage sur l'imaginaire d'un auditeur souvent plus exigeant. Elle a son rythme propre, ses respirations. Il faut savoir instaurer un lien particulier, une complicité avec le public.

La radio offre aussi davantage de liberté. Avec l'aide d'une petite équipe, j'essayais d'aller chaque jour au-devant de l'événement et des réalités de la société française. Nous installions nos micros dans des usines, dans des quartiers de banlieue, allant au contact des travailleurs immigrés. J'organisai une émission à la prison de Fresnes avec Robert Badinter pour évoquer les conditions de détention et la nécessité de prendre en compte la question de la réinsertion. Nous pûmes échanger en direct avec une cinquantaine de détenus. Ce jour-là, j'espérai en outre réussir à me faufiler jusqu'à Pierre Goldman, intellectuel condamné pour meurtre, qu'une partie de l'*intelligentsia* française cherchait à renvoyer devant les tribunaux. J'espérais le rencontrer, mais la vigilance des surveillants à son égard fut sans faille.

J'étais à l'affût d'esprits neufs susceptibles de bousculer le débat public. J'interrogeai ainsi un conseiller d'État prometteur, Laurent Fabius, qui venait de publier un livre sur la fraude fiscale, et un jeune économiste visionnaire, qui cherchait des remèdes à la crise, Jacques Attali.

J'adorais Raymond Devos. Je lui trouvais une forme de génie. À cette époque, il était un peu ma « mascotte ». Il accepta de nous recevoir pendant deux heures en direct dans sa maison de Saint-Rémy-lès-Chevreuse. L'émission eut lieu dans une pièce, qui était, en quelque sorte, son atelier. « C'est ici que je rêve, ici que je répète, que j'invente et que je travaille », nous dit-il. Georges Brassens, qui était son ami de longue date, nous avait rejoints, et l'émission se mua en feu d'artifice. Dans la pièce, Devos entassait toutes sortes d'objets improbables, de gadgets. L'air content et tranquille, Brassens m'avait assuré : « Tout est inutile ici. » Le parquet était aussi jonché d'instruments de musique, un tambour, des flûtes, un concertina, des harpes, des cartons à chapeau contenant d'autres tambours. Devos adorait la musique. Il y voyait un contrepoint harmonieux et essentiel à l'humour, qu'au contraire, il jugeait heurté. Il avait commencé à apprendre le piano à l'âge de cinquante ans – « Il n'est jamais trop tard pour s'enchanter. » Brassens avait interprété plusieurs chansons en direct.

Je me demandais ce que ces deux êtres fantasques pouvaient bien se dire quand ils se retrouvaient en tête à tête. Brassens me confia que, pour l'essentiel, ils parlaient pour ne rien dire. Et j'eus droit à un de ces éloges paradoxaux dont il avait le secret : « Mais vous savez, pour nous, c'est facile. Tandis que pour vous, qui devez parler à la radio pour ne rien dire sérieusement tous les jours, c'est autrement plus difficile. »

Raymond Devos n'aimait pas l'idée de génie : « Ça donne l'impression que les choses viennent comme ça, sans travail, au gré de l'inspiration. En réalité, l'écriture est un processus laborieux, exigeant. Le plaisir ne vient qu'après, avec la scène, la musique, le jeu. » Après l'émission, nous déjeunâmes ensemble, restant à table une bonne partie de l'après-midi. J'étais émerveillé entre ces deux géants qui évoluaient dans un monde parallèle.

Pour célébrer le bicentenaire de l'indépendance américaine, nous partîmes près de deux mois aux États-Unis avec une petite équipe de reportage. Ce fut un périple formidable, de Nashville à Stanford en passant par La Nouvelle-Orléans. Périple épuisant : chaque jour, nous passions à l'antenne en direct, malgré le décalage horaire. À Los Angeles, un de mes compagnons de voyage s'endormit en pleine lecture de son papier. Je le terminai à sa place après m'être emparé en catastrophe du micro, au grand étonnement de François Truffaut qui participait à l'émission.

Je ne devais pas m'éloigner longtemps d'Antenne 2. Après une parenthèse radiophonique de deux ans à France Inter, je fus rappelé à la télévision dans des circonstances pour le moins étonnantes. Je vis clairement comment le pouvoir, s'il ne contrôle pas les responsables de l'audiovisuel public, manifeste ses préférences. Les audiences du 12-14 heures étaient bonnes et nos émissions rencontraient un succès d'estime qui me valut, à l'automne 1976, d'interroger le président de la République à l'occasion de la sortie de son essai *Démocratie française*. En décembre, je retrouvai VGE pour préparer un entretien qui eut lieu à Chamalières. Quelques jours après, je fus reçu à l'Élysée par le porte-parole du président, Jean-Philippe Lecat. Au cours de la discussion, il évoqua les difficultés que rencontrait la rédaction d'Antenne 2. Depuis mon départ, la chaîne avait connu trois directeurs de l'information. Elle était déchirée par des conflits internes, des rivalités de clans ou de personnes. Marcel Jullian n'avait pas su imposer son autorité, et des petits seigneurs, retranchés dans leur bastion, avaient conjugué leurs forces pour écarter les directeurs de l'information successifs. Dans un tel climat, la rédaction n'avait jamais pu trouver sa cohésion. Cela ne me concernait pas.

Lecat me laissa entendre que le poste de directeur de l'information d'Antenne 2 pourrait m'être proposé. Le propos était sibyllin et l'idée, si invraisemblable que je cessai rapidement d'y penser. Il aurait vraiment fallu que Marcel Jullian soit aux abois pour me proposer le poste. Il l'était !

Quelques jours plus tard, en plein 12-14 heures, je vis Jacques Chancel débarquer sans crier gare à la Maison de la radio. Profitant d'une pause dans l'émission, je sortis du studio pour le saluer. Il me déclara alors avec un grand sourire : « Laisse tomber l'antenne, je t'amène à Cognacq-Jay, on va te nommer directeur de l'information. »

J'étais à la fois fier et terrorisé. À trente-neuf ans, j'allais être placé aux commandes de l'information de la deuxième chaîne de télévision, appelé par les mêmes qui m'avaient congédié. De caractère, je ne suis pas revanchard, mais je dois bien le reconnaitre : ce retour avait une saveur particulière.

Lorsque j'arrivai rue Cognacq-Jay, le conseil d'administration était en train de se tenir. Chancel m'annonça que je devrais y prendre la parole pour exposer mon projet de réorganisation du service et il m'enferma dans un bureau afin que je puisse y réfléchir. Je vois encore la pomme et le morceau de gruyère qui me furent apportés pour déjeuner. Outre quelques idées, très classiques, sur l'indépendance, le pluralisme, j'avais surtout en tête à ce moment précis les exigences de Pierre Desgraupes, huit ans plus tôt : créer une unité d'information fonctionnant de manière autonome à l'intérieur de chaque chaîne.

Le passé récent montrait que l'indépendance du directeur de l'information laissait à désirer. Brillant, ambitieux, très proche de Giscard, Marcel Jullian avait voulu lancer des émissions de philosophie, en particulier sur Jean-Paul Sartre. Quand cette idée parvint à ses oreilles, le Premier ministre, Jacques Chirac, prit son téléphone et appela le président d'Antenne 2. On apprit après coup la teneur de cet entretien.

— Monsieur Jullian, j'ai entendu que vous vouliez faire une émission de philosophie. Avec qui ?

— Sartre.

— Qui ?

— Sartre !

— Jamais, vous m'entendez ! Ni lui, ni Untel, ni tel autre. Ils n'ont pas leur place à la télévision publique !

Je savais aussi que Marcel Jullian avait la fâcheuse habitude de convier lui-même au journal télévisé des députés et des ministres avec lesquels il avait dîné en ville la veille au soir. Non seulement le présentateur n'était pas consulté, mais il découvrait souvent au dernier moment l'invité, qui, un peu surpris, se bornait à dire : « C'est le président de la chaîne qui m'a dit de venir… »

Devant le conseil d'administration, j'ai donc exigé une unité d'information réellement indépendante, sur laquelle j'aurais toute autorité. Je souhaitais n'avoir de comptes à rendre qu'au président de la chaîne. On me trouva « trop ambitieux », mais c'était pour moi une condition impérative. Je voulais avoir les coudées franches pour travailler. Dans la situation où il se trouvait, il ne pouvait faire autrement qu'accepter.

Je pris mon poste comme on libère une citadelle assiégée. Je savais qu'un petit groupe me détestait ou me craignait. Certains promettaient même de me « balancer par la fenêtre du sixième ». Pour insuffler à la rédaction une nouvelle dynamique, il me fallait d'emblée faire preuve d'autorité et briser les résistances qui la minaient par avance. Auparavant, le directeur de l'information et le rédacteur en chef avaient chacun son équipe. Ils ne se parlaient pas, cette séparation stricte se traduisant physiquement par les portes fermées à clé de leurs bureaux respectifs. La présentation du journal était négociée chaque semaine entre les différents barons de la chaîne et les syndicats. Les querelles et les rivalités internes obligeaient sans cesse à concéder du temps d'antenne à chaque camp, en fonction de son pouvoir de nuisance. Il était hors de question pour moi de maintenir ce petit jeu, qui favorisait la première chaîne, celle qui allait devenir TF1.

Je pris une dizaine de jours pour recevoir tous les journalistes et les techniciens, un à un. Je partis ensuite une semaine et rentrai avec un plan d'action. J'écartai une dizaine de personnes, des trublions dont l'influence sur la rédaction était délétère – ils m'en garderaient rancune et, plus tard, me feraient la guerre, notamment ceux qui, entre-temps, auraient rejoint

Canal +. Ces choix m'ont valu une réputation de dureté. Je les ai faits sans état d'âme. Seule comptait à mes yeux la qualité de l'information que nous allions proposer et le bon fonctionnement des équipes.

Je fis ouvrir les bureaux verrouillés et remplaçai les cinq ou six rédacteurs en chef, qui défendaient chacun les intérêts de leur écurie, par un seul, Louis Bériot, un homme grand, blond, chaleureux et passionné. À France Inter, il animait l'émission diffusée juste avant mon 12-14 heures. Nicole m'avait fait remarquer qu'il ouvrait l'information à des thématiques comme l'environnement, qui aujourd'hui encore, ne trouvent pas la place qu'elles méritent sur les antennes. Lorsque je lui ai proposé le poste, il m'a d'abord dit ne pas s'en sentir capable. Je passai outre, l'assurant de ma confiance. Je n'eus jamais à regretter ma décision. Ce fut un ami très cher.

Pour présenter le 20 heures pendant la semaine, je désignai Patrick Poivre d'Arvor, qui, en l'espace de quelques mois, se révéla le meilleur à ce poste. Ce statut privilégié, qui rompait avec les usages précédents, lui valut des jalousies dans l'équipe. « Jean-Pierre, donne-moi le 20 heures ! Est-ce que je ne suis pas aussi beau que Poivre d'Arvor ? Pourquoi ne me fais-tu pas confiance ? » Eux aussi m'en voulurent durablement du refus que je leur opposais. Ils se répandirent en critiques venimeuses lorsqu'en 1981, le vent tourna en ma défaveur.

J'ai veillé à promouvoir des femmes, encore peu nombreuses. J'ai imposé la première camerawoman, Dan Loustalot. Les syndicats n'en voulaient pas : « Tu ne vas quand même pas lui mettre entre les mains une caméra de dix ou douze kilos ? C'est bien trop lourd ! » Ce genre de propos rendait Dan furieuse – et moi aussi. Elle dut batailler pour être acceptée et ce n'est qu'après avoir travaillé dans des pays en guerre qu'elle gagna définitivement sa place parmi ces hommes qui la sous-estimaient.

Je n'étais moi-même pas très tranquille à l'idée d'envoyer des femmes grands reporters sur des terrains de conflits, au Moyen-Orient ou en Iran. Je ne voulais pas qu'elles soient contraintes de porter le voile et craignais par-dessus tout qu'elles se fassent agresser. Nicole me le reprochait souvent et c'était sans doute une erreur de ma part de ne pas le faire. Des femmes journalistes, comme certains hommes, peuvent affronter ces situations dangereuses et elles le montrent chaque jour, en Ukraine et au Proche-Orient. Lorsqu'elle était correspondante à New York, Martine Laroche-Joubert n'était pas à son meilleur. Ce poste ne l'intéressait pas. Mais quand elle dut couvrir des conflits, casquée au côté de militaires, exposée aux coups de feu et aux explosions, elle se révéla une formidable reporter. Depuis, elles sont nombreuses à s'exposer avec courage.

L'arrivée des femmes à la rédaction a été bénéfique. Au début, elles étaient regardées de haut. Puis, leur travail et leurs compétences parlant d'eux-mêmes, elles finirent par être traitées en égales par les équipes, autrement dit, comme des « mecs ». Martine Allain-Regnault, que j'avais fait venir du *Monde* pour traiter des questions de santé, faisait exception. À l'antenne, elle s'imposa par sa présence rassurante, ce qui me permit, à travers elle, de ménager une place importante aux émissions de santé. Elle était devenue une sorte de figure maternelle et maternante pour toute la rédaction.

Ses connaissances médicales étaient reconnues. Elle soignait tout le monde au sein de l'équipe. Je lui dois moi-même une fière chandelle. Revenant de Centrafrique, je fus soudainement pris de fièvre. J'avais le teint jaune, je tremblais et fus contraint de rester couché jusqu'à ce que Nicole décide d'appeler un médecin. Après m'avoir ausculté, il la prit à part :

— Votre mari boit trop.

— Comment ? Mais il ne boit pas une goutte d'alcool…

— Alors il doit manger beaucoup d'œufs et de chocolat. Ce n'est rien de grave, ça va lui passer.

Quand j'eus Martine au téléphone, ce fut un tout autre diagnostic : « Tu as le paludisme ! Donne-moi ton adresse. Je te rappelle ! » Deux minutes plus tard, elle m'annonça qu'une ambulance était en route pour me conduire à La Salpêtrière où m'attendait le professeur Gentilini, grand spécialiste des maladies tropicales et infectieuses. Dès mon arrivée à l'hôpital, je fus pris en charge en urgence. Brancard, piqûre… J'étais à deux doigts d'y passer !

Dès ma nomination, je tentai de donner un nouveau souffle à la rédaction. Expérience inédite : je constituai un petit groupe d'intellectuels, de droite comme de gauche, que j'invitais de temps en temps pour échanger avec les journalistes. Edgard Pisani venait parler d'agriculture, de réformes et du pouvoir, Vladimir Jankélévitch, de la philosophie, du bonheur. Nous reçûmes René Girard, Jacques Delors, Jacques Attali. À mon grand embarras, les auditoires furent au début très clairsemés, car les journalistes comprenaient mal ma démarche. Difficile pour eux de croire que ces grands esprits puissent venir gratuitement nous voir à la seule fin de stimuler notre créativité. Mais cet usage finit par s'imposer et je renouvelai cette approche près de vingt ans plus tard lorsque, président de France Télévisions, j'organisai le même type de rencontres avec mon équipe.

Composer un journal, c'est comme peindre un tableau, avec ses formes, ses grandes masses de couleur, son énergie propre. Il s'agissait de créer une synergie entre les affaires françaises, l'étranger, les questions de société, d'environnement. Je cherchais à révéler le véritable état du pays et du monde. Bériot était très sensible aux questions écologiques, ressources en eau à l'échelle mondiale, dégradation de l'environnement, des paysages, abandon du patrimoine. C'est d'ailleurs lui qui m'a suggéré de recruter Noël Mamère. Il lui proposa d'animer *C'est la vie*, une émission brassant des thématiques environnementales. Sa nouvelle recrue n'y connaissait rien, mais Louis Bériot le forma. Et c'est ainsi que naquirent la vocation écologiste de Noël Mamère et sa vocation politique.

Autre début prometteur : celui d'Alain Gillot-Pétré. Je l'avais fait venir avec moi de France Inter. J'ai toujours eu de l'affection à son égard. Il était sans cesse en état d'effervescence, mu par deux passions : les livres et les ouragans. Longtemps, dans chaque journal de 23 heures, il présentait un roman ou un essai. Il invitait des auteurs, parlait de ses lectures ou proposait à des journalistes de la rédaction de partager les leurs. Un jour, il me demanda de le libérer de ce rendez-vous quotidien pour se consacrer pendant six mois à un documentaire sur les tempêtes. Après la diffusion de son film, il voulut revenir à son exercice précédent, les livres, mais la personne qui l'avait remplacé faisait bien le travail. Avec Louis Bériot, nous lui avons alors proposé de traiter de la météo. De prime abord, l'idée était un peu loufoque. Quand nous présentions le journal, à l'époque, nous nous contentions de lire en fin d'édition une dépêche de l'AFP sur le sujet. Nous ne prenions pas les questions météorologiques au sérieux. Lors de voyages aux États-Unis, je m'étais rendu compte que la météo était une information très écoutée et présentée de façon créative. En outre, j'avais été frappé, lors d'une discussion avec mon beau-père, qui cultivait avec dévotion son jardin, de ce qu'il m'avait dit sur la quasi-absence de prévisions météo à la télévision : « Pourtant, les gens ont besoin de savoir ! »

Nous proposâmes donc à Alain Gillot-Pétré la météo. Il refusa tout net, scandalisé. « C'est un déclassement ! Vous ne pouvez pas me faire ça ! » Il se laissa amadouer : « Tu vas aller passer un mois aux États-Unis et faire le tour des télés. » Un mois après, il revint à Paris, enthousiaste. Avec très peu de moyens, il se mit à la tâche, passant des accords avec Météo-France. Puis il enfila son costume de pionnier de la météo avec des pochettes aux couleurs du temps.

Les téléspectateurs furent emballés par son énergie, sa bonne humeur, ses carrés de tissu colorés. La météo devint bientôt l'un des rendez-vous télévisés les plus suivis. Elle reste aujourd'hui l'un des programmes les plus rentables en termes de recettes publicitaires. Il existe même des filières préparatoires spécifiques dans les écoles de journalisme.

En Asie du Sud-Est, la catastrophe prédite par de Gaulle dans son discours de Phnom Penh avait fini par se produire. De guerre lasse, les Américains s'étaient retirés du Sud Viêtnam, laissant Saïgon tomber aux mains des communistes du Nord – à l'été 2021, Kaboul, prise par les talibans, subit le même abandon. Au Cambodge, les Khmers rouges s'étaient emparés du pouvoir. Nous savions que des centaines de milliers de personnes étaient déplacées, notamment des citadins envoyés dans les campagnes pour y être « rééduqués ». Cependant, on interdisait l'entrée dans le pays et il n'y avait aucune image de ce qui s'y passait. Seules quelques dépêches nous parvenaient. Un jour, l'une d'elles annonça qu'un journaliste yougoslave avait reçu l'autorisation de visiter le Cambodge « révolutionnaire ». Dépêche après dépêche, je suivis son périple de Nankin, en Chine, jusqu'à Phnom Penh. Il resta sur place pendant environ trois semaines, puis une nouvelle dépêche nous apprit qu'il rentrait à Belgrade. J'envoyai sur-le-champ Patrick Clément, passionné d'Asie et négociateur patient, l'accueillir à l'aéroport pour le féliciter et lui offrir de collaborer avec nous. Contre le développement et le montage des images qu'il superviserait, nous lui proposâmes de les diffuser en exclusivité. Il accepta et nous fûmes les premiers à révéler à la télévision la vérité sur le Cambodge des Khmers rouges.

L'abandon américain entraîna la fuite de nombreux Vietnamiens persécutés, qui craignaient des représailles ou refusaient de vivre sous la férule communiste. Un bateau appelé *L'Île de lumière* était affrété pour secourir des réfugiés en mer de Chine. Il devait aussi construire un hôpital de campagne à Poulo Bidong, un îlot malaisien, où des dizaines de milliers d'exilés attendaient une protection internationale dans des conditions sanitaires épouvantables. Le visage de cette mission humanitaire sera celui d'un médecin, Bernard

Kouchner. Avant son départ pour l'Asie, nous l'invitâmes à venir raconter à l'antenne le drame des *boat people*, puis nous envoyâmes une équipe, composée de Jacques Abouchar et Patrice Dutertre, filmer les opérations de sauvetage à bord de *L'Île de lumière*. L'initiative du *french doctor* et de ses compagnons comportait une dimension symbolique. Elle visait à sauver des vies mais aussi à prendre le public à témoin des naufrages qui se produisaient, des risques inouïs encourus par les réfugiés, de ces parents rendus fous par la mort de leurs enfants. On ne pouvait plus fermer les yeux. L'*Aquarius*, l'*Ocean Viking*, tous ces navires qui sillonnent la Méditerranée pour secourir des migrants en détresse sont les héritiers de *L'Île de lumière*.

La télévision crée des icônes. Elle a besoin de figures pour incarner des idées, des causes. En 1978, j'envoyai une équipe en Ouganda, mis au supplice par Amin Dada, dictateur aussi fou que cruel. Nous diffusâmes ses reportages sur la violence, la misère et la faim auxquelles étaient réduites les populations du fait de la guerre et de ce régime tyrannique. Au fin fond du Karamoja, nos journalistes rencontrèrent une religieuse française, sœur Éliane. Une belle femme d'une quarantaine d'années avec de grands yeux clairs, extraordinaire de charisme et de dévouement. Elle secourait les orphelins, les enfants dénutris, les affamés, les blessés. Soudain, c'était une autre image de l'enfer ougandais qui surgissait au grand jour. Nous l'invitâmes à venir à Paris où elle fut reçue au Quai d'Orsay. Malgré de fortes réticences, elle accepta de participer à *Antenne 2 midi* à condition que nous l'aidions à se procurer et à expédier en Ouganda des pompes pour puiser de l'eau. Par sa présence chaleureuse et son courage, sœur Éliane devint alors pour le public la porte-parole d'un peuple supplicié et, par sa détermination, un antidote au désespoir et une source d'inspiration.

Valéry Giscard d'Estaing était surnommé « l'Africain » car il s'impliquait personnellement dans les affaires du continent, qui l'intéressaient pour diverses raisons. Le président entendait défendre le « pré carré » de la France et profitait de ses voyages pour chasser. Cette posture n'allait pas sans une certaine complaisance envers des régimes peu fréquentables. Le cas le plus spectaculaire était celui de la Centrafrique où, en 1966, sous le général de Gaulle, Jean-Bedel Bokassa s'était emparé du pouvoir par un coup d'État militaire. Sur le moment, la France n'avait rien trouvé à redire, car le nouveau dirigeant s'était empressé de proclamer son attachement à l'ancienne puissance coloniale et à ses intérêts. L'essentiel était sauf : le nouvel homme fort du pays ne se tournerait pas, comme d'autres, vers l'Union soviétique.

Bokassa était d'une méfiance maladive. Son irritabilité et ses accès de violence terrifiaient jusqu'à son entourage. Je devais en faire les frais puisqu'il mit un terme à notre courte relation en prononçant ma condamnation à mort !

Son caractère ombrageux ne l'empêcha pas d'obtenir la faveur du nouveau président français. Mais, en quête de légitimité face aux « pères de l'indépendance » des autres États africains, Bokassa se mit en tête de devenir empereur. L'Élysée s'en trouva fort embarrassé : la République pouvait difficilement apporter son concours aux ambitions farfelues de l'autocrate.

Bokassa et moi nous étions mis d'accord pour enregistrer avant le couronnement un numéro de *Cartes sur table*, l'émission politique qu'Alain Duhamel et moi animions. Nous l'interrogeâmes sur ses méthodes de gouvernement expéditives. Il admit « défouler » de temps à autre sa colère mais nous assura ne plus administrer de sévices physiques, bastonnades ou mutilations des oreilles. Il nous dit aussi son admiration pour le général de Gaulle, qu'il appelait « papa », et son amitié pour Valéry Giscard d'Estaing, cet homme « intelligent et cultivé », à qui, toutefois, il évitait de téléphoner pour ne pas « lui créer d'ennuis ».

La Centrafrique était déjà l'un des pays les plus pauvres du continent : il faisait face à d'inextricables difficultés économiques. Nous questionnâmes donc Bokassa sur les lourdes dépenses engagées pour son couronnement. « On ne peut créer une grande histoire sans sacrifice », nous répondit-il, lui qui plaçait Napoléon au sommet de son panthéon personnel. Quant à son désir d'être sacré empereur, il n'y voyait là aucune incongruité. À ses yeux, les pays européens étaient en proie au désordre et à des turbulences incessantes, avec leurs partis rivaux et leurs querelles internes. « Pourquoi n'y aurait-il que des républiques ? » nous rétorqua-t-il.

Pendant toute l'interview, Bokassa ne se sépara pas d'une mallette noire accrochée à son poignet par une chaîne. Nous dûmes faire plusieurs courtes pauses, car les cassettes sur lesquelles nous enregistrions à l'époque ne duraient que douze minutes. Au cours d'une de ces interruptions, il nous glissa, l'air mystérieux : « Je vais vous montrer quelque chose. » Il posa la mallette devant nous et l'ouvrit avec précaution. Au premier coup d'œil, nous vîmes des pots de confiture « Bonne Maman » et, tout autour, des liasses de billets de banque. Puis il ôta les couvercles à carreaux blancs et rouges : les bocaux contenaient de la poussière d'or et des diamants. À elle seule, cette étroite mallette résumait à la fois le dénuement et l'accaparement des richesses dont souffrait la Centrafrique.

La cérémonie eut lieu dans la salle omnisport de Bangui, rebaptisée pour l'occasion « palais du couronnement ». De nombreux pays avaient envoyé des délégués, mais aucun chef d'État n'avait répondu à l'invitation de Bokassa. La France était représentée par le ministre de la Coopération, Robert Galley, et par le conseiller Afrique de l'Élysée, René Journiac. Malgré la chaleur écrasante, Bokassa portait une épaisse cape de velours écarlate, doublée de fourrure d'hermine. Le trône impérial était surmonté d'un aigle d'or monumental déployant ses ailes. Dans une gestuelle empruntée à Napoléon, Bokassa plaça lui-même sur sa tête une lourde couronne d'or et de diamants, puis déposa un diadème sur celle de sa femme Catherine, agenouillée devant lui. Cette improbable mise en scène n'avait pas reçu la bénédiction de la France. Bokassa ayant autrefois combattu dans l'armée coloniale, où il avait été élevé au grade de capitaine, il obtint néanmoins que l'orchestre de la marine française interprète pour lui la marche impériale.

Les films tournés par les sept équipes que nous avions dépêchés sur place furent envoyés le soir même à Paris. Ils furent développés dans la journée, montés et diffusés à 20 heures dans le journal télévisé.

L'empereur n'apprécia pas notre reportage. Les chevaux de sa garde montée avaient fière allure, mais ses cavaliers en uniforme, casqués, qui souffraient terriblement de la chaleur, étaient débraillés et somnolaient à l'ombre des arbres. Surtout, nous montrâmes involontairement un visage peu flatteur du couple impérial. Jean-Bedel Bokassa et sa femme Catherine s'étaient préparés, chacun de son côté, avant de se retrouver pour la cérémonie. Nous leurs avions proposé de les suivre toute la journée, les équipant de micros dont ils avaient fini par oublier la présence. Dans son carrosse, le couple impérial saluait en souriant la foule venue les acclamer. Il échangeait des paroles qui, parce que nous ne les comprenions pas, semblaient innocentes. En réalité, ils s'injuriaient dans leur langue :

— Tu n'es qu'une putain !

— Et toi, un empereur de pacotille !

Évidemment, cette séquence fit rire en Centrafrique et dans les pays africains qui retransmettaient le sacre. Furieux, Bokassa téléphona chez moi et annonça à Nicole : « Votre mari est condamné à mort par contumace ! Qu'il ne s'avise pas de revenir à Bangui ! » Je n'eus pas l'occasion de braver son interdiction.

Les grands reporters ont besoin d'action. Ils ont du courage et de l'énergie à revendre. Les envoyer sur le terrain était une forme de management salutaire et une nécessité, mais je ne disposais pas d'un budget illimité. Les équipes que je dépêchais à l'étranger avaient instruction de nous « inonder » de sujets, de manière à amortir les coûts. Ce n'était pas pour leur déplaire : conscientes des enjeux, elles donnaient le meilleur d'elles-mêmes. Et le public appréciait.

J'avais besoin de moyens supplémentaires. Je trouvai alors un soutien précieux auprès de Maurice

Ulrich, qui avait succédé à Marcel Jullian à la tête d'Antenne 2. Ulrich fut l'un des deux ou trois patrons dont je me suis inspiré lorsque je devins à mon tour président de France Télévisions, de Public Sénat et d'Europe 1. C'était une sorte de sage. Toujours parfaitement calme, il montrait en toutes choses une attitude distanciée. À l'époque, il fumait la pipe et recevait ses collaborateurs dans son bureau très dépouillé. Il prenait ses décisions sans éclat, l'air de rien. À son arrivée, Antenne 2 était tenue par des barons – Claude Barma, Jacques Chancel, Armand Jammot – qui régentaient à leur guise la programmation des magazines, des divertissements et des émissions en direct. Six mois après sa prise de fonction, les baronnies étaient finies, sans qu'un mot ait été prononcé plus haut que l'autre.

Quand mes projets excédaient les crédits alloués, je trouvais en Ulrich une oreille bienveillante.

— Je voudrais faire une semaine thématique sur la Chine.

— Ah ? C'est une bonne idée.

— Je souhaite envoyer des reporters sur le terrain, mais, d'après mes calculs, je n'ai pas le compte.

Maurice Ulrich aurait pu rétorquer : « Ne pourrait-on pas faire aussi bien avec trois de moins ? » Mais il appréciait l'ambition pour la chaîne et me faisait confiance.

« Dites-moi combien il vous manque. Vous les aurez. » Ces quelques mots suffisaient à propulser vers la Chine, l'Inde ou les États-Unis une cinquantaine de personnes enthousiastes, dont les reportages allaient nourrir le journal et les magazines pendant des semaines.

Parfois, le directeur financier de la chaîne, au bord de la crise de nerfs, se précipitait dans le bureau du président.

— Je n'en peux plus ! Jean-Pierre demande encore une rallonge !

— Xavier, lui répondait Ulrich d'une voix paternelle, c'est votre argent ?

— Non, mais le contribuable… L'argent public…

— Mais Jean-Pierre le dépense bien, l'argent public.

Il concluait : « Allez, donnez-lui ce qu'il demande. » Ainsi eut lieu le premier magazine diffusé en direct de Pékin, par satellite, après la Révolution culturelle.

Lorsque je vis Claude Lanzmann pour la première fois, il attendait d'être reçu par la direction d'Antenne 2. Il ne m'était pas tout à fait inconnu. Sur les photographies du couple Sartre-Beauvoir, j'avais repéré cet homme plus jeune, de belle allure, qui était souvent en leur compagnie.

Le directeur financier lui refusait l'argent dont il avait besoin pour terminer *Shoah*. « Non, je n'ajouterai rien ! répétait ce grippe-sou. Vous y travaillez, monsieur Lanzmann, depuis six ans, et nous n'avons pas encore vu une seule image. »

Lanzmann promettait une œuvre définitive, mais l'accouchement était long et douloureux. Face à lui, le gardien des finances de la chaîne restait inflexible et *Shoah* n'aurait pas existé sous la forme qu'on lui connaît sans Maurice Ulrich qui, toujours aussi placide, apporta tout son soutien au cinéaste : « Voyons, Xavier, donnez-lui les moyens de travailler. Il a réalisé six heures, il en promet neuf. Aidons-le. Il sait ce qu'il veut montrer au monde. Moi, j'ai confiance. »

Grâce à cette intervention, Lanzmann put donc achever le tournage de *Shoah*, cette œuvre de neuf heures qu'il ne fallait, devant lui, appeler ni un film, ni un documentaire, sous peine de se faire casser la gueule. Il était capable, en effet, de colères retentissantes. Malheur à qui, même pour en faire l'éloge, se risquait à appeler son film *La Shoah*.

« Non, madame. *Shoah* ! » ripostait-il. C'est tout. Et si d'aventure, on le félicitait un peu maladroitement : « Ah, monsieur Lanzmann ! Merci d'avoir réalisé *Shoah* ! », il répliquait, exaspéré : « Non, monsieur, c'est Hitler qui a fait Shoah, pas moi ! »

Je l'ai souvent revu avec Nicole dont il aimait les livres et qu'il considérait plus qu'il ne m'estimait. L'interroger, c'était prendre le risque d'être injurié en direct pour un mot mal interprété. Il fallait rester sur ses gardes : à tout moment, la foudre pouvait frapper.

Je l'invitai sur Europe 1 pour affronter les négationnistes, dont Robert Faurisson, qui, pendant les années 1980, cherchèrent à inoculer dans les esprits l'odieux poison du doute. Fou de rage, il fustigeait de toute sa puissance ces individus qui niaient l'existence des chambres à gaz et contestaient le nombre des juifs assassinés dans les camps.

À *Bibliothèque Médicis*, nous échangeâmes sur ses romans et ses films, moi avec plaisir, lui toujours à la limite de l'explosion. Un jour, je réussis à organiser un face-à-face entre lui et Sylvie Le Bon de Beauvoir. Elle détenait tous les droits sur les œuvres de la philosophe. Lanzmann l'interpella, me prenant à témoin : « J'ai adressé au moins trois cents lettres d'amour à Simone de Beauvoir ! Mes lettres… Publiez-les ou rendez-les-moi ! » La fille adoptive de Beauvoir ne se laissa pas impressionner. « Il n'en est pas question ! Et n'insistez pas ! Elles ne seront pas publiées ! En tout cas, pas par vous ! » Les murs de la bibliothèque en tremblaient. Leur querelle prit une telle ampleur que je perdis tout espoir de réconcilier ces deux intransigeants, jaloux de l'amour que, chacun à sa manière, ils portaient à la femme de leur vie.

XI

À PORTÉE DE GIFLES

Qui lit cinq heures par jour toute la presse ? Qui se passionne pour les Mérovingiens, la guerre de Cent Ans ou les mémoires de Bismarck ? Qui sait magistralement démontrer l'actualité de ce passé ? Mon incorrigible ami Alain Duhamel. La banalité des jours, la médiocrité des êtres ne l'intéressent pas. Il vit dans son monde idéal, dont il n'accepte de sortir que pour débattre et décrypter l'actualité.

Avant de lancer *Cartes sur table* sur Antenne 2, je ne connaissais Alain que de réputation. J'avais suivi *À armes égales*, l'une des premières émissions politiques à la télévision, qu'il inspirait et animait avec Michel Bassi. J'écoutais surtout ses analyses sur Europe 1. J'appréciais sa clairvoyance et sa liberté d'esprit. Il ne craignait pas de se situer à contre-courant et s'autorisait à critiquer tant l'opposition que le gouvernement.

Je lui proposai d'animer avec moi un nouveau rendez-vous politique : deux journalistes face à un invité, quarante-cinq ou cinquante minutes d'entretien, un décor sobre et dépouillé – une petite table triangulaire :

les protagonistes assis « à portée de gifles ». Nous choisîmes le titre *Cartes sur table* en référence à un roman d'Agatha Christie, dont Alain était grand amateur. Nous entendions contraindre nos invités à dépasser les discours convenus, la communication trop bien huilée, et les pousser à dévoiler leur jeu. La durée de l'émission importait beaucoup : après avoir subi nos assauts pendant un certain temps, la fatigue et la lassitude l'inclinaient à abaisser ses défenses, à se livrer et à concéder des propos qu'il avait retenus jusque-là.

L'émission avait lieu une à deux fois par mois. Elle était particulièrement exigeante et fit événement à de nombreuses reprises. Même lorsqu'une mauvaise audience nous amenait à douter de sa pérennité – mais Maurice Ulrich nous assura toujours de sa confiance –, *Cartes sur table* était reprise et commentée dans la presse.

Chaque rendez-vous requérait une préparation minutieuse. Dans les semaines qui précédaient l'entretien, nous suivions notre invité et les grands dossiers au jour le jour. À mesure que l'échéance approchait, je vivais de plus en plus avec lui par l'imagination. Une ou deux semaines avant l'émission, nous organisions une rencontre afin de nous présenter. Notre dispositif était éprouvant pour l'invité. Nous le harcelions de questions afin de ne pas le laisser déployer la rhétorique creuse et déjà préparée dont les politiques s'accommodent souvent. Infliger au spectateur un monologue satisfait était exclu. Nous prévenions notre invité que nos interventions seraient énergiques et tâchions de le convaincre qu'elles donnaient à l'émission son rythme et sa force.

Le ton de *Cartes sur table* était neuf à une époque où nous cherchions à émanciper la télévision de sa tutelle politique. Nous revendiquions une liberté dont elle avait été privée jusque-là, résolus à bousculer les représentants du pouvoir comme ses adversaires.

Notre plateau fut un terrain d'affrontement avant la présidentielle de 1981. À la grande bataille entre gauche et droite s'ajoutaient des guerres fratricides. La majorité était minée par l'hostilité déclarée de Jacques Chirac et des gaullistes envers le président de la République, tandis que la gauche cherchait à s'unir derrière un programme commun introuvable. Au scepticisme des communistes répondait la compétition implacable entre François Mitterrand et son jeune rival, Michel Rocard, aspirant tous deux à incarner la gauche réformiste.

À *Cartes sur table*, ces fauves de la politique exposaient au public leurs forces, leur habilité et leurs faiblesses. Valéry Giscard d'Estaing ne participa qu'une fois à l'émission, en tant que candidat à sa propre succession. Avant de prendre place face à nous, il vérifia le décor jusque dans le moindre détail. Il plaça devant lui le texte de la Constitution de la Ve République et un fétiche, la pendule de son grand-père Bardoux, qui avait été sénateur et membre de l'Institut. Ces gestes rituels l'aidaient à renforcer sa concentration. Avant le générique, il posa son regard sur nous, mais je suis sûr qu'il ne nous voyait pas.

En interview, Raymond Barre était d'une impassibilité à toute épreuve. Nous l'attaquions durement, sans relâche : rien ne le déstabilisait. Sa rigueur l'avait rendu impopulaire, sa pédagogie tranquille manquait sans doute un peu de cœur, et sa politique, d'une dimension sociale. Pourtant, l'ayant rencontré à Matignon, nous avions découvert un humour dont la figure publique ne laissait rien soupçonner. Il s'asseyait près de nous dans un fauteuil de cuir marron, croisait les mains sur le ventre et répondait à nos questions, sans esquive, ni complaisance. Au milieu de nos discussions, il sortait quelquefois les *Mémoires* de Charles de Gaulle, un graphique ou une caricature – le crayon de Jacques Faizant en disait plus long à ses yeux que bien des éditoriaux.

Nous reçûmes Simone Veil, pour laquelle nous éprouvions une admiration sans limite et définitive. Nous l'aimions. C'était une combattante, une femme généreuse, ouverte. Elle avait des inimitiés tenaces, des gens qu'elle-même ne pouvait pas sentir et qu'elle pouvait passer des déjeuners entiers à démolir. À l'écran, elle s'imposait par une présence extraordinaire, un rayonnement servi par sa beauté, ses yeux verts. Lors d'une émission, nous avions été déçus, Alain et moi, par sa prestation. Elle nous avait donné des réponses élastiques et sans consistance, qui ne lui ressemblaient pas. Pourtant, le lendemain, elle avait été encensée dans la presse : « Ah ! Si tout le monde pouvait parler comme Simone Veil. » Très surpris, nous avons demandé le script de l'émission sans y trouver les propos admirables qui lui étaient prêtés. À l'évidence, c'est son charisme radieux qui avait crevé l'écran.

Jacques Chirac était le seul de nos invités véritablement imprévisible. Nous redoutions ses ruades, ses embardées et ses improvisations. Dès son arrivée dans le studio, il fonçait sur nous, cherchant d'emblée à prendre l'ascendant par sa force physique et sa prestance. Le jeune Chirac serrait peu de mains et laissait les gens venir à lui. Il était dur et s'interdisait de laisser paraître la moindre faiblesse. Après cet accident de voiture en Corrèze qui le contraignit à marcher quelque temps avec une canne, il se refusait à ralentir l'allure et, le visage crispé, réprimait sa douleur. Avant l'émission, quelque proche bienveillant nous mettait discrètement en garde : « Ce soir, Jacques est en colère. Soyez prudents : attention à vos questions. » Lors de la campagne présidentielle de 1981, le candidat du RPR nous prit à partie, Maurice Ulrich et moi : « Vous êtes surveillés. J'ai vingt-quatre heures sur vingt-quatre des gens qui regardent vos émissions. Au moindre manquement, nous le dirons au public. J'espère que vous avez compris. » La brutalité de Jacques Chirac nous impressionnait fortement. À l'époque, j'y voyais un trait de caractère élémentaire. Je ne compris que plus tard qu'elle procédait d'un secret manque de confiance en soi.

François Mitterrand, au contraire, semblait très à son aise dans notre studio. Il y retrouvait des proches venus le soutenir, écrivains, industriels, conseillers, belles dames, qu'il ne se privait pas de regarder. Il saluait les uns, discutait tranquillement avec les autres. Trois ou quatre minutes avant le début de l'émission, il s'installait à notre table et plaçait devant lui des feuillets. Quelques mots tracés de sa large écriture avec son stylo Montblanc serviraient de soutien à de longs développements improvisés. Cette apparente facilité ne doit cependant pas faire illusion. François Mitterrand avait l'habitude de marcher seul dans Paris le jour de l'émission et, lorsqu'il se présentait à la Maison de la radio pour le maquillage, il était assez tendu. Après les élections législatives de 1978 marquées par l'échec de sa stratégie d'union de la gauche, nous assistâmes à sa métamorphose physique. Remaniant son sourire, modelant son visage par la grâce de la lumière et du maquillage, il s'était plié aux canons de la télégénie dont il avait fini par comprendre les exigences implacables.

Les meilleures audiences revenaient de loin à Georges Marchais, le secrétaire général du parti communiste : 20 % des téléspectateurs, soit huit millions de personnes. La presse détestait et redoutait Marchais, mais il la fascinait aussi avec sa gouaille et sa rugosité. Il arrivait sur le plateau dans son costume bleu, très soigné, accompagné de son secrétaire personnel et d'une escorte d'armoires à glace. Il se balançait d'un pied sur l'autre tel un boxeur à l'échauffement. Lorsqu'il s'asseyait, il regardait un moment la salle avec jubilation. Puis il sortait d'un petit cartable d'écolier en vieux cuir d'épais dossiers. Un jour, il nous l'avait montré au cours de notre rencontre préparatoire : « Vous voyez ça ? Eh bien, lundi, tout sera là », nous avait-il dit en se frappant le front de sa paume ouverte. De fait, pendant l'émission, ces dossiers devenaient une arme de dissuasion. Georges Marchais laissait entendre qu'ils contenaient toutes sortes de secrets inavouables sur les bénéfices des compagnies pétrolières, le patronat ou, tout simplement, la fiche de paie d'Alain ou la mienne. Il se disait prêt à la brandir à tout moment pour nous faire taire ou se moquer de nous.

Une fois installé sur le plateau, il posait les avant-bras sur la table et ne me quittait pas des yeux. Sa concentration et sa force étaient impressionnantes. Galvanisé par son air de défi, j'étais prêt à relever le gant. Il donnait le sentiment de pouvoir assener à tout moment un coup imprévu. Plus d'un s'en trouvait déstabilisé. Mais, à force de pratique et d'observation, j'avais appris à l'affronter sur son propre terrain en lui opposant un scepticisme goguenard – « Vous n'allez pas me faire avaler ça, c'est trop gros ! On ne vous croira jamais. » Offusqué, il faisait alors mine de sortir de ses gonds. Il prenait à témoin sa femme Liliane ou ses fidèles, présents dans le studio : « Comment ? Ce que je dis n'est pas vrai ? Moi, exagérer ? »

Sa conduite était théâtrale, mais son agacement et ses colères n'en étaient pas moins sincères. Nous les sentions monter lorsqu'il se rejetait en arrière dans son fauteuil, ajustait les manches de sa veste et se dandinait de droite à gauche sur son siège. Son exaspération se déversait soudainement, comme un torrent, après une remarque piquante ou une question incisive.

Lorsque j'étais encore à France Inter, Georges Marchais avait accepté de me recevoir au siège du bureau politique du PC avec son équipe, qui l'admirait et observait devant lui un silence dévot. Il avait tenté de me piéger en direct, me poussant à révéler mon salaire, qu'il croyait colossal. Je vis la surprise s'inscrire sur son visage – « C'est tout ? » Autour de moi, tous les opportunistes qui jugeaient selon la fonction et la rémunération se gaussaient. J'étais moi-même embarrassé. Mais Marchais me traita dès lors avec sympathie, peut-être avec commisération. À ses yeux, je cessais d'être un profiteur.

Pourtant, rien ne m'empêchait de l'interroger sans retenue. La salle où avait lieu l'émission était triste, bleuâtre. Pour seul ornement, le long cortège des pères du communisme, Marx, Engels, Lénine. Il en manquait un, qu'ils cachaient : le « Petit Père des peuples ». « Ils ne sont pas tous là, avais-je fait remarquer. Et Staline ?

Vous le punissez ? » Khrouchtchev avait achevé de dévoiler la folie meurtrière de Staline en dénonçant dans un rapport cinglant ses crimes, les procès, les exécutions, le goulag. La déstalinisation s'imposait, contrainte et forcée, jusque dans les lieux sacrés et fermés du communisme français. Marchais n'apprécia pas ma remarque, mais elle donna naissance à une relation franche, respectueuse de part et d'autre, et amusée.

Dans *Cartes sur table*, je pouvais le torturer en direct, le provoquer, le malmener comme le chat joue avec la souris, obtenir des diatribes sur tous, y compris son partenaire du programme commun. « Est-ce que François Mitterrand est un allié loyal ? » lui demandai-je un jour à brûle-pourpoint. Cette question inattendue fit mouche au-delà de mes espérances. Marchais nous gratifia d'un long silence, ponctué d'hésitations. Onze secondes, peut-être le plus long silence jamais entendu dans une interview télévisée. Le plan rapproché sur ce visage perplexe et décontenancé fut plus éloquent que toutes les dénégations.

C'est peu dire que les cahots furent nombreux dans les négociations autour du programme commun, auquel Marchais ne croyait pas. Il s'en expliqua sans détour dans un *Cartes sur table* de 1980, dont beaucoup se souviennent. Il estimait que la stratégie d'union de la gauche voulue par Mitterrand n'avait d'autre fin qu'affaiblir le parti communiste. C'était François Mitterrand et non lui qui, à ses yeux, portait la responsabilité des tensions entre les deux partis. Ainsi, nous raconta-t-il, qu'alors qu'il passait des vacances en Corse en 1977, il avait entendu au journal de 13 heures le premier secrétaire du PS refuser de s'engager sur l'existence d'une défense nationale indépendante.

« J'ai dit à ma femme : "François Mitterrand a décidé d'abandonner le programme commun de la gauche, fais les valises, Liliane, on rentre à Paris !" » Et, sur cette réplique désarmante, il était rentré de Corse séance tenante pour ferrailler à nouveau avec les socialistes.

Au fil de nos rencontres, il accepta de moi ce qu'il tolérait de peu d'autres, même des questions personnelles sur sa santé, son passé, son mode de vie. Je devins pour lui un honorable « ennemi de classe » et son adversaire préféré. Les saillies contre moi comportaient de nombreuses variantes où la mauvaise foi côtoyait la menace. Apaisant : « Ne vous énervez pas Elkabbach ! » Consterné : « Laissez-moi parler, Elkabbach ! Pour une fois que je viens ici… » Agacé : « Vous n'arrivez pas à vous mettre dans votre petite tête que, moi aussi, j'ai un cerveau ! » Comminatoire : « Si vous m'empêchez de répondre, je me lève et je m'en vais ! » Ou encore, après quarante-cinq minutes d'entretien où nous avions eu toutes les peines du monde à poser nos questions : « Alors, vous me faites venir et je ne peux pas placer un mot ! » C'était franchement drôle : dans le studio, les spectateurs riaient de bon cœur et en redemandaient.

Les fans de Marchais s'esclaffaient comme au café-concert et il était parfois difficile de calmer les applaudissements qui crépitaient en pleine émission. D'ordinaire, le public nous portait par sa présence attentive et discrète. Il saisissait les dérobades, les agressions et, quand nous étions attaqués par l'invité, il se rangeait souvent de notre côté. Les sympathisants communistes éprouvaient au contraire un plaisir infini à soutenir leur champion dans cette arène bourgeoise qu'était la télévision. Alain et moi étions considérés comme des représentants du capitalisme, qu'ils étaient trop heureux de voir envoyés dans les cordes.

Dans la rue, on m'interpellait à propos de Georges Marchais – aujourd'hui encore ! On me demandait de ses nouvelles comme si nous avions formé un duo comique. On m'encourageait à ne pas baisser la garde, à parer les coups, à frapper plus fort.

Une fois l'émission terminée, Georges Marchais venait nous mettre en boîte comme un sportif chambre ses adversaires après un match. « Alors ? J'étais bon ? Vous avez eu ce que vous vouliez ? », « Dites donc, vous deux, vous êtes beaucoup plus gentils avec la majorité qu'avec moi. Vous m'attaquez plus que François Mitterrand ! » Il était parfaitement conscient du succès de ses apparitions qui, sans basculer dans la politique spectacle, avaient toujours quelque chose de théâtral. Un soir, il m'avait glissé avec malice : « Vous devriez me payer pour venir, parce que, avec moi, vous avez plus d'écoute que le western d'à côté ». Une autre fois : « Vous devriez m'inviter plus souvent ! »

On a beaucoup dit que ses performances avaient autant contribué à sa notoriété qu'à l'érosion du PC. Il est vrai qu'on a pu mesurer après certaines émissions un recul des communistes, notamment en janvier 1980 où les sondages firent état d'une baisse de trois points. Mais faut-il incriminer le style tribunitien de Georges Marchais ou bien sa visite à Moscou quelques semaines plus tôt et son soutien sans réserve à l'intervention soviétique en Afghanistan ? La télévision n'a pas créé Georges Marchais. Elle n'a jamais fait que révéler au grand public le dirigeant que les communistes s'étaient choisi et sa ligne politique. Rendre Georges Marchais et *Cartes sur table* responsables de l'échec du PCF est un moyen commode de fermer les yeux sur un déclin qui s'est poursuivi sans interruption jusqu'à aujourd'hui. La télévision ne fait pas l'élection. Elle est un vecteur et ne dispose pas des pouvoirs magiques qu'on lui prête.

Nous avons consacré plusieurs *Cartes sur table* à des questions internationales. Le décor était si dépouillé qu'il était aisément transportable lors de nos voyages à l'étranger : le titre de l'émission était inscrit sur un carton que nous trimballions partout où nous allions, à Londres, au 10 Downing Street, à Washington au département d'État comme devant les pyramides d'Égypte – nous étions si proches des tombeaux pharaoniques lorsque Anouar el-Sadate nous reçut sur la terrasse de la Maison des hôtes que beaucoup crurent à un trucage. Un an plus tôt, à la surprise générale, le président égyptien s'était rendu à Jérusalem et avait prononcé devant la Knesset un discours, devenu le symbole du plus grand tournant géopolitique de la décennie au Proche-Orient : après trente années de guerre, l'Égypte s'engageait dans une voie de dialogue avec Israël, qui déboucha sur les accords de paix de Camp David. Avec son stick à la main, Sadate avait l'air d'un major anglais. Il fit preuve à notre égard d'une gentillesse simple, de curiosité et de patience. Nous l'interrogeâmes sur son mode de gouvernement autoritaire et sur les détentions arbitraires que s'autorisait son régime. Mais nous étions surtout fascinés par son courage et sa vulnérabilité : l'ouverture dont il avait fait preuve vis-à-vis d'Israël avait été dénoncée par les autres pays arabes, qui lui avaient tourné le dos. Sa ligne était contestée en Égypte même où il était menacé de mort. Il le savait. Il s'attendait aussi à ce que les dictatures arabes s'en prennent à sa vie, pas seulement à cause d'Israël, mais par peur de l'esprit démocratique qu'il estimait incarner. Il fut assassiné !

À Damas, nous interrogeâmes son ancien allié, Hafez el-Assad, qui régnait sur la Syrie d'une main de fer. Pendant l'émission, au cours d'une pause dans l'enregistrement, il me dit d'un air entendu : « Sais-tu ce que signifie ton nom ? Elkabbach, en arabe, c'est le bélier. » Cette observation m'amusa : le bélier incarne la force, mais il est aussi l'animal offert à Dieu en sacrifice par Abraham – Ibrahim dans le Coran. Fallait-il voir dans mon nom un tel présage ?

Quelques mois après la révolution iranienne de 1979, le shah Mohammad Reza Pahlavi, contraint à l'exil, publia ses *Mémoires* en français. Je n'avais jamais été convié, comme d'autres journalistes et personnalités françaises, aux fastueuses réceptions organisées par le souverain sur l'île de Kish où, chaque matin, arrivaient pain et croissants venus en avion de France, poissons, caviar. Cette époque était révolue. Malade, rejeté de tous, entraîné dans de longues pérégrinations en fonction des pays qui acceptaient de l'accueillir, l'Égypte, puis le Maroc, les Bahamas, le Mexique, avant les États-Unis, le shah accepta de me recevoir. Je voulais lui proposer de faire avec nous un *Cartes sur table* – cela eût-il été possible au temps de sa splendeur ? – et pris un matin le *Concorde* pour New York où il était soigné. Depuis sa chambre d'hôpital, au dix-huitième étage, il écoutait les slogans hostiles – « À mort le shah ! » – criés par des étudiants iraniens qui manifestaient sous ses fenêtres. Je passai la journée à son chevet. Je lui proposai de raconter ce qui lui était arrivé, de s'exprimer sur les responsabilités de son régime, et notamment sur la Savak, sa redoutable police politique – à laquelle celle de la République islamique de l'ayatollah Khomeiny et de ses successeurs n'eut rien à envier. Je voulais savoir pourquoi Giscard l'avait fragilisé en acceptant la présence de l'ayatollah Khomeiny à Neauphle-le-Château, près de Paris. À ma grande surprise, le shah me confia avoir lui-même demandé au président français d'admettre l'ayatollah sur son sol. Il pensait qu'en France, celui-ci serait isolé, alors que son pouvoir de nuisance aurait été nettement plus grand s'il avait trouvé refuge dans un pays arabe. Le shah n'avait pas prévu l'engouement suscité par ces prêches enregistrés sur des cassettes par Khomeiny depuis son exil et l'efficacité meurtrière de leur diffusion.

Le souverain déchu était d'accord pour faire un *Cartes sur table*, mais les Américains refusaient de le laisser s'exprimer et surveillaient étroitement les allées et venues à l'hôpital. Je lui proposai, comme avec Leopold Trepper, de venir à New York avec une équipe, qui ferait entrer son matériel en toute discrétion dans l'hôpital et l'assemblerait au dernier moment. Il était confus de ne pas pouvoir nous recevoir en grande tenue mais projetait de passer par-dessus son pyjama une veste de costume et une cravate. Malheureusement, les Américains interdisaient tout accès à leur hôte iranien pour ménager le nouveau pouvoir religieux. C'est pourquoi ils finirent par s'en débarrasser en l'envoyant dans des pays qui acceptaient de le recevoir, le Panama, puis l'Égypte où il mourut quelques mois plus tard.

Margareth Thatcher nous reçut dans la demeure du *Prime Minister* à Londres. Elle nous salua d'une poigne énergique et alla s'asseoir dans le salon où étaient installées les caméras. Quelques instants avant le début de l'émission, tandis que nous échangions des propos sur le marché commun, elle se leva pour gratter une tache qu'elle avait repérée sur un rideau. Puis elle reprit ses arguments, avec l'autorité de la cheffe d'une grande puissance mondiale.

Pendant la moitié de l'entretien, elle déplora avec une constance implacable que la Grande-Bretagne soit si mal traitée par ses partenaires européens. Elle exigeait une baisse de la contribution budgétaire britannique à la CEE. Mais elle excluait tout départ du marché commun : « Nous sommes un membre à part entière et nous voulons le rester. » La « Dame de fer », si critique à l'égard de l'Europe, n'aurait-elle pas combattu Boris Johnson et son Brexit ?

Nous reçûmes l'ancien secrétaire d'État Henry Kissinger, grand artisan de la reconnaissance de la Chine communiste par les États-Unis et du retrait américain du Viêtnam. C'est lui qui avait préparé la rencontre inouïe entre Richard Nixon et Mao Zedong. Il s'exprimait d'une voix grave, lentement, pesant ses phrases. Il reconnaissait à la France, en raison de ses traditions nationales et d'une situation historique et politique différente de celle de l'Allemagne, la capacité à jouer un rôle propre, indépendant de l'allié américain. Aux yeux de Washington, cette posture voulue par de Gaulle était un atout et une ressource précieuse dans les relations Est-Ouest. J'interrogerais plusieurs fois Henry Kissinger, toujours avec le même intérêt.

Tandis que Marchais et ses sympathisants campaient sur une ligne orthodoxe rigoureuse, leurs camarades européens, comme l'Italien Enrico Berlinguer, cherchaient à moderniser leur doctrine. J'appris que Santiago Carrillo, le dirigeant communiste espagnol, parlait français. Je l'invitai à *Cartes sur table*. Deux ans auparavant, après la mort de Franco, l'Espagne était entrée dans sa transition démocratique. Avec le socialiste Felipe Gonzáles, Carrillo avait fait le choix de la paix civile et de la réconciliation nationale, en soutenant les efforts du roi Juan Carlos pour libéraliser le pays. Pendant l'émission, il défendit la mise en œuvre d'un socialisme conciliable avec la monarchie, la démocratie, le pluralisme et le suffrage universel. Il nous fit part des limites qu'il fixait à la solidarité avec les États socialistes du bloc de l'Est – au pouvoir en Tchécoslovaquie en 1968, il aurait ordonné de tirer sur l'envahisseur soviétique. Optimiste, il rêvait qu'un Dubček ou un nouveau Khrouchtchev arrive au pouvoir en URSS et engage les changements démocratiques nécessaires. Carrillo prophétisait-il ainsi l'irruption de Gorbatchev ? En tout cas, il renvoyait ses camarades français à leur immobilisme.

Nous avions développé, avec Alain, une complicité infaillible. Il suffisait d'un signe, presque imperceptible, d'un regard, pour que l'autre enchaîne ou renchérisse. Nous convenions avant l'émission d'une liste de questions, que nous ne nous répartissions pas. Alain les rédigeait sur des feuillets de la taille d'un ticket de métro. Il était le seul à pouvoir déchiffrer son écriture minuscule. Notre échange avec l'invité suivait son cours naturel, au rythme de la conversation et des improvisations. Le public a parfois cru que nous tenions chacun un rôle. Comme dans les films policiers américains, Alain était le *good cop*, avec son visage juvénile, ses cheveux bien coiffés, ses yeux bleus, son intelligence pétillante, fulgurante, et sa vivacité d'adolescent surdoué. Avec mes yeux et mes cheveux noirs, mon engagement, plus émotionnel, ma sincérité, j'étais le *bad cop*. Sérieux, je passais pour un « clown triste ». Si j'esquissais un sourire, on me prêtait un air ironique ou impertinent. Ce n'était pas surprenant pour moi : j'entendais déjà ce refrain dans mon enfance ! Pourtant, Alain, à qui on pardonnait tout, ne lâchait jamais prise. Il s'acharnait jusqu'à être à bout d'arguments. Mais il était tout sourire et renvoyait l'image d'un joueur amusé et fair-play.

Alain déteste changer l'heure d'un rendez-vous ou d'un déjeuner, même si la terre tremble, ou si une guerre commence. Avec lui, ni confidence personnelle, ni jérémiade, ni explosion de joie. Il applique aux autres la discipline qu'il s'inflige lui-même. « Va travailler ! Ne perds pas ton temps ! »

C'est un maître d'éloquence et un improvisateur virtuose. Face aux drames – et il en a connu –, il reste calme et combatif. Il trouve les mots justes. Lorsque survint l'attentat contre la synagogue de la rue Copernic, en 1980, tout le pays fut saisi d'angoisse et d'un sentiment de révolte. Des journalistes d'Antenne 2 venaient me voir, paniqués, se sentant pris en tenaille entre le retour de l'extrême droite en France et le terrorisme palestinien. Il fallait ne pas perdre son sang-froid et montrer que l'attaque ne concernait pas seulement les juifs français, mais les Français dans leur ensemble. J'appelai l'archevêque de Paris, monseigneur Marty, qui exprima toute sa réprobation et sa solidarité envers les victimes de cette attaque ignoble. Alain était en train de dîner en famille lorsque je lui appris la nouvelle par téléphone. D'un bond, il enfourcha son Solex et fonça rue Cognacq-Jay. Léon Zitrone présentait le journal ce soir-là. Il eut la surprise de voir Alain débouler et s'installer en face de lui, sans notes ni maquillage, et improviser un commentaire d'une formidable densité. Entre indignation et volonté d'apaisement, il laissa poindre son émotion, lui qui d'ordinaire parvenait à la contenir.

Pour lui, tout est explicable ou devrait l'être. Sa seule crainte est l'irruption de l'irrationnel, de l'imprévisible, de l'émotion. Il a su défendre une vision idéale des États et des sociétés, jongler avec les subtilités de la Constitution de la Ve République, les procédures (maniaques) de l'Europe de Bruxelles ou encore l'histoire des partis politiques et de leur électorat.

Alain est l'exact opposé de moi, ce qui nous rend parfaitement complémentaires. Ensemble, nous avons traversé toutes les turbulences et toutes les secousses. Le soutien pudique et affectueux de l'un n'a jamais manqué à l'autre.

À *Cartes sur table*, notre positionnement de journalistes était délicat. Nous refusions d'être de simples faire-valoir. Aussi, lorsque nous mettions les invités en difficulté, ils avaient tendance à nous traiter en adversaires politiques. Comme directeur de l'information, j'étais également suspecté de privilégier les uns ou les autres. Lorsque nous permettions à Michel Rocard de s'exprimer, on nous accusait d'attiser les divisions des socialistes. Mais nous mécontentions aussi Valéry Giscard d'Estaing qui préférait affronter François Mitterrand pour un deuxième mandat, plutôt que le représentant fringant de la deuxième gauche.

Dans des circonstances bien particulières, on a pu me faire sentir que je paierais cher un faux pas dommageable pour le président. Quelques semaines après mon arrivée à Antenne 2, j'avais proposé une rencontre entre Giscard et des lycéens. Le principe en fut accepté mais, à plusieurs reprises, je reçus la visite de conseillers du palais venus prendre des assurances : « Vous êtes sûr que vous savez ce que vous faites ? C'est à vos risques et périls. » Les jeunes ont posé des questions brèves, sans circonvolutions, libres, et l'émission s'est bien passée.

Inversement, nous avons pris des initiatives que nous savions franchement embarrassantes pour le gouvernement. Un jour, je reçois un appel de Roland Dumas : « Viens me voir, j'ai quelque chose pour toi. J'ai essayé plusieurs journaux, mais personne n'en veut. Klaus Croissant. » Avocat allemand, Croissant avait défendu les membres de la Fraction armée rouge d'Andreas Baader, qui avaient perpétré cinq attentats à la bombe au cours de l'année 1972. Accusé d'être lui-même un membre actif du mouvement, honni et traîné dans la boue par la presse allemande, il vivait caché en France et était sous le coup d'une demande d'extradition. Les semaines précédentes, la Fraction armée rouge avait commis deux assassinats terroristes et enlevé le chef du patronat allemand Hanns-Martin Schleyer au cours d'une opération qui avait coûté la vie à quatre policiers. Roland Dumas avait accepté d'être l'avocat de Croissant au nom de la protection des droits de la défense.

Je suspends ma réponse à l'accord des chefs de service. « Voilà la situation. On y va ou non ? C'est risqué : il y a le gouvernement, la police… » L'un d'eux s'y oppose : « C'est de la folie ! On va nous tomber dessus… » Les autres approuvent. On y va. Le journaliste

Daniel Bilalian établit le contact. Rendez-vous est pris. On lui met un bandeau sur les yeux et on le conduit à Klaus Croissant. L'avocat allemand conteste les allégations de la RFA qui l'accuse d'avoir organisé les deux attaques terroristes. Croissant affirme que la République fédérale d'Allemagne hérite des hommes et des structures socio-économiques du nazisme. Elle persécute les socialistes et les communistes. À ses yeux, la lutte armée est légitime.

Avec force précautions, nous diffusons. Tempête et stupeur au gouvernement. « Un type recherché sur une chaîne du service public ? Il est fou, Elkabbach ? » Le lendemain, la police vient rue Cognacq-Jay et interroge les chefs de service. « Comment avez-vous trouvé Croissant ? C'est un terroriste. » Les directeurs : « On ne peut pas vous le dire. Secret des sources. » Daniel Bilalian : « J'ignore où il est : j'avais les yeux bandés. » Nous acceptons de livrer les enregistrements qui ont été diffusés.

— Et le reste ?

— On l'a jeté !

Finalement, Croissant fut arrêté quelques semaines plus tard, incarcéré à la Santé puis extradé. L'affaire ne s'arrêta pas là puisqu'elle continua de mobiliser pendant des mois des juristes, comme Robert Badinter ou le professeur de droit Maurice Duverger, et des intellectuels – Sartre, Foucault, Deleuze – pour qui le gouvernement avait sacrifié les droits de la défense à des considérations politiques, et en particulier à la bonne entente entre la France et l'Allemagne de l'Ouest.

Pour favoriser la candidature de François Mitterrand, Roland Dumas fut également à l'origine des révélations sur les diamants de Bokassa, affaire dans laquelle

Valéry Giscard d'Estaing s'empêtra jusqu'à la fin de son septennat. L'empereur de la Centrafrique était devenu pour lui un ami vraiment trop embarrassant. Il s'était rapproché du Libyen Kadhafi que la France affrontait au Tchad. Une nuit de septembre 1979, il fut renversé avec l'aide du SDECE et de parachutistes français. Trois semaines plus tard, *Le Canard enchaîné* accusa Valéry Giscard d'Estaing d'avoir reçu en cadeau de Bokassa plusieurs diamants, lorsqu'il était ministre des Finances.

Le journal d'Antenne 2, comme le reste de la presse, couvrit largement l'affaire – Alain Duhamel lui consacra des éditoriaux. Pourtant, les syndicats et certains journalistes y virent l'occasion de mettre publiquement en cause mon indépendance. Belle illustration de l'inévitable suspicion à l'égard des responsables nommés par le pouvoir dans l'audiovisuel public.

Contrairement à un certain nombre de confrères, je n'ai jamais déjeuné ou dîné avec le président de la République pendant son mandat. Je n'ai même jamais eu de conversation téléphonique directe avec lui. Cela aurait pourtant été normal au regard de mes fonctions : le directeur de l'information d'un grand titre de presse doit entretenir des relations avec tous les pouvoirs, y compris l'Élysée et Matignon. Tout au plus, je prenais part, à peu près tous les trois mois, à des rencontres entre Valéry Giscard d'Estaing et plusieurs journalistes : Jean-Marie Cavada, Alain Duhamel, Michèle Cotta, Catherine Nay.

Un jour, nous sommes reçus, Alain Duhamel et moi, par le président pour l'informer de certains aspects d'une émission à laquelle il allait prendre part. Nous le prévenons que nous lui poserons une question sur les diamants. Nous voulons avoir la primeur d'un sujet qu'il a refusé, avec dédain, de commenter même devant ses proches. Son visage se ferme. « Asseyez-vous », nous dit-il. Nous nous plaçons en face de lui.

— Il n'en est pas question. Je ne répondrai pas à ça ! assène le président.

— Comment ? Mais on ne peut pas ne pas vous interroger !

Le jour de l'émission, sous les ors de l'Élysée où a lieu l'entretien, nous lui demandons de s'expliquer. Il ne cache rien du mépris que lui inspirent ces accusations et déclare en guise de conclusion : « Il faut laisser les choses basses mourir de leur propre poison. »

Interroger Valéry Giscard d'Estaing était pourtant notre devoir de journaliste, compte tenu des suspicions que générait cette affaire. Nous ne pouvions pas choisir le silence. Quelques mois plus tard, parmi cinq cents de mes confrères assis coude à coude face au président en conférence de presse, aucun n'osa lui poser de questions sur les diamants.

Nous couvrîmes la campagne présidentielle de 1981 avec la certitude que nous vivions une page importante de l'histoire politique française. La compétition était ouverte – après tout, la gauche avait échoué aux législatives de 1978 alors qu'on annonçait partout sa victoire – et elle portait, plus encore que sur des hommes ou des programmes, sur un choix de société. Valéry Giscard d'Estaing incarnait une forme de continuité tandis que François Mitterrand et ses alliés promettaient le début d'une ère nouvelle, socialiste cette fois, avec ses lumières, ses inconnues et ses périls. Nous avions la responsabilité d'assurer un débat ouvert et équilibré entre les principaux candidats en observant une stricte neutralité. Au mois de mars 1981, il y eut quatre *Cartes sur table* au cours desquels nous reçûmes les principaux candidats à une semaine d'intervalle. Chacun joua sa partition et se montra satisfait de sa prestation. François Mitterrand nous confia avant l'émission qu'il avait encore deux points de retard sur le président sortant. Il ne pensait pouvoir les rattraper que si Valéry Giscard d'Estaing faisait une campagne décevante.

L'autre inconnue était la solidité et la cohésion des alliances en vue du second tour. Au sein de la majorité présidentielle comme de l'opposition de gauche, les relations étaient houleuses et marquées par la défiance. Le flou régnait sur la place et la conduite du parti communiste en cas de victoire de Mitterrand. Aurait-il des ministres au gouvernement ? Le soutiendrait-il ? Quelles incidences sur la mobilisation électorale ? Un PCF contenu à la marge rendait une victoire socialiste moins angoissante pour les centristes, mais les communistes voteraient-ils massivement pour un candidat qui ne les associerait pas étroitement à son succès ? À *Cartes sur table*, François Mitterrand avait évoqué l'état de grâce dont il bénéficierait en cas d'élection pour engager sa politique. La semaine suivante, Georges Marchais lui avait vertement répliqué en évoquant ses souvenirs de l'état de grâce que le Front populaire avait connu en 1936 : « Ça a été la lutte des travailleurs pour imposer leurs revendications. » Le ton était donné.

À l'issue du premier tour, Valéry Giscard d'Estaing virait en tête devant François Mitterrand. Comme on pouvait s'y attendre, Jacques Chirac et Georges Marchais devenaient les personnalités clés de l'entre-deux-tours.

Leur attitude serait scrutée, car elle pouvait faire basculer l'élection dans un sens ou dans l'autre. La commission de contrôle nous autorisa à interviewer ces deux alliés aussi déterminants qu'indociles.

Le hasard fit qu'Alain Duhamel et moi déjeunions le lendemain du premier tour avec Ambroise Roux, grande figure du capitalisme français. Il recevait peu la presse mais avait accepté de nous rencontrer. C'était un personnage volumineux, redouté et redoutable. Il fumait son cigare en regardant ses interlocuteurs avec dédain.

Tandis que nous déjeunions, coup de téléphone de Jacques Chirac. Nous proposâmes à notre hôte de quitter la pièce. « Non, répond-il en couvrant le combiné avec la paume de la main. Restez. »

Nous assistâmes alors aux tentatives d'Ambroise Roux pour infléchir, d'un ton ferme, les intentions du chef du RPR.

— Jacques, vous ne pouvez rester silencieux.

— …

— Il faut que vous vous prononciez.

— …

— Ce serait un mauvais coup pour le pays.

— …

— Bon, si vous voulez, mais faites-le.

Quelques heures plus tard, Jacques Chirac annonçait sa décision de voter Giscard à titre personnel sans donner de consigne de vote à ses partisans. Mais se serait-il prononcé de la même façon s'il n'y avait pas été poussé ? Décidé à ne pas s'exprimer davantage, il resta silencieux durant dix jours.

Restait Georges Marchais. Cette interview nous a été reprochée à juste titre. Sur le principe, elle était parfaitement légitime mais, dans l'exaltation du moment, nous avons outrepassé nos responsabilités. Nous avions rendez-vous place du Colonel-Fabien, dans l'hémicycle glacial du siège du PC. Ce lieu symbolisait la puissance du Parti et la masse des 4,5 millions d'électeurs qui s'étaient portés sur son candidat. Nous avions obtenu le droit d'interroger Georges Marchais, l'un des deux hommes qui marqueraient l'élection. Nous avions le sentiment de participer à l'histoire, d'en être des acteurs. Que d'illusions ! Nous voulions provoquer des reprises chez nos confrères. Nous connaissions les ambiguïtés de Georges Marchais vis-à-vis de François Mitterrand. Allait-il s'engager clairement en sa faveur ou réitérer les mises en garde du mois précédent sur l'état de grâce chahuté qu'il lui avait promis ?

Maladroitement, nous tentons de lui faire dire tout ce qu'il pense. Nous espérions le pousser à la faute, lui faire annoncer qu'en cas de victoire socialiste, les drapeaux rouges seraient hissés dans les usines. Alain et moi nous donnons mutuellement des coups de pied sous la table pour calmer nos ardeurs, mais nous sommes pris dans l'atmosphère électrique produite par l'enjeu et l'indécision.

Tout en restant ferme et exigeant, Marchais résiste à nos assauts. Nous prenons ensuite très vite conscience de notre erreur. Après avoir quitté le siège du PC, nous allons dans un bistrot pour appeler nos épouses respectives. Elles nous assomment de reproches, nous accusent d'avoir été odieux et d'être sortis de notre rôle.

Pourtant, notre démarche n'était pas si hors de propos. Après l'entretien, Marchais nous invita en effet à prendre un verre. Nous nous retrouvâmes donc dans son bureau, en compagnie du réalisateur de l'émission,

Jean Cazenave, de Charles Fiterman et de Pierre Juquin, alors tous deux membres du bureau politique. Au cours de la discussion, Georges Marchais demanda à Fiterman :

— Charles, combien des nôtres ne voteront pas pour lui ?

— À peu près 500 000.

Et Marchais, déçu, de répondre :

— C'est tout ?

Jacques Chirac et Georges Marchais cherchaient à faire battre leur allié officiel ou, au moins, à limiter l'ampleur de sa victoire. Les chiraquiens considéraient que leur courant était propriétaire du pouvoir sous la Vᵉ République, qu'ils en étaient les détenteurs naturels. À leurs yeux, les giscardiens n'étaient que des usurpateurs. Quant aux communistes, ils ne pardonnaient pas à François Mitterrand d'avoir déclaré en 1977 devant le congrès socialiste de Vienne qu'il faisait alliance avec eux pour les réduire à portion congrue. Même si nous avons commis un faux pas, la conversation avec Georges Marchais, après son interview, nous donnait raison.

Jusqu'au soir du deuxième tour, le suspense demeura entier. Il y avait des signes de la dynamique du candidat socialiste, mais les précédentes élections législatives incitaient à la prudence. Jusque-là, le résultat du vote était annoncé par le présentateur de l'émission sans que rien ne vienne illustrer son propos. Nous eûmes l'idée d'afficher un portrait lumineux du vainqueur à l'écran à 20 heures, au moment où les premières estimations étaient rendues publiques. Quelques semaines avant l'échéance, la Compagnie internationale pour l'informatique Honeywell Bull nous fit, à Étienne Mougeotte et moi, une première proposition : le portrait de l'un ou l'autre candidat s'affichait progressivement, du haut vers le bas, devant un arrière-plan bleu, blanc et rouge. Nous n'étions pas convaincus par le procédé. « Et si le haut des visages était rendu si semblable que l'on ne puisse distinguer le vainqueur qu'à la toute dernière seconde ? Le suspense n'en serait que plus insoutenable ! » Les graphistes se remirent au travail et créèrent cette image qui exprimait parfaitement le caractère incertain de la course. Elle illustre pour l'histoire la victoire de François Mitterrand le 10 mai 1981. Depuis, combien de fois l'avons-nous revue !

Le jour de l'élection, nous prîmes connaissance des résultats dès 18 h 30. La soirée s'annonçait intense : nous aurions à orchestrer des réactions, des interventions et des reportages en direct partout en France. Surtout, nous devions répondre à la joie ou à l'angoisse de millions de gens. François Mitterrand et les socialistes voulaient « changer la vie ». Je n'imaginais pas à quel point cette élection bouleverserait la mienne.

XII

LA DISGRÂCE

Pendant quatre ans et demi, je m'étais habitué à voir enfler puis refluer les rumeurs qui prédisaient mon renvoi. Pris dans le tourbillon du quotidien de la rédaction et tendu vers mes seuls objectifs, je n'y prenais pas garde. J'avais raison : aucun de ces bruits malveillants ne se concrétisa. Cependant, la présidentielle d'avril 1974 faisait figure de précédent. L'installation du pouvoir giscardien s'était accompagnée de départs et d'une réorganisation de l'audiovisuel.

Je restais donc sur mes gardes, bien que confiant. La période qui s'ouvrait s'annonçait passionnante. Je comptais bien continuer à assumer mes responsabilités de directeur de l'information.

Je vis les signes annonciateurs d'un ostracisme au lendemain du premier tour. J'entendis pour la première fois une émission de radio où la question de mon maintien à Antenne 2 était posée. J'étais surpris d'être l'objet d'une telle attention. Après le second tour, les attaques se firent plus fréquentes. Chaque jour ou presque, des journalistes proches du nouveau pouvoir, feignant la naïveté, interrogeaient leurs invités :

« Je prends un nom au hasard. Elkabbach, par exemple, il peut rester ? » Dans la presse écrite, les articles accusateurs foisonnaient. Sous la plume de ces inquisiteurs, j'étais érigé tour à tour en symbole d'une télévision inféodée au pouvoir, en complice de l'autoritarisme droitier, en bourreau des libertés. Mon nom était traîné dans la boue et livré en pâture.

Au sein de la rédaction d'Antenne 2, la tension monta rapidement. Le lendemain du second tour, je proposai qu'Alain Duhamel commentât le résultat des élections dans le journal de la mi-journée. Une partie des journalistes s'y opposa et Duhamel fut dès lors privé d'antenne. Les assemblées générales se multiplièrent. De façon révélatrice, ceux qui, dans mes équipes, instruisaient mon procès ne reprenaient pas à leur compte les reproches d'une prétendue sympathie giscardienne. Même s'il arrivait qu'on me soupçonne de ménager ceux qui avaient le pouvoir, j'étais plutôt réputé pour mon apolitisme, sinon ma neutralité. Le souci d'une information digne de ce nom, objective et impartiale, l'emportait chez moi sur toute forme d'engagement. Personne ne remit non plus en cause le travail accompli. En revanche, on fit de moi un autocrate tyrannique, narcissique, déchaînant les passions autour de lui et soumettant ses collaborateurs à une tension permanente. L'émulation que j'encourageais, le souci d'aller plus loin, de bousculer les habitudes, étaient présentés par mes contempteurs comme une manie irrépressible. Au sein de la rédaction, les militants de gauche dont les sympathies étaient connues depuis longtemps restaient généralement en retrait. Ce sont les nouveaux convertis qui, flairant l'odeur du sang, se montraient les plus acharnés. Terrifiés à l'idée de ne pas figurer du côté des vainqueurs, ils espéraient probablement que leur zèle fasse oublier leur timidité antérieure.

En réalité, ce qui m'est arrivé dépasse de loin ma personne. La tempête qui s'est abattue sur moi résulte surtout des angoisses, des excès et de la brutalité que provoquent les grands bouleversements politiques. La lecture de René Girard m'y avait préparé. La notion de bouc émissaire m'aida à comprendre le déferlement d'hostilité dont je fus l'objet. Lorsqu'une société porte en elle une violence telle qu'elle en vient à menacer son unité, elle ne peut l'expurger qu'en la déversant sur l'un de ses membres. Celui-ci n'est pas sacrifié au hasard : il occupe généralement une position singulière au sein du groupe, ce qui était mon cas au regard de mon parcours d'autodidacte et de ma récente notoriété. En m'accablant de tous les maux prêtés à l'ancien pouvoir, ceux qui s'inquiétaient de ne pas avoir fait assez tôt leur profession de foi socialiste s'offraient une sorte de virginité. Je rendais à la meute sa cohésion en permettant aux loups de hurler ensemble plutôt que de s'entre-déchirer.

Mon avenir professionnel était devenu un sujet en soi, la matière d'un feuilleton dont le dénouement était connu d'avance. Le 19 juin 1981, j'étais à Biarritz où le patronat s'était réuni dans un grand hôtel pour des discussions ouvertes. J'attendais avec impatience des nouvelles de Maurice Ulrich qui devait être reçu à Matignon par le nouveau Premier ministre, Pierre Mauroy. Dans l'après-midi, il m'annonça que nous étions « vidés », selon ses propres mots. « Vous ne correspondez plus à la majorité du pays », lui avait dit le Premier ministre en guise d'explication. Comme si, par nature, l'information était partisane ! Plus tard, Pierre Mauroy me confiera d'ailleurs à demi-mot son regret d'être allé trop loin et d'avoir « commis des maladresses » dans l'euphorie de la victoire.

Le deuxième tour des élections législatives avait lieu deux jours plus tard. Le directeur de *Libération*, Serge July, excellent confrère et ami, me demanda si j'accepterais d'avoir à mes côtés le journaliste Lionel Duroy pour mon dernier « show télévisé ». Il savait déjà le sort qui m'attendait. La chronique d'une mort annoncée...

Au cours de la soirée, animée avec Étienne Mougeotte, nous rencontrons des difficultés techniques pour diffuser une déclaration de Gaston Defferre. Courroucé, le ministre de l'Intérieur nous interpelle en direct : « Quoi ? Vous êtes encore là, vous deux ? Vous avez de la chance. »

Dans les jours qui suivirent, je fus reçu par le directeur de cabinet de François Mitterrand, André Rousselet. « Il faut que vous partiez. Si vous voulez, faites une émission, du reportage, mais vous devez quitter votre poste. » Je refusai. Aucun motif valable ne justifiait mon renvoi. Au contraire, dix jours plus tôt, le conseil d'administration d'Antenne 2 nous avait félicités, mes équipes et moi, pour l'objectivité et l'impartialité du traitement de la campagne électorale. Victime d'une injustice, j'aurais de surcroît dû tenir le couteau du bourreau ? Le combat que je menais était peut-être perdu d'avance, mais en m'infligeant à moi-même la sanction qui m'était promise, j'aurais, d'une certaine manière, donné raison aux calomnies qui pleuvaient sur moi depuis des semaines.

Un matin, je reçus un appel de Maurice Ulrich. « C'est pour aujourd'hui. Le conseil d'administration a reçu l'ordre du gouvernement. Je ne peux rien faire... » À contrecœur, avec émotion, pour servir l'État et une majorité à laquelle il n'appartenait pas, le président d'Antenne 2 suivrait donc l'instruction d'abattre ses subordonnés avant de subir la même sanction. Il ne fallait pas que les responsables sur le point d'être nommés se salissent les mains, que leurs débuts soient entachés de cette sale besogne. Le XXe siècle avait rendu le procédé classique : désigner des inquisiteurs et des bourreaux, eux-mêmes éliminés une fois leur méfait accompli. Heureusement pour nous, dans la France de François Mitterrand, cette mise à mort resta purement symbolique.

Le couperet tomba néanmoins, mais, étonnamment, le bourreau prit lui-même l'initiative d'un éloge funèbre : dans le texte qu'il vota, le conseil me remercia pour les initiatives que j'avais prises pendant ces quatre années « dans le sens d'une information libre, ouverte à tous les courants de pensée, en prise sur les événements et curieuse des évolutions dans tous les domaines ».

Victime expiatoire d'une société déstabilisée, en quête de nouveaux repères, je ne pouvais désormais plus rejoindre aucun média, public comme privé. Mieux valait ne pas m'approcher. Ma voix n'intéressait plus personne et ne portait plus. Sans doute ai-je tiré du bon de cette expérience, qui a forgé mon caractère et m'a appris une certaine forme d'indifférence. Encore faut-il réussir à ne pas sombrer.

René Girard avait raison : dans les crises, on dénonce des coupables, on les jette en pâture à l'opinion, on les sacrifie pour se croire neuf et purifié. Autrefois, on tuait, parfois avec un raffinement cruel.

Désormais, la mise à mort est métaphorique. Elle n'en produit pas moins ses effets. Le phénomène se reproduit à chaque commencement de mandat présidentiel. Les persécuteurs les plus acharnés sont au premier rang des flatteurs. Ils veulent obtenir des places ou être honorés des rayons du soleil élyséen. Mais le scénario est immuable : deux ou trois ans plus tard, quand les critiques se déchaînent et le mécontentement social gronde, les politiques, la presse et le monde culturel s'empressent de brûler l'idole qu'ils avaient encensée ; les courtisans, oublieux des hommages rendus, se détournent et cherchent le futur vainqueur afin de s'agenouiller devant lui dans l'attente de ses bienfaits. Je connaissais leurs manigances et leurs échines souples. Jamais je ne les perdis de vue, y compris pendant la période de chômage, d'opprobre, de déclassement, qui précéda mon retour aux responsabilités de l'audiovisuel public. Autour du pouvoir suprême se reproduit toujours le même ballet avec ses tableaux successifs : d'abord la flagornerie dans les palais de la République, puis le détachement, la distance, enfin le mépris. Demandez aux proches de François Mitterrand, de Jacques Chirac, de Nicolas Sarkozy ou de François Hollande : ils vous dresseront le même tableau.

Je n'ai pas d'opposition de principe au *spoil system* que pratiquent les Américains. Il est tout à fait compréhensible que le nouveau pouvoir place ses hommes pour mettre en œuvre sa politique. Mais, outre-Atlantique, c'est un usage admis, habituel, qui n'abaisse pas ceux qui en subissent les effets. Après les excès de 1981, le *spoil system* français est devenu tacite, sournois et subreptice. Il sonne comme un désaveu humiliant et offensant des dirigeants d'hier. Il signifie leur mise à mort sociale.

J'eus d'ailleurs un jour la surprise d'apprendre la nouvelle de mon suicide. J'ai fini par en rire mais, sur le moment, cette expérience étrange a fait écho en moi à l'effacement dont j'étais l'objet aux yeux du monde, au sentiment de mon inexistence. En rentrant d'un restaurant où nous avions partagé avec Louis Bériot et sa femme, Catherine, un déjeuner joyeux et arrosé pour fêter la sortie du livre d'entretiens avec Nicole Avril *Taisez-vous Elkabbach !*, nous trouvâmes sur le pas de la porte de l'immeuble la gardienne en larmes : « Mais vous êtes vivant ! » À 3 heures de l'après-midi, le nouveau directeur de l'information d'Antenne 2 avait lancé un appel général à la rédaction : « Envoyez tout de suite quelqu'un chez Elkabbach, il s'est suicidé ! » La police et les pompiers étaient entrés chez nous, ils m'avaient cherché dans la baignoire, dans les armoires. Naturellement, ils n'avaient rien trouvé. Je croisai la journaliste d'Antenne 2 que l'on avait chargée du sujet. C'est moi qui l'avais recrutée… Il paraît que quelqu'un de la préfecture avait donné cette fausse information. Mais nul ne savait que me donner la mort dans de telles circonstances ne convenait ni à mon caractère, ni à ma passion de la vie.

En 1981, comme plus tard lors d'autres épreuves, Nicole a réagi avant moi, avec une énergie et une liberté d'esprit formidables. « C'est un échec. Et alors ? On ne va pas en mourir, on est ensemble, on s'aime. » J'étais éprouvé, lessivé, au chômage. Nous avions besoin d'un ailleurs et nous sommes partis en Grèce, séjournant d'île en île. Un jour, Nicole a sorti un magnétophone, des petites cassettes et elle m'a poussé à me raconter.

Pendant la journée, nous allions à la plage. Je roulais en voiture et, de temps en temps, je m'arrêtais sur le bord de la route et cueillais des cerises à même les arbres. Chaque soir, Nicole forçait ma résistance à revenir sur des faits encore vifs, parfois douloureux me soumettant à un réquisitoire impitoyable pour obtenir de moi des réponses.

Elle avait su arracher à ma pudeur de la sincérité et un peu d'humanité. Dupe de rien, elle m'obligeait à aller plus loin. Elle insista pour qu'il y ait dans ce livre des pages sur mon enfance, que je croyais avoir oublié et que j'évoquais grâce à elle pour la première fois.

Henri Flammarion, grand éditeur, et supporter convaincu de l'écrivain Nicole Avril, voulut offrir une chance à son mari. Après un long tête-à-tête, impressionnant de rigueur et plein d'humour, il décida de publier notre livre. Il en choisit pour ainsi dire le titre, qui allait faire sensation et me poursuivre longtemps. Partout où je me trouvais en voyage, à New York, Pékin, Tel-Aviv, Rabat, Alger, dans les villages ou les villes où je passais, on m'interpellait en reprenant l'expression devenue célèbre de Georges Marchais qui ornait la couverture de l'ouvrage : « Taisez-vous Elkabbach ! »

Nous fûmes reçus par des médias publics à Paris et dans les régions pour en parler. En général, leur direction désignait des journalistes pour afficher tout le bien que lui inspirait Nicole Avril et tout le mal qu'on pensait de moi. Pourtant, dans le climat de l'époque, où la rancœur des uns répondait à l'euphorie des autres, la réaction à mon égard ne nous fut pas totalement défavorable. Une partie du public prit fait et cause pour nous, au point d'en arriver à incarner, bien malgré nous

– Nicole était une mitterrandienne de longue date –, une opposition au nouveau pouvoir. En voiture aux feux rouges ou dans les ascenseurs, on nous interpellait : « Bravo ! Continuez de vous battre ! » C'était réconfortant et en même temps assez désolant. Même s'il m'avait congédié, j'avais plutôt de la sympathie, par principe, pour un pouvoir animé par des intentions réformistes.

Mon éviction et la longue tempête médiatique que je traversai créèrent par petites touches un personnage que je n'étais pas et que je suis devenu sans le vouloir. Il fallait m'habituer à vivre avec lui, m'y conformer et, face aux attaques, le nourrir pour mieux me défendre.

À la télévision, on parlait souvent de moi, surtout pour me vouer aux gémonies. Des journalistes que j'avais recrutés et avec lesquels j'avais collaboré pendant ces quatre années venaient expliquer sur les plateaux que je m'étais échiné à les empêcher de faire leur travail.

Un soir, dans une émission de variétés de Stéphane Collaro, j'eus la surprise de découvrir en arrière-plan, dans la pénombre, mon portrait et celui d'Étienne Mougeotte parmi d'autres, ornés d'un bandeau de deuil. Il s'agissait des disparus de l'année auxquels on prétendait rendre hommage. Un peu plus tard, il y eut une sorte de ballet. Une des danseuses avait pour cavalier un homme qui portait une longue écharpe blanche. Ce couple nous représentait, Nicole et moi. Tout le monde nous reconnut en eux.

Seule une poignée de courageux – Jean Daniel, Bernard-Henri Lévy, Jean-François Kahn – prit ma défense, démentant le portrait infâmant que l'on faisait de moi. Cela ne me surprit pas de leur part. Les hommes de conviction restent debout et ne fléchissent pas devant le déferlement des critiques et des injures. Inlassablement, Bernard-Henri Lévy se rend sur des terrains de guerre, connus ou oubliés, et témoigne. Il défend des minorités opprimées au Proche-Orient, en Afrique, dans le Caucase. Aujourd'hui, il brave les bombes en Ukraine. Que sont les persiffleurs et les calomniateurs, anonymes ou non, dont il est la cible favorite ? Bernard-Henri « Les Vies » les écrase par la grandeur de ses engagements. Qui se souviendra d'eux ? Certes, il s'est parfois trompé. Il a pour Israël et une Amérique idéalisés une tendresse qui, selon certains, confine à la complaisance. Mais il garde les yeux ouverts face aux dictateurs et le cœur du côté des justes. Rien ni personne ne le changera. Il a la beauté de ceux qui ont la nuque raide.

Bernard Pivot organisa une émission d'*Apostrophes* qu'il intitula *Cartes sur table*. Il composa son plateau comme un ring sur lequel plusieurs boxeurs allaient successivement en affronter un seul. La veille, j'étais dans un état de fort stress et je pris un quart de Lexomil pour la seule et unique fois de ma vie. Je me réveillai dans un épais brouillard dû à l'anxiolytique, qui se dissipa à peine au fil de la journée. Je n'avais plus remis les pieds rue Cognacq-Jay depuis plusieurs mois. Je fus accueilli par une nuée de photographes qui me mitraillèrent comme un accusé célèbre sur le perron d'un tribunal. Nicole avait eu quelques échos rassurants à propos de certains participants : Bernard Pivot avait adoré le livre, de même que Philippe Labro. J'avais moi-même aimé le roman que celui-ci venait présenter et j'en fis l'éloge en début d'émission. Mais, pendant toute la soirée, les invités s'égayèrent à me porter des coups. Il fallait m'assassiner, dire que j'étais une canaille puisque je n'étais ni socialiste ni à la mode. On attendait, semble-t-il, de Roland Dumas, qui publiait un dictionnaire aux PUF sur le droit de l'information, qu'il portât l'estocade. À la surprise générale, il fit preuve de mansuétude à mon égard. Sans doute se souvenait-il que j'avais été le seul responsable de presse à lui avoir ouvert les portes lorsqu'il défendait Klaus Croissant. Signe des temps, ce guet-apens resta longtemps la meilleure audience d'*Apostrophes*, y compris – à ma grande honte – lorsqu'Alexandre Soljenitsyne fut invité dans l'émission. Succès quelque peu paradoxal...

Mon bannissement dura une année. À l'automne 1982, je retrouvai l'antenne à Europe 1, où je rentrai par la petite porte. Pour autant, j'en étais ému et fier, car les journalistes de cette station avaient été pour moi des modèles, écoutés et admirés lorsque je commençais ma carrière en Algérie.

À l'époque d'Antenne 2, j'avais tissé des liens avec Europe 1 grâce à Étienne Mougeotte. Dix ans plus tôt, je l'avais aidé à rejoindre France Inter à sa sortie de l'Institut français de presse où nous nous étions connus. Alors que les jeunes journalistes comme moi n'étaient déjà pas très bien rémunérés, mes chefs avaient voulu le recruter à moindres frais. J'obtins qu'ils lui accordent le même salaire qu'à nous. Nos liens, tacites, restèrent forts jusqu'à la fin de sa vie. Par pudeur, nous sommes toujours restés discrets, mais chacun savait ce qu'il devait à l'autre. C'était un grand professionnel, doté d'une intuition et d'un goût de l'actualité exceptionnels. Il alliait ses qualités de journaliste à une autorité forte et assurée. Il fit face avec courage à la maladie.

Lors de mon arrivée à Antenne 2, il était lui-même directeur de l'information à Europe 1. La réputation des journalistes de la station était meilleure que celle de la télévision et Mougeotte souhaitait accroître l'exposition de sa rédaction. Nous décidâmes donc de nous associer pour couvrir les grands événements politiques. Je présentai ce projet à Maurice Ulrich qui, surmontant son scepticisme initial – « Une collaboration avec le privé ? Vous croyez ? » –, avait accepté de rencontrer Jean-Luc Lagardère. Les deux patrons s'adorèrent et conclurent un accord qui nous permit de traiter ensemble les élections qui se succédèrent de 1977 à 1981.

Cependant, après la victoire socialiste, les équipes en place à Europe 1 furent balayées et Jean-Luc Lagardère lui-même dut se mettre en retrait. L'État imposa ses choix par l'intermédiaire de la Société financière de radiodiffusion (Sofirad), qui possédait une partie du capital de la station. Duhamel et Mougeotte furent écartés, des éditorialistes complaisants envers le pouvoir furent désignés et on diminua le temps d'antenne consacré à l'information. Le coup fut rude pour Europe 1 dont le crédit, la réputation et les audiences allaient baisser fortement. Et ne jamais s'en remettre.

Lorsque, le premier jour, je traversai la salle de rédaction, je sentis autour de moi une sourde hostilité. Tout le monde faisait la tête. Un comité de salut public s'était formé, auquel on était tenu de montrer patte rose. Comme les temps changent… Certains de ceux qui le composaient sont aujourd'hui des éditorialistes marqués à droite, sinon à l'extrême droite. On m'accorda un contrat de trois mois renouvelables. J'avais interdiction de parler politique.

J'appris plus tard que je devais ce retour en grâce à François Mitterrand lui-même. Il désapprouvait ce que l'on m'avait fait et, me considérant comme un journaliste sérieux et honnête, il souhaitait simplement qu'on me laisse travailler. Lorsqu'il apprit mon retour possible, le ministre de la Communication, Georges Fillioud, ancien d'Europe 1, menaça de démissionner. « Eh bien qu'il démissionne ! » aurait dit François Mitterrand. Le journaliste devenu ministre préféra garder son poste.

On m'attribua un bureau loin de tout, dans les combles. J'étais considéré comme un pestiféré, mais deux ou trois assistantes intrépides demandèrent à travailler avec moi, en particulier une journaliste prometteuse, Béatrice Schönberg, et Anne-Marie Moreau, qui m'accompagnerait avec autant d'énergie que de fidélité pendant trente ans.

Je fus programmé à 14 heures, l'un des pires horaires possibles en termes d'audience. Le matin, la politique était le pré carré d'Ivan Levaï, une voix aussi talentueuse que partisane, qui avait réclamé ma tête tous les jours en mai 1981 – au nom de la liberté d'expression, bien sûr. À Château-Chinon, le 10 mai, il avait préparé, avec Jean Glavany, la déclaration que pourrait faire le candidat socialiste à l'annonce de son élection. Mitterrand l'avait lue et s'était empressé d'écrire son propre texte.

La fin de la matinée était le terrain de jeu d'un Michel Drucker au sommet de sa forme. Il recevait le monde du divertissement, donnait leurs chances à des artistes débutants. Je n'avais d'autre choix, quant à moi, que d'innover, de sortir des sentiers battus. Pour me réconforter, je m'imaginais en chercheur d'or : je devais trouver des pépites dans le rebut de l'actualité.

C'est pourquoi je décidai, avec Philippe Gildas, le directeur d'antenne, d'intituler mon émission *Découvertes*.

Je m'attachai à révéler et à promouvoir des personnalités encore peu connues, à soutenir des causes et à aborder des thèmes qui me semblaient émergents. J'ai ouvert des pistes ignorées à l'époque, comme la généalogie. Je traitais des questions d'environnement, du sort des océans. Chaque semaine, j'appelais un correspondant d'Europe 1 en province afin qu'il me parle de sa région. Prudemment, je poussais mes pions, invitant un écrivain, un musicien, un essayiste – mais n'allait-on pas me le reprocher ?

Nous avions peu de moyens mais, avec Béatrice Schönberg, nous réussîmes à monter des opérations, notamment grâce à des financements de la ministre du Commerce, Édith Cresson. Nous avons pu réaliser des émissions aux États-Unis, depuis une chambre d'hôtel, avec des techniciens américains. C'est au cours d'un de ces voyages, en 1983, qu'un jeune médecin français, Jacques Leibowitch, nous parla d'une maladie baptisée Aids, qui commençait à faire des ravages à New York dans la communauté homosexuelle.

Autre scoop : cette interview, en français, de Claus von Bülow, qui faisait appel de sa condamnation pour le meurtre de sa femme, une héritière immensément fortunée. Grand et bel homme, il était issu, par sa mère, d'une riche famille allemande, ruinée pendant la Première Guerre mondiale. À notre micro, il jura de son innocence, mais l'avocat qui le défendait était convaincu que son client avait bien empoisonné sa femme. Von Bülow fut acquitté et le cinéma l'immortalisa sous les traits d'un personnage sans affect, glaçant et ambigu, interprété par Jeremy Irons.

J'avais toujours craint d'interroger Raymond Aron, que j'admirais pour sa hauteur de vue, l'ampleur de son œuvre, la clarté de ses explications, généralement tranchées. L'occasion m'en fut pourtant donnée par la publication de ses *Mémoires* en 1983. Il y racontait son milieu familial, ses parents, ses études, son séjour en Allemagne en 1933, qui lui avait fait comprendre, très tôt, le danger mortel du nazisme, son départ pour Londres pendant la guerre, son amitié puis ses désaccords avec Sartre. Puisqu'il évoquait le Paris de l'après-guerre, Saint-Germain-des-Prés et la libération des mœurs, je l'invitai au côté de Juliette Gréco, qui avait bien connu Sartre. À ma grande surprise, c'était leur première rencontre et, en désaccord sur presque tout, ils se toisèrent comme chien et chat. L'atmosphère n'en était pas moins chaleureuse. Raymond Aron se défendit des critiques qui le disaient arrogant, sinistre, ou sans affect : ces personnes, pour la plupart, ne l'avaient jamais rencontré. À la fin de l'émission, je lui parlai de son père, disparu trop tôt. Sur le visage et dans la voix de mon invité monta des profondeurs une vive émotion. Je vis ses yeux s'emplir de larmes. Son père avait eu une vie difficile et estimait que sa seule véritable réussite était ses enfants. Pour Raymond Aron, penser qu'il n'aurait pas déçu les espoirs que son père avait mis en lui était un réconfort et un soulagement.

Sous le coup de l'émotion, je l'appelai par son prénom – cela m'échappa. L'atmosphère était si amicale… Puis je le raccompagnai et nous marchâmes côte à côte un long moment devant l'immeuble de la radio, en discutant. Je pense à lui chaque fois que je passe sur ce trottoir. C'était le 14 octobre 1983. Il mourut le 17.

Interdit de politique, je tentai malgré tout quelques pas de côté. Je proposai à Raymond Barre, qui était désormais dans l'opposition, de faire une émission personnelle, sur ses goûts, ses lectures. De sa voix de gorge, placide et comme ensommeillée, il déclara beaucoup aimer Marcel Proust.

— Et si, lui demandai-je, vous n'aviez pas fait de politique ?

— Mon rêve, depuis l'enfance, était d'être couturier. Ce serait un bonheur de découper une robe, choisir la matière et les couleurs, tailler sur le corps, favoriser le mouvement et la grâce.

Cette confession avait de quoi surprendre de la part de ce professeur d'économie à l'image austère, ancien commissaire européen et Premier ministre pendant cinq ans. Mais on ne me reprocha pas cette émission : au contraire, elle fit parler d'elle.

Les années de *Découvertes* furent un moment privilégié. J'explorais, j'encourageais, j'inventais des débats inattendus et jugés audacieux. Un jour, Béatrice Schönberg me signala qu'elle venait de découvrir un livre visionnaire : *Softwar*. L'auteur était un jeune homme de vingt-neuf ans. À l'antenne, il était tout intimidé, bégayait, bafouillait. À partir de nos fiches de lecture respectives, nous complétions ce qu'il ne parvenait pas à exprimer. Vingt ans plus tard, ce prophète mal assuré, Thierry Breton, deviendrait ministre de l'Économie et des Finances et est aujourd'hui l'un des principaux commissaires européens, défenseur inventif d'une Europe puissante dans les domaines de la stratégie spatiale, de l'intelligence artificielle et de la défense.

J'eus un temps Coluche comme voisin de studio. Il avait été recruté par le directeur d'Europe, Jacques Abergel, afin de séduire une audience plus jeune. Tous les après-midi, son émission tournait au scandale. Son humour, fait de brutalité, de grossièreté, était ravageur. Il déployait un comique impitoyable qui ravissait les jeunes. À Europe, tout le monde se demandait combien de temps les politiques allaient tolérer son irrévérence et ses transgressions permanentes, dénoncées jour après jour par les bien-pensants. Ce n'est que plus tard, lorsqu'il lança Les Restos du Cœur, que son image devint consensuelle.

En 1980, Coluche avait surgi dans la campagne présidentielle, présentant sa candidature avec l'intention de ridiculiser la politique. Il se moquait de ses concurrents et s'exhibait en conférence de presse nu avec une plume dans les fesses. Duhamel et moi considérions qu'il n'était pas un candidat crédible et qu'il était en train de tourner en dérision la démocratie. Nous refusâmes donc de l'inviter à *Cartes sur table*, ce qui nous valut le privilège de figurer dans l'un de ses sketchs. Le candidat Coluche était l'invention de quelques mitterrandistes, Jacques Attali surtout, pour démolir Valéry Giscard d'Estaing et ouvrir à François Mitterrand une voie royale vers l'Élysée. J'ai souvent regretté de ne pas avoir compris qu'on se servait de lui. Coluche a mis beaucoup de temps à se remettre de cet épisode sinistre de sa vie, qui l'a plongé dans une grave dépression. Il avait atteint 16 % d'intentions de vote. Il avait fini par prendre sa candidature au sérieux. Il a cru pouvoir se maintenir jusqu'au premier tour. Or, à un moment donné, les mêmes qui l'avaient inventé et poussé à se présenter se rendirent compte qu'il ne nuisait pas qu'à Giscard mais qu'il enlevait aussi des électeurs de gauche à Mitterrand. Ils lui firent comprendre que son numéro avait suffisamment duré. Le rideau allait se lever sur le spectacle présidentiel. On n'avait plus besoin du pitre.

À Europe, son émission était programmée juste avant la mienne. Il m'arrivait de descendre d'un étage dans son studio pour l'inviter à me rejoindre et apporter à *Découvertes* des graines de fantaisie, de folie et de dérision. Quelques années plus tard, j'étais sur le point de prendre l'antenne quand j'appris sa mort. Je renonçai aux invités prévus et demandai aux auditeurs de témoigner à l'antenne sur cet homme qu'ils admiraient ou qu'ils avaient connu. Les gens nous téléphonaient depuis des cabines ou des bistrots, très émus. Parmi ses amis, Thierry Le Luron nous déclara à l'antenne qu'il y avait dans l'histoire de l'humour un avant et un après Coluche. « Quand il est arrivé, il a fait sauter tous les tabous et il y a eu un vent de liberté dont tout le monde a profité… Le nouveau rire, c'est à Coluche qu'on le doit. » Il restait incomparable.

Thierry Le Luron était un familier de *Découvertes*. Alors que je ne le connaissais pas encore, il avait su brocarder ceux qui s'acharnaient sur moi lors de mon éviction d'Antenne 2. En tant que directeur de l'information, j'assistais chaque année à la cérémonie des César. Sans surprise, je ne fus pas convié à celle de 1982, mais je la regardai à la télévision. Tout le monde de la culture et du spectacle était présent dans la salle. Sur scène, Thierry Le Luron était lancé dans une de ses imitations, quand il s'interrompit tout à coup, regarda vers la salle et dit : « Tiens, Jean-Pierre ! Comment ça va ? Jean-Pierre Elkabbach est avec nous ce soir ! » Tous les spectateurs se tournèrent dans la direction indiquée par l'humoriste, qui s'exclama : « Ah, ah ! Je vous ai fait peur, hein ! »

Quelques mois après la mort de Coluche, j'invitai une nouvelle fois Le Luron à *Découvertes*. Il s'apprêtait à lancer un nouveau spectacle, mais on m'avait confié qu'il était malade. Il arriva avec son chien, tenant à peine debout. Il était pâle mais il persistait à dire comme pour s'en convaincre qu'il serait « retapé » pour son retour à l'Olympia trois semaines plus tard. Tous ses amis qui le savaient condamné faisaient semblant d'y croire. Ce fut sa dernière interview : il mourut moins d'une semaine plus tard, sans qu'on osât nommer la maladie, le sida, qui l'avait emporté si jeune.

Au terme de ma pénitence, on me proposa de rejoindre les matins d'Europe 1. Les passions soulevées par la victoire socialiste de 1981 s'étaient éloignées. Pourtant, Laurent Fabius, récemment nommé Premier ministre, s'y opposa personnellement. Longtemps, nous avions entretenu des relations cordiales. Je l'avais invité pour la première fois à France Inter, en 1975, au côté de Jacques Attali. Il était venu présenter son premier livre, *La France inégale*, qui portait sur la fiscalité, et nous avions continué de nous voir occasionnellement. La tonalité de nos relations changea d'un coup lorsqu'il fut nommé directeur de campagne de François Mitterrand pour la présidentielle. Je le découvris autoritaire et interventionniste à l'excès. Chaque jour ou presque, il appelait pour suggérer les invités politiques du journal, questionner nos choix ou tenter de substituer une personnalité à une autre. Un soir, nous décidâmes de convier Michel Rocard. Immanquablement, je reçus un appel de Laurent Fabius.

— On me dit que vous avez invité Rocard ?

— Oui, pourquoi ?

— Il en est hors de question. Je suis le directeur de campagne, je ne veux pas de lui à l'antenne.

— Oui, mais le directeur de l'information, c'est moi, et c'est ma décision.

— Si nous gagnons, vous allez voir ce que nous ferons des gens comme vous !

— Écoutez, faites ce que vous voulez. Ce soir, moi, je vous emmerde !

J'étais excédé. Laurent Fabius n'était certes pas le seul à exprimer son mécontentement, ni à tenter d'influer sur notre programmation, mais il était assurément le plus incisif et le plus tenace.

Pendant des années, il me poursuivit de sa rancune. Nos relations s'apaisèrent dans la tourmente de l'affaire du sang contaminé. Partout, on entendait que Fabius n'avait rien vu et avait failli. Or j'avais suivi les débats et je fis remarquer lors d'une émission qu'on lui faisait subir un mauvais procès. En effet, l'ancien Premier ministre avait été le premier haut responsable à réagir aux alertes. Dès le 19 juin 1985, il avait annoncé devant une Assemblée nationale indifférente le dépistage obligatoire des donneurs de sang afin d'éviter les contaminations lors des transfusions. Mon intervention n'était que justice et simple rappel des faits. Je n'aimais pas l'acharnement dont il était l'objet. Il m'appela pour me remercier et nous nous revîmes. J'étais l'un des rares à avoir publiquement pris sa défense.

Par la suite, nos rencontres furent empreintes d'une amabilité courtoise dont ni l'un ni l'autre n'était dupe. Aujourd'hui, la présidence du Conseil constitutionnel lui va bien. Il applique avec les huit sages la même méthode qu'avec moi : la distance et la parole rare. Quand je le conviais aux matins d'Europe 1, il répondait avec parcimonie à mes invitations, mais il venait. Généralement, après l'entretien, les journalistes de la rédaction se pressaient autour de l'invité pour poursuivre les échanges plus librement, en quête de révélations. Leurs coqueluches étaient Nicolas Sarkozy, Emmanuel Macron, Bernard Arnault, François Hollande et Arnaud Montebourg. Laurent Fabius, lui, faisait salle vide, victime de sa condescendance.

Avec son intelligence et son ambition glaciales, il n'a pas eu de chance, ou n'a pas su faire face à Michel Rocard, puis à Lionel Jospin, enfin à François Hollande. Il blâme depuis lors la terre entière de ne pas être président de la République. C'était, pour lui, sa place légitime, alors que tant d'usurpateurs sont parvenus à l'Élysée. Il s'estimait l'héritier logique de Mitterrand, avant Rocard, avant Jospin, avant Strauss-Kahn. Rien n'apaisera sa frustration, qu'il vit comme une injustice. Avoir sauté si vite tant d'obstacles et se voir écarté à mi-course… Sans doute est-il fier du moment où, à la tribune de la COP 21, il a acté d'un coup de marteau vert l'accord international scellé à Paris en 2015 afin de lutter contre le réchauffement climatique. Pourtant, les titres accumulés tout au long de sa carrière – ministre de l'Industrie, plus jeune Premier ministre de France, ministre des Affaires étrangères, président du Conseil constitutionnel – ne lui suffiront jamais. Peut-être est-ce volontairement que François Hollande lui a infligé le supplice de devoir proclamer tous les cinq ans le résultat de l'élection présidentielle ? Son tempérament le condamne à l'isolement. Un président de la République vit la solitude du pouvoir. Laurent Fabius est un solitaire sans pouvoir.

Rétrospectivement, j'ai identifié le moment précis où, en 1981, l'entourage du candidat socialiste nous avait définitivement rejetés, Alain Duhamel et moi, du côté de ses ennemis politiques. C'était le 16 mars. Ce jour-là, lors d'un *Cartes sur table* décisif, François Mitterrand s'engageait clairement et sans retour possible à abolir la peine de mort. On nous a vivement reproché de l'avoir interrogé sur ce thème et même accusés d'avoir voulu le piéger. Attaques injustes et vaines : en aucun cas, nous n'avons cherché à nuire au champion de la gauche. En revanche, nous avons joué pleinement notre rôle de journalistes et, en tant que tels, pris part à cette réforme essentielle.

François Mitterrand savait que je ne trichais pas. En tant que directeur de l'information d'Antenne 2, je le rencontrais régulièrement et nous entretenions des relations cordiales. Alain Duhamel le connaissait bien. Quelques années plus tôt, il avait fait avec lui un livre d'entretiens, *Ma part de vérité*, et, à l'occasion, l'avait reçu en vacances dans sa maison familiale de Monoblet. Seul ou en compagnie d'Alain, le chef de l'opposition socialiste m'invitait, chez lui, rue de Bièvre, pour un petit déjeuner. Danièle Mitterrand nous apportait des croissants et des tartines. Nous discutions de la situation générale du pays, de la politique, de ce que nous lisions, d'Albert Cohen, *Mangeclous*, *Solal*, de Casanova, qu'affectionnait notre hôte. Nous avions toujours le trac : François Mitterrand était brillant, extrêmement cultivé, et jouissait déjà d'une forte autorité avant de devenir président de la République.

En janvier 1981, le candidat socialiste devait se rendre en Chine avec Lionel Jospin. Avant son départ, nous allâmes chez lui un matin, emmitouflés dans de grands manteaux d'officier chinois que j'avais achetés à Shanghai. Celui que j'avais offert à Alain, pour ses traversées de Paris en Solex, était bleu marine avec un col de fourrure synthétique et le mien, kaki. Achetés pour presque rien dans un magasin quelconque, ils remplissaient parfaitement leur office en ces jours de froid rigoureux. Mitterrand les essaya tous les deux et rentra de Chine avec son propre modèle.

Dans mes fonctions, j'avais le souci de la neutralité du service public et de l'équilibre entre les forces politiques. Lorsque le président présentait ses vœux aux Français, il estimait être le seul à jouir de cette prérogative. Il était tout à fait exclu que d'autres, à plus forte raison des rivaux potentiels, fassent de même. Je considérais pourtant que François Mitterrand, en tant que principal chef de l'opposition, avait le droit de s'exprimer. Prudemment, je lui ouvris l'antenne quinze jours après le président pour parler politique, et il en profita pour présenter ses vœux.

Six mois avant la présidentielle de 1981, la candidature de François Mitterrand paraissait compromise face à l'ascension fulgurante de Michel Rocard. Au mois de septembre qui avait suivi la défaite de la gauche aux législatives de 1978, nous avions invité le premier secrétaire à *Cartes sur table*. L'émission se solda par un bide : 4 % d'audience. François Mitterrand était devenu ringard. Tout le monde le pensait mort et enterré. Michel Rocard, au contraire, avait la faveur des journalistes. *Le Nouvel Observateur* avait fait de lui son fétiche. Le soir du second tour qui entérinait l'échec de son camp, devant nous, il sortit d'un petit cartable en cuir mâché un feuillet qui contenait ses premières flèches contre François Mitterrand : il fallait changer de méthode, sortir le parti de son archaïsme. Fragilisé, le chef de l'opposition avait désormais un jeune challenger qui remettait en cause la stratégie d'union de la gauche et le caricaturait en vestige d'une autre époque.

Michel Rocard était plébiscité tant par les sympathisants socialistes que par les électeurs de gauche dans leur ensemble. À cet égard, la bataille pour la candidature socialiste démontre de façon éclatante que les sondages, photographies de l'opinion à un moment précis, ne sauraient – sauf exception – préfigurer le résultat d'une élection et qu'on ne peut préjuger des effets d'une campagne qui mobilise, ou non, les électeurs.

En octobre 1980, alors qu'il semblait perdre pied dans sa bagarre avec Michel Rocard, Mitterrand publia un livre d'entretiens susceptible de le relancer. Toute la rédaction était opposée à ce que nous l'invitions, mais je tenais tête, estimant que le chef de l'opposition, qu'il gagne ou qu'il perde, devait pouvoir s'exprimer sur l'ouvrage qu'il faisait paraître. Patrick Poivre d'Arvor était sur la même ligne que les autres :

— C'est un loser, il a perdu. C'est fini, on n'en parle plus.

Les syndicats aussi :

— Pourquoi lui fais-tu de la propagande ? Il est mort.

— Mais il ne s'agit pas de propagande !

Au fond, tous avaient déjà choisi leur homme.

François Mitterrand ne fut donc pas invité au journal télévisé, mais on se mit d'accord pour l'interroger à l'occasion d'un match de football, pendant la mi-temps. Et contre toute attente, cela fut bon pour lui, car les amateurs de sport étaient nombreux devant la télévision ce soir-là.

J'avais donc bataillé pour que Mitterrand ait sa place. Et, d'une certaine façon, Michel Rocard me donna raison lorsque, par légitimisme, il se retira de la course à la présidentielle au profit du premier secrétaire.

Dans la perspective de l'élection, Duhamel et moi décidâmes d'interroger les principaux candidats à tour de rôle dans *Cartes sur table*. L'ordre de passage fut tiré au sort en présence de représentants de chacun et la date du 16 mars échut à François Mitterrand. Pendant une semaine, nous avons préparé un questionnement d'une rigueur implacable et, le jour de l'émission, nous nous retrouvons pour une dernière séance de travail au café de l'Alma. *Le Figaro* titrait sur cinq colonnes : « 62 % des Français se prononcent contre l'abolition de la peine de mort. » Ainsi décidons-nous de l'interroger sur ce point en fin d'émission. Bien qu'important, le sujet ne nous semblait pas majeur dans la campagne. Comme l'entretien touchait à sa fin, Alain demanda donc au candidat socialiste si, en cas de victoire, il gracierait les cinq condamnés à mort détenus dans les prisons françaises. François Mitterrand fit alors cette déclaration solennelle extraordinaire : « Je n'ai pas du tout l'intention de mener ce combat à la face du pays en faisant semblant d'être ce que je ne suis pas. Dans ma conscience profonde [...], je suis contre la peine de mort. [...] Je dis ce que je pense, ce à quoi j'adhère, ce à quoi je crois, ce à quoi se rattachent mes adhésions spirituelles, ma croyance, mon souci de la civilisation. »

Beaucoup pensent que c'est là que tout s'est joué pour lui. Les Français ont vu dans cette prise de position un homme qui, consciemment, allait contre l'opinion majoritaire avec courage et détermination. Il risquait la défaite mais maintenait coûte que coûte un principe moral. Je crois aussi que ce projet comportait des résonances personnelles. Peut-être François Mitterrand entendait-il racheter la mort des indépendantistes qu'il avait fait condamner et exécuter pendant la guerre d'Algérie, en tant que ministre de l'Intérieur puis garde des Sceaux de la IVe République.

Quinze jours plus tard, nous posâmes la même question à Valéry Giscard d'Estaing. Le président sortant répondit qu'il maintiendrait la peine de mort, invoquant son caractère prétendument dissuasif contre le terrorisme et le grand banditisme. Mitterrand remporta l'élection et la peine de mort fut abolie.

Pourtant, l'émission du 16 mars 1981 nous valut les pires ennuis. À l'instant où les caméras cessèrent de tourner, tous les proches conseillers de Mitterrand présents dans le studio, ceux qui allaient devenir les principaux ministres socialistes, nous tombèrent dessus : « Vous avez posé cette question pour le piéger ! Vous le paierez ! » Sur le moment, nous n'accordâmes pas tellement d'attention à ces menaces. Nous en avions l'habitude. Mais l'instant était si paroxystique qu'il a cristallisé tous les reproches que le camp socialiste avait pu nous faire au cours de la campagne.

Je sus assez vite que François Mitterrand n'approuvait pas l'ostracisme que je subissais depuis sa victoire. J'en reçus la preuve quelques mois après mon départ d'Antenne 2, alors que la Mitterrandie et tout ce que la profession comptait de journalistes conspuaient mon nom. Comme je rentrais chez moi un après-midi, Nicole me raconta avoir reçu un appel, soi-disant de l'Élysée. Le président, lui avait-on dit, voulait me voir. Elle avait raccroché, pensant à une mauvaise plaisanterie. Bientôt, le téléphone sonna à nouveau. Je pris la communication, écoutant d'une oreille sceptique :

— C'est vraiment l'Élysée. Le président voudrait vous voir demain.

— Le président ? Attendez, laissez-moi votre numéro.

Je rappelai. C'était bien l'Élysée.

Rendez-vous fut donc pris pour le lendemain. J'arrivai à l'Élysée dans une tenue décontractée, veste en tweed, chemise rose, col ouvert. Je n'avais pas l'intention de montrer trop d'égards – après tout, mon hôte m'avait mis au chômage !

En guise d'accueil, François Mitterrand me lança sans préambule : « Alors ? Comment va la disgrâce ? »

Je restai interloqué une seconde. « Il ne m'a quand même pas fait venir pour se moquer de moi ? » me demandai-je. Puis je compris qu'il faisait référence – non sans malice – au roman de Nicole Avril, *La Disgrâce*, qui connaissait un très grand succès.

Nous discutâmes un long moment, librement, d'abord du livre, de ma situation, me mettant presque au défi : « C'est dans l'adversité qu'on voit le caractère d'un homme. »

Notre entretien dura trois quarts d'heure de plus que ce qui était prévu et lorsqu'il me raccompagna à la porte de son bureau, je vis dans l'antichambre, assis sur une banquette, Michel Rocard qui poirotait avant d'être reçu. En me quittant, le chef de l'État me dit : « Vous me téléphonez quand vous voulez. Déjeunons ensemble un jour. »

J'avais du mal à le croire et je n'étais pas loin de penser qu'il se fichait de moi. Quelque temps plus tard, j'appelai malgré tout l'Élysée. « Pouvez-vous dire au président que, s'il le veut, je peux venir le voir ? » Une heure plus tard, son secrétariat me rappela. « Êtes-vous libres après-demain pour le déjeuner ? »

Évidemment ! Ce déjeuner eut lieu et, à partir de là, nous nous vîmes régulièrement, en tête à tête, ou avec Alain Duhamel. Nous discutions politique, mais aussi littérature, histoire. C'était comme si je rendais visite à Richelieu, Mazarin ou Talleyrand. Il me racontait la politique, la France, le Proche-Orient, le monde. L'actualité immédiate, les ambitions, les rivalités ne l'intéressaient pas beaucoup. Lors de notre première rencontre à l'Élysée, il avait coupé court à mes questions : « Tout ça, c'est très bien, c'est le quotidien. Mais qu'est-ce que vous lisez ? » J'avais pensé à tout, sauf à ça. Pris au dépourvu, je lui avais parlé des *Fables* de La Fontaine. Par la suite, je préparai mieux mes visites. Je voulais nourrir une conversation digne d'intérêt, surtout ne pas lui faire perdre son temps. À l'occasion, il me donnait des livres qu'il venait de finir, en me reprochant de ne pas les connaître. Un jour, je lui parlai des *Lettres à Lucilius* de Sénèque, qui m'accompagnaient depuis longtemps. Il ne les avait jamais lues. Quelque temps plus tard, au détour d'une conversation, il me dit : « Finalement, c'est pas mal, votre Sénèque ! » J'étais heureux de le lui avoir fait découvrir.

Ces rencontres requéraient un état de concentration épuisant, même si François Mitterrand se montrait chaleureux avec moi. Entre nous s'était établie une indéniable complicité. Mais, lorsque je le quittais, je me demandais toujours si j'avais été à la hauteur. Sa froide exigence grandissait ses interlocuteurs. Il les obligeait à aller au-delà d'eux-mêmes, à se dépasser.

Nous fîmes ensemble quelques voyages. Un week-end, il me convia avec Alain Duhamel à Saulieu chez le chef Bernard Loiseau. Quinze jours avant, François Mitterrand nous appela lui-même pour savoir ce que nous aimions.

— Le poulet ? La viande ? Vous aimez les ortolans ?

— À vrai dire, je ne sais pas ce que c'est… Je n'aime pas la viande, je suis végétarien.

— Bernard Loiseau va vous appeler. Dites-lui ce que vous aimez.

Un peu plus tard, coup de téléphone de l'Élysée : « Le président souhaite que vous veniez avec des pull-overs parce qu'il va faire froid. »

Le jour convenu, nous partîmes en hélicoptère. Comme nous survolions la Bourgogne, Mitterrand nous proposa de faire un détour pour admirer l'abbaye de Vézelay depuis le ciel. En chemin, il commentait la géographie et la géologie du pays, qu'il liait au tempérament des habitants. « Ici, la terre est calcaire, mais – pointant le doigt vers l'horizon – là-bas, c'est du granit. Les gens sont plus solides, plus rugueux, plus fermés sur eux-mêmes. » Cette connaissance physique, sensorielle, de la France manque à beaucoup d'hommes politiques.

Le président nous indiqua ensuite le programme de l'après-midi : « Alors, vous deux qui êtes des citadins, vous avez déjà vu assécher un étang ? » Tous les cinq ou six ans, les étangs sont vidés avec l'aide des habitants des villages alentour. On les nettoie et leur eau est renouvelée. L'assèchement donne lieu à une pêche miraculeuse : il suffit de se pencher pour ramasser les poissons, privés de leur élément, et on les distribue aux villageois.

— Vous avez des bottes ?

— Non…

— Vous n'avez pas de bottes ? Vraiment des citadins… Vous voulez marcher avec ces chaussures dans la boue ? Vous chaussez du combien ? On va demander à la sécurité…

Par un jour gris et pluvieux de mars, François Mitterrand m'invita une nouvelle fois à déjeuner. Nous discutâmes d'abord dans son bureau, avant de passer dans une salle à manger. Sur le pas de la porte, il me prit par l'épaule et me demanda : « Quel jour sommes-nous ? » Naïvement, je lui rappelai d'abord le jour de la semaine. « Non, non, quelle date ? »

J'essayai rapidement de la calculer en fonction des émissions que j'avais programmées, mais je n'ai jamais été très doué avec les calendriers.

— Le 17 mars ?

— Nous sommes le 16 mars, me précisa-t-il d'un air entendu.

Il m'apparut alors évident qu'il ne m'avait pas invité un 16 mars par hasard. Il se souvenait de son dernier *Cartes sur table*. Il savait bien que cet entretien avait été un moment beaucoup plus fort et décisif dans sa campagne que cent autres déclarations et petites phrases. Il n'avait pas oublié ce que ces instants cruciaux avaient valu à Alain Duhamel et moi-même.

Robert Badinter, dans un de ses livres, estime que ce *Cartes sur table* du 16 mars 1981 avait rendu l'abolition de la peine de mort inévitable. Si nous n'avions pas interrogé Mitterrand, écrit-il, cette proposition ne serait pas devenue un marqueur politique aussi fort et le président élu y aurait peut-être renoncé. Nous n'avions pas abordé le sujet en militants abolitionnistes, mais nous sommes heureux de savoir que cette décision historique est partie de là.

Contrairement à ce qu'on a pu raconter, nous n'avions prévenu ni Robert Badinter, ni personne d'autre de nos intentions. C'était contraire à nos habitudes. En revanche, Robert Badinter s'attendait depuis quelques jours à ce que la question fût posée à François Mitterrand. Aussi avait-il préparé, avec son directeur de cabinet, Jean-Marc Sauvé, une note accompagnée de citations de Victor Hugo et de Jean Jaurès pour défendre l'abolition. Il l'avait portée à François Mitterrand qui l'avait écartée d'un geste, avec une pointe d'irritation : « Vous pensez vraiment que les Français s'intéressent à cette question ? Non, le plus important, c'est l'économie et le chômage. » Robert Badinter avait tout de même glissé sa note dans le dossier du candidat. Peut-être Mitterrand l'a-t-il feuilletée malgré tout en préparant l'émission ? Nul n'en saura jamais rien.

En 2021, Jacques Attali prétendrait que la veille de ce *Cartes sur table*, nous avions mis au point l'entretien avec lui. Plus encore, que nous l'avions trahi en posant une question piège sur la peine de mort à Mitterrand sans le prévenir. Peut-être l'avions-nous rencontré dans les jours qui précédèrent l'émission, mais jamais il ne fut envisagé de le consulter. Ce n'était pas, là non plus, notre façon de travailler. Jacques Attali voulait tout savoir pour vite le transmettre au chef et se donner à ses yeux l'importance qu'il croyait mériter.

Quarante ans plus tard, Jacques Attali nous présente, Duhamel et moi, tant dans ses livres qu'à la radio, comme « deux journalistes très compétents, ouvertement militants de droite et giscardiens ». Comment lui, le prophète d'une humanité ouverte à tous et généreuse, peut-il continuer à diviser ainsi, de façon aussi sommaire, le monde entre bons – lui-même et quelques-uns – et méchants – tous les autres ? « Étaient-ils en service commandé ? » écrit-il. Commandé par qui ? Pour lui, un journaliste ne peut exister sans être au service d'un pouvoir, c'est-à-dire sans être en état de servitude. L'homme n'est pas à une contradiction près. Un peu plus loin, il ajoute : « J'eus le sentiment, après l'avoir écouté, que François Mitterrand serait élu sur cette preuve de sincérité sur la peine de mort. » Donc, deux journalistes de droite, en service commandé par Valéry Giscard d'Estaing, ont fait élire son adversaire François Mitterrand. Le raisonnement est assez drôle.

Une intelligence étincelante, une connaissance encyclopédique et des intuitions d'avenir, tel était le Jacques Attali que j'avais connu, jeune, en 1972. Par la suite, je l'ai invité dans mes émissions pour défendre chacun de ses livres. J'avais découvert ce jeune économiste à travers les papiers qu'il publiait alors dans *Le Monde*. Son nom, venu d'Algérie, me l'avait tout de suite rendu sympathique. Nous prenions fréquemment des petits déjeuners en tête à tête ; il m'ouvrait à toutes sortes de perspectives politiques, sociales, économiques ou culturelles, me révélait des auteurs à lire ou à rencontrer, puis je l'accompagnais en voiture rue de Bièvre, chez François Mitterrand, à qui il donnait des leçons d'économie.

À l'Élysée, son bureau était l'antichambre du président de la République. Chaque visiteur le traversait comme on passe la loge d'un concierge. Lorsque l'entrevue s'achevait, il demandait immanquablement : « Votre entretien a duré longtemps. De quoi avez-vous parlé ? » Au début, je satisfaisais sa curiosité, mais je perdis vite cette mauvaise habitude. La marque de fabrique d'Attali : il prend tout et ne rend rien. Avec le temps, Attali s'est enfermé en lui-même, déguisé en oiseau de mauvais augure annonçant les malheurs du monde. Cassandre ne se reconnaîtrait plus dans cet épigone.

Il aime accueillir chez lui des tablées d'amis pour des soirées simples et agréables. En revanche, un déjeuner d'homme à homme avec lui ressemble à un dessin animé de Tex Avery : le repas est avalé en vingt minutes, du hors-d'œuvre au café. Il ne pose pas de questions, soliloque et trouve la conversation riche et intéressante.

Avec la voracité fébrile d'un angoissé, mais aussi un grand talent – et une équipe –, il publie un livre par an. Une manière sans doute de se prouver qu'il est toujours vivant et reste un créateur capable de séduire. Craint-il comme moi, la mort, ou bien la concurrence des anciens – BHL, Finkielkraut et quelques autres – ou celle des nouvelles générations ?

Cela dit, nul ne peut lui dénier un flair remarquable. À l'Élysée, il avait repéré le jeune couple Ségolène Royal-François Hollande ; plus tard, un brillant jeune homme, Emmanuel Macron, dont il fit le rapporteur de la commission portant son nom. Ainsi peut-il se flatter d'avoir « donné » deux présidents de la République à la France.

La rupture entre nous fut consommée de part et d'autre en 2019. Je la regrette, mais elle est irrévocable. À l'occasion d'une matinale de CNews, je l'invite à parler de son livre sur le décret Crémieux, qui donna aux juifs d'Algérie la nationalité française. Vers midi, rendez-vous est pris pour le lendemain. À 17 heures, je trouve ce message péremptoire : « Ne compte pas sur moi pour demain, je ne viendrai pas. » Je lui réponds alors qu'il me met en difficulté. Il me rétorque : « Je ne remettrai plus les pieds dans une télévision détenue par Bolloré et qui emploie Zemmour. D'ailleurs tu devrais avoir honte, toi, d'y participer. Tu devrais démissionner, tant pis pour toi. » Je le remplaçai avec bonheur par Hubert Védrine. J'appris quelques mois plus tard, sur mon lit d'hôpital, qu'il avait participé à une matinale de CNews. En 2021, il a même débattu avec le personnage abhorré – mais qui faisait de l'audience –, Éric Zemmour. Devant tant de constance et de sincérité, je ne l'observe désormais plus que de loin. C'est une amitié qui s'achève dans la tristesse.

Je ne veux pas clore ce chapitre sans évoquer la rédemption de l'un des condamnés à mort qui doivent leur vie à François Mitterrand. Cette histoire est digne de Victor Hugo, autre infatigable abolitionniste. Trois décennies plus tard, j'en réunis les deux protagonistes sur le plateau de *Bibliothèque Médicis*. Au côté de Robert Badinter se trouvait pour cette émission un historien spécialiste du Moyen Âge, Philippe Maurice. C'est l'un des derniers criminels condamnés à mort par la justice française. Dans sa cellule, il attendait les résultats du 10 mai 1981 dont son sort – et sa tête – dépendait. Jeune homme, il n'était que colère. De casse en cavale, avec un complice, il avait tué deux policiers qui tentaient de l'arrêter. Après le verdict de la cour d'assises, il avait épuisé tous les recours et son exécution était si proche que la guillotine avait déjà été dressée pour lui dans une cour de la prison de Fresnes, où il était détenu. Mais François Mitterrand lui accorda la grâce présidentielle quatre jours après son investiture, commuant la peine de mort en réclusion criminelle à perpétuité.

Robert Badinter lui rendit alors visite : « Désormais, vous allez symboliser l'abolition. Votre avenir dépend de vous. Vous allez rester une longue période en prison. Mais si vous travaillez, si vous passez des examens, si vous réussissez, vous pourrez mener une vie normale à votre sortie. » Quelque temps plus tard, Philippe Maurice écrivit à l'avocat, devenu garde des Sceaux : « L'administration pénitentiaire refuse de me donner des livres. » « C'est inadmissible », répondit Badinter, qui, dans une note, insista auprès de ses services sur le droit des détenus à lire et à étudier.

Philippe Maurice resta en prison encore dix-neuf ans. Il en sortit avec une thèse d'histoire, soutenue quatre ans plus tôt. Dans le public de sa soutenance, trois gendarmes et trois fonctionnaires de la pénitentiaire le surveillaient pour empêcher toute tentative d'évasion.

C'est ainsi que Philippe Maurice devint un historien reconnu, chercheur au CNRS. À *Bibliothèque Médicis*, les avocats qui avaient assisté à des exécutions racontèrent toute l'horreur, la honte et l'impuissance ressenties devant les mises à mort à froid, dans le silence du petit matin, auxquelles ils avaient assisté. Une justice qui tue se désavoue elle-même.

Embarrassé de s'exprimer devant ces éminents abolitionnistes, Philippe Maurice fit observer qu'être favorable à la peine de mort revenait à admettre qu'il existe de bonnes raisons de tuer. Comment l'accepter quand, dans toutes les sociétés, le meurtre est un interdit fondamental ?

Le 16 mars 1981, faisant preuve d'un courage politique sans égal, François Mitterrand avait pris fait et cause pour l'espoir contre la mort, pour le rachat contre la vengeance, pour l'humanité contre la barbarie.

XIII

LES BATELIERS DE LA VOLGA

Il me fallut des années avant de sortir du purgatoire. J'aurais aimé que ce fût uniquement l'effet de *Découvertes* et que mon travail seul me permît de récupérer les galons qui m'avaient été arrachés. Mais ma réhabilitation vint de circonstances présentant une symétrie frappante avec celles de ma « disgrâce ». Comme ma prétendue hostilité à François Mitterrand m'avait disqualifié, notre relation suivie changea le regard que l'on portait sur moi. Ainsi vont la Cour et les petits marquis qui la composent.

Mes visites à l'Élysée n'étaient pas un fait connu et rien ne justifiait qu'elles le soient. Un jour, pourtant, un journaliste d'Antenne 2 me vit en compagnie du chef de l'État sur le pas de la porte du bureau présidentiel.

Ce confrère, je l'avais promu lorsque j'étais directeur de l'information. Nous l'avions désigné pour suivre le candidat Mitterrand pendant la campagne présidentielle, puis au Château. Pourtant, comme d'autres, il avait raconté partout que je l'empêchais de faire ses papiers et que j'étais politiquement orienté.

Il fut effaré d'entendre le président, la main sur mon épaule, me dire, comme à un ami : « Allez, on se voit bientôt. » En rentrant à la rédaction d'Antenne 2, il raconta immédiatement cette scène extravagante : « Vous ne savez pas qui j'ai vu à l'Élysée ? Elkabbach ! » Dans les jours qui suivirent, je reçus un appel de François-Henri de Virieu, qui pratiquait les valeurs aristocratiques dans l'information comme dans la vie. Il animait, avec son talent et sa belle voix, *L'Heure de vérité*, la grande émission politique de l'époque.

— Tu ne voudrais pas participer à l'émission ?

— Merci, mais non… Je n'en ai pas envie.

D'autres journalistes me firent bientôt le même genre de proposition. La rumeur bruissait d'idées folles : « Et s'il revenait comme patron à la télé ? » J'étais de nouveau fréquentable.

Je redevins tout à fait journaliste aux yeux de mes confrères lorsque je reçus le président de la République dans *Découvertes*.

Très tôt, François Mitterrand avait envisagé de m'accorder un entretien. Sans doute voulait-il montrer que je ne méritais pas l'étiquette qui m'était accolée. De temps à autre, il avait cherché à me parler de ce qui s'était passé en 1981. Souhaitait-il exprimer des regrets ? J'esquivais toujours le sujet. C'était le passé, j'avais survécu, je ne voulais plus y penser.

Lorsque *Découvertes* était diffusée en plein après-midi, je déconseillais à Mitterrand d'y participer, quand bien même il voulait m'aider. Pour plaisanter, j'avais coutume de dire que je n'avais d'auditeurs que ma mère, ma femme et ma fille : cela n'aurait pas eu de sens pour le président de s'exprimer à une heure d'aussi faible écoute. Les choses changèrent lorsque l'émission fut programmée à 18 heures.

L'interview eut lieu le 9 décembre 1985. François Mitterrand traversait une période difficile. Les élections législatives s'annonçaient mal pour la majorité. Surtout, il était critiqué, y compris par ses amis politiques, pour avoir invité à Paris le général Jaruzelski. Le Premier ministre, Laurent Fabius lui-même, s'était dit publiquement troublé par la visite officielle du chef de l'État polonais, dont le pouvoir était fondé sur la loi martiale, la suppression des libertés syndicales, la répression des opposants, de Lech Wałęsa, de Solidarność. Lorsque je l'avais reçu à Europe 1, Jaruzelski s'était efforcé de justifier les rigueurs de son gouvernement : s'il avait réprimé le soulèvement populaire, c'était pour éviter son écrasement par les chars russes, comme auparavant à Budapest et à Prague.

Nous décidâmes que l'entretien radio aurait lieu dans le bureau du président. On prit quelques photos de lui et de moi avant l'émission, tous les conseillers et les techniciens ayant dû quitter la pièce. L'absence d'image tranchait avec les interventions précédentes, faites à la télévision. Dans ce dépouillement qui créait une atmosphère mystérieuse et dramatique, seuls subsistaient la parole présidentielle et l'aiguillon des questions.

Au cours de l'entretien, je relayai l'incompréhension de la majorité à propos de Jaruzelski, mettant Mitterrand face à ses contradictions. Comment concilier le candidat de 1981 avec le président qui, en 1985, invitait officiellement l'autocrate polonais ? Ce dernier n'avait-il pas vertement critiqué la rencontre qui avait eu lieu à Varsovie entre Giscard d'Estaing et Brejnev, peu après l'invasion de l'Afghanistan par les Soviétiques ? « Dans une grave période de tension, au moment où le destin hésite, tout ce qui contribue aussi peu que ce soit à conforter la position de l'agresseur est une faute. »

Mitterrand récusa cette comparaison : « Le destin hésite ? Il n'hésite pas. Le destin a fixé pour longtemps la domination et l'influence soviétiques dans cette partie de l'Europe. Pour longtemps. Et ceux qui font comme si, par leur action, ils pouvaient faire échapper la Pologne à cette influence, se trompent et trompent l'opinion. »

Mitterrand n'imaginait pas voir le mur de Berlin tomber de son vivant. Il tenait le bloc de l'Est pour un fait acquis. Aussi pensait-il que sa responsabilité, en tant que président de la République, était de « maintenir un dialogue » avec les dirigeants de systèmes que l'on désapprouvait afin d'obtenir des résultats « dans l'intérêt de la France et dans l'intérêt des droits de l'homme ». Il convint que ce dialogue pouvait être rompu dans certaines circonstances, lorsque la situation devenait intolérable. Mais il se plaçait, sans état d'âme, sous l'étendard du réalisme politique.

Surtout, le président inscrivait sa décision dans une vision de long terme : « Le grand mouvement que nous devons rechercher, c'est à reprendre conscience que nous sommes tous européens. » Sans imaginer l'effondrement de l'Union soviétique, Mitterrand se refusait à « couper les ponts » avec les peuples de l'Est, Roumains, Bulgares, Polonais, Tchèques, Hongrois. « Il faut absolument se fixer en perspective la future réconciliation des deux parts de l'Europe. » C'était vingt ans avant l'élargissement de l'Union européenne aux anciens pays du bloc de l'Est.

L'entretien fut longuement repris dans toute la presse, un succès pour le président. Sa forme si particulière avait été discutée avec Jacques Pilhan, qui l'avait conseillé dans sa conquête de l'Élysée. Au sein de l'agence de Jacques Séguéla, Pilhan était chargé de la stratégie de campagne. Il faisait partie des quatre ou cinq personnes qui avaient élaboré le concept de la « Force tranquille ».

L'élection de 1981 avait marqué l'irruption d'une nouvelle communication politique – auparavant, on ne parlait que de « propagande ». Des techniques venues du monde de la publicité avaient changé la donne. L'idée n'était pas de considérer le citoyen-électeur comme un simple consommateur mais de tirer parti des connaissances établies grâce aux études innombrables sur les comportements individuels et les moyens de les influencer que les grandes entreprises, notamment américaines, avaient financées à des fins commerciales.

Jacques Pilhan se vit attribuer un bureau à l'Élysée et créa une agence, Temps public, chargée de gérer l'image du président et celle d'autres personnalités. C'est François Mitterrand lui-même qui me proposa de le rencontrer. Notre première entrevue ne se passa pas très bien : il avait à l'époque un associé, Gérard Colé, dont l'arrogance et la brutalité tranchaient avec la tempérance et le sens de l'observation de Jacques Pilhan. Mais, peu à peu, nous nous sommes liés d'amitié.

Pilhan parlait peu. Il écoutait avant tout. Son regard était malicieux et perçant. C'était un esprit vif, sans complaisance. Il réfléchissait à haute voix tout en marchant, les mains dans les poches. Il était petit mais faisait de grands pas. Il avait souvent l'air ailleurs. Il maîtrisait une sensibilité sans cesse en éveil.

Il a su moderniser François Mitterrand. Il lui a appris à ne jamais s'emporter, à ne jamais réagir à chaud, même à des injustices, des invectives, des mensonges – cela correspondait d'ailleurs bien au caractère du président, qui voyait dans l'indifférence la vertu du pouvoir. Quand toute la presse accablait Mitterrand sur son âge, son passé, ses erreurs, la longueur de son règne, Pilhan lui conseillait de laisser passer l'orage, de se montrer impassible.

Sa préoccupation principale était d'imposer sa propre « écriture médiatique » plutôt que de simplement répondre aux sollicitations de la presse. Il entendait choisir où et quand le président interviendrait. Il veillait à ce que celui-ci s'exprime rarement pour que ses interventions ne se confondent pas avec le bruit permanent des médias. L'attente de la parole présidentielle et l'attention qu'on lui prêtait s'en trouvaient dès lors accrues.

Naturellement, c'est Mitterrand qui prenait les décisions *in fine*, mais Jacques Pilhan pouvait les inspirer et les aiguiller. Direct, il parlait d'une voix douce, mais assurée. Toujours élégant, il lui donnait raison tout en cherchant à contourner leurs divergences pour l'amener à ses propres vues – il y parvenait parfois.

Dans les sous-sols de Temps public, Pilhan réunissait des groupes de gens anonymes qu'il interrogeait périodiquement. Il les invitait à exprimer librement leurs attentes, leurs préoccupations, leurs craintes, leurs critiques. Il sentait ainsi les humeurs et repérait les tendances de fond qui traversaient la société. Il abreuvait ensuite Mitterrand de notes sur l'état de l'opinion à partir desquelles ils élaboraient ensemble des réponses et des propositions. Je trouvais son travail passionnant et me servais de ce qu'il me confiait pour préparer mes émissions, explorer des thématiques originales, trouver des invités qui préfigurent l'avenir.

En 1986, la gauche perdit les élections législatives. Cette défaite était attendue mais elle inaugurait une période inédite. Quelle attitude devait prendre le président face à une majorité qui lui serait défavorable ? Une cohabitation était-elle possible, sinon souhaitable ? La victoire de la droite posait un problème politique et institutionnel dont Mitterrand, bien que battu, détenait les clés.

Le président décida de s'inscrire avec clarté dans la logique de la Constitution. Sans tergiverser, il nomma Jacques Chirac Premier ministre. Les Français lui surent gré de ne pas bloquer le fonctionnement des institutions. Malgré la défaite, il bénéficia d'un net regain de popularité.

Pourtant, François Mitterrand était dans une position inconfortable. Il présidait un gouvernement qui lui était unanimement hostile. J'étais curieux de l'accueil que lui avait réservé le Conseil des ministres.

— Alors, monsieur le président, quel effet ça fait ? lui demandai-je.

— Pendant la campagne, pas un ne m'a ménagé. Lors du premier Conseil des ministres, j'avais l'impression d'être Ali Baba au milieu des quarante voleurs.

Oui, mais les voleurs avaient mérité leur place et Ali Baba trônait dans un palais endormi.

Face au Premier ministre, jeune et fringant, enthousiaste, montant les escaliers quatre à quatre, cavalant toute la journée, Mitterrand faisait figure de vieillard fatigué. Ses conseillers s'inquiétaient de son isolement et craignaient qu'il soit dévoré. Ils ne tenaient sans doute pas assez compte de son caractère, de sa capacité de résistance, de son impassibilité. Mitterrand en avait vu d'autres. Peu à peu, il marquait son territoire, rappelait les limites du pouvoir de chacun, mettait en garde.

Puis, le 14 juillet 1986, il refusa de signer des ordonnances qui affectaient le quotidien des Français. Face à la droite dont les premières mesures favorisaient les riches, il apparut comme le défenseur des plus pauvres.

Jacques Chirac se fit alors plus prudent, restant sur ses gardes. Mitterrand eut vite le sentiment de prendre l'ascendant sur lui. Un jour, dans le parc de l'Élysée, Gérard Colé lui avait proposé – avec sa brutalité habituelle – de « taper » sur le Premier ministre. Mitterrand n'avait pas répondu, simplement souri. S'il conservait cette position de surplomb, il avait intérêt, pour la future présidentielle, à affronter le jeune chef de la droite plutôt que tout autre candidat. « Alors, lui avait dit Colé, si je comprends bien, pour qu'il tienne jusqu'en 1988, il faut qu'on lui fasse du bouche-à-bouche ? »

Pilhan et Colé rivalisaient d'inventivité pour présenter Mitterrand aux Français sous le jour le plus favorable. Ils cherchaient à créer des images, des symboles, à même de conforter sa stature présidentielle. Un jour, je déjeunai avec eux Chez Francis, près du pont de l'Alma. Nous étions en mai ou juin 1986. Il faisait beau, chaud, nous étions en terrasse. Entre eux, la conversation tournait autour de la posture du président vis-à-vis de son Premier ministre.

— Il faudrait quand même montrer que le patron, c'est pas Chirac, c'est Mitterrand. La Constitution le veut. Il est le garant de la justice, de l'indépendance nationale, le chef des armées…

— Une initiative économique ?

— Non.

— Un projet pour l'Europe ? Ou le Proche-Orient ?

— Non. Choisissons un domaine exclusivement présidentiel.

— Alors la défense ! J'imagine bien des manœuvres militaires.

— Il pleut, y a de la boue. Mitterrand porte un manteau kaki et des bottes.

— Ça ne peut pas être en juillet, donc. Mais quand ?

— Le 11 novembre !

— Il ne doit pas être seul.

— Pourquoi pas avec le chancelier Kohl ?

— Oui, en bottes et couleurs militaires. Tous les deux regarderaient à la jumelle s'affronter les chars franco-allemands.

— C'est pas mal, oui !

Ce dialogue me faisait l'effet d'un jeu entre deux esprits drôles et créatifs. Pourtant, le 11 novembre de cette même année, Mitterrand et Kohl passaient effectivement les troupes en revue. Le lendemain, on voyait partout en une le président français et le chancelier allemand, côte à côte, observant des exercices militaires. Pilhan et Colé avaient réussi leur coup. La presse présentait François Mitterrand en patron de la défense nationale et de la dissuasion – réalité incontestable, mais dont l'image était habilement construite.

Jacques Pilhan fit partie du tout petit noyau de personnes qui préparèrent la présidentielle de 1988 dans une absolue confidentialité. Ils mûrirent slogans, affiches et thèmes de campagne. Mitterrand laissa planer le doute sur sa candidature jusqu'au tout dernier moment. Âgé de soixante et onze ans, il exerçait déjà le pouvoir depuis sept ans et avait subi une lourde défaite aux législatives de 1986. Était-il raisonnable qu'il s'engage dans un second mandat ? Beaucoup jugeaient sage qu'il passe la main à un homme plus jeune, comme Michel Rocard. Le président lui-même avait annoncé qu'il ne se représenterait que si des circonstances exceptionnelles le lui commandaient. Ce n'était sans doute pas pure tactique politique. Le secret demeurait entier sur sa maladie, mais il se savait affaibli.

C'est avec Pilhan qu'il imagina sa déclaration de candidature, moins de cinq semaines avant le premier tour. Il désarçonna les journalistes qui l'interrogeaient sur ses intentions, en leur répondant d'un simple « oui », net et concis. Pendant toute la cohabitation, Mitterrand s'était posé en garant de la cohésion sociale et nationale. Il prétendait assurer l'unité du pays, discours irénique que ses adversaires pensaient aisément démolir le moment venu. Mais quand les journalistes lui demandèrent de s'expliquer, Mitterrand prit le contre-pied, chargeant la droite au pouvoir avec une virulence inouïe : « Je veux que la France soit unie. Et elle ne le sera pas si elle est prise en main par des esprits intolérants, par des partis qui veulent tout, par des clans et par des bandes. Elle ne le sera pas non plus si des intérêts particuliers, égoïstes par nature, exercent leur domination sur le pays. » Mitterrand lançait contre ses adversaires de droite, qualifiés de « factieux », un assaut sans retenue.

En 2022, Emmanuel Macron s'est fait réélire sans avoir traversé de cohabitation. Cet exploit, seul de Gaulle l'avait accompli – mais il n'avait pas reçu son premier mandat du suffrage universel. On remarque moins souvent que jamais un Premier ministre n'a remporté l'élection présidentielle dans la foulée d'une cohabitation, qui n'est qu'une demi-alternance. L'action du gouvernement est toujours entravée par le président. S'ensuivent fatalement une déception à l'égard du Premier ministre et son usure prématurée. Il ne peut plus symboliser le changement.

Après sa réélection, Mitterrand, fatigué, prit du recul pendant plusieurs mois, gardant un étrange silence. Il ne répondait pas aux notes et aux propositions que Pilhan continuait de lui envoyer. Ce fut la seule période où je vis celui-ci dépité, découragé et presque en colère : « C'est injuste ! C'est moi qui l'ai fait gagner. Lorsqu'il nous croise, il ne nous voit même plus, il nous méprise. Après tout ce que j'ai fait pour lui… Je vais m'en aller ! » Pilhan ne comprenait pas pourquoi il était ainsi maintenu à distance.

Puis le président le rappela et ils reprirent leurs échanges. « Alors "Pillan" – il prononçait son nom en mouillant le "l" –, qu'allons-nous faire ? Comment sentez-vous le pays ? » Je vis alors l'euphorie gagner le stratège politique, tout heureux de retrouver la complicité qu'il redoutait d'avoir perdue.

En 1988, Mitterrand se laissa convaincre de nommer Michel Rocard à Matignon. Il n'y était pas favorable, mais sa majorité le demandait. Il s'y résolut avec le désir d'en finir avec le « mythe Rocard » qui, pensait-il, ne survivrait pas à l'épreuve du pouvoir. Il avait en outre flanqué le chef du gouvernement de plusieurs ministres issus de sa garde rapprochée, Roland Dumas en tête, afin de le surveiller. Tous les mitterrandistes s'attachaient à affaiblir Rocard et à le miner subrepticement.

À cette époque, on m'avait confié les interviews politiques des matins d'Europe 1. Après l'antenne, je discutais souvent un moment avec mes invités dans mon bureau. Je vois encore Pierre Bérégovoy un cigarillo au coin des lèvres. Ministre de l'Économie extrêmement clair et compétent, il ne comptait pas s'arrêter en si bon chemin. « Vous croyez que Rocard est à sa place, comme Premier ministre ? » Une autre fois : « Rocard, Premier ministre ? Vraiment ? » C'était naturellement une question rhétorique : Bérégovoy se voyait plus que tout autre à Matignon. Il souffrit ensuite sous Édith Cresson, qui lui avait été préférée – « évidemment, il faut une femme à Matignon. Mais Édith... ». Lorsque son heure vint, il était déjà trop tard. Mais Pierre Bérégovoy était quelqu'un de très bien.

La méthode et la politique de Rocard n'atténuèrent pas la détestation de Mitterrand à son égard. Un été, le président m'invita à Latche et me proposa d'aller rendre visite à des amis. Nous prîmes une sorte de Jeep, qu'il conduisait lui-même. Nous étions encadrés à l'avant et à l'arrière par les voitures de la sécurité. Il roulait complètement à gauche et donnait de grands coups de volant quand nous croisions d'autres voitures – heureusement, il avait un chauffeur la plupart du temps ! Peut-être cette conduite brouillonne avait-elle à voir avec notre conversation. Je parlais de Michel Rocard, quand Mitterrand m'interrompit, exaspéré :

— Mais qu'est-ce que vous avez, vous aussi, avec Rocard ? Vous n'avez pas compris que c'est un crétin ?

— Un crétin ?

— Vous le comprenez, vous, quand il parle ?

— …

— Moi, non ! Et les Français ne le comprennent pas non plus. Ce charabia d'intellectuel, on n'y comprend rien. Crétin…

Un président de la République ne peut pas se désintéresser de son parti. François Mitterrand jouait de ses divisions et entretenait les querelles internes. Lorsqu'il désapprouvait des projets portés par son camp, il n'hésitait pas à les contrecarrer. En 1984, le ministre de l'Éducation nationale, Alain Savary, fut confronté à une immense mobilisation de la droite. Elle contestait le projet socialiste d'un service public de l'enseignement unifié et laïc. Un million de manifestants en rangs serrés battit le pavé pour s'opposer à cette mesure qui faisait partie des 110 propositions du candidat Mitterrand. Les protestataires reçurent le soutien de l'Église, et notamment de l'archevêque de Paris, Jean-Marie Lustiger.

Lors d'une visite à François Mitterrand, je lui demandai :

— Ne craignez-vous pas le désordre et des incidents violents ?

— Je vais vous dire : les socialistes n'ont pas compris qu'en France, on ne peut pas imposer l'enseignement laïc et fermer les écoles privées. Le pays refuse. Ils vont faire l'expérience de la réalité.

— Et les manifestations ? Ne risquent-elles pas de dégénérer ?

— Ne vous inquiétez pas. Ce sera tenu.

Lorsque je sortis du bureau présidentiel, je croisai une figure connue, qui attendait d'être reçue : Jean-Marie Lustiger. Ils se voyaient fréquemment pour évoquer d'autres sujets que la politique. Le président et l'archevêque ont-ils discuté, ce jour-là, du projet de réforme contesté ? Trois semaines plus tard, au cours de son allocution du 14 juillet, François Mitterrand annonçait le retrait du projet de loi. Alain Savary et le Premier ministre Pierre Mauroy, qui avaient appris la nouvelle à la télévision, démissionnèrent. Ils furent remplacés au pied levé par Jean-Pierre Chevènement et Laurent Fabius. Mitterrand et Mauroy se séparèrent les larmes aux yeux. Ils avaient tant agi ensemble pour que la gauche arrive au pouvoir. Une page était tournée, comme on dit en politique, même quand elles ne le sont pas toujours.

En 1991, Michel Rocard fêta ses trois ans passés à Matignon, sa position était encore solide. Bien qu'il ait mené une politique prudente, sans aspérités, il demeurait populaire et on le voyait volontiers rester en place jusqu'à la fin de la législature. Cependant, Mitterrand et ses proches commençaient à évoquer la nécessité d'un nouvel élan. L'éventualité de son départ s'installa alors comme une rengaine.

Un soir, mon assistante me prévint que les invités prévus le lendemain matin se désistaient. Je lui demandai de me lire la liste des personnes qui nous sollicitaient. Quand vint le nom de Jacques Séguéla, j'hésitai quelques instants… « Séguéla ! Invitez Séguéla. »

Le lendemain matin, il vint prendre le café à 7 h 45. Nous parlâmes de tout et de rien, puis nous nous rendîmes dans le studio à 8 h 15. Nous traversâmes la grande salle de rédaction et j'entendis les journalistes soulever la question du maintien de Michel Rocard. L'entretien commença. Séguéla menait une croisade en faveur du travail le dimanche. Au bout de quelques minutes, cherchant à muscler l'interview, je repensai à ce que j'avais entendu dans la salle de rédaction et demandai à mon invité : « Sur les rumeurs de changement de gouvernement, vous conseillez à Michel Rocard de rester ? » Je le vis alors s'approcher du micro et répondre sans la moindre hésitation : « Je crois que Michel Rocard doit se mettre en réserve de la République. » Il souhaita à son « ami » Premier ministre « une bonne traversée du désert ».

Dès notre sortie du studio, je lui demandai :

— Jacques, d'où est-ce que tu sors ça ?

— J'ai juste dit ce que je pense : « Michel, tu dois partir : trois ans à Matignon, tu as déjà amplement accompli ta mission. »

— Tu as parlé à Mitterrand ?

— Non, je ne l'ai pas vu, ni lui, ni personne !

Autour de nous, le téléphone crépitait déjà. On voulait me parler, parler à Séguéla. « Non, non, rien n'était préparé, c'est une improvisation ! » Plus nous le disions, et plus la presse pensait que c'était Mitterrand qui s'exprimait par la voix de Séguéla. Et le lendemain, sans plus de précautions, elle titra à peu près unanimement : « Rocard condamné ».

Sur ces entrefaites vint le Conseil des ministres. Comme à l'accoutumée, le Premier ministre rencontra le président une demi-heure avant afin de présenter ses projets et de discuter des affaires en cours. Rocard devait notamment annoncer un nouveau plan de maîtrise des dépenses de santé. Mitterrand ne le laissa pas développer :

— J'ai bien peur que non, monsieur le Premier ministre… Vous avez vu la presse ? Elle annonce votre départ. Il faut l'envisager.

— Mais quand ?

— Nous allons l'annoncer en Conseil des ministres.

Michel Rocard fut remercié dans l'heure.

Je pense que Mitterrand songeait déjà à congédier son Premier ministre, mais la sortie improvisée de Jacques Séguéla lui en donna l'occasion. Michel Rocard et ses amis se persuadèrent, en tout cas, que toute cette séquence médiatique était un coup monté auquel j'avais pris part. Je ne parvins jamais à les détromper.

* * *

Je tiens les accords de Matignon, signés en 1988, pour une des plus grandes réussites de Michel Rocard. Quelques jours à peine après avoir pris ses fonctions, le Premier ministre fit preuve d'une efficacité impressionnante pour résoudre le conflit qui déchirait depuis des années la Nouvelle-Calédonie. Quelques nuits d'intenses négociations aboutirent à une réconciliation exemplaire entre Kanaks indépendantistes et Caldoches loyalistes. En offrant aux premiers la perspective d'une indépendance, même lointaine, Rocard reconnaissait leur dignité, souvent bafouée, et la légitimité de leurs revendications. Il donnait aussi sa chance, pour les habitants de l'archipel, à la construction d'un « destin commun » au sein de la République française.

Lors de la colonisation de l'île, les Kanaks avaient été spoliés de leurs terres et enfermés dans des réserves.

Même si la IVe République avait fini par leur octroyer *in extremis*, en 1957, la pleine citoyenneté avec le droit de vote, de profondes inégalités sociales et territoriales subsistaient. Elles avaient nourri la cause de l'indépendance, portée de plus en plus haut dans les années 1970, en particulier par de jeunes Kanaks revenus au pays après avoir étudié en métropole. Au début des années 1980, la tension était à son comble entre indépendantistes et Caldoches. Les Kanaks multipliaient les actions : occupation de terres, incendie de maisons de colons, boycotts électoraux, blocage de routes et de bureaux de vote. Certains Caldoches n'hésitaient pas à répondre à cette insécurité organisée par la violence. L'un des principaux dirigeants indépendantistes, Jean-Marie Tjibaou, perdit ainsi deux frères dans une embuscade qui coûta la vie à dix militants kanaks.

Politiquement, le conflit apparaissait insoluble. Les Kanaks invoquaient leur légitimité historique et leur droit, en tant que peuple, à disposer d'eux-mêmes. Cependant, devenus minoritaires dans la population de l'archipel, ils refusaient que la question de l'indépendance fasse l'objet d'un référendum classique, qu'ils ne pouvaient pas gagner.

En 1984, le gouvernement nomma Edgard Pisani, que je connaissais bien – il avait été mon témoin de mariage –, haut-commissaire de la République en Nouvelle-Calédonie. Il tenta de rétablir l'ordre, fit des déclarations solennelles qu'aurait pu endosser de Gaulle. Avec son directeur de cabinet, Christian Blanc, il rechercha une solution négociée, fondée sur la notion d'indépendance-association.

J'étais là lors de l'entretien entre Pisani et Jacques Lafleur, le chef des Caldoches. Je survolai à ses côtés l'archipel en hélicoptère quand il alla rencontrer le leader kanak Jean-Marie Tjibaou à Hienghène, dont il était le maire. Je mesurai sa détermination tranquille, inflexible. Devant la mairie, il y avait un banc sur le bord d'une falaise immense qui dominait la mer. Après une longue discussion politique, nous nous assîmes là, Tjibaou, Pisani, Blanc et moi, parlant de l'avenir, de tout, de rien. Étrange moment de complicité avec cet homme posé, paisible, que les Caldoches tenaient pour un dangereux forcené.

En 1987, des délégations kanakes et caldoches vinrent en métropole. L'archipel était placé sous état d'urgence et le gouvernement de Chirac avait renforcé les effectifs militaires sur place en vue d'une « pacification », qui me rappelait les mauvais souvenirs de l'Algérie. J'organisai une rencontre à Europe 1 entre Jacques Lafleur et Jean-Marie Tjibaou. C'était totalement inédit et, au début, tous deux récusèrent catégoriquement cette idée. Je parvins à les convaincre, mais ils y mirent une condition : chacun exigea d'avoir avec lui dans le studio cinquante de ses partisans. Est-ce l'effet de l'équilibre des forces ? Les discussions se passèrent sans heurts et, à l'issue de ce premier débat public, je les obligeais, non sans mal, à échanger une poignée de main – « Vous ne sortirez pas d'ici tant que vous ne l'aurez pas fait ! »

Après bien des soubresauts, les accords de Nouméa donnèrent lieu trente ans plus tard à trois référendums sur l'indépendance. La Nouvelle-Calédonie a choisi le maintien dans la République à la fin de l'année 2021. Saluant cette décision, Emmanuel Macron a évoqué l'esprit de compromis qui avait animé Lafleur et Tjibaou. Pourtant, les braises de l'indépendantisme restent incandescentes. Jean-Marie Tjibaou, assassiné par un militant kanak, a payé de sa vie son pari sur la paix. Les indépendantistes ont boycotté le troisième référendum, à défaut d'obtenir son report. Ils estimaient impossible de faire campagne sous la contrainte des mesures sanitaires contre le Covid-19. À l'heure où la Chine ne fait plus mystère de ses ambitions régionales et où le centre de gravité du monde se déplace vers la région indopacifique, la Nouvelle-Calédonie n'a pas fini de faire parler d'elle. Elle reste un atout pour la France. Pour combien de temps ?

Je fis longtemps grief à Jacques Chirac de son attitude dans l'affaire de la grotte d'Ouvéa. Deux jours avant le premier tour de la présidentielle de 1988, une action de militants indépendantistes dans une gendarmerie avait dégénéré. Quatre gendarmes avaient été tués et les Kanaks s'étaient repliés dans une grotte avec seize otages. Pendant deux semaines, il y eut des négociations pour les libérer et éviter d'autres morts. Mais, alors que son duel avec François Mitterrand était à son acmé, le Premier ministre, cherchant à donner une image de fermeté, privilégia la manière forte. Le 5 mai, deux jours avant le second tour, l'assaut fut donné contre la grotte. Deux soldats français et dix-neuf indépendantistes furent tués. Le contexte électoral avait clairement pesé dans le choix de la force : Jacques Chirac ne voulait pas donner le sentiment d'être faible. J'appris plus tard qu'à l'Élysée, Edgard Pisani et Jean-Marie Tjibaou avaient négocié un plan pour libérer les otages sans violence. François Mitterrand l'avait validé la veille de l'assaut. Mais Matignon ne lui donna pas sa chance.

À cette époque, je ne connaissais de Jacques Chirac que l'homme public, intimidant, brutal. En meeting, le jeune chef gaulliste des années 1970 était un fauve impressionnant par sa taille et sa force. Il avait des mots, des intonations, des formules catégoriques et souvent violentes. En même temps, il savait créer une grande proximité avec les gens. Comme Premier ministre, il s'était montré très dur. Il regardait les journalistes avec condescendance. Pour lui, ils se résumaient à un ramassis de médiocres et d'analphabètes – longtemps, je n'échappai pas à ce jugement.

Nous avions peur de lui, mais lui-même craignait les journalistes. Devant nous, il restait concentré, tout en retenue. Il se surveillait en permanence et ne laissait jamais rien à l'improvisation. Même plus tard, à l'Élysée, les veilles de discours étaient des épreuves pour ses collaborateurs. Jacques Chirac les convoquait, quel que soit le jour ou l'heure, avec les ministres ou les directeurs d'administration concernés, pour relire mot à mot son texte, le corriger et le parfaire.

À l'époque de *Cartes sur table*, il m'avait personnellement pris en grippe. Au cours d'une émission, exaspéré par mes questions ou par mon ton, il refusa de me répondre et même de s'adresser à moi. « Vous, vous ne comprenez rien. Je ne vous parle pas. » Et il avait poursuivi son échange avec Alain Duhamel en m'ignorant pendant plusieurs minutes, sans doute les plus longues qu'il m'ait été donné de vivre en direct. J'étais sonné, livide. J'avais honte de ce qu'on pouvait penser de moi. J'étais devenu tellement transparent que j'eus un instant la tentation de me lever et de partir. Je revins dans le jeu grâce à une question anodine et terminai tant bien que mal l'émission.

Le fait qu'il tienne les journalistes en piètre estime n'impliquait pas forcément de mauvaises relations. Pendant les campagnes électorales, il s'amusait de les voir se hâter en meute derrière lui. Il jouait avec eux en leur lançant des blagues de potache, comme avec des camarades de régiment. En descendant de l'autocar : « Les gars, vous savez où je vais ? J'vais pisser ! Un conseil de vie, avant un événement : 1) Vous pissez ; 2) Vous mangez votre sandwich. Parce qu'ensuite, vous n'aurez pas le temps de pisser, ni de manger un sandwich… Allez, on y va ! » Et tous, nous partions à ses trousses, avec en tête ce précepte utile que j'ai moi-même souvent suivi.

Je ne me résignai pas à nos rapports exécrables. Après avoir été limogé d'Antenne 2, je lui demandai un rendez-vous à la mairie de Paris. Il me reçut le 8 septembre 1981 dans son immense bureau : « Monsieur Chirac, je ne viens pas vous agresser, on s'est beaucoup disputés, mais maintenant je suis au chômage, je ne peux plus travailler. Est-ce qu'on ne pourrait pas avoir des relations apaisées ? » Il en convint et m'invita à lui rendre visite de temps en temps.

Je me rendis à l'un de ces rendez-vous juste après avoir passé des vacances à l'île Maurice. J'étais bronzé alors que nous étions en avril et encore fatigué du voyage. Chirac m'accueille par ces mots : « Dites donc, vous avez une de ces têtes ! »

Je lui raconte rapidement mes vacances – contrée magnifique, dépaysement, etc.

— Et c'est loin l'île Maurice ? me demande-t-il. Combien d'heures de vol ?

— Dix ou douze heures. Vous partez la nuit, vous arrivez le matin. À midi, vous êtes sur la plage.

— Ah oui ? Et le téléphone, ça marche bien ?

Quelques mois plus tard, nouvelles vacances à l'île Maurice. Après une excursion à l'île Rodrigues avec Nicole, nous rentrons en fin de journée et je me précipite à la plage. Je viens de découvrir le ski nautique, dont je suis fou, et espère en faire une session avant la nuit. Le temps est assez couvert, la plage, vide. Soudain, j'entends un cri : « Jean-Pierre, Jean-Pierre ! » Je connais cette voix… En me retournant, j'aperçois dans l'eau, longeant la plage, Jacques Chirac, accompagné de Bernadette, sur un pédalo. Il m'adresse de grands signes pour attirer mon attention. « Mais qu'est-ce que vous faites là ?! » lui dis-je. Notre rencontre d'avril lui avait donné l'idée de ce séjour dans une île qu'il ne connaissait pas encore. Je découvre alors un autre Chirac, plus simple, plus serein, plus humain, drôle !

La nuit tombe très tôt sous ces latitudes et nous logions dans le même hôtel. Tous les soirs ou presque Chirac venait frapper à notre porte, sans façon.

— Ça va les amis ! On y va ?

— Oui, monsieur le Premier ministre…

— Allons chercher une voiture pour visiter les environs !

Je prenais place à l'arrière, à côté de Bernadette et Nicole. Chirac, joyeux et enthousiaste, était assis devant, près du chauffeur.

— Nicole, nous allons chanter « Les bateliers de la Volga » !

— C'est-à-dire que… Je ne la connais pas très bien…

Et Chirac d'entonner sa chanson d'une voix de stentor. Scène si improbable que je la vivais de l'extérieur, en spectateur. Était-ce bien le même homme qui, tant de fois, avait été à deux doigts de m'écorcher vif ?

Nous fîmes à plusieurs reprises des promenades sur la petite plage de l'hôtel. En 1988, il était sous le coup de sa défaite à l'élection présidentielle. Je le sentais déçu, découragé.

— Je vais arrêter la politique. Mon rêve, c'est d'être antiquaire.

— Mais non, vous avez perdu, mais la vie continue !

— J'arrête.

Et, tout en me tenant ce propos définitif, il saluait de la main des promeneurs que nous croisions, avec sur le visage un large sourire, comme s'il était encore en campagne.

— Bonjour madame, bonjour monsieur, vous allez bien ?

— Vous voyez… lui faisais-je remarquer.

— Non, maintenant, c'est fini tout ça !

Lorsque le moment de notre départ fut venu, nous allâmes saluer le couple. Tous deux sortirent de leur suite et nous échangeâmes chaleureusement quelques amabilités.

— Jacques, dit Bernadette, on va faire une photo. Allez chercher l'appareil.

— Où est-il ?

— Dans la valise.

Tandis que Jacques Chirac s'apprêtait à prendre une première photo, Bernadette me glissa : « Quand il aura échoué une troisième fois pour la présidence de la République, vous pourrez le prendre comme photographe à Europe 1. » C'était les plaisanteries cruelles de Bernadette, pourtant si attachée à « son » Jacques.

Chirac était un émule de Gargantua. Vers midi, il venait me chercher pour discuter. « Vous voulez une piña colada ? » Bon camarade, j'acceptais ce cocktail qui me faisait tourner la tête. J'en vidais discrètement la moitié dans le sable tandis que Jacques Chirac enchaînait avec un deuxième. « Vous ne trouvez pas que l'alcool n'est pas assez bon ? Il faudrait du rhum de La Réunion ou de la Guadeloupe. J'vais leur dire ! »

Quelques minutes plus tard, après la deuxième piña colada : « Bon, maintenant, on va déjeuner. Bernadette, vous venez ? »

Jacques Chirac commandait de quoi nourrir un régiment. « Donnez-moi une bière ! Quel est le plat du jour ? Ah, c'est bon, ça, bien épicé. » Puis, dès que son assiette était vide : « Donnez-moi un deuxième plat du jour ! »

Pendant que Jacques banquetait, Bernadette se contentait d'un mélange de salades vertes. « Bernadette, attention, se moquait-il, c'est dangereux pour votre ligne ! Vous allez grossir ! »

Parfois, Bernadette s'abstenait même de déjeuner. Elle préférait se reposer au soleil. Après le repas, Jacques Chirac rentrait dans son bungalow pour travailler. À plusieurs reprises, je le vis redescendre discrètement vers la plage et déposer un paréo sur les épaules de Bernadette, qui s'était endormie. Il la couvrait scrupuleusement afin de la protéger du soleil, puis il rejoignait sa chambre. C'était un couple électrique, ils se disputaient sans cesse pour des broutilles. Mais ils avaient souvent l'un envers l'autre des gestes de tendresse et de connivence.

Le Chirac le plus insoupçonné, je le découvris à la faveur d'une rencontre qui aboutit, seize ans plus tard, à l'inauguration du musée des Arts et Civilisations d'Afrique, d'Asie, d'Océanie et des Amériques, rebaptisé ensuite musée du Quai-Branly – Jacques-Chirac.

C'était en 1990. Un jour, sur la plage de l'hôtel, un type en maillot de bain s'approche de moi. « Je vois que vous parlez avec M. Chirac. Pourriez-vous lui dire que j'aimerais le féliciter pour son action comme Premier ministre et maire de Paris ? » Son souhait ne me paraissant pas exorbitant, je le soumets à Jacques Chirac. « Je suis en vacances, on ne va pas m'emmerder. Dites-lui que je ne vois personne ! »

Bernadette, qui est allongée sur son transat, lève alors la tête :

— Mais Jacques, c'est peut-être un des nôtres…

— Bon, Jean-Pierre, allez le chercher.

Nous nous retrouvons, tous les trois, debout, à échanger des propos banals, sur les vacances, l'île Maurice. Enfin, l'homme en vient à l'essentiel : « Je voulais vous remercier, dit-il à Chirac, parce que j'ai vu mon livre posé sur votre bureau, à la mairie. »

Chirac se fige, dévisage l'homme comme pour s'assurer, qu'effectivement, il ne le connaît pas. Puis, avec une pointe d'agacement :

— Mais vous n'êtes jamais venu dans mon bureau, que je sache.

— Non, mais vous avez mon livre.

— Certainement pas ! Je n'en ai qu'un : c'est celui de Jacques Kerchache sur l'art africain.

— Eh bien, c'est moi, Jacques Kerchache.

Ils tombèrent dans les bras l'un de l'autre et devinrent inséparables. Déjeuners, dîners, le matin, le soir : ils se voyaient tout le temps, entraînant ceux qui leur tenaient compagnie dans d'interminables discussions érudites sur l'Afrique médiévale. Jacques Chirac se révélait d'une culture phénoménale, capable de discuter avec Kerchache du parcours migratoire d'une tribu burkinabée entre Ouagadougou et le Cameroun au XIIe siècle et d'en contester, à juste titre, la datation.

Grisés par leur complicité, les deux hommes se prirent à rêver dès cette première rencontre à l'île Maurice.

— Vous savez, Jacques, il faudrait créer un musée.

— Ah oui, oui ! Un musée des arts primitifs !

— Non, des arts premiers.

— Oui, premiers, si vous voulez.

Jacques Kerchache se mit alors à dessiner sur le sable le plan du musée, répartissant les collections dans les salles. « Ici, vous mettez telles œuvres du musée de l'Homme, là, telles œuvres du musée des Arts africains et océaniens. » Et d'ajouter, en effaçant son projet de la paume de la main : « Mais pour cela, il faut que vous deveniez président de la République. Seul un président peut imposer sa volonté aux conservateurs du patrimoine. » Le lendemain, c'était au tour de Jacques Chirac de dessiner dans le sable : « Les collections du musée de l'Homme, vous me disiez qu'il fallait les mettre là ? » Le musée rêvé prenait forme dans son esprit. Il ne cessa jamais plus d'y penser. Aussi, en 1995, au lendemain de son élection, il lança le chantier de cette institution qui fut la grande réalisation culturelle de sa présidence, comme le furent pour ses prédécesseurs le centre Georges-Pompidou, le musée d'Orsay et la Bibliothèque nationale de France. Dès cette époque, je proposai que le musée en construction portât son nom.

En 1992, Chirac avait commencé à lever discrètement le voile sur sa passion des civilisations extra-européennes. Pour l'anniversaire de la découverte par Christophe Colomb de l'Amérique, il organisa à la mairie de Paris une exposition consacrée aux Taïnos, peuple qui habitait les Antilles avant l'arrivée des Européens. Cette initiative suscita la curiosité de la presse. Il accepta même de participer à une émission télévisée de Michel Field pour parler de ce peuple sacrifié, lui qui était réputé préférer la fanfare à la musique classique et avait entretenu cette légende !

Cette exposition, c'est aussi à l'île Maurice qu'il en avait conçu le projet.

— Jacques, lui avait demandé Kerchache, qu'allez-vous faire pour les quatre cents ans de Colomb ?

— Quoi ! Vous voulez que je rende hommage à cet assassin, ce barbare, qui a asservi les indigènes et provoqué leur disparition ? Je ne veux même pas en entendre parler !

— Mais vous pourriez faire une exposition…

— Sur Colomb ? Jamais !

— Non, sur les Taïnos, qui ont disparu. Ils avaient une culture, une écriture, ils jouaient à quelque chose qui ressemble au football. On a toutes sortes de traces d'eux…

Jacques Chirac avait la tête remplie de civilisations lointaines. Il cultivait cette passion comme un jardin secret, enserré derrière de hauts murs et invisible de l'extérieur. Il feignait l'ignorance et la mettait en scène pour qu'on lui « fiche la paix », selon son expression. Quand il siégeait à l'Assemblée, il feuilletait parfois quelques ouvrages pour passer le temps. Le bruit courait qu'il s'agissait de livres pornographiques. Son ami Jérôme Monod, qui fut son directeur de cabinet lors de son premier passage à Matignon, puis un proche conseiller, me raconta l'avoir surpris à plusieurs reprises à son bureau de l'Élysée avec un livre à la main. À chaque fois, il l'avait précipitamment rangé dans un tiroir. Sa curiosité surpassant son embarras, Jérôme Monod finit par demander à son patron ce dont il s'agissait. Chirac avait ri des précautions de son ami, puis avait ouvert le tiroir et lui avait montré la couverture du livre… C'était un recueil de haïkus japonais.

Il savait que beaucoup n'auraient pas compris son intérêt pour ces cultures qui n'étaient pas aussi largement reconnues et célébrées qu'aujourd'hui. Cette découverte tardive supposait que les Occidentaux reconnaissent enfin la valeur des autres civilisations. Avec le musée du Quai-Branly, Jacques Chirac y aura hautement contribué.

XIV

« COMMENT VA VOTRE BALLADUR ? »

J'étais avec Georges Pompidou en Allemagne le 5 juillet 1971, jour de son soixantième anniversaire. Il faisait, à Bonn, une visite d'État, que je couvrais pour la radio. À la fin de ses conversations, nous le suivîmes dans la résidence de l'ambassadeur de France, qui domine le Rhin. Il devait prendre l'hélicoptère pour rejoindre l'aéroport. Au tout dernier moment, tendant mon micro, je lui dis avec un zèle un peu benêt :

— Bon anniversaire, monsieur le président !

— Je n'aime pas que l'on me souhaite mon anniversaire. Soixante ans, vous vous rendez compte !

Sévère et dédaigneux, le collaborateur qui accompagnait Pompidou me toisa dans mon embarras : c'était Édouard Balladur. Je le connaissais : il avait été un des responsables de la RTF quelques années auparavant. La radio était alors soumise à un régime de rigueur, auquel nous l'avions associée. Haut fonctionnaire à poigne, il incarnait l'État. En Mai 68, il avait pris part, avec Jacques Chirac, aux négociations entre le gouvernement et les syndicats. Il était devenu secrétaire général de l'Élysée après l'élection de son patron à la présidence.

Je ne vis Édouard Balladur ému qu'une seule fois : en 2011, il venait d'évoquer sur le plateau de *Bibliothèque Médicis* la maladie de Georges Pompidou. Pendant cette période douloureuse, il avait été le collaborateur le plus proche du chef de l'État, se substituant même à lui dans les moments critiques. L'aura dont il bénéficiait aux yeux de Chirac tenait en partie à cette grande proximité. Le chef du RPR vouait lui-même un culte à Pompidou, qui lui avait mis le pied à l'étrier, et Balladur semblait porter en lui quelque chose du président défunt.

Édouard Balladur envisagea très tôt la possibilité d'une cohabitation entre l'Élysée et une majorité parlementaire de tendance politique opposée. En 1983, la droite était certaine de remporter les élections législatives suivantes. Cette victoire créerait une situation que beaucoup jugeaient intenable. Les deux têtes de l'exécutif, pensaient-ils, ne pourraient que s'affronter. Pour conjurer cet augure funeste, certains proposaient de modifier la loi électorale ou la Constitution. Dans une tribune du *Monde* qui fit date, Édouard Balladur s'éleva contre ces deux « tentations ». Saluant les institutions de la Vᵉ République qui, « pour la première fois depuis deux siècles », assuraient à la fois « la liberté pour les citoyens » et « l'autorité pour le pouvoir », il mit en garde contre toute mesure qui en changerait l'esprit ou l'efficacité. En cas de victoire des adversaires du président de la République à l'Assemblée, il était indispensable d'« explorer toutes les possibilités d'une certaine vie en commun ». Cette perspective n'était pas une impasse mais au contraire une épreuve de vérité pour la solidité des institutions. Balladur convenait que la cohabitation entraînerait une perte d'efficacité temporaire du régime. Mais il y voyait un moindre mal. L'essentiel était de ne pas affaiblir la Ve République.

L'ancien collaborateur de Georges Pompidou pariait sur la souplesse des institutions et sur une pratique du pouvoir fondée sur la prudence et la modération. Jacques Chirac fit siennes ces conceptions et une partie de la droite s'y rallia.

L'épreuve de vérité commença au printemps 1986. Édouard Balladur fut nommé ministre d'État, chargé de l'Économie et des Finances. Notre première rencontre eut lieu rue de Rivoli, au ministère, où il reçut la rédaction d'Europe 1 autour d'une grande table.

Il avait la réputation d'être redoutable, inaccessible, cynique, sarcastique. Il parlait la langue de l'État. Les mains souvent jointes, un sourire qui tue, un raffinement que l'on prête à l'Orient : je voyais en lui un cardinal mâtiné de Roi-Soleil, un sultan qui se serait appelé Richelieu.

Édouard Balladur, c'est une élégance, des costumes bien coupés, des chemises siglées New York ou Londres, des souliers parfaitement cirés, des chaussettes souvent rouges, provenant du même fournisseur que celles du pape. Sa voix est suave, sèche quand il le faut. Son ton précieux évolue sur tous les registres, du grave à l'aigu, allant même jusqu'au pointu. Il use de la langue du XVIIIe siècle avec une dextérité telle qu'il aurait eu sa place dans les salons de Mme du Deffand. L'écouter est un plaisir, mais il faut pour cela avoir le goût d'une certaine altitude.

Intimidant, il ne livrait jamais une confidence, une anecdote, encore moins une rumeur. Il dressait en revanche des portraits venimeux. Si ses victimes avaient bu les poisons qu'il distillait, l'air amusé, elles en seraient toutes mortes. En lui coexistaient une bienveillance distante et un dédain envers les politiques à qui il prétendait offrir une écoute attentive : il ne tenait jamais compte de leurs conseils.

Il martyrisait alors son jeune ministre du Budget, Alain Juppé. Lorsque celui-ci nous invitait à déjeuner, il comptait sur la salle à manger du ministère. Mais le ministre d'État se la réservait et veillait à ce qu'on n'attribue à son cadet qu'un salon modeste.

Sans arrogance, doucereux, il aimait plaisanter au détriment de son interlocuteur. « Journaliste... Vous faites un drôle de métier. Dans dix ans, il sera fichu, non ? » J'avais remarqué combien il appréciait son titre et je ne manquais jamais de lui offrir, de-ci de-là, du « Monsieur le ministre d'État ». Je le sentais frémir de satisfaction et je renchérissais, frôlant l'outrance, d'une manière qui l'amusait. Nous riions ensemble et ainsi naquit une certaine complicité.

En 1988, les proches de Jacques Chirac imputèrent à Édouard Balladur la défaite du candidat de droite face à François Mitterrand. Le Premier ministre avait trop écouté son ministre d'État, trop libéralisé, trop privatisé. Entre le raffinement de celui-ci et la rugosité des lieutenants du RPR, il y avait bien plus qu'une opposition de style. Séguin, Pasqua, d'autres encore, fustigeaient la trop grande proximité de Balladur, son emprise sur un Chirac que ses recommandations et ses initiatives semblaient intimider.

L'ancien ministre d'État voulut contre-attaquer. À ma grande surprise, il me proposa de l'interroger en vue d'un livre pour lui décisif. Je n'avais jamais joué ce rôle et n'avais pas le sentiment d'être le mieux placé, n'étant ni balladurien, et proche ni de Jacques Chirac, ni du RPR. Mais Édouard Balladur balaya mes objections et promit de respecter mon indépendance comme la liberté de mon questionnement. Il m'encouragea même à ne lui faire aucune concession. Avec insistance, il me répéta que, si son livre ne recueillait que peu d'écho, il renoncerait définitivement à la politique.

Nous commençâmes à travailler à raison de trois entretiens par semaine. Il s'appuyait sur une équipe remarquablement efficace. Au début de chaque séance, on me remettait le fruit du travail de la précédente. Tout avait été transcrit, tapé, corrigé, relu par l'ancien ministre, dont je compris vite qu'il ne tolérait pas les médiocres, c'est-à-dire tous les autres.

Je fus surtout impressionné par la puissance de sa mécanique intellectuelle. On le sentait habité par une vision de l'État, de l'économie, de la place de la France dans le monde. Il portait en lui un projet pour le pays. Ce n'était pas un imaginatif et il n'avait pas beaucoup d'instinct, mais je comprenais pourquoi il jouissait d'une telle influence et d'une telle renommée.

Passion et longueur de temps fut publié rapidement et lui valut d'être invité par Bernard Pivot à *Apostrophes*. L'émission fut un succès : le livre plaisait et Édouard Balladur lui-même se présenta ce jour-là sous des traits que le public ne lui connaissait pas. Nous lui avions conseillé de laisser son habituel costume trois-pièces gris ou noir, plus adapté pour un

Conseil des ministres ou un enterrement que pour une émission de télévision. Je lui suggérai une tenue plus décontractée : chemise légère et veste en tweed. J'avais en tête Philippe Noiret qui, lui aussi, cultivait une certaine préciosité : « Ce qu'il vous faudrait, c'est un style à la Noiret. » L'air amusé, candide, l'ancien ministre me demanda : « Qui est-ce ? » Il le connaissait à peine ! Ou faisait semblant, ne voulant rien avoir de commun avec le comédien.

Fort de ce succès, Édouard Balladur décida de s'émanciper de Jacques Chirac, qu'il traitait avec une amitié mêlée de condescendance. Il m'appelait à l'occasion et m'invitait de sa voix fluette : « Cher Jean-Pierre, êtes-vous libre cet après-midi ? » Je le retrouvais dans ses bureaux, boulevard Saint-Germain, pour partager une tasse de thé, une pomme ou une madeleine, qui agrémentaient des conversations passionnantes. Un jour, il ne put résister au plaisir de me confier un secret, qu'il gardait sous clé dans un tiroir d'un archaïque bureau métallique. Il sortit une pile de dossiers et ouvrit une chemise : elle contenait un sondage. Malicieux, faussement didactique, il commença à lire : « Qui souhaiteriez-vous comme Premier ministre ? Jacques Chirac ou Édouard Balladur ? »

Il faisait les questions et les réponses :

— Édouard Balladur. Qui voyez-vous comme prochain président de la République, Chirac ou Balladur ?

— Édouard Balladur.

Il me regardait en souriant, mimant d'un geste la courbe ascendante de ces sondages. Puis il s'empressa de refermer à clé le tiroir qui lui promettait un si grand avenir.

L'ancien ministre d'État ambitionnait-il déjà de se lancer dans la course à l'Élysée ? Je ne le crus pas. La droite devait au préalable sortir victorieuse des élections législatives prévues en 1993 et, dans les années qui nous séparaient de la présidentielle, toutes sortes d'événements pouvaient encore se produire. En revanche, il me fit un jour cette confidence : « Mon souhait serait d'achever ma carrière politique comme Premier ministre de François Mitterrand. Il est affaibli par la maladie. Nous irions ensemble paisiblement vers la fin de nos destins. »

Il pensait néanmoins que les chiraquiens ne lui pardonneraient pas une telle ambition. Aussi la garda-t-il secrète et, impassible, œuvra à la reconquête par son camp de l'Assemblée nationale, sans rien laisser paraître de son désir profond.

Les difficultés de la gauche laissaient augurer une nouvelle cohabitation. Le président ne se faisait aucune illusion. Lorsque j'évoquais cette perspective devant lui, il campait sur la logique des institutions : « Il y aura une nouvelle majorité et son chef doit être au pouvoir. J'ai déjà nommé Chirac. S'il remporte les élections, je recommencerai. »

Je savais que la première cohabitation avait été une épreuve pour lui. Je craignais que François Mitterrand, malade, ne soit pas en mesure de soutenir une conflictualité trop vive. Édouard Balladur manifestait la volonté de le ménager. La France aurait beaucoup à gagner du tandem d'un réformateur responsable, résolu à éviter tout affrontement institutionnel, et d'un président de gauche, qui ne ferait pas obstruction à une politique de progrès.

Lorsque je travaillais à son livre, j'avais déjà dit à François Mitterrand combien Édouard Balladur m'impressionnait. Je voyais en lui un véritable homme d'État. Un jour, j'allai plus loin et lui révélai l'ambition du brillant second de Jacques Chirac : « Édouard Balladur rêve de devenir votre Premier ministre. »

François Mitterrand haussa les épaules. Il trouvait cette idée saugrenue :

— Vous ne comprenez pas la politique, me rétorqua-t-il. Balladur ne sera jamais qu'un tremplin. Il travaille pour que son patron redevienne Premier ministre.

— Pas du tout, il joue son propre jeu, insistai-je.

Par la suite, François Mitterrand m'interrogeait parfois avec une pointe de moquerie :

— Alors, comment va votre Balladur ?

— Ce n'est pas « mon » Balladur, lui répondais-je sur le même ton. Mais il sera peut-être le vôtre !

Jacques Pilhan ne croyait pas non plus en lui. Je tentais également de le convaincre, mais il se rangeait à l'avis de François Mitterrand, qu'au fond, il partageait : « Balladur joue pour Chirac. Il n'est que son valet. Il veut le placer à Matignon. »

J'étais persuadé que le président faisait erreur. Après nombre de conversations restées infructueuses, je sentis qu'il commençait à s'interroger.

— Votre ami, Balladur, me disait-il.

— Ce n'est pas mon ami.

— Je le reconnais : c'est un vrai homme d'État.

Cette marque d'estime ne suffisait pourtant pas à faire d'Édouard Balladur un candidat sérieux à ses yeux. François Mitterrand ne croyait pas en son autonomie politique. Chirac et ses lieutenants interpellaient le chef de l'État, mettaient en question sa légitimité dans le cas où la majorité présidentielle serait battue. À Brest, entre les deux tours des législatives, le chef du RPR affirmait que le chef de l'État devrait songer à quitter le pouvoir si la défaite de la gauche était trop lourde.

— Vous voyez, me disait Mitterrand, ils veulent que je m'en aille.

— Mais Balladur ne pense pas comme ça.

— Eh bien, qu'il le dise !

Je révélai alors à Édouard Balladur le scepticisme du président à son égard.

— Êtes-vous sur la même ligne que Jacques Chirac ?

— Non, bien sûr. Je suis pour le respect des institutions. Je vais le faire savoir.

J'étais conscient à ce moment-là de sortir de mon rôle – je pensais à Jean Daniel. Cela me valait les moqueries d'Alain Duhamel : « Décidément, tu as besoin d'une cause par an. » Je ne l'ai jamais démenti !

Édouard Balladur se démarqua donc de son patron : dans un communiqué, il appela à une cohabitation en cas de victoire de la droite. Dès lors, je sentis que le président commençait à prendre au sérieux l'hypothèse Balladur. D'autres noms lui avaient été suggérés : Michel Charasse avait ainsi défendu la candidature de Valéry Giscard d'Estaing qui se disait prêt à rejoindre Matignon. François Mitterrand l'avait aussitôt récusée : « Vous ne voulez quand même pas qu'on donne encore aux Français Doublepatte et Patachon ! »

La veille du second tour, François Mitterrand me confia qu'il serait attentif aux commentaires des chefs de la droite, après l'annonce des résultats. Le matin du vote, Édouard Balladur demanda à me rencontrer chez lui. Lorsque je le retrouvai, il rentrait d'une promenade au bois de Boulogne. Il me parla du gouvernement qu'il projetait de constituer :

— J'ai à peu près tous mes ministres en tête. J'aimerais que Simone Veil en soit, mais elle ne semble pas vouloir…

— Ce soir à 20 heures François Mitterrand veut vérifier si c'est votre ligne ou bien celle de Chirac qui l'emporte.

— Ce sera la mienne. Jacques Chirac ne s'en prendra plus au président.

— Mais le porte-parole du RPR, Jacques Toubon, il est plus proche de Chirac que de vous, non ?

Édouard Balladur décrocha alors son téléphone. « Allô, Jacques ? Vous êtes prêt pour ce soir ? Que va dire Jacques Toubon ? Vous avez rédigé le texte ? Très bien. Si vous voulez bien me le lire, j'écoute… Très bien. Relisez-le, s'il vous plaît. »

Au fur et à mesure de cette seconde lecture, Édouard Balladur corrigea le propos, lissa les phrases. Son émancipation se faisait en douceur. Il ne fallait pas que les lieutenants du RPR, qui ne le portaient pas dans leur cœur, mettent des bâtons dans les roues de son gouvernement. Par précaution, Édouard Balladur avait certainement demandé son accord à Jacques Chirac.

François Mitterrand dut être satisfait de la modération de ses adversaires le soir de leur victoire : le lendemain, il appelait celui qu'il refusait encore de prendre au sérieux pour Matignon quelques mois plus tôt. De son côté, Édouard Balladur était prêt. Il espérait cette nomination depuis des mois et avait déjà réfléchi à la composition de ses équipes. Il en discutait avec ses plus proches lieutenants, Nicolas Bazire, qui fut ensuite son directeur de cabinet à Matignon, et Nicolas Sarkozy.

J'avais rencontré Nicolas Sarkozy presque dix ans plus tôt, peu après son élection à la mairie de Neuilly. Il était actif, mais encore peu connu. Il cherchait à entrer dans le cercle étroit et exclusif des dirigeants politiques en vue, les seuls auxquels les médias prêtent véritablement de l'intérêt. Il organisait des déjeuners dans sa mairie, rencontrait des journalistes. Je répondis une ou deux fois à ses invitations. Il était entouré de proches, dont Brice Hortefeux, qui l'avait rallié dès ses dix-huit ans. Je fus frappé par son tempérament et mesurai tout de suite son potentiel – sans pour autant imaginer où le conduirait son destin.

Je le conviai donc à mon entretien de 8 h 15 sur Europe 1. C'était sa première matinale nationale. Il s'en souvient encore : dès ma première question, il attaqua, assena des coups précis, connaissant parfaitement les sujets abordés, même dans leur aspect les plus techniques. J'étais surpris et impressionné. Rarement les invités qui s'exposent pour la première fois se permettent un échange aussi musclé. On sentait crépiter en lui une flamme conquérante. Il était prêt à se lancer dans toutes les batailles, quels que soient les risques.

Je ne m'étais pas rendu compte à quel point cette matinale était importante pour lui. Il s'était préparé minutieusement avec ses conseillers, qui l'avaient abreuvé de notes. Il s'était isolé pour les assimiler et avait sur tous les sujets une réponse prête à fuser. Il pensait que ce passage sur Europe pouvait le faire entrer de plain-pied dans le débat public, lui ouvrir la porte d'autres médias. Pari réussi : après sa prestation spectaculaire, il fut sollicité un peu partout. Plus rien ne l'arrêterait.

Entre nous s'est forgée par la suite une amitié solide et désintéressée. Lors de ses allées et venues entre Jacques Chirac à la mairie de Paris, Édouard Balladur, boulevard Saint-Germain, et sa mairie de Neuilly, il faisait quelquefois escale à L'Avenue, près d'Europe 1, pour prendre un café avec moi. Nous parlions de choses et d'autres. Nous faisions le point sur la politique, les forces en présence. De mon côté, je lui racontai les difficultés du métier.

Son ascension impressionnait. Déjà, il dévorait ses rivaux et ne cherchait pas à dissimuler son ambition. Il se méfiait des histoires d'argent et des magouilles. Plus d'un, à gauche comme à droite, s'y brûlaient déjà. « Un jour ou l'autre, on est puni pour son imprudence. J'arriverai à l'Élysée avec les mains propres », m'affirmait-il alors.

J'appris par lui qu'Édouard Balladur, des mois avant les législatives de 1993, imaginait déjà l'architecture de son gouvernement. Un dimanche, il avait invité les deux Nicolas, Sarkozy et Bazire, à le rejoindre à Deauville. Ils s'étaient promenés tous les trois sur les planches, dans le froid. Vêtu de son grand manteau, de gants et d'une écharpe, Édouard Balladur réfléchissait à voix haute : « Alors, qui allons-nous mettre dans tel ministère ? »

Le lendemain, je pris un café avec Nicolas Sarkozy. Il ne me cacha pas son agacement : « Tu te rends compte ? pestait-il. Il a choisi ses ministres parmi ceux qu'on lui proposait, mais il ne m'a rien dit de la place que j'aurais dans son gouvernement. Qu'est-ce qu'il attend de moi ? Il a du culot, ce mec ! »

Quelque temps plus tard, comme je déjeunais en compagnie de Pilhan et Colé dans un restaurant parisien, j'aperçus non loin de nous Édouard Balladur et Nicolas Sarkozy assis l'un à côté de l'autre sur une banquette. Plongés dans leur conversation, ils me saluèrent d'un signe évasif. Ils étaient épaule contre épaule. Nicolas Sarkozy parlait, tourné vers Édouard Balladur qui l'écoutait, un cigare à la main. Ils arboraient une satisfaction sans équivoque.

L'après-midi même, coup de téléphone de Nicolas Sarkozy : il avait « quelque chose » à me dire. Nous nous vîmes le lendemain et il me raconta la conversation dans laquelle je les avais vus plongés.

— Monsieur le ministre d'État, avait-il dit à Balladur, je voudrais être ministre du Budget.

— Ministre du Budget, mon cher Nicolas ? Mais qu'est-ce que vous y connaissez ?

— Rien, mais je travaillerai. À Bercy, on marche sur les inspecteurs des finances. Je choisirai le plus jeune et le meilleur, il me fera mon cabinet. Et s'ils sont mauvais, dehors ! Je prends la génération suivante.

— D'accord, mais pourquoi le budget ?

— Si je suis le maître du budget, je tiens tous les ministres. Je les tiendrai pour vous.

— Pourquoi pas, en effet répondit-il en jouant du bout des doigts avec son cigare.

— Ce n'est pas tout. J'ai une autre idée.

— Ah ?

— Je veux la communication.

— Vous êtes gourmand, mon cher Nicolas ! La communication ?

— Ce n'est pas que j'aie de l'appétit, c'est pour vous, pour mieux vous protéger. Le budget et la parole :

j'ai la main sur tous vos adversaires, à l'intérieur du gouvernement et en dehors. Je serai l'instrument de votre autorité.

— Ah ! Ce n'est pas mal vu, cher ami.

Tout était réglé. Il ne leur manquait rien moins que les élections, la victoire, le désistement de Jacques Chirac et le choix du président. Mais Balladur se voyait déjà à Matignon à la tête de son gouvernement. Extraordinaire anticipation.

Avec Nicolas Sarkozy, nous nous sommes rencontrés régulièrement, sauf pendant les cinq ans où il fut à l'Élysée. Entre le président de la République et le journaliste, les visites étaient rares et la distance, certaine. D'aucuns me présentent à l'envi comme un sarkozyste confit en dévotion : médisances absurdes et ridicules. Ceux qui le pensent de bonne foi – il y en a peut-être – se laissent abuser par le souci qu'a toujours Nicolas Sarkozy de montrer que rien ne lui échappe. Un incident avait marqué les esprits. Quand il était ministre de l'Intérieur, lors d'un déplacement, il avait révélé aux journalistes présents dans l'avion qu'il était déjà informé du choix du futur présentateur du journal de 20 heures de TF1 – Harry Roselmack – et que, par ailleurs, je l'avais consulté pour choisir le chef du service politique d'Europe 1. Il se trouve qu'à l'époque, je cherchais la perle rare : un ou une journaliste d'une trentaine d'années, expérimenté, sans étiquette ou obsession partisane. Sans doute à tort, j'avais effectivement fait part de mes intentions à des personnalités comme François Chérèque, le secrétaire général de la CFDT, François Bayrou, François Hollande et Nicolas Sarkozy. Seul ce dernier évoqua publiquement ma démarche.

Depuis lors, des confrères sans imagination, parfois eux-mêmes d'heureux visiteurs du soir, s'obstinent à répéter : « Elkabbach est sarkozyste. » Pourtant, mon choix ne porta sur aucun des noms que l'on m'avait recommandés. Tous avaient poussé un ami ou un proche, ce qui disqualifiait d'emblée leur favori. Je jetai finalement mon dévolu sur Hélène Fontanaud. Je ne la connaissais pas personnellement, mais je lisais tous les jours ses éditoriaux de l'agence Reuters. Petite, enjouée et déterminée, elle arriva avec un pantalon léopard, un sac à dos et des baskets – sa tenue de combat. Elle fit à mes côtés son métier avec talent, en toute liberté. Quand je fus remplacé à la tête d'Europe 1, elle quitta la station par fidélité. Elle avait fait partie des pionnières de SOS Racisme et fut plus tard responsable du service de presse du Parti socialiste. Elle était loin du sarkozysme et nous sommes restés de bons amis.

Nicolas Sarkozy est un guerrier. Il cherche à se mesurer à des adversaires redoutables. Il veut montrer qu'il n'a pas peur, qu'il peut les attaquer, les mettre en difficulté, les abattre. Sur un terrain glissant, il affronta ainsi Tariq Ramadan à l'époque où l'islamologue intégriste, au sommet de son influence et de son arrogance, était jugé invincible.

Ses proches le savent : Nicolas Sarkozy a le goût du risque et aime flirter avec les lignes rouges. Parfois, il faut le retenir, l'empêcher d'aller trop loin, de susciter l'étincelle qui provoquera l'incendie. Mais sa créativité lui a souvent réussi. Il s'autorise à sortir des chemins battus, ose bousculer les habitudes. Face à la grande crise financière de 2008 et à ses conséquences, secondé par l'imaginatif et secret Xavier Muscat, il a été éblouissant. Parce qu'il transgresse, il trouve des solutions là où d'autres restent dans une impasse.

Il veut se grandir par l'action et ne saurait se satisfaire de ce dont il se sait capable. Il faut dire que sa mère, qu'il adorait, ne le laissait pas se contenter de peu. Nicolas Sarkozy raconte volontiers qu'un soir, lorsqu'il était ministre de l'Intérieur, elle avait participé à un dîner officiel avec le Premier ministre chinois. À la fin du repas, il l'avait félicitée pour l'ascension politique de son fils. Elle lui avait répondu en riant : « J'en ai d'autres, des fils, et des mieux que lui ! »

Aujourd'hui encore, malgré la perte du pouvoir, les procès qui le menacent, il dégage une énergie communicative. Il transmet à ses visiteurs sa vitalité hors du commun, son appétit de vivre. Les épreuves, les injustices, les erreurs, les insultes ne l'ont pas changé. Il ne craint pas les caprices et les menaces de l'avenir, car il sait d'où il vient.

Président de la République, Nicolas Sarkozy avait suscité un tollé en décidant que les patrons de l'audiovisuel public seraient directement nommés par l'Élysée. Depuis, François Hollande a rendu au CSA, désormais l'Arcom, ses anciennes prérogatives. Cependant, on aurait tort de croire que le pouvoir s'interdit d'interférer dans les principales nominations à la tête des médias publics. Nicolas Sarkozy avait le mérite de la transparence et de la franchise. Les circonstances de mon élection à la présidence de France Télévisions me l'ont suffisamment appris.

La course à la succession d'Hervé Bourges s'ouvrit au printemps 1993. J'étais alors loin de m'imaginer dans le fauteuil du président de l'audiovisuel public. Mais un jour, je rencontrai à l'aéroport de Venise mon confrère Patrick Clément. Je l'avais côtoyé lorsque j'étais directeur de l'information d'Antenne 2. Je ne l'avais pas vu depuis des années.

— Il faut que tu te lances dans la campagne de France Télévisions. Tu seras le prochain président.

— Tu es tombé sur la tête ? Je suis à Europe, j'ai une grande liberté.

— Mais si ! On est un petit groupe derrière toi. On t'a vu à l'œuvre. On est mobilisés. Il faut que tu viennes !

— Président de France Télévisions, ça veut dire 10 000 personnes sous ma responsabilité et des réformes douloureuses. Pas question !

Après cette réaction de surprise devant une idée qui me semblait, en effet, incongrue, je me mis à y songer de plus en plus sérieusement. À Europe 1, j'avais découvert, sous la direction de Jean-Luc Lagardère, un média privé, sa souplesse de fonctionnement, les vertus de la concurrence, de l'émulation entre professionnels. J'avais envie de participer à la transformation de la télévision publique en insufflant le même esprit.

Cependant, la partie était loin d'être gagnée. J'étais un *outsider* : Jean-Marie Cavada s'était lancé avant moi dans la campagne et il semblait avoir plusieurs coups d'avance. Dans les journaux, je découvrais que des journalistes qui comptaient, Jacques Chancel, Michelle Cotta, d'autres encore, s'étaient ralliés à sa candidature. Le favori de la course composait déjà ses équipes et rencontrait un à un les neuf membres du Conseil supérieur de l'audiovisuel, chargés de la nomination.

Quelques semaines avant l'élection, je doutais sérieusement de mes chances de succès. J'étais satisfait de ma situation à Europe 1 et – je dois l'admettre – j'eus la tentation de me retirer de la course. Lors d'un de mes petits déjeuners avec Jean-Luc Lagardère, j'évoquai cette éventualité. « Comment ? me répondit-il. Vous ne voulez pas y aller ? Un homme de Lagardère ne descend pas de cheval avant une bataille. Et s'il tombe, il remonte à cheval et trouve un autre combat. Il n'y a aucun déshonneur à perdre. »

Je le quittai revigoré, d'autant qu'il croyait dans ma capacité à rénover la télévision publique. Entendant mes doutes quant à mon aptitude à gouverner un navire aussi imposant que France Télévisions, il me promit de me conseiller lors de ma prise de fonction.

Comme Maurice Ulrich, Jean-Luc Lagardère a été pour moi un modèle dans mes fonctions de direction. C'était un homme d'allure sportive, doté d'une belle chevelure noire. Il avait le verbe haut qui laissait entendre un léger accent du Sud-Ouest. Il alliait imagination et méthode, construisant avec rigueur les orientations de son groupe, avec une conscience aiguë du long terme et des risques. Il encourageait toujours ses collaborateurs à se dépasser, sans jamais craindre l'échec. Ainsi lança-t-il des projets dont la France s'honore encore.

À toutes les réunions auxquelles j'ai pu assister, Jean-Luc Lagardère avait auprès de lui un collaborateur indéfectible, Pierre Leroy. Les cheveux blonds, les yeux bleus, il ne prononçait jamais une parole mais voyait tout. Depuis des décennies, il est le gardien des secrets de la maison Lagardère, l'homme de confiance du groupe et de la famille. Influant, impressionnant, il était d'un abord difficile, sa discrétion naturelle et ses responsabilités ne le disposant pas aux confidences. Un jour, pourtant, en lisant la presse, je découvris, à mon grand étonnement, que l'homme silencieux était un collectionneur réputé de manuscrits littéraires. Il n'est pas un jour sans que, du bout du monde, on ne lui propose des textes originaux de ses auteurs favoris, Rimbaud, Baudelaire, Sade, Chateaubriand – tous des indociles ou des révoltés. Il a en permanence avec lui, dans la poche de sa veste, un petit feuillet carré qu'il garde comme un talisman : le brouillon d'un mot que Camus écrivit à son ami René Char le matin de sa mort. Les livres l'ont sauvé d'une enfance vécue dans la solitude des pensionnats. Par amour de la littérature, il inspire et dirige l'Imec, l'Institut mémoires de l'édition contemporaine. C'est par la passion commune des livres que se nouèrent nos liens. Patron d'Hachette aujourd'hui, il n'est pas à sa place par hasard.

Après la mort soudaine et inattendue de Jean-Luc Lagardère en 2003, Pierre Leroy a pu observer la ronde des prédateurs, alléchés par la puissance d'un groupe qui avait perdu son principal inspirateur. Arnaud Lagardère releva le gant et entretint autant que possible l'esprit insufflé par son père. Toutes les grandes familles industrielles, Pinault, Bolloré, Arnault, Bouygues, prennent le temps d'organiser la succession du patriarche. Arnaud Lagardère n'a pas eu cette chance. Très vite, les grands du capitalisme et les milieux économiques ironisèrent sur l'impréparation supposée du jeune héritier. Il peine à faire taire des critiques, qui ne font pas justice à ses qualités et à son éloquence. Il n'a pas dit son dernier mot : le sexagénaire aux allures d'adolescent s'élance aujourd'hui dans une nouvelle aventure en se concentrant sur le secteur des médias, son domaine de prédilection.

À l'époque où nous nous étions portés candidats l'un et l'autre à la présidence de France Télévisions, ni Jean-Marie Cavada ni moi n'imaginions combien convaincre les neuf du CSA était inutile. Bien plus tard, j'appris que François Mitterrand et Édouard Balladur s'étaient mis d'accord sur mon nom dès juin 1993 – je l'ignorais ! Le scrutin de la Haute Autorité de l'audiovisuel eut lieu en décembre. Ses délibérations demeurèrent secrètes. Les neuf membres de l'institution désignés par le président de la République, le président de l'Assemblée nationale et celui du Sénat se rallièrent à la décision de ceux qui les avaient nommés.

Édouard Balladur ne cacha jamais que je n'étais pas son premier choix. Je n'apparaissais pas à ses yeux comme un candidat naturel, sans doute à cause de mes origines, trop obscures. À moins que son manque d'enthousiasme n'illustre ce propos d'Alexandre Dumas, qui vaut pour tant d'autres : « Il y a des services si grands qu'on ne peut les payer que par l'ingratitude. »

Aujourd'hui encore, l'indépendance de la Haute Autorité de l'audiovisuel me semble purement formelle. Les nominations importantes continuent d'être décidées au sommet de l'État. Les procédures institutionnelles qui les entérinent sont dérisoires. Elles tournent au burlesque lorsque l'institution masque sa soumission derrière des proclamations de liberté et d'indépendance ronflantes. Ces hautes autorités sont le faux-nez du pouvoir. Leurs membres sont directement branchés sur l'Élysée. Le président lui-même ne se salit pas les mains. Ses proches, son secrétaire général, son directeur de cabinet interviennent et imposent leurs exigences.

En s'assurant des nominations à la tête des médias publics, le pouvoir espère exercer sur eux une certaine maîtrise, de façon plus ou moins sournoise. Cette tentation s'inscrit dans une tradition qui remonte au général de Gaulle. La croyance selon laquelle le contrôle des télévisions peut assurer la victoire politique a la vie dure. L'indépendance des dirigeants de l'audiovisuel public dépend de la solidité de leurs principes et de leur tempérament.

XV

LA GRANDE ÉPOQUE DU PETIT ÉCRAN

« Savez-vous ce qui s'est produit cet après-midi ? Yves Montand est mort ! »

C'était un samedi, le 9 novembre 1991. Avec Nicole, nous étions allés au cinéma puis, comme je devais interviewer François Mitterrand le lendemain, j'étais rentré pour travailler. J'avais alors reçu un appel de l'Élysée : le président voulait me voir.

C'est lui qui, en m'accueillant, m'apprit la nouvelle. J'étais sincèrement affecté : je connaissais Yves Montand, je l'avais interviewé, vu sur scène, dans ses films… François Mitterrand ne partageait pas mon émotion.

« Pourquoi un tel emballement ? C'était un mauvais chanteur. Et ses films ? D'une banalité ! En plus, il est allé en Union soviétique parler aux Russes en 1956, au moment même où les peuples se soulevaient contre eux ! Je préfère Léo Ferré et Serge Reggiani. »

Il demanda alors qu'on lui apporte ce qui avait été préparé pour sa réaction officielle. Son directeur de cabinet, Gilles Ménage, solide gaillard, un des anciens patrons de la police, lui tendit une note.

— Vous l'avez rédigée seul ?

— Non, monsieur le président, je l'ai faite avec la conseillère culturelle, Laure Adler.

François Mitterrand parcourut le texte rapidement et le repoussa devant lui. « Vous vous êtes mis à deux pour faire ça ? Asseyez-vous. »

Il dicta alors au chef de cabinet la réaction officielle du président de la République, attristée et élogieuse. Il savait que le chanteur tenait une place particulière dans le cœur des Français. Il se devait de lui rendre hommage. Mais il se garda bien de donner son sentiment personnel.

Lors de cette rencontre, je le prévins que j'aborderais le lendemain un tout autre sujet : l'affaire du sang contaminé, alors entrée dans une phase judiciaire. Il désapprouva ce projet. Il ne voulait pas parler d'une question, qui était à ses yeux du ressort du ministre de la Santé, Jean-Louis Bianco, et du Premier ministre, Édith Cresson. Je voulais pourtant obtenir sa réaction et tentai de le convaincre que sa parole était attendue : l'affaire donnait aux Français le sentiment d'une irresponsabilité généralisée de l'État. Mais François Mitterrand ne voulait pas bouger d'un pouce.

Je ne m'en tins pas moins à mes intentions : j'abordai comme prévu l'affaire, pensant qu'il éluderait la question et me renverrait aux ministres concernés. Au contraire, et à ma grande surprise, il s'exprima sur le fond, défendit Laurent Fabius, son ancien Premier ministre, accablé de critiques, et affirma sa confiance dans la justice pour mener à bien les procédures en cours.

C'est la vertu des échanges informels qui précèdent parfois les interviews. Les invités se sentent souvent contraints, étroitement limités dans les propos qu'ils tiennent publiquement. Il faut les conduire à aller plus loin que ce qu'ils entendaient dire *a priori.*

Après cet entretien du 11 novembre, François Mitterrand avait invité à dîner au Dôme notre petite équipe – Nicole, Louis Bériot, Agnès Delarive, la réalisatrice de l'émission, et moi. Dans ces circonstances informelles et chaleureuses, il nous parla très librement – Agnès Delarive déclara à notre hôte, avec autant de sincérité que de maladresse : « Alors vous, vous gagnez à être connu ! »

Les élections législatives devaient avoir lieu un an et demi plus tard et, déjà, on pouvait s'attendre à une victoire massive de la droite et à une seconde cohabitation. Tout en écoutant le président, je pensais qu'il serait tenu à un devoir de réserve et que le carcan qui enserrait sa parole serait plus pesant encore. « Pourquoi ne pas faire quelque chose ensemble, pour plus tard ? » lui dis-je alors. Il ne me répondit pas mais n'objecta rien non plus. Dès lors, un projet commença à mûrir dans mon esprit : un entretien libre avec le président, réalisé pendant l'exercice du pouvoir en vue d'une diffusion, après la fin du mandat. Un document pour l'histoire où François Mitterrand pourrait s'affranchir des préoccupations dictées par l'actualité, des joutes politiques du moment et des obligations liées à sa fonction.

C'était une perspective exaltante, mais j'hésitais. Rien de semblable n'avait jamais été fait nulle part. J'ignorais comment procéder. Jacques Pilhan jugeait cette aventure inédite, innovante et utile pour la postérité, mais il refusait d'en parler lui-même au président, craignant une rebuffade ou un refus net. Il était néanmoins prêt à me soutenir.

— Trouvons le bon moment, lance-toi et, s'il me demande mon avis, je serai évidemment enthousiaste.

— Et s'il refuse ?

— Nous n'avons rien à perdre. C'est s'il accepte que commenceront réellement les difficultés. D'abord le secret, puis le financement…

Au cours de l'année 1992, j'évoquai à nouveau mon projet devant le président sans trop insister. Le moment propice arriva en janvier 1993. François Mitterrand nous invita, Nicole et moi, à Brégançon en compagnie de Jacques Pilhan et d'Anne Lauvergeon. Je découvris alors les lieux, une demeure modeste où il faisait froid. Nous dînâmes près de la cheminée, qui réchauffait la salle à manger.

Le lendemain matin, j'entendis frapper à la porte de ma chambre. Il était très tôt. J'ouvris en sous-vêtements. C'était François Mitterrand.

— Alors ? me lança-t-il. Vous descendez prendre le petit déjeuner ? Vous n'êtes pas encore habillés !

— J'arrive tout de suite !

Nous allâmes nous promener, rejoints par Pilhan. Tout en marchant, le président nous racontait la guerre, ses évasions, les femmes qui l'avaient hébergé. Un brin nostalgique, il s'abandonnait à son propre lyrisme, embellissant un passé où il faisait figure de héros.

— Monsieur le président, tout cela, pourquoi ne le raconteriez-vous pas ?

— Pffff ! Tout est déjà écrit…

L'atmosphère était simple et gaie. Nous plaisantions. À un moment, Mitterrand nous interrogea sur nos amours.

— Et vous, Pilhan, les femmes ?

— Il y a Michelle, monsieur le président, ma femme.

— Oui, d'accord, Michelle. Et puis ?

— Michelle.

— Et vous, Elkabbach ?

— Moi ? Nicole. Et vous monsieur le président ?

— Un principe me guide : je suis fidèle… à moi-même !

Sentant le moment opportun, je me lançai.

— Monsieur le président, dans trois mois, il va y avoir les élections législatives. Ce sera une défaite pour le PS.

Il s'arrêta net, puis me prit par le bras.

— Une défaite ? Vous voulez dire une débâcle ? Un désastre ? Eh bien ce sera mérité.

Le président ne se faisait pas d'illusions : la droite aurait une majorité substantielle et les siens seraient laminés.

— Il y aura une cohabitation, lui dis-je. Vous pourrez vous exprimer, parce que vous conserverez la tête de l'exécutif, mais moins souvent. L'article 20 de la Constitution dispose que c'est le Premier ministre qui dirige le gouvernement. J'aimerais vous faire une proposition : pendant cette période, je pourrais venir vous voir de temps en temps pour des entretiens filmés. On les diffuserait plus tard…

— Plus tard ? Après ma mort ?

— Non, on sortirait le film lorsque vous aurez retrouvé votre liberté de parole à la fin de votre second mandat.

— Qu'est-ce que vous en pensez, Pilhan ?

— C'est un projet formidable, monsieur le président !

— Bon, d'accord sur le principe. On en reparlera.

Dans les mois qui suivirent, j'y revins sans cesse, quelquefois lourdement, car je tenais au projet. Il n'affichait pas de réticence mais restait évasif.

La veille du second tour des législatives, nous discutions du résultat probable des élections, quand je me jetai à l'eau :

— Bon, je viens vous voir dès dimanche, ou bien lundi ?

— Vous viendrez le lendemain des élections.

Le lundi soir, j'étais donc à l'Élysée avec mon équipe. La porte de l'antichambre où nous patientions était entrebâillée. Je vis François Mitterrand raccompagner Édouard Balladur. Les conditions de sa nomination avaient été discutées l'après-midi même à l'Hôtel Plaza, entre Hubert Védrine et Nicolas Bazire. La cohabitation commençait.

Pendant que le chef de l'État recevait son nouveau Premier ministre, je songeai à l'entretien à venir. Tout l'intérêt de notre démarche était de nous détacher de l'actualité immédiate avec ses faits précis, ses événements tangibles, ses dynamiques. Pour nos conversations, je ne pouvais pas m'appuyer sur ces éléments d'habitude si structurants. Il fallait prendre davantage de hauteur. Je retrouvais le vertige de l'inexpérience.

Il y avait dans l'antichambre une bibliothèque magnifique. En attendant François Mitterrand, je pris un volume des œuvres complètes de Stendhal, une édition originale élégante, ornementée de culs-de-lampe et de lettrines rouges. Je le parcourus et relevai un propos dont je pensais qu'il l'inspirerait.

Je le lui soumettais pendant notre première « conversation » :

— Tout à l'heure dans votre bibliothèque, je lisais une phrase de Stendhal : « Il n'y a qu'un moyen de faire supporter l'âge, c'est la gloire et l'âme ardente. Alors il vaut mieux, peut-être, que la jeunesse. » C'est pas mal, non ?

— C'est pas mal ! Faudrait que je note ça. Vous avez ici la collection complète du Divan, qui est une très jolie petite édition originale des œuvres de Stendhal, réalisée par Martineau.

— Vous venez les feuilleter de temps en temps ?

— Ah, je connais bien Stendhal. Ce n'est pas par hasard que j'ai cette collection complète… C'est vrai que l'âge est un inconvénient qui peut être compensé par des qualités de réflexion. Si l'enthousiasme est là, c'est qu'on a gardé une certaine force intérieure. J'espère l'avoir.

François Mitterrand me donnait rendez-vous trois ou quatre fois par mois. Pour me préparer, j'allais m'isoler dans un café une heure avant. Je jetais quelques questions dans un grand cahier, que j'adaptais au cours de la conversation. Au début, j'abordais des thèmes politiques, dans lesquels il m'était plus aisé d'être précis, mais, peu à peu, je m'en détachais pour aborder des sujets personnels.

J'avais décidé que, pendant les entretiens, seul le président serait filmé pour concentrer toute l'attention sur lui. Mais ce parti pris formel répondait aussi à des considérations matérielles : nous n'avions pas les moyens d'introduire une caméra supplémentaire. En outre, ayant fait le choix d'un questionnement ouvert, laissant le champ à une parole plus improvisée, moins structurée, je n'étais pas en mesure d'imprimer autant le rythme que d'habitude. Je ne savais pas, par avance ce que j'allais dire, ni où mènerait la discussion. Ma présence à l'image n'avait, de ce fait, pas beaucoup de sens.

Le secret de notre entreprise empêchait de solliciter le soutien d'un producteur ou d'une chaîne de télévision. Avec Jacques Pilhan, nous avons donc créé une société de production afin de rémunérer l'équipe de tournage. Les premiers entretiens furent réalisés par Agnès Delarive, avec laquelle j'avais l'habitude de collaborer.

Pour éviter de nous ruiner, Jacques Pilhan eut l'idée d'organiser les « Conversations » dans le petit studio récemment aménagé à l'Élysée, d'où le président s'adressait à la nation. Il fit appel à des militaires spécialistes de l'audiovisuel pour filmer les entretiens, enregistrés sur des cassettes et conservés par Pilhan dans son bureau – un lieu de conservation plus approprié que le coffre de ma voiture !

François Mitterrand continua quelque temps de s'interroger sur nos intentions. Après une de nos « conversations », en sortant du studio, il demanda :

— Dites-moi la vérité. Ce que vous me faites faire, c'est pour une émission posthume ?

— Non, non ! Nous la diffuserons après votre départ de l'Élysée ! lui confirmai-je.

Finalement, les *Conversations avec un président* ne furent diffusées qu'en 2001, sept ans après notre dernier entretien. Pendant cette période, j'ai entendu prononcer beaucoup de contre-vérités. Des proches, ou prétendus tels, rapportaient des discussions qu'ils disaient avoir eu avec François Mitterrand sur tel ou tel sujet. Je savais qu'ils livraient des interprétations approximatives ou exagérées. Mais je gardais le silence : l'existence de nos échanges n'était pas connue.

Pierre Bérégovoy se donna la mort le 1er mai 1993. Par ce geste, il mettait un terme brutal à l'affaire de prêt suspect – si peu de chose en réalité –, qui lui avait valu de subir, pendant plusieurs semaines, un déferlement d'accusations et de calomnies. Ses obsèques eurent lieu quatre jours plus tard à Nevers. Devant le cercueil de son ancien collaborateur et Premier ministre, François Mitterrand la voix étranglée, au bord des larmes, dénonça ceux qui avaient « accepté de livrer aux chiens l'honneur d'un homme, et finalement sa vie ».

Nous avions rendez-vous le lendemain de cet extraordinaire discours. Je lui proposai de le reporter, mais il voulut maintenir notre entretien. Je l'interrogeai sur l'enterrement :

— Dans votre vie, vous avez connu des moments pénibles. Celui-là était-il un des plus douloureux ?

— Un des plus douloureux, oui… Mais je n'avais pas de colère. Plutôt de l'indignation. La colère, à quoi cela aurait-il servi ?

Il avait achevé son texte dans le train, en deux heures, trouvant les formules les plus frappantes.

« Livré aux chiens » : l'image était venue naturellement sous sa plume, effet de la peine et de l'émotion. « Elle était écrite. Je me suis dit : “Oh, c'est peut-être un peu fort.” J'étais injuste : j'aime mieux les chiens que les gens auxquels je pense. »

Finalement, il l'avait conservée. C'était son sentiment : il ne voulait pas le cacher.

François Mitterrand ne mettait pas en cause la presse dans son ensemble, mais certains journalistes qui avaient engagé une chasse à courre impitoyable, sans jamais laisser à Pierre Bérégovoy le temps de souffler. Quand il voulait parler de la situation économique ou du contexte international, on lui rétorquait : « Et votre chèque ? » François Mitterrand exprima le mépris et le dégoût que lui inspiraient ces journalistes-là. Ils s'étaient comportés comme des supplétifs de la police, cherchant à doubler la justice et à être les premiers à créer un scandale. Flairant un animal blessé, ils avaient organisé la curée, s'étaient rués à ses trousses. Ils n'avaient pas hésité à piétiner la liberté et la dignité de leur proie.

Les chiens fustigés par le président étaient aussi les juges qui s'étaient comportés en informateurs d'une certaine presse. Le secret de l'instruction est imposé par la loi. C'est un droit de l'homme. Sa violation devrait faire l'objet de sanctions. Mais, disait François Mitterrand, personne n'ose sévir contre les juges ou les journalistes. Un mot suffit pour être taxé d'apprenti dictateur, ennemi de la liberté de la presse ou de l'indépendance de la magistrature.

Contrairement aux rumeurs qui circulaient alors, François Mitterrand ne s'était pas détourné de son ancien Premier ministre. Depuis son départ de Matignon, il l'avait reçu et lui avait parlé au téléphone à plusieurs reprises. Sans doute n'avait-il pas été aussi présent que d'autres amis, mais il partageait leur inquiétude. La veille du jour fatal, un de ses proches l'avait alerté : « Je crains qu'il ne se suicide. » Il avait pris contact avec l'ancien Premier ministre, mais ce genre d'intervention pouvait-elle guérir quelqu'un qui endurait une telle épreuve ?

Néanmoins, il était taraudé par le regret. Il n'avait pas voulu croire en l'irréversible : « On pense qu'on a toujours le temps. On ne l'a pas toujours. »

François Mitterrand n'avait pas utilisé le mot « suicide » dans son discours, préférant évoquer une « mort volontaire ». Pierre Bérégovoy souffrait trop et ne supportait plus cette souffrance. Issu d'un milieu très modeste, il avait connu une réussite exceptionnelle. Il n'était pas passé par les grandes écoles et c'est par son seul mérite qu'il avait construit sa brillante carrière politique et ministérielle, sa réputation internationale. Pour cet homme d'une réelle probité, l'atteinte faite à son honneur était intolérable.

La mort de Pierre Bérégovoy ouvrit en François Mitterrand une blessure profonde : « Ce n'est pas guérissable… me confia-t-il. Ce ne serait guérissable que par l'oubli et, moi, je n'oublie pas facilement. »

Après ma nomination à la tête de France Télévisions, nos entretiens se poursuivirent, mais nous ne discutions pas de mes nouvelles responsabilités, qui n'intéressaient pas le chef de l'État.

Le jour de mon élection j'appelai ma mère pour lui annoncer la nouvelle. Elle était fière, mais inquiète. « Tu n'as pas assez d'histoires, mon fils ? Qu'est-ce qui va encore t'arriver ? » Elle n'avait pas tout à fait tort.

Je suis retourné à Europe 1 pour plier bagage. Seul dans mon bureau, j'ai senti les larmes me venir aux yeux. J'avais relevé un défi d'une ampleur inédite. Serais-je à la hauteur de mes nouvelles obligations ? Je sentais déjà que ma vie changeait : devant la station, j'avais été accueilli par des photographes et des grappes de micros. Je n'étais plus libre. En permanence, où que j'aille, je serais suivi par des caméras. J'avais désormais un chauffeur – dont la conduite, trop lente, m'agaçait. On m'appelait « Monsieur le président… Monsieur le président ! » Aujourd'hui, cela m'arrive encore. Mais cette fascination française pour les titres ne m'a jamais tourné la tête. Le nom avant les titres !

Je disposais d'un mois avant ma prise de fonction. On me communiqua les dossiers financiers des deux chaînes et je m'isolai à l'hôtel Trianon à Versailles pour les étudier. Je rencontrai partout des termes techniques qui m'étaient parfaitement étrangers. Outre cette complexité affolante, France Télévisions était à l'époque éclatée entre plusieurs sociétés. J'étais président de cet ensemble unifié, mais aussi de France 2, de France 3 et de la régie publicitaire. Je devais diriger chacun des trois exécutifs et conseils d'administration et ne pouvais engager de contrat pour France Télévisions. Cette dispersion entraînait une perte de temps et un surcroît d'énergie considérable.

Je m'entourai d'une équipe d'une compétence irréprochable, qui m'assista sur toutes les questions administratives et financières. En tant que président j'entendais inspirer un esprit inventif et conquérant, impulser des programmes ambitieux. Les périodes les plus créatives qu'a connues la télévision publique sont celles pendant lesquelles elle a été dirigée par des journalistes – Pierre Desgraupes, Hervé Bourges, à qui je succédais, et moi-même. Nous avons tenté de faire bouger les choses. Pour la gestion, nous nous appuyions sur des inspecteurs des finances, des spécialistes du droit du travail. Notre rôle était d'encourager l'innovation, de recruter des talents neufs, de chercher la confiance du public et l'accord le plus étroit avec ses attentes.

Au moment de ma prise de fonction, alors que j'étais encore en train de constituer mon équipe, je dus prendre la parole devant 3 000 personnes du groupe, venues de toute la France, à l'hôtel Intercontinental de la porte Maillot pour écouter le nouveau président. Je voulais les inviter à être audacieuses – mon discours était ponctué de « Osez ! ». Avant de monter sur l'estrade, rempli d'appréhension, je vis la salle comble. Je me dis alors : « Non, pas "osez". Je suis avec eux : "Osons, osons, osons !" » C'était un appel à se dépasser ensemble. Je ne savais pas qu'une caméra de Canal + filmait l'événement. Quelques jours plus tard, j'avais ma marionnette aux Guignols et un nouveau surnom, « M. Osons », qui me plaisait bien, et par lequel des jeunes m'interpellaient dans la rue. « Bonjour m'sieur Osons ! Ça va, m'sieur Osons ? »

TF1 avait commencé à développer des divertissements efficaces qui rencontraient de grands succès d'audience. La privatisation de la chaîne avait coïncidé avec des évolutions techniques permettant une accélération du rythme des émissions. Les lourds câbles des caméras disparaissaient des studios, remplacés par des dispositifs mobiles capables de suivre les animateurs, eux-mêmes dotés de micros sans fil. Les couleurs étaient plus vives, les décors, plus fantaisistes, les séquences, plus dynamiques. Les audiences de la première chaîne ne cessaient de grimper. Pour rester à flot et se développer, la télévision publique devait s'engager dans cette voie.

Jusqu'au milieu des années 1980, la publicité jouait un rôle mineur dans le financement de la télévision. La privatisation de TF1 entraîna un changement de modèle économique : la publicité devint le moyen de financement principal de cette chaîne, dont les ressources explosèrent. Cet afflux d'argent entraîna une augmentation des budgets des émissions et des films. Avec la seule redevance, que l'État a toujours rechigné à augmenter et qu'il s'apprête à supprimer, la télévision publique était dépassée. Plus encore, elle était déficitaire et condamnée à demander des subventions au gouvernement afin de boucler son budget. Pour rivaliser avec TF1, il était nécessaire d'augmenter l'audience et les revenus publicitaires de France 2 et France 3. Nous voulions assainir la situation financière des chaînes, nous autonomiser vis-à-vis de l'État et nous donner les moyens d'une expansion.

Déjà Hervé Bourges avait relevé le gant, engagé des animateurs connus, lancé des émissions comparables à celles du privé. Je poursuivis dans cette veine, en recrutant des jeunes jouissant déjà d'une forte notoriété : Nagui, Arthur, Jean-Luc Delarue. Avec le directeur des programmes, Carlo Freccero, nous développâmes des émissions emblématiques comme *Ça se discute* ou *Les Enfants de la télé*. J'associai également la régie publicitaire à la programmation. Certaines émissions remarquables étaient reléguées à des heures où personne ne regardait, tandis que d'autres, plus installées, sommeillaient aux meilleures places. C'était frustrant et absurde : quitte à bousculer les équipes, je décrétai la fin des habitudes.

Fruits rares de la création télé, les producteurs-animateurs étaient très sollicités. Ils faisaient payer chèrement leurs services, à la mesure des bénéfices qu'ils procuraient grâce à la publicité. Notre campagne de recrutement fut conduite dans le plus grand secret. Je connaissais Jean-Luc Delarue que j'avais poussé lors de ses débuts à Europe. Il avait ensuite percé à Canal +. C'était un autodidacte complet, dénué de culture classique. Il avait été élevé par sa grand-mère qu'il adorait. Il me demandait des conseils de lecture avant de partir en vacances. Il dévora ainsi *Le Rouge et le Noir*. Sa vivacité d'esprit et sa créativité étaient formidables. C'était un boulimique de travail avec un tempérament excessif qui, après lui avoir apporté la gloire audiovisuelle, l'a conduit à sa perte.

À mon arrivée, il était l'étoile montante de la télévision. Étienne Mougeotte voulait le faire venir à TF1 et lui avait promis de renchérir de 30 % sur la proposition de contrat que je lui faisais. Pour gagner la partie, je dus me plier à quelques acrobaties, qui me furent reprochées par la suite. Pour garantir à France Télévisions l'exclusivité des programmes de Jean-Luc Delarue, je signai avec lui deux contrats, l'un pour France 2, l'autre pour France 3, afin de l'empêcher d'aller ailleurs au cas où il souhaiterait animer une seconde émission. Ceux qui voulaient m'abattre eurent beau jeu de dire que je dilapidais l'argent public, faisant fi des contraintes juridiques de l'entreprise multicéphale que je dirigeais.

Je fis également venir Michel Drucker de TF1, avec un rendez-vous de culture et de divertissement quotidien diffusé avant le journal télévisé. Son émission, *Studio Gabriel*, connut des débuts difficiles. Déstabilisé, l'animateur perdait confiance. Ses déconvenues d'audience le rendaient malade. Sur le plateau, il transpirait à grosses gouttes. Les journaux commençaient à le qualifier de ringard, annonçaient son départ. En tant que président, il me revenait de continuer l'émission ou de l'arrêter. Après un mois calamiteux, j'avais mis un terme à une émission lancée par le jeune Laurent Ruquier. Il m'en voulut beaucoup. Il passa ensuite sur TF1 et fut débarqué par Étienne Mougeotte au bout de huit jours. Depuis il a appris de ses erreurs, avec le succès qu'on lui connaît.

Avec mon équipe, nous nous interrogions sur l'avenir de *Studio Gabriel*. Nous cherchions une solution pour la sortir d'affaire. Il nous fallait trouver quelqu'un de drôle, qui mette du piquant. Le directeur d'antenne, Louis Bériot, et son équipe regardèrent des pilotes matin et soir afin de dénicher l'oiseau rare. Un jour, Bériot m'appela : « Regarde ça ! »

Je vis alors un jeune type qui imitait Jack Lang, Michel Rocard… Il était à mourir de rire. Son nom ? Laurent Gerra.

Nous le présentâmes à Michel Drucker et il rejoignait l'émission au côté de sa compagne, Virginie Lemoine. L'émission décolla et, après des débuts hésitants, rencontra un franc succès.

En tant que président, j'ai lancé la construction de la maison de France Télévisions et me suis battu pour que le projet voie le jour. Au début de mon mandat, l'entreprise louait à des prix exorbitants des bureaux dans dix-sept sites – j'en visitai treize en l'espace de trois ans afin de rencontrer nos équipes dispersées. Mon prédécesseur et ancien patron, Maurice Ulrich, avait nourri ce projet, mais la rue de Rivoli s'y était opposée sèchement, lui déniant tout mandat de bâtisseur. Cependant, le développement des financements publicitaires nous donnait davantage d'autonomie : nous ne dépendions plus uniquement de deniers publics. Avec ma collaboratrice Nathalie Coppinger, exceptionnelle inspectrice des Finances, nous élaborâmes un plan permettant à l'entreprise, si les banques étaient d'accord pour nous suivre, d'être pleinement propriétaire de ses locaux à l'horizon 2021. Compte tenu de l'augmentation régulière de nos loyers, ce projet de maison de France Télévisions était une mesure de saine gestion.

Une fois acquis le financement, nous lançâmes un concours d'architecte qui donna lieu à huit ou neuf propositions. Nous invitâmes le personnel à venir voir les maquettes et à nous faire part de ses suggestions dans un cahier de doléances. Au terme d'un processus de sélection long et rigoureux, deux architectes restaient en lice. Il était de ma responsabilité de président de départager leurs projets, tous deux excellents. N'ayant pas d'expertise en ce domaine, je voulus demander conseil à l'architecte de la pyramide du Louvre, Ieoh Ming Pei. Je le retrouvai un soir à la brasserie Lipp pour dîner. Intimidé, je lui parlai des deux finalistes du concours et lui proposai de venir voir les maquettes. Il déclina poliment mon invitation.

— Souhaitez-vous plutôt que je vous décrive les projets ? lui proposai-je.

— Non, ce n'est pas nécessaire.

— Mais alors, comment faire pour les départager ?

— Faites venir les deux architectes l'un après l'autre en tête à tête et interrogez-les, me répondit-il. L'un déclarera : « L'architecte, c'est moi. Mes plans sont mûrement réfléchis. Pas question d'en dénaturer l'esprit. C'est à prendre ou à laisser. » L'autre vous dira : « J'hésite encore. Je verrai lors de la construction. Il faut à tout projet une certaine souplesse, comme dans la vie. » Mon conseil, dit Pei : choisissez le second architecte.

C'est ainsi que la vision de Jean-Paul Viguier vit le jour.

Je décidai également de nommer « Henri-de-France » l'esplanade qui ouvre sur le bâtiment. Ce n'est ni un roi, ni un prince, si ce n'est, peut-être, de l'image et du son. Cet ingénieur français a mis au point le système de télévision couleur Secam en 1956.

Le chantier avança à vive allure et fut livré en 1998 après deux ans de travaux. Non loin de là, l'hôpital Georges-Pompidou, commencé en 1986, n'était pas achevé. Ne dépendant pas uniquement de l'argent public, nous avons subi moins de contraintes administratives. Mon souhait de donner à France Télévisions davantage d'autonomie vis-à-vis de l'État démontrait, là encore, sa pertinence.

J'ai dû quitter la présidence avant l'achèvement de l'édifice. Au moment de partir, je suis passé une dernière fois devant le chantier. Les fondations étaient prêtes et le premier étage commençait à prendre forme. Lorsque le bâtiment fut terminé, le maître d'œuvre me fit visiter les lieux et, avec humour, me remit une clé en carton. Je n'étais plus président de l'entreprise, mais il n'ignorait pas mon investissement personnel pour que l'immeuble sorte de terre. Désormais, France Télévisions en est le propriétaire. Je suis fier d'avoir enrichi l'audiovisuel public de ce patrimoine qui le renforce. Jeune journaliste, j'étais présent lorsque le général de Gaulle a inauguré la Maison de la radio en 1964. Depuis vingt-cinq ans, la maison de France Télévisions continue, elle, d'attendre son inauguration.

Pendant mon mandat, la compétition entre les chaînes du service public, TF1 et Canal + fut vive. Patrick Le Lay, le tonitruant et brutal P-DG de la première chaîne, et Étienne Mougeotte, son directeur d'antenne, qui ont régné ensemble sur la télévision pendant vingt ans, l'ont volontiers admis : c'est sous ma présidence à France Télévisions qu'ils ont le plus souffert. J'ai lu un jugement similaire sous la plume du directeur des programmes de Canal +, Alain De Greef. Mes relations étaient si tendues avec Patrick Le Lay que nous fûmes près d'en venir aux mains lors d'une réunion entre états-majors de télévisions.

Parfois, nous avons mis de côté nos différends pour de grandes causes. Lorsque je pris mes fonctions, j'appris que mon prédécesseur et son équipe avaient imaginé une émission sur la lutte contre le sida pour France 2. L'épidémie faisait des ravages terribles et aucun traitement efficace n'avait encore été découvert. Le combat presque désespéré que les malades et leurs proches livraient était peu médiatisé. Le sida restait tabou et l'objet d'angoisses et de fantasmes délirants et justifiés. Au même moment, TF1 préparait elle aussi une émission sur ce thème. Si nous diffusions un programme en commun sur les trois principales chaînes de télévision, nous soulignerions avec force l'importance vitale de ce combat. J'appelai mon ami et concurrent Étienne Mougeotte pour le sonder. L'idée l'intéressait, mais il avait besoin de l'aval de Le Lay et de la famille Bouygues. Après quelques jours, je reçus une réponse enthousiaste. Nous proposâmes alors à tous ceux qui le souhaitaient de nous rejoindre. Les autres chaînes de télévision, puis les radios répondirent présent de façon unanime. Il y eut également des éditions spéciales dans la presse écrite. Nous avions demandé à Pierre Bergé et Line Renaud, qui venaient de créer Sidaction, de parrainer l'émission. Ce fut un succès considérable qui réunit vingt-trois millions de téléspectateurs et permit de lever plusieurs centaines de millions de francs pour lutter contre la maladie. Nous assistâmes à des scènes magnifiques, comme ce célèbre baiser donné par Clémentine Célarié à un garçon séropositif. La comédienne, bouleversée, entendait battre en brèche les préjugés sur les risques de contagion. Son geste courageux en vint à symboliser la solidarité envers les victimes de ce fléau.

Pour le reste, mes relations avec Patrick Le Lay restèrent longtemps très tendues. Toute coopération entre TF1 et le service public semblait inenvisageable. Pourtant, nous fûmes réunis par un grand projet industriel et technologique : le développement de la télévision numérique par satellite. Tout commença par une ambition modeste : je souhaitais créer, à titre expérimental, une chaîne publique supplémentaire. J'avais obtenu l'aval du ministre du Budget et de la Communication, Nicolas Sarkozy. Par ailleurs, j'avais fait la rencontre du producteur américain Arnon Milchan, qui, avec *Pretty Woman*, immense succès commercial, avait lancé la carrière de Julia Roberts. Lors d'une promenade à Malibu, le long d'une plage bordée de villas appartenant à des acteurs célèbres, je lui fis part de mon projet. Il éclata de rire.

— Une chaîne de plus !

— Pourquoi ris-tu ?

— Parce qu'aujourd'hui, on peut faire des bouquets numériques de cent, cent cinquante chaînes !

En matière de télévision par satellite, Canal + était précurseur. La chaîne avait développé un bouquet analogique quelques années plus tôt et projetait de passer au numérique. Je fis savoir à ses dirigeants que France Télévisions souhaitait rejoindre cette aventure. Le président de Canal +, Pierre Lescure, n'était pas un inconnu. J'avais travaillé avec lui à INF 2 au début des années 1970. Le fondateur de Canal +, André Rousselet, ancien directeur de cabinet de François Mitterrand, s'était appuyé sur lui pendant dix ans. Lorsque Édouard Balladur avait demandé le départ de son patron, Pierre Lescure avait diligemment proposé de prendre la succession : il se sentait prêt.

Le président de Canal + avait un immense bureau, décoré d'affiches de films et meublé de flippers. Il déclina ma proposition, refusant de s'associer aux « pouilleux du service public ». Nous prîmes notre revanche et fîmes vaciller le trône de Lescure. La concurrence que nous lui fîmes renchérit les droits de diffusion. Canal + aurait fait perdre moins d'argent s'il avait accepté l'alliance. Président du Festival de Cannes pendant huit ans, il a beaucoup fait pour le cinéma.

Canal ayant fermé la porte, je me tournai vers TF1, malgré les mises en garde de mon équipe – « Tu es fou ! Ils vont te dévorer ! ». Patrick Le Lay était intéressé par un bouquet numérique mais était fâché avec Pierre Lescure. Aussi prêta-t-il attention à ma proposition de lancer un deuxième bouquet, concurrent de celui de Canal +. Nous nous retrouvâmes à l'Hôtel Plazza pour en discuter et, dessinant sur la nappe, nous ébauchâmes la répartition du capital nécessaire. Les sommes étaient considérables. Le Lay obtint le soutien du propriétaire de TF1, Francis Bouygues, mais il me restait à convaincre l'État de nous suivre. Je redoutais la frilosité de nos tutelles et décidai donc de solliciter la bénédiction de Jacques Chirac, arrivé à l'Élysée l'année précédente.

Nous l'approchâmes grâce à mon ancien patron d'Antenne 2, Maurice Ulrich, qui le conseillait et fûmes reçus à l'Élysée un après-midi. Nous faisions face à Jacques Chirac, assis dans un grand fauteuil

– Maurice Ulrich avait pris place dans un canapé. Le chef de l'État nous invita à présenter notre projet. Comme nous parlions, l'un après l'autre, nous le vîmes s'enfoncer dans son fauteuil, puis fermer les paupières, les mains sur le ventre. S'était-il endormi ? Nous jetions des coups d'œil interrogateurs à Maurice Ulrich. De temps en temps, sans ouvrir les yeux, le président nous interrompait :

— Elkabbach, est-ce qu'on aura des sumos dans votre télé ?

— Des sumos ? Bien sûr, tout ce que vous voudrez.

— Et des westerns, Le Lay ?

— Ah oui, vous aurez des westerns, monsieur le président.

Après une bonne heure d'entretien, il ouvrit les yeux et nous déclara : « Très bien, voici donc la stratégie française en matière de télévision numérique… » Il restitua alors l'argumentaire que nous lui avions présenté en lui donnant plus d'ampleur. Il inscrivit la question de la télévision numérique par satellite comme un enjeu de souveraineté : dans la grande bataille culturelle et politique mondiale, la France devait avoir la maîtrise de son ciel. Il y aurait donc deux bouquets numériques : celui de Canal + et le nôtre, TPS.

Après mon départ de la présidence, la télévision publique quitta ce navire prometteur. Mon successeur, Xavier Gouyou-Beauchamp, qui avait applaudi l'accord, s'en alla dire que le projet était fou et ne se ferait jamais. Sur les 25 % de capital dont disposait France Télévisions, 18 % furent bradés à France Télécom. Ce fut une erreur. En 2001, en lisant la presse, je tombai sur un article du *Figaro* : « Elkabbach avait raison ! » Marc Teissier, alors président de la télévision publique, se réjouissait d'avoir vendu les parts restantes à TF1 pour trois fois la mise. L'hommage du *Figaro*, qui m'avait tant critiqué, n'était pas sans saveur !

Le satellite devait permettre la multiplication des chaînes, donc l'ouverture, la diversité. Dès les années 1970, j'étais favorable, comme d'autres, au développement des chaînes privées, afin de confronter le service public à une saine concurrence. Notre station, France Inter, se mesurait à Europe 1 et RTL. Nous souhaitions la même émulation à la télévision. C'était la perspective d'emplois, d'une plus grande créativité.

Nous avons rêvé. Nous nous sommes trompés. Comme tant d'autres, j'ai vécu dans une illusion. En effet, à quoi avons-nous abouti ? Au conformisme, à l'imitation, à la copie, au plus petit dénominateur commun. Les mêmes titres, les mêmes sujets, les mêmes invités passent aujourd'hui d'une chaîne à l'autre. S'est installé entre les rédactions un mimétisme navrant : « Il l'a fait ? Faisons-le ! Elle l'a interrogé ? Demain, tu l'interroges… Non, ce soir ! » Au plus fort de l'épidémie de Covid-19 ou de la guerre en Ukraine, on vit les mêmes experts, épidémiologistes ou généraux à la retraite, répéter de plateau en plateau leurs leçons péremptoires.

Quand surgit l'événement – attaques terroristes, guerre, pandémie, confinement –, on ne peut naturellement pas parler d'autres sujets. Le public a besoin de savoir, de comprendre, pour se projeter, canaliser l'angoisse. Mais, au quotidien, lorsque l'actualité est sans relief, l'information est d'une pauvreté affligeante, répétitive, conformiste, dénuée d'imagination et de souffle, sauf quelques reportages courageux sur des pays en guerre, souvent réalisés par des femmes. Seules quelques petites chaînes proposent des programmes originaux, Arte, chaînes parlementaires, ainsi que quelques audacieux, trop rares, sur les grandes chaînes.

Sous prétexte de donner la parole au citoyen, on multiplie à l'envie les interviews minutes dans les rues. Les sujets sont tous construits sur le même modèle : un pour, un contre, un indécis. Sempiternelle ritournelle. La finalité de notre travail, c'est d'intéresser le public, de l'enrichir. Et il n'est pas dupe.

Sauf exception, l'information télévisuelle ne raconte ni n'explique aucune des tendances, des grands mouvements qui marquent notre époque. Elle s'intéresse à quelques personnages, mais toujours sous le prisme du bon et du méchant, du démocrate et du dictateur. Quel média enverrait aujourd'hui des équipes entières pendant des semaines en Afrique, en Chine, en Inde pour révéler les réalités, les souffrances et les ambitions de ces continents, qui s'imposent déjà comme les puissances du XXIe siècle et en dessinent les contours ?

D'une chaîne à l'autre, ce sont toujours les mêmes thèmes : police, justice, insécurité, islamisme. Avec une prime au fait divers, qui fascine le public. Certains sujets, essentiels, les violences sexistes, les féminicides, l'inceste, la pédophilie dans l'Église, les attaques de gardiens de l'ordre ou les bavures policières, sont traités, alors qu'auparavant, ils étaient occultés. Mais leur place est hégémonique et efface à leur tour des pans entiers de l'information et de la culture. Des incidents mineurs deviennent des événements médiatiques, auxquels on s'empresse de donner une portée politique ou sociétale. La hiérarchie entre les informations, leur nature, leur portée, sont écrasées par la nécessité de nourrir l'antenne à toute heure.

La pluralité réside surtout dans l'idéologie des responsables de l'information. TF1 n'est pas France 2 ou France 3. BFM, CNews, LCI, Franceinfo, chacun a sa ligne. Le positionnement idéologique de chacun se lit dans le traitement de ses journaux, mais les différences ne sont pas considérables.

Que faut-il préférer ? Un service public aux ordres du gouvernement, qui influence de manière sournoise les responsables qu'il a mis en place ? Ou des télévisions privées, acquises par de grands entrepreneurs, qui cherchent soit à ne pas se fâcher avec l'État, soit à le bousculer en fonction de leurs intérêts, soit à s'opposer ? Quand ces actionnaires puissants accordent et respectent l'indépendance de la ligne éditoriale, ils rendent service à la liberté d'expression et à la démocratie.

À soixante-dix ans, Vincent Bolloré a pris officiellement sa retraite le 17 février 2022, date qu'il avait fixée lui-même quelques années plus tôt. Avec une autorité aussi souriante que ferme, il n'avait pas besoin d'élever la voix pour être obéi : « Vincent a dit. » Ainsi régnaient l'ordre et la discipline, jamais contestés, qui faisait la force de son empire.

Quand on lui reproche le délire extrême droitier de ses rédactions, il en appelle à la pluralité des opinions, à la liberté d'expression. Personne n'est dupe : s'il n'intervient pas habituellement dans le fonctionnement de ses équipes, un mot ou une boutade suffisent à corriger le tir. « Vincent a dit. »

Les cadres du groupe font de ce principe leur boussole. Le passé composé laisse place au conditionnel : « Vincent dirait. » Sans doute est-ce une faiblesse du système. « Vincent » tient-il réellement tous les propos qu'on lui prête ?

Le grand capitaliste ne déteste pas provoquer le pouvoir, quel qu'il soit. Même vis-à-vis de Nicolas Sarkozy auquel il est lié depuis des décennies par une amitié constante, il tient à affirmer son indépendance. La politique le passionne. Pendant la campagne présidentielle de 2022, il se défendait de favoriser la victoire de Marine Le Pen – « Tu plaisantes ? Ce serait une catastrophe, y compris sur le plan économique ! » me disait-il. Il laissait la rédaction la bride sur le cou, car il lui attribue, au fond, peu d'influence. Il n'a pas tort, au vu des résultats d'Éric Zemmour à l'élection présidentielle et aux législatives. Pourtant le candidat Éric Zemmour a bénéficié d'une exposition massive sur toutes les chaînes parce qu'il faisait de l'audience.

Quel destin, si souvent raconté et déformé : Vincent Bolloré est un des hommes les plus controversés de France depuis des années. Il en rit, apparemment indifférent aux critiques comme aux éloges. En silence il a construit son empire, fidèle à la mémoire de son père, à la Bretagne, à ses traditions catholiques et à sa famille.

Doté d'une énergie, d'un flair et d'une volonté de conquête exceptionnels, il a toujours eu le goût et l'audace de l'innovation. Il devine et absorbe toutes les chances qu'offrent les sciences et les techniques, et il fonce sur des groupes mal gérés devenus ses proies. Ses deux fils et sa fille qu'il a formés sont aujourd'hui aux commandes. Ils ont l'étoffe de leur rôle et l'exemple du père pour réussir. Il serait néanmoins surprenant que « Vincent a dit » se désintéresse complètement de son empire…

Tutelle publique, grands groupes privés : les citoyens pourraient se passer de l'une ou l'autre de ces solutions si seulement ils lisaient la presse. Ils s'intéressent aux journaux locaux, qui sont plus proches d'eux – tant mieux ! Mais aucun quotidien, aucun magazine n'est lu, comme au Japon, par des millions de fidèles. Les lecteurs sont la garantie ultime de la pérennité des titres. En 2022, la presse française survit, et parfois se développe, grâce au soutien financier de l'État ou de ses riches propriétaires. Qu'en resterait-il si ceux-là s'en détournaient aussi ? De ma part, ce n'est ni un jugement, ni une préférence, mais un constat. Une presse indépendante forte, proche des gens, serait une arme démocratique efficace contre l'influence des lobbys, contre les réseaux sociaux et leurs cortèges de publications haineuses et de déjection. Mais à cette presse, encore faudrait-il des lecteurs.

Je me réjouis de voir de plus en plus souvent, sur les chaînes d'info en continu, la diffusion en direct et intégrale de discours, de meetings, d'auditions parlementaires. À Public Sénat, que j'ai lancée fin 1999 à la demande du président de la chambre haute, Christian Poncelet, nous nous efforcions aussi de le faire. Créer cette chaîne à partir de rien fut une entreprise formidable : nous avions peu de moyens mais une grande liberté d'action, le palais du Luxembourg pour studio et le soutien constant de notre tutelle.

Au moment de me lancer dans cette aventure, il me fallut recruter une équipe, et notamment un directeur financier. Je reçus plusieurs candidats, dont l'un, tout à fait atypique, me séduisit tout de suite. Lors de notre premier entretien, Rémi Tomaszewski était entré dans mon bureau muni d'un vieux cartable. Énarque issu d'un milieu modeste, il semblait d'un tempérament réservé. Au cours de sa carrière, il avait fait un passage dans l'administration pénitentiaire, en tant que directeur adjoint de la prison de Fresnes.

D'abord surpris, je songeai bientôt que, s'il avait assumé cette responsabilité pendant deux ans et demi sans que se produise de révolte, c'était sans doute que j'avais en face de moi quelqu'un de très humain. Notre entente fut immédiate et, portés par un enthousiasme partagé et constant, nous avons travaillé ensemble pendant dix années dont je me souviens toujours avec nostalgie.

C'est par Rémi Tomaszewski que j'ai fait la connaissance d'Ana Markovic, qui avait été à ses côtés au ministère de la Culture. Pendant dix-huit ans, elle fut ma collaboratrice à Europe 1. Elle m'apportait de sa voix enjouée son exigence dans le travail et un soutien rassurant. Dotée d'un franc-parler redoutable, elle était un aiguillon intransigeant, ironisant sans façon sur les jugements trop rapides ou les raisonnements convenus que je laissais parfois échapper. Quand je suis dans un mauvais jour, elle s'en rend compte au son de ma voix. Quelques minutes de conversation lui suffisent à me revigorer. C'est une amie de grande qualité.

Pour lancer Public Sénat, nous avions aux États-Unis un modèle, Cable-Satellite Public Affairs Network (C-Span), chaîne à but non lucratif, qui traite des politiques publiques et des activités du Congrès américain. Je me rendis à Washington pour rencontrer son inspirateur, Brian Lamb. Journaliste passé par des télévisions privées, ne supportant plus la publicité, il avait créé C-Span en 1979. Le financement était public : moins d'un dollar par citoyen et par an. Après un début modeste et critiqué, C-Span avait fait son chemin et disposait désormais du matériel le plus moderne et de studios magnifiques donnant sur le Capitole.

Avec Rémi Tomaszewski, nous voulûmes tout de suite conclure des accords avec C-Span, mais nous n'avions rien à offrir. Nous gardâmes le contact de façon informelle : ils avaient besoin d'un studio à Paris, nous le leur fournissions ; ils cherchaient des images d'un événement politique national, nous les leur donnions. Nos liens se tissaient, se resserraient, et un jour, en 2004, ils nous annoncèrent :

— Nous allons retransmettre les auditions de la commission d'enquête sur Abou Ghraib, ça vous intéresse ?

— Évidemment !

Les humiliations, les traitements dégradants, les agressions physiques et sexuelles, les tortures, les meurtres perpétrés par les soldats américains qui gardaient la prison irakienne avaient provoqué une onde de choc aux États-Unis et dans le reste du monde. Le Sénat entendit les plus hauts dignitaires de l'armée et du gouvernement qui, sous le feu des questions, se faisaient sermonner comme des petits garçons pris en faute. Les auditions rencontrèrent en France un tel intérêt que nous les rediffusions la nuit.

Nous n'avions pas de locaux dédiés, mais on nous fit une place au palais du Luxembourg. Nous transformâmes une petite chapelle en salle de rédaction. Le soir, il n'y avait plus d'appariteurs, et nous devions guider les invités des émissions jusqu'aux studios à travers les couloirs longs et sombres du palais, puis les raccompagner.

Je me figurais que, à la télé du Sénat, le public s'attendrait à voir des présentateurs en costume trois-pièces à rayures, fumant le cigare. Surprise : il n'y avait que des jeunes, et notamment des femmes. Certes, avec notre budget, nous ne pouvions assumer les salaires de nombreux confrères chevronnés, mais nos recrutements relevaient aussi d'un parti pris : les équipes déployaient une énergie, un enthousiasme et un charme hors du commun. En reportage dans les couloirs du Sénat, nos journalistes ne passaient pas inaperçus. Et, finalement, Public Sénat a été un vivier de journalistes : j'ai notamment recruté une stagiaire débutante, Léa Salamé, qui s'est formée avec nous avant de poursuivre son parcours fulgurant à France Inter et France 2, ou Sonia Mabrouk à Europe 1 et à CNews. J'ai toujours eu à cœur d'accompagner les premiers pas de jeunes gens prometteurs. Je pense à tant d'autres recrutés, encouragés, promus, comme Karim Rissouli, Jérôme Dupuis, Carole Gaessler, Béatrice Schönberg, Rama Yade ou encore François Baroin.

Peu à peu, on nous a donné davantage d'argent. Je rendais compte de ma gestion devant le bureau exécutif du Sénat composé d'une trentaine d'élus. Parmi eux, Jean-Luc Mélenchon. Il connaissait bien mon style, ma rigueur et ma mémoire. Combien de fois l'avais-je croisé avec Julien Dray, sortant de chez François Mitterrand ou de chez Jacques Pilhan ! Au Sénat, il s'« emmerdait », me confiait-il. Je sais d'où il vient et où il n'arrivera jamais : ses boniments et ses rodomontades n'impressionnent plus personne.

Michel Charasse siégeait également au bureau exécutif. Taquin, il ne me ménageait pas. Une année, nous étions parvenus à générer des excédents que, satisfait, j'annonçai aux sénateurs. J'avais l'intention de les réinvestir pour développer les activités de la chaîne. Michel Charasse m'interrompit :

— Vous êtes naïf ? Vous dites ça devant le commissaire aux comptes et un sénateur questeur. Vous ne vous rendez pas compte que le Sénat, votre actionnaire, va vous les reprendre ? Ou baisser votre budget d'autant l'année prochaine ? Monsieur le commissaire aux comptes, monsieur le sénateur-questeur, pouvez-vous vous boucher les oreilles ? Surtout, ne les donnez pas, me conjura-t-il. Investissez-les dès à présent !

J'avais eu la même expérience lors de ma première année à la présidence de France Télévisions. Les profits secouraient les canards boîteux du service public. J'aurais dû retenir la leçon !

À C-Span, j'avais assisté à *Booknotes*, une émission que Brian Lamb présentait lui-même. Le dimanche, à 20 heures, il défendait un livre dont il conviait l'auteur. Le décor était d'une austérité terrible, des rideaux noirs, pas de maquillage. Pendant une heure, Lamb discutait de littérature, d'un essai politique, d'une biographie. « C'est formidable, me disais-je, il faut qu'on fasse ça à Public Sénat ! » Évidemment, cela supposait quelques ajustements pour le public français : « Une heure tête-à-tête avec un invité, c'est un peu long... Il nous faut un thème, plusieurs invités. Des gens qui se rencontrent, qui parlent, qui échangent... Et nous, on va se maquiller, quand même ! »

Dans l'annexe de la bibliothèque, à titre exceptionnel, je fus autorisé à y faire un numéro. Le lieu était magnifique, les grandes tables, le haut plafond orné, les livres tout autour de nous. Je réussis à faire de l'exception la règle et l'émission prit le nom du lieu : *Bibliothèque Médicis*. Ainsi commença ce rendez-vous culturel et intellectuel proposé tous les vendredis soir pendant dix-sept ans. Une de mes grandes fiertés.

XVI

BOUSQUET-MITTERRAND : LA VÉRITÉ ?

J'ai interrogé Zhou Enlai à deux reprises à la faveur de voyages de Georges Pompidou en Chine. Intellectuel issu d'une grande famille de mandarins, il avait rejoint la révolution communiste et s'était imposé au sein du Parti au point d'occuper, de 1949 à sa mort, en 1976, le poste de Premier ministre. Aux questions du jeune journaliste que j'étais, il répondit avec malice et la distance d'un homme qui avait vécu la Longue Marche au côté de Mao.

Partout où j'accompagnais le président Pompidou et Zhou Enlai, près de moi se trouvait en permanence un petit bonhomme en sandales et socquettes blanches. Il ne cessait de se gratter le nez et l'oreille, une sorte de tic. J'appris son nom des années plus tard lorsqu'il débarqua à son tour sur le devant de la scène : c'était Deng Xiaoping, le réformateur qui ouvrit la Chine communiste à l'économie de marché et au monde.

Pendant la Révolution culturelle, dont je vis et racontai les premiers feux, *Le Petit Livre rouge* de Mao avait justifié une épuration cruelle. Zhou Enlai était parvenu à sauver un certain nombre de personnes de son entourage, revenues saines et sauves des camps de redressement. Xi Jinping et son père étaient de ceux-là.

Le Premier ministre chinois fit visiter au président Pompidou les grottes de Yungang, qui abritent un temple bouddhiste. J'en sortis le premier, magnéto sur l'épaule et micro à la main. Zhou Enlai et le président français, flanqués de leurs gardes du corps et de leurs interprètes, se trouvaient juste derrière moi. Je saisis alors, sans l'avoir voulu, une conversation que je n'oublierai jamais. Georges Pompidou se pencha vers son hôte et lui dit à mi-voix : « Monsieur le Premier ministre, je vais vous faire une confidence : je suis malade. Et c'est grave. » Le propos fut traduit, puis vint la réponse de Zhou Enlai : « Monsieur le président de la République, moi aussi j'ai une maladie. Et c'est très grave. » Les deux hommes se souriaient, tenus par leur secret. Je n'ai rien raconté ni divulgué jusqu'ici de ce que j'ai entendu ce jour-là.

En janvier 1974, Georges Pompidou avait été victime d'un malaise à Poitiers. À Reykjavik, où il devait retrouver le président américain Richard Nixon, nous l'avions regardé descendre de l'avion avec un mélange de surprise et de consternation. Il avait beaucoup grossi. Son visage était bouffi à cause de la cortisone. Il tenait à peine debout. En mars 1974, je l'accompagnai à Pitsounda, sur les rives de la mer Noire, pour une rencontre franco-soviétique. Ce fut l'une de ses dernières apparitions publiques. Il faisait doux et le soleil resplendissait. Le président français cachait son visage derrière de grosses lunettes noires et, sous son épais manteau, on sentait qu'il avait froid. Une conférence de presse était programmée en début d'après-midi. Elle fut repoussée d'une heure, puis de deux. Finalement,

Georges Pompidou se présenta devant nous, soutenu fermement par deux personnes, dont le ministre des Affaires étrangères, Michel Jobert. Intellectuellement, il fit une prestation éblouissante. Mais chacun pouvait voir qu'il dissimulait une terrible souffrance.

Personne ne rompit le silence strict observé sur la maladie du président. Sans être dupes, les journalistes relayaient les informations communiquées par l'Élysée à l'AFP : Georges Pompidou avait un rhume ou une grippe qu'il ne parvenait pas à soigner. On se servait, pour évoquer le sujet, de périphrases auxquelles nul ne croyait. Un soir, une dépêche tomba en plein journal de 20 heures que je présentais : le président renonçait à sa participation à un grand dîner officiel en raison d'une crise d'hémorroïdes. J'appelai le rédacteur en chef :

— On ne va quand même pas dire ça !

— Si, il le faut. Ça vient de l'AFP. Tout le monde va reprendre la version officielle.

C'était le règne de l'hypocrisie.

La mort de Pompidou ne fut donc pas une surprise pour nous, même si elle se produisit plus vite que prévu. Ce fut néanmoins un choc. Seul son entourage le plus proche, dont son fidèle Édouard Balladur, savait combien il souffrait. Malgré le secret et la dissimulation, les Français saluèrent avec affection ce président qui avait montré tant de courage.

La presse n'accorda pas la même mansuétude à ses successeurs. François Mitterrand parvint à cacher très longtemps sa maladie, qui commença à le miner dès son élection. Il dut faire preuve d'une extrême discrétion, car les journalistes guettaient de près ses bulletins de santé. Je le côtoyais dans la période terrible où il luttait contre le cancer, devenu un fait politique.

Après ses opérations de la prostate, il devait s'exprimer devant la presse à sa sortie de l'hôpital. Les chirurgiens qui s'étaient occupés de lui étaient interrogés et répondaient.

Face à la maladie, François Mitterrand fit parfaitement illusion. Rétrospectivement, je ne vois que deux ou trois moments où j'ai pensé que quelque chose n'allait pas. En 1988, quelques mois après sa réélection, il nous reçut à Rambouillet, Nicole Avril et moi, avec Alain et France Duhamel. Nicole venait de publier un livre, où elle racontait les promenades qu'elle faisait, enfant, avec ses parents dans le parc du château. Le président fit ouvrir la demeure présidentielle pour elle. Il entendait ainsi rendre hommage à l'écrivaine dont il connaissait l'œuvre. Après le déjeuner, qui fut pour moi un cauchemar, non à cause de la conversation, brillante, mais du menu – des huîtres *chaudes* –, François Mitterrand et Nicole marchèrent ensemble dans le parc, évoquant les Charentes, la littérature. Nous discutâmes aussi de son second mandat. François Mitterrand en parlait avec, dans la voix, une pointe d'angoisse. Je compris plus tard qu'il craignait le retour de sa maladie. La charge présidentielle ne deviendrait-elle pas trop lourde pour ses épaules affaiblies ? Il avait pourtant refusé de laisser le pouvoir suprême aux « factieux » – Chirac et ses amis –, dénoncés dès son entrée en campagne.

Autre déjeuner, trois ans plus tard. Pendant l'été 1992, le président nous invita à Latche, Alain Duhamel et moi. À la fin du repas, il se leva de table et partit dans sa bergerie, où il se rendait souvent pour se reposer ou travailler au calme. Nous continuâmes de discuter avec Danielle Mitterrand et le vîmes revenir bien plus tard, accompagné de son médecin, Gubler, et du professeur Ady Steg, grand urologue. Avec Alain, nous nous regardâmes : leur présence n'était pas un très bon signe.

Dans l'après-midi, François Mitterrand nous invita dans la bergerie. Il semblait fatigué. À un moment, il fut gêné par le soleil, dont un rayon avait inondé la pièce. Tandis qu'à sa demande, Alain se levait pour fermer un rideau, il lui revint un souvenir : « L'autre jour, je recevais Louis Mermaz et Jean Poperen. Anne Lauvergeon était avec nous. Je lui ai aussi demandé de tirer le rideau. »

Au fil de la discussion, François Mitterrand et ses deux invités avaient évoqué l'avenir du Parti socialiste et de la gauche après sa disparition. Saisie, Anne Lauvergeon s'était figée un instant, avant de s'écrier : « Mais, monsieur le président, vous n'allez pas mourir ! » Le président avait souri, puis il avait soufflé à ses deux amis : « Elle ne veut pas que je meure ? Pourtant elle pense déjà à la robe qu'elle portera à mon enterrement ! »

Quand il le voulait, François Mitterrand pouvait se montrer cruel et injuste. Anne Lauvergeon n'était pas en mesure de le contredire. Admiratrice passionnée du président, auquel elle était très attachée, elle le couvait du regard, comme pour se l'approprier. D'une curiosité effrénée, elle était jalouse de sa proximité et de ses prérogatives. Un jour, tandis que je m'entretenais avec François Mitterrand dans son bureau, elle frappa à la porte.

— Monsieur le président, voulez-vous un jus d'orange ?

— Non, merci.

Dix minutes après, d'une voix douce, prévenante :

— Vous voulez un café, monsieur le président ?

— Non, merci.

Puis, encore un peu plus tard :

— Un thé, monsieur le président ?

— Je vous ai déjà dit non ! Non !

Devant l'exaspération du chef de l'État, elle cherchait à garder contenance et me demanda : « Et vous ? » Puis elle s'éclipsa rapidement. Elle avait tenté en vain de savoir ce dont nous parlions.

À la tête d'Areva, Anne Lauvergeon sut devenir « l'impératrice du nucléaire », y compris à l'étranger. Cette image devait plus à une communication efficace qu'à des résultats : Areva a disparu et la centrale nucléaire de Flamanville accumule aujourd'hui surcoûts et retards.

François Mitterrand rendit sa maladie publique à la fin de l'été 1992, après une première opération. Pendant l'été 1994, il subit une seconde opération après laquelle nous interrompîmes l'enregistrement de nos *Conversations pour l'histoire*. Physiquement, il était épuisé. Il n'était même plus en état de faire la centaine de mètres qui séparait l'Élysée du studio. Lorsque je lui rendais visite, il me recevait dans son bureau, installé dans un fauteuil incliné en cuir noir qu'il ne quittait plus.

Le livre de Pierre Péan sur sa jeunesse sortit au début du mois de septembre 1994. Ceux qui détestaient le président y trouvèrent matière à déverser leur fiel. Ceux qui l'aimaient, choqués, bouleversés, prirent quelque distance.

Mitterrand avec Pétain en 1942 ? Décoré par lui de la francisque ? Ami de René Bousquet, organisateur de la rafle du Vél' d'Hiv' ? Autant de révélations insupportables, surtout pour qui ne voulait pas savoir : en 1984, dans *Le Noir et le Rouge*, Catherine Nay avait presque déjà tout dit à ce sujet.

Bousquet aurait dû être jugé pour crime contre l'humanité. Il fut assassiné en mai 1993. Au cours d'une de mes « conversations » avec François Mitterrand, j'avais évoqué devant lui cet « ami » encombrant avec provocation.

— Il n'y aura pas de procès Bousquet, l'ancien chef de la police de Vichy ayant été assassiné. Vous ne le regrettez pas ?

— Je le regrette. De toute manière, un assassinat doit être considéré comme déplorable. Mais, en même temps, puisque tous les moyens du procès étaient maintenant réunis, il aurait été bon que les différentes thèses puissent être entendues pour l'histoire.

— Les différentes thèses ?

— Oui. L'accusation, la défense.

— On peut défendre, parce que c'est la justice. Mais les collaborateurs, ou les Français ayant bien vécu sous l'Occupation, ont-ils des arguments pour se défendre ?

— Ils en ont, sûrement, oui.

François Mitterrand ne voulait ni accabler ni défendre son « ami ». Il l'avait connu après son acquittement, en 1949, par la Haute Cour de justice. La rigueur de ses juges ne faisait pour lui aucun doute :

— Estimez-vous, d'une façon générale, qu'il y a intérêt à remuer le passé comme ça ? lui demandai-je.

— D'une façon générale, non. Mais les choses ont tourné de cette façon. René Bousquet avait déjà été jugé par la Haute Cour et acquitté en 1949. On en fait une description aujourd'hui – c'est curieux presque un demi-siècle après – qui est très faussée. Les passions ne peuvent pas être plus vives qu'à l'époque, l'épuration était très sévère au lendemain de la guerre, il y a eu beaucoup de condamnations à mort exécutées, ainsi que beaucoup de règlements de comptes qui ne sont pas passés par la justice.

Les hautes cours ne faisaient pas dans le détail et Mitterrand ne croyait pas que Bousquet ait bénéficié de protection. Il était en prison. C'est certain que c'est une protection contre l'assassinat mais, en dehors de ça, on ne va quand même pas dire que c'est un endroit rêvé.

— Non, il a été jugé comme tous les autres, comme tous ceux qui ont été arrêtés pour avoir rempli des fonctions importantes sous l'Occupation.

— Vous ne comprenez pas qu'on remette sur l'établi…

— Non, ce n'est pas ça. Il y a deux éléments nouveaux qui sont intervenus. Le premier est que des dossiers ont été ouverts – je n'ai pas suivi cette instruction d'assez près pour ne pas risquer de commettre des imprudences de langage, donc je serai prudent –, des dossiers comme celui du Vél' d'Hiv, des arrestations de familles entières et d'enfants juifs. Ce dossier-là semble avoir été davantage connu après 1949, et même beaucoup plus tard, après 1960, 1970. Donc, la Haute Cour de l'époque ne pouvait pas connaître tous les éléments du procès d'accusation.

L'autre élément, c'est qu'on a adopté, lors du procès de Nuremberg, une loi qui crée un nouveau chef d'inculpation : le crime contre l'humanité. C'est un fait nouveau dans notre droit pénal. Ces deux éléments réunis : des dossiers qui s'ouvrent, des archives dans lesquelles, enfin, on pénètre, et par ailleurs un chef d'inculpation particulier, tout cela devait permettre l'ouverture de ce procès. Nous ne sommes plus aujourd'hui dans la situation où nous étions entre 1949 et 1980.

— Et vous, vous avez connu Bousquet ?

— Je l'ai connu, oui, après son acquittement de 1949, je ne l'avais pas connu pendant la guerre.

Sans récuser le droit des jeunes générations à examiner le passé, François Mitterrand s'étonnait que le régime de Vichy suscite encore de telles passions cinquante ans après.

— Les gens qui jugeaient avaient souffert dans leur vie, dans leurs affections, dans leur chair, de l'Occupation et du régime de Vichy. Donc, on pouvait quand même davantage avoir foi dans ces juges de l'époque que dans des gens qui appartiennent à une autre génération n'ayant pas vécu ces faits. Je ne récuse pas le jugement des gens d'aujourd'hui, je dis simplement qu'on devrait être un peu plus sensible, d'une part, à la nécessité de ne pas entretenir toutes les causes de guerre civile en France et, d'autre part, que juger constamment ses compatriotes n'est pas forcément une mesure très saine. Je n'ai jamais dissimulé ce sentiment.

Président de la République, François Mitterrand refusait de s'ériger en juge. Je continuais néanmoins de l'interroger :

— Parce que vous avez vécu cette époque, est-ce que vous n'avez pas été trop indulgent à l'égard de ceux qui l'ont vécue ?

— Indulgent comment ? Je ne suis pas juge, je n'ai jamais été mêlé à ces affaires.

— Et aujourd'hui vous dites : « Maintenant c'est trop tard, les historiens, de toute façon, ont fait leur travail » ?

— Vous avez des gens complètement excités, extrémistes du matin au soir. Naturellement, ma position paraîtra exagérément modérée. Mais ça m'est égal, je dis ce que je pense. Je me demande souvent : « Ceux qui parlent si haut, en 1943, dans quel camp se seraient-ils retrouvés ? » C'est comme ceux qui me parlent de Munich à propos de la Bosnie. En 1938, qu'auraient-ils fait ? Je ne peux pas m'empêcher de me poser la question.

— Vous dites en 1943-1944, ils auraient peut-être été des résistants, comme Bousquet, après avoir…

— Bousquet n'a pas été résistant.

— On a dit qu'il avait fait quelques actes de résistance, qu'il avait encouragé les résistants en 1944…

— Non, non, non… C'est vous qui devenez systématique. Mais je n'ai pas à prendre la défense de René Bousquet. Il était secrétaire général de la police puis il a été disgracié. Il a été extrêmement mal avec les Allemands. Je ne sais pas comment il a vécu la dernière partie de la guerre – je crois même qu'il a eu quelques ennuis. Mais quand il était secrétaire général de la police – c'est ce que dit son procès –, il a fait, sans doute comme beaucoup d'autres, quand il était saisi humainement d'un cas ou d'un autre : il intervenait, quoi… C'est ce qui lui a valu cette contrepartie favorable qui a abouti à son acquittement.

Quand le livre de Péan sortit, en septembre 1994, je ne suivis pas de près la polémique qui montait.

J'étais absorbé par la présidence de France Télévisions. Il revenait aux directeurs de l'information de France 2 et France 3 de décider comment traiter la question. Le vendredi 9, j'étais à Sète pour soutenir le skipper Marc Pajot qui préparait la coupe de l'America. Nous étions son principal sponsor. À la fin de la journée, je reçus un appel de Pilhan :

— Le président veut te voir ce soir.

— Je ne peux pas, je suis à Sète. Que se passe-t-il ?

— Je ne peux pas te le dire. Viens demain. Il t'attend à midi.

La polémique avait pris l'allure d'un torrent puissant et destructeur. J'imaginais François Mitterrand enfermé à l'Élysée comme dans une forteresse, espérant que le cours d'eau retourne dans son lit. Je me doutais qu'il voudrait m'en parler et demandai à mes collaborateurs de me préparer un dossier sur les événements de la semaine. Je me plongeai dans le livre de Péan une bonne partie de la nuit et me présentai à l'Élysée le lendemain, à l'heure convenue. Le président était avec Pilhan. Très pâle, il portait un pantalon beige côtelé et une chemise à carreaux de cow-boy, à la mode texane. Il entra tout de suite dans le vif du sujet :

— Vous avez vu le livre ? Bousquet ? Même mes amis se dressent contre moi. Ils ne me comprennent pas. Il faut que je leur dise ma vérité. Ils verront bien que ce n'est pas ce qu'ils lisent.

— Quand voulez-vous parler ? lui demandai-je.

— Lundi.

— Qui suggérez-vous pour l'interroger ? me demanda Pilhan.

— Deux journalistes ?

— Non, un seul, me répondit-il.

Réfléchissant à voix haute, je passai en revue mes options. François Mitterrand coupa court :

— Non, vous.

Pas une seconde je n'hésitai. L'opération comportait des risques. Président de la télévision publique, j'avais mis entre parenthèses mes activités de journaliste et m'interdisais de faire des interviews. Les syndicats étaient très attentifs sur ce point. Mais cet entretien, le président me l'avait demandé personnellement. Je ne pouvais pas le lui refuser. Je pense que nos « conversations » ont joué dans son choix. Il savait que j'irais le plus loin possible, sans pour autant le piétiner.

Dès que je quittai l'Élysée, j'appelai mon ami Louis Bériot, le directeur d'antenne de France 2, pour réunir la meilleure équipe possible de réalisateurs et de techniciens. Puis je m'enfermai jusqu'à la fin du week-end pour me préparer. Le lundi matin, jour du rendez-vous, je devais négocier des accords de coproduction et de partenariat avec les dirigeants de la télévision publique japonaise NHK – ils furent signés à Tokyo quelques mois plus tard. L'après-midi, je me replongeai dans mes notes puis tentai de dormir une heure afin de retrouver un peu de fraîcheur. À mon réveil, ma secrétaire m'annonça que François Mitterrand voulait me voir avant l'émission.

À l'Élysée, on m'informa que le président n'était pas dans son bureau mais dans sa chambre. Il était 19 h 30. Je me présentai devant sa porte, qui était entrouverte. Je frappai d'abord mais n'obtins pas de réponse. Je poussai alors doucement la porte et entrevis François Mitterrand. Il était allongé sur son lit, en costume sombre, les yeux fermés, dans la position d'un gisant. Anne Lauvergeon et Jacques Pilhan se tenaient à ses côtés, sans dire un mot. Sur une petite table, du thé, des tartines de pain et du miel. Je frappai de nouveau. Pas de réponse. Un silence pesant emplissait la chambre. Saisi, je restai là une minute ou deux, qui me parurent interminables. L'espace de quelques instants, je crus que tout était fini. Enfin, le gisant tourna la tête vers moi, les yeux fermés, et rompit le silence : « Alors Elkabbach, les femmes sont toutes les mêmes. Elles ne savent offrir que des cravates et des écharpes. »

Nous rîmes ensemble, sans que je comprenne ce qu'il voulait me dire.

— Asseyez-vous. Nous allons faire l'émission.

— Vous n'êtes pas trop fatigué ?

— Non, ça va.

J'apprendrais plus tard qu'il avait fait une crise dans l'après-midi. Anne Lauvergeon l'avait supplié de renoncer à l'émission. Plus tard, elle n'eut pas de mots assez durs contre moi. Elle prétendait que j'avais insisté pour que l'entretien soit maintenu et que le président s'était laissé convaincre – ce qui était faire beaucoup de cas de mon influence, et très peu de sa résolution.

Les yeux fermés, il demanda à sa collaboratrice :

— Que s'est-il passé cet après-midi ?

— Robert Badinter a appelé… Laurent Fabius a appelé… Jacques Attali a appelé… Il prie pour vous, monsieur le président.

— Il prie pour moi, maintenant ? s'étonna-t-il en parlant d'Attali.

L'absence, ce jour-là, de l'ancien conseiller spécial n'avait rien de fortuite. En fin de matinée, j'avais moi-même reçu un coup de téléphone de l'intéressé.

— Jean-Pierre, c'est une erreur de faire cette émission. Renonce. Tu ne peux pas le faire parler.

— Et pourquoi ?

— Il n'est pas en état. Il est malade. Vous allez parler de Bousquet. Tu es juif… Comment peux-tu faire une chose pareille ? Ce n'est pas bon pour la communauté juive.

— Mais quel rapport ? Je suis journaliste. Je ferai tout ce qu'il faut pour que cette interview ait lieu.

— Je te conjure de ne pas la faire…

Entre le président et son conseiller spécial, la distance n'avait cessé de croître. C'était injuste. En 1993, Attali avait publié le premier volume de *Verbatim*, document passionnant pour l'histoire, à la fois journal, collection de portraits, recueil de confidences sur les tête-à-tête secrets auxquels il avait assisté, et premières archives des années Mitterrand. Il avait utilisé les dossiers de Robert Badinter, Hubert Védrine et d'autres encore, qui s'en plaignaient. Le silence de François Mitterrand valait reproche. Attali avait d'abord raconté qu'aucun droit de regard n'avait été accordé au président dans l'écriture de *Verbatim*. Des images retrouvées au cours de l'élaboration des « conversations avec un président » montrent que c'était faux. On y voit François Mitterrand assis à son bureau, les lunettes sur le bout du nez, corriger page à page le manuscrit du conseiller spécial :

— Vous m'enlèverez ceci, lui disait-il.

— Oui, monsieur le président.

— Vous m'ajouterez cela.

— Oui, monsieur le président.

— Vous ne pouvez pas me faire tenir, là, de tels propos.

— Oui, monsieur le président.

François Mitterrand avait lu et corrigé le livre. Peut-être ne voulait-il pas le voir publier, mais il avait fini par s'y résoudre. Il n'était pas un censeur.

Verbatim ayant donné lieu à une polémique alors qu'il s'agissait d'un témoignage unique, je voulus tirer les choses au clair. À l'occasion d'un déjeuner, avenue Frédéric-Le-Play, après son départ de l'Élysée, j'avais interrogé François Mitterrand : « Soyons justes, c'est vous qui aviez commandé *Verbatim* à Jacques Attali ! »

Ses mains étaient posées sur la table. Il avait observé un instant de silence, puis fait glisser les doigts de sa main droite entre ceux de sa main gauche, comme pour les effiler. Il m'avait répondu : « Oui, c'est vrai, je le lui ai demandé. Pour moi. Pas pour lui. »

Le 12 septembre 1994, date de notre entretien, devenu historique, sur sa jeunesse controversée, François Mitterrand manifestait un état proche de l'épuisement. Quand le temps vint de rejoindre le studio de l'Élysée, il se leva.

— Ça ne va pas être trop long ? me demanda-t-il.

— Une heure et demie environ.

Il s'appuya sur mon bras et sur celui de Jacques Pilhan pour se rendre au salon de maquillage. Je craignais qu'il ne tienne pas jusqu'au bout de l'émission et chargeai le réalisateur, Jérôme Revon, de préparer un autre programme, au cas où il nous faudrait arrêter. Dans le studio, tout le monde était prévenu.

Lorsque la maquilleuse eut terminé, il lui demanda de nous laisser seuls.

« Je vous le redis. Soyez le plus dur possible. Ne laissez rien passer. Dites-moi tout ce que vous voulez. J'ai besoin de ça. Je ne suis plus président de la République et vous n'êtes plus président de France

Télévisions. C'est une conversation d'homme à homme. »

Nous l'accompagnâmes dans le studio. L'équipe était stupéfaite : le visage du président était d'une pâleur spectrale. À l'image, douze millions de télé-spectateurs virent apparaître le chef de l'État, comme revenu d'entre les morts.

Je sentais peser sur mes épaules les attentes des Français. Je redoutais que François Mitterrand ne s'effondre.

Il commença par saluer l'auteur d'*Une jeunesse française*, un journaliste très sérieux et un mémorialiste honnête. Même si, dit-il, « il y a beaucoup d'appréciations de Pierre Péan que je n'aurais pas faites en mon nom ». Il avait l'habitude d'être contesté ou calomnié. Quel responsable politique ne l'est pas ? Mais s'il avait accepté cette confrontation, cet affrontement, c'est parce qu'il avait ressenti comme une souffrance « l'inquiétude honnête » des gens qui, jusque-là, lui avaient fait confiance, ceux que les haines et la violence des luttes partisanes n'aveuglaient pas. « C'est à eux que je veux parler ce soir. »

J'en vins rapidement à des questions sur sa santé. C'était la première interview qu'il donnait depuis son opération de l'été. La souffrance se lisait sur son corps épuisé et son visage livide. Les Français s'interrogeaient : était-il en état d'assumer ses fonctions ? S'il allait trop mal, qui oserait lui dire qu'il fallait arrêter ? Cette borne n'était-elle pas déjà franchie ? Je mesurais la gravité et la violence de ces questions, mais je devais les lui poser de façon directe, sans le ménager.

— Est-ce que vous souffrez, chaque jour ?

— Cela ne vous regarde pas.

Tout de suite, il m'attaquait. C'était bon signe : il se réveillait.

— Mais la maladie, vous la sentez ? Elle est présente ?

— Elle est là, naturellement. Elle n'a pas été réduite.

Il était résolu à ne rien concéder. Je fis un pas de côté et repartis à la charge. Il me livra son état d'esprit face à la maladie, cette « mauvaise compagne ». Sa confession résonna comme un avertissement : « Je suis en situation de combat et, quand je livre un combat, je me mets dans l'état d'esprit de celui qui le gagnera. »

Il affirmait n'avoir jamais été empêché de rien jusqu'à ce jour. Il restait informé de tout et s'exprimait sur les affaires sérieuses qui étaient de son ressort. Je le poussai dans sa logique :

— Dans quel cas diriez-vous, monsieur le président : « J'arrête, je pars, je ne peux pas continuer » ?

— Si la souffrance pèse sur moi au point que je ferais passer l'examen de mon sort avant celui du devoir d'État. À ce moment-là, il est évident que je partirai.

Il concéda simplement qu'il prendrait l'avis de son médecin.

Le moment vint d'évoquer sa jeunesse. J'étais dans un état de concentration extrême : je devais interroger le président sans me laisser impressionner et être à la hauteur de ce que les Français en attendaient. Je m'en tins aux faits les plus frappants, les plus déconcertants. Je lui rappelai son engagement au sein des Croix-de-Feu du colonel de La Rocque. « À dix-huit ans, me répondit-il, on est le produit de son éducation et de son milieu. J'étais, jusqu'à ce que mon expérience, ma réflexion personnelle, me fasse faire d'autres choix, le produit de ce milieu. » C'est pendant sa captivité en Allemagne que le jeune homme avait commencé à acquérir « une expérience personnelle, un jugement sur les hommes et sur les choses, sur l'état de la société ».

François Mitterrand ne renia pas ses origines. Il rappela que de très nombreux dirigeants socialistes en France et dans le monde venaient de milieux bourgeois. Jaurès avait été radical, avant de devenir socialiste. Lénine, Mao, Zhou Enlai, Castro étaient issus de milieux aisés. « Un homme se construit. Il se construit par ses actes, mais aussi par sa réflexion. Je me suis construit à ma manière et je suis devenu, non seulement un homme de gauche, mais également un responsable de la gauche en France. C'est pour moi un immense honneur. »

Il décrivit le régime de Vichy comme une « pétaudière » dans laquelle, derrière Pétain, s'étaient engouffrés toutes sortes de gens d'extrême droite, qui avaient des comptes à régler avec la République ou qui détestaient les juifs. Mais il y avait également rencontré beaucoup de hauts fonctionnaires dont le patriotisme était insoupçonnable.

Bien qu'il réprouvât désormais sans ambiguïté le régime de Vichy, il estimait ne pas avoir à exprimer cette condamnation en tant que président de la République. Ce n'était pas son rôle, estimait-il, de réécrire l'histoire. Ni le général de Gaulle, ni Georges Pompidou, ni Valéry Giscard d'Estaing ne l'avaient fait avant lui. J'insistai :

— Pourquoi la France ne demanderait-elle pas pardon pour les crimes et les horreurs qui ont été commis à cette époque-là, parfois en son nom ?

— Non, non ! La République n'a rien à voir avec cela ! Et j'estime, moi, en mon âme et conscience, que la France non plus n'en est pas responsable, que ce sont des minorités activistes qui ont saisi l'occasion de la défaite pour s'emparer du pouvoir et qui sont comptables de ces crimes-là. Pas la République, pas la France. Je ne ferai donc pas d'excuses au nom de la France.

Moins d'un an plus tard, Jacques Chirac prenait le contre-pied de son prédécesseur en évoquant « une faute collective » et la responsabilité de l'État dans la rafle du Vél' d'Hiv : « La France, patrie des Lumières et des droits de l'homme, terre d'accueil et d'asile, la France, ce jour-là, accomplissait l'irréparable. Manquant à sa parole, elle livrait ses protégés à leurs bourreaux. »

Sur René Bousquet, François Mitterrand reprit les arguments qu'il avait déjà avancés au cours de nos conversations. Il s'abrita derrière le paravent de tous ceux qui s'étaient accommodés de lui au sein de conseils d'administration. Je tentai de le piquer au vif :

— Alors, ils étaient aveugles, tous ces types ?

— Aveugles sur quoi ? De quoi me parlez-vous ? Ils sont en face d'un homme qui a été acquitté par la Haute Cour de justice, presque avec *félicitations*, c'est-à-dire avec levée de l'indignité nationale…

Propos outrancier qui aurait prêté à sourire dans des circonstances moins dramatiques. Reste que François Mitterrand n'entendait pas se reconnaître la moindre faiblesse coupable. Il défendait la probité d'une génération qui, par pragmatisme, s'était réconciliée avec des collabos ne leur paraissant pas infréquentables. Et en même temps, il s'indignait d'être seul mis en cause.

En tant que président de la République, il jugeait de son devoir de favoriser la réconciliation entre Français. Il s'inscrivait en cela dans une tradition ancienne. Il rappela que la Commune, événement sanglant entre tous, ayant causé la mort de dizaines de milliers de personnes, avait donné lieu à une amnistie, dix ans après les faits. Quelques années après la guerre d'Algérie, de Gaulle accordait déjà la grâce présidentielle à des criminels de l'OAS. Mitterrand lui-même avait amnistié les généraux rebelles responsables du putsch de 1961. Il admit avoir recommandé oralement aux ministres de la Justice de freiner des procédures judiciaires, susceptibles de raviver des plaies. « Mon point de vue, depuis de longues années, c'est qu'il faut tenter de mettre un terme à la guerre civile permanente entre Français. » Le président s'en était expliqué à plusieurs reprises en Conseil des ministres. Il voulait l'unité nationale.

À aucun moment, pendant cet entretien, ni pendant nos conversations, François Mitterrand ne sembla percevoir ce qui alimentait le douloureux retour de la mémoire de Vichy. Jusqu'à la fin des années 1970, on parlait très peu des juifs et des camps d'extermination. Ce n'est qu'en 1978 que Louis Darquier de Pellepoix, ancien commissaire aux Affaires juives, réfugié en Espagne, mit en cause directement René Bousquet comme l'organisateur intégral de la rafle du Vél' d'Hiv. Cette déclaration tonitruante permit d'accélérer les recherches de Serge Klarsfeld, qui établit la responsabilité directe de l'ancien chef de la police. C'est également l'époque où Simone Veil et bien d'autres encore commencèrent à rompre le silence.

Comme la plupart des Français qui ont subi la défaite et l'Occupation, François Mitterrand n'avait pas pris en considération, comme il l'aurait fallu, le sort terrible réservé aux juifs. Mais en s'étonnant des passions nouvelles suscitées par cette tragédie, un demi-siècle plus tard, il persistait, d'une certaine manière, dans ce qui ressemblait à un déni de réalité. Pendant trop longtemps, on avait oublié ou minoré la sinistre contribution de Vichy à la Shoah. Le souci de réconcilier les Français commandait de la reconnaître et, pour l'histoire, de juger un régime assassin. Homme d'une autre génération, Jacques Chirac aurait le courage d'admettre l'évidence, c'est-à-dire la responsabilité de Vichy et de la France.

L'interview dura 1 h 35. Lorsqu'elle prit fin, j'étais épuisé. « C'est déjà fini ? » me demanda François Mitterrand. Le quasi-mourant qui avait commencé l'émission la terminait comme ressuscité.

Nous passâmes ensemble le reste de la soirée. Avec Louis Bériot, nous attendions que, les réactions, les commentaires tombent. Quel accueil allait-on nous réserver ? Dans ces heures décisives, l'opinion se fabriquait. François Mitterrand semblait aussi détaché que nous étions anxieux : pendant une heure, il nous parla de l'empereur Néron, que ses contemporains tenaient pour responsable du grand incendie de Rome de 64. Cette thèse, aucun historien ne la défend plus. Le temps dissipe les légendes noires et réhabilite ceux que leurs contemporains ont trop rapidement condamnés. Avec Bériot, nous nous jetions des regards stupéfaits : comment pouvait-il disserter sur ce sujet dans un moment pareil ?

Le lendemain, je vis la productrice Christine Gouze-Rénal, belle-sœur du président. Elle avait regardé l'interview en compagnie de Danielle Mitterrand. « Nous l'avons trouvé très bon, mais très pâle. Nous avions peur pour lui. » Elles avaient interrogé le docteur Gubler :

— Combien de temps lui reste-t-il à vivre ?

— Si vous croyez que dans cinq ans, il sera encore là, vous vous trompez. Si vous pensez qu'il terminera son mandat, je vous dis « oui ». Mais pas beaucoup plus.

Comme si l'intime conviction comptait davantage que l'avis du médecin, Christine Gouze-Rénal s'était alors adressée à moi :

— Tu crois qu'il finira son mandat ?

— Oui, Gubler vous l'a dit. Je le pense. Il tient par la volonté.

Ce fut l'interview la plus bouleversante que j'aie jamais réalisée. Je devais être dur avec lui alors que je le sentais à l'agonie. Je savais qu'il souffrait. Je l'avais vu gisant dans sa chambre. Je l'avais porté tant ses jambes étaient faibles. Au début de l'entretien, j'étais profondément ému mais je n'avais pas le droit de me laisser attendrir.

Dans mon questionnement, il n'y avait ni méchanceté ni haine. Dans le travail, je ne fais pas de sentiment. C'est un trait de caractère : toutes les réserves, les préventions, la timidité qui s'exercent sur moi dans la vie disparaissent dans l'action. C'était, je le répète, une interview vérité et l'attente de l'opinion était immense.

Nombreux furent ceux qui, tout en reconnaissant la qualité de l'entretien, me reprochèrent d'avoir brutalisé le président. Je ne pouvais pas leur dire qu'il m'avait lui-même demandé d'aller le plus loin possible et de me montrer intraitable.

Les attaques portées contre François Mitterrand étaient de nature politique. On voulait l'affaiblir davantage et s'en débarrasser. La surprise exprimée par beaucoup était feinte. Ceux qui disaient découvrir les engagements de jeunesse de Mitterrand et se présentaient comme les parangons d'une vertu outragée étaient des menteurs et des hypocrites. Il était hors de question que je prenne part à cette tartufferie collective. La vérité n'est pas aussi manichéenne qu'on voulait bien l'écrire.

Je peine à croire qu'Élisabeth et Robert Badinter, qui étaient si proches de François Mitterrand, n'aient pas déjà connu les faits révélés par Pierre Péan. Ils partageaient avec lui une grande intimité. Ensemble, ils allaient au théâtre, partaient en voyage, notamment en Égypte. Les Badinter connaissaient l'existence de Mazarine, de sa mère Anne Pingeot, la passion secrète de François Mitterrand. Après septembre 1994, le couple s'éloigna un moment, comme tant d'autres. Peut-être, auparavant, leur affection et leur admiration les avaient empêchés d'y croire. Pourrons-nous lire un jour la correspondance d'Élisabeth et Robert Badinter avec leur ami ? Elle nous aiderait à comprendre toutes les vies de François Mitterrand.

Jacques Attali lui aussi était parfaitement au fait des relations de François Mitterrand et de René Bousquet. Il raconte lui-même avoir été convié par son chef à un déjeuner chez Dodin Bouffant en compagnie d'amis connus à Vichy pendant la guerre. Il s'agissait, lui avait-il dit, de personnes ayant beaucoup fait pour la Résistance. En sortant du restaurant, le conseiller avait demandé quelques précisions sur les convives. François Mitterrand avait alors dit un mot sur chacun, lui révélant au passage la présence parmi eux de Bousquet. Peut-être Attali en fut-il désemparé ou horrifié, mais il ne quitta pas pour autant ses responsabilités ni, plus tard, son poste à l'Élysée.

Le livre de Pierre Péan fut un grand succès d'édition, porté par le scandale. En réalité, il était bien plus nuancé que ce qu'on en a retenu. Lors d'un déjeuner, l'auteur me confia que les propos de Mitterrand sur Bousquet rapportés dans l'ouvrage n'étaient pas exhaustifs : le président avait clairement condamné l'action du collaborateur. Péan en conservait la trace dans ses carnets. Cette question lui paraissant secondaire, il ne l'avait pas intégrée au livre. Mais au moment de la publication, c'est elle qui avait suscité le plus de réactions. *Le Monde* offrit une exposition formidable à *Une jeunesse française*. Pierre Péan regrettait ce malentendu autour de Bousquet et reconnaissait avoir une dette envers François Mitterrand. Il publia quelques années plus tard un livre sur leurs entretiens, tentant de corriger certains jugements inconsidérés. *Le Monde* en fit une critique assassine.

Après la fin de son mandat, François Mitterrand s'installa avenue Frédéric-Le-Play, près du Champ-de-Mars. En novembre 1995, il m'invita à déjeuner dans un restaurant non loin de là. C'était une belle journée d'automne, fraîche et lumineuse. Une demi-heure avant le rendez-vous, je reçus un appel de sa collaboratrice, Christiane Dufour :

— Il est trop fatigué. Est-ce que cela vous conviendrait de déjeuner avenue Frédéric-Le-Play ? Ce sera sobre…

— Évidemment, ça m'est parfaitement égal !

Je retrouvai François Mitterrand dans sa chambre et nous déjeunâmes en tête à tête. Comme à l'accoutumée, la conversation fut libre, élevée, enrichissante – du moins pour moi. À un moment, le président caressa le museau de sa chienne Baltic, qui tournait autour de nous. Son poignet blême et maigre apparut sous sa chemise. Il était couvert de taches noirâtres, de griffures et de traces de sang. François Mitterrand vit mon regard et baissa sa manche. « Vous voyez ce que c'est un labrador ? Ça vient vous mordre, mais c'est affectueux… » Il cherchait à masquer les blessures manifestement causées par de multiples piqûres.

À la fin de ce repas frugal, Christiane Dufour vint dire à François Mitterrand qu'Henri Emmanuelli était là pour le saluer. Le président tourna son regard vers moi :

— Je peux ?

— Bien sûr…

Emmanuelli se joignit à nous pour le café. Il fit part au président de l'agacement des socialistes devant les mauvais coups et les pièges tendus par la majorité : « Chirac nous fait des misères, Juppé nous attaque… »

François Mitterrand l'interrompit : « Laissez cela, Henri, c'est le jeu politique ! Et nous, ne leur en avons-nous pas fait autant, sinon pire ? Ne les a-t-on pas privés de moyens, attaqués ? Assez d'enfantillages ! Regardez ce ciel bleu, ce soleil, la vie qui se déploie. Allez vous promener. Oubliez un moment les turpitudes politiques. Pensez à l'essentiel, Henri. »

Quelques minutes après, Henri Emmanuelli et moi étions dans l'escalier de l'immeuble. Nous avions déjà descendu quelques marches lorsqu'il s'arrêta. Il se tourna vers moi, les larmes aux yeux :

— Dans l'état où il est, si près de la mort, il nous donne une leçon de vie. La politique, oui, bien sûr, ses combats, ses pièges, sa nécessité, mais l'essentiel est ailleurs. C'est lui qui a raison…

La mort de François Mitterrand, pourtant prévisible, fut un choc pour tout un peuple qui l'avait souvent détesté, mais qui avait admiré son courage face à la maladie. « La France portait le grand deuil pour l'un de ses souverains les plus contesté, écrira Alain Duhamel. François Mitterrand n'était ni un héros, ni un saint, mais l'artiste politique peut-être le plus fascinant du XXe siècle français… La mort réunissait soudain le personnage et la personne. » Nous fûmes autorisés à nous recueillir devant sa dépouille. Face à l'immeuble de l'avenue Frédéric-Le-Play, une foule entière était venue lui rendre hommage.

Alain entra dans la chambre mortuaire au côté de François Léotard, qui en sortit rapidement. J'attendis devant la porte en compagnie de Pierre Mauroy, l'ami, le confident, l'admirateur, l'ancien Premier ministre. Nous franchîmes la porte ensemble. Dans la pénombre, nous vîmes François Mitterrand, allongé sur son lit. Son corps semblait avoir rétréci. Son visage, amaigri, paraissait apaisé. Son chapeau et sa canne, qui avaient tant servi, étaient posés près de lui.

Pierre Mauroy avait la main posée sur mon épaule. Il éclata en sanglots et sortit après quelques instants. Bouleversé, je restais seul face à François Mitterrand. Je songeais à son extraordinaire destin : cinquante ans de combats politiques, vingt-trois ans dans l'opposition, quatorze à l'Élysée, président de gauche avec ses ambitions, ses promesses, ses fautes, ses discours enflammés, ses illusions, les femmes séduites, la double vie… Je voyais défiler mentalement l'existence hors du commun de cet homme d'État. J'ai vu aussi, à travers lui, la fragilité et les limites de la condition humaine. L'Histoire jugera.

Je quittai la chambre à reculons, gardant longtemps les yeux fixés sur François Mitterrand.

XVII

LE CYGNE ET LE DAUPHIN

Il y avait, chez Jacques Pilhan, dans son moulin, près de Paris, un étang, où nageaient des cygnes majestueux. Un jour, comme nous les regardions évoluer gracieusement sur le plan d'eau, le conseiller du président me dit : « Ce qui est extraordinaire, chez les cygnes, c'est que les mâles tuent les premiers de leurs petits. Ils empêchent ainsi l'émergence d'un rival et d'un possible successeur. »

Après leur défaite aux élections législatives de 1993, les principaux responsables du PS se déchiraient sur les causes de la défaite et les moyens de reconquérir le pouvoir. Cela n'attristait pas François Mitterrand, mais il le déplorait : « Il faut qu'ils sachent quand même dominer leurs propres passions. Ils ont un rôle national à jouer : ils sont les porteurs de l'espérance socialiste. »

Il observait qu'en France, le PS avait une longue tradition de désunion. Chacun tentait de s'affirmer dans sa petite chapelle et tous avaient du mal à se retrouver dans la vaste nef de l'église socialiste – est-ce si différent aujourd'hui ? En 1988, si François Mitterrand avait nommé Michel Rocard, c'était, assurait-il, parce qu'il voulait l'unité du parti, qui lui semblait menacée. Le président ne se priva pourtant pas d'attaquer son Premier ministre en sous-main par l'intermédiaire de Roland Dumas et de Pierre Bérégovoy.

Selon lui, au moment de la deuxième cohabitation, l'unité du PS demeurait un horizon, mais elle ne serait atteinte qu'en vertu d'une cause extérieure : l'élection présidentielle, en cristallisant les énergies, pourrait jouer un rôle déterminant. « Si cela ne se produit pas, je pense que la fin de ce siècle passera avant que les socialistes soient de nouveau au gouvernement. »

En fait, François Mitterrand ne se voyait pas de successeur. Lors d'une de nos conversations, il me confia :

— Édouard Balladur, Jacques Delors, Raymond Barre sont des hommes d'État. Ils ne seront jamais chefs d'État. Ils ne connaissent rien à la France, à sa géographie, à sa physique et, pire, au peuple français. Ils ignorent les duretés d'une élection. Il faudrait que je leur donne les clés de l'Élysée, me dit-il en sortant un trousseau qu'il avait dans la poche.

— Alors c'est un socialiste qui vous succéderait ? Laurent Fabius ?

Le président soupira et, de la main, écarta cette idée d'un geste dédaigneux.

— Michel Rocard ? Lionel Jospin ?

Tous deux furent gratifiés du même geste.

— Une femme ?

— Vous n'avez rien compris. Toute société a besoin de respirations, tous les dix ans. Thatcher, Kohl et moi, nous sommes là depuis trop longtemps. Nous sentons la lassitude des peuples qui nous ont réélus. La France n'est pas une monarchie. Il n'y a pas de dynastie

Mitterrand. Je ne passerai le relais à aucun socialiste. À personne. Chacun devra livrer bataille, jouer sa chance. Les Français décideront par leur vote. Ils ont eu un socialiste au pouvoir pendant quatorze ans. Le temps est venu d'une alternance démocratique.

— Alors, en face, à droite, qui a les qualités ?

— Encore une fois, vous ne comprenez pas. Ce n'est pas à moi de décider. Ils auront à se débrouiller tout seuls, insistait-il.

L'exigence démocratique du président n'était pas seule en cause. Marguerite Yourcenar fait dire à l'empereur Hadrien : « Je ne tiens pas spécialement à me léguer à quelqu'un. » François Mitterrand avait tant lutté qu'il n'entendait pas rendre la partie plus facile aux prétendants à l'Élysée. D'ailleurs, un autre jour, il me dit très clairement que la durée de son règne – quatorze ans – ne le tracassait pas outre mesure : « Et vingt-trois ans dans l'opposition, vous ne croyez pas que c'est plus long ? »

Les pronostics de François Mitterrand ne furent pas entièrement démentis. Le candidat du PS à la présidentielle de 1995, Lionel Jospin, échoua, mais sa campagne suscita autour de lui une adhésion et un mouvement qui le portèrent à Matignon deux ans plus tard. Présumant de sa force, il ne chercha cependant pas à réaliser l'unité de son camp en 2002. Aussi connut-il la défaite dès le premier tour. Au vu des qualités de Lionel Jospin, personne n'imaginait Jean-Marie Le Pen présent un jour au second tour de l'élection présidentielle, surtout avec des résultats élevés. Chacun de nous fut effaré et le pays, sidéré. La victoire de cette extrême droite épouvantail était possible. Chirac refusa le débat rituel de l'entre-deux-tours. Et c'est bien lui qui fut élu.

À la fin de son second mandat, François Mitterrand était attaqué de toutes parts. Aux critiques de la droite s'ajoutaient les saillies de son propre camp. Sans avenir politique, le président n'intéressait plus les leaders socialistes qui, engagés dans une bataille féroce pour sa succession, cherchaient surtout à se démarquer de lui.

Je lui demandai un jour :

— Alors, tout le monde vous lâche ?

— Vous connaissez Alphonse de Vaulabelle ? L'*Histoire des deux restaurations* ? Vous devriez lire Vaulabelle.

Et, pour répondre à ma question, il évoqua les Cent-Jours.

À son retour de l'île d'Elbe, en 1815, Napoléon reprit possession de son bureau des Tuileries, que Louis XVIII avait occupé quelque temps. Un de ses aides de camp y trouva une lettre manuscrite adressée au roi. Son auteur était un général qui avait été de toutes les campagnes de l'empereur. La lettre disait : « Majesté, nous ne laisserons pas passer l'usurpateur. » Napoléon la lut en silence, puis il la posa sur le secrétaire et, sans la quitter des yeux, dit à son aide de camp : « Ce ne sont que des hommes. »

François Mitterrand n'eut pas cette mansuétude pour Édouard Balladur. Pourtant, la cohabitation se passa longtemps sans accroc. Le président reconnaissait à son Premier ministre une certaine résolution, un don d'analyse et une clarté d'esprit dignes d'être salués. Il appréciait son calme et son comportement d'honnête homme – au sens du XVIIe siècle. À ses yeux, l'ambition présidentielle que cultivait Édouard Balladur – et dont personne ne doutait – ne contrariait pas son désir sincère de contribuer au bien du pays.

L'estime mutuelle et le respect des institutions ne prévenaient pas toutes les tensions. L'idée circulait que l'Élysée n'exerçait plus qu'un pouvoir formel et que l'exécutif, y compris pour les fonctions relevant de l'autorité du président de la République, se trouvait tout entier à Matignon. François Mitterrand s'agaçait qu'on réduisît ainsi sa magistrature à une dimension honorifique.

C'est dans ce contexte qu'eut lieu la rupture entre les deux hommes. En août 1994, Édouard Balladur accorda un entretien au *Figaro*, dirigé à l'époque par Franz-Olivier Giesbert. Son titre, sur cinq colonnes : « Ma politique étrangère ». Convalescent après sa seconde opération, le chef de l'État entra dans une colère noire lorsque, dans son lit d'hôpital, il en découvrit la teneur : « Il sait très bien que la politique étrangère est du ressort du président de la République ! Je suis malade et il ose déclarer publiquement : “Ma politique” ? »

Je me renseignai auprès d'Édouard Balladur : « Je n'ai pas dit ça ! se défendit-il. C'est *Le Figaro* qui a titré “Ma politique”. Pas moi ! Je me suis contenté de définir les grands axes de la politique étrangère et j'ai cité le président. *Le Figaro* m'a fait un tort terrible ! »

Franz-Olivier Giesbert me confirma être à l'initiative du titre de la une – mais la querelle entre les deux têtes de l'exécutif l'indifférait totalement. Je tentai d'expliquer la situation à François Mitterrand, mais il ne voulut rien entendre :

— Vous avez vu ce qu'il m'a fait ? C'est fini.

— Mais ce n'est pas lui qui est à l'origine de ce titre.

— Peut-être, mais Édouard Balladur n'a pas protesté.

Il n'en démordait pas : le Premier ministre avait cherché à l'humilier. Il avait piétiné la fonction présidentielle. La rupture était consommée.

Le 25 août 1994, on célébrait le cinquantième anniversaire de la libération de Paris. Nous avions prévu de diffuser la cérémonie en direct sur France Télévisions. La tribune officielle se trouvait sur l'esplanade de l'Hôtel de Ville. Compte tenu de l'ampleur de l'événement, j'avais supervisé personnellement – c'était mon rôle – les dispositions prises pour la retransmission. Des caméras avaient été placées à divers endroits pour filmer la manifestation dans son éclat et sa solennité. Pendant la préparation, le service du protocole de l'Élysée me fit savoir qu'une caméra serait requise au premier étage de la mairie. Je n'eus pas davantage d'explications et crus qu'il s'agissait d'une précaution au cas où François Mitterrand aurait besoin de se reposer un moment – ou quelque chose de cet ordre.

Pour la cérémonie, trois larges fauteuils dorés, tapissés de rouge, avaient été disposés dans l'ordre pour le président de la République, le Premier ministre et l'hôte des lieux, le maire de Paris. À un moment donné, François Mitterrand glissa un mot à Jacques Chirac. On les vit ensuite se lever, emprunter l'escalier qui menait au premier étage et disparaître derrière la porte d'un grand bureau. Pendant une vingtaine de minutes, Édouard Balladur demeura seul en compagnie de deux fauteuils vides. Rien de cette scène n'échappa aux caméras.

Quelque temps après, je demandai à Jacques Chirac :

— Vous êtes restés ensemble un long moment. C'était intéressant ? De quoi avez-vous parlé ?

— Oh, de rien de très important. Nos vacances, nos voyages… On a papoté, se contenta-t-il de me répondre.

J'étais certain qu'il se moquait de moi. Je posai la même question à François Mitterrand. Même réponse :

— On a bavardé… La libération de Paris, nos vacances…

— Mais pendant ce temps, Édouard Balladur attendait !

— Oui, c'est vrai…

Deux menteurs qui se jouaient de nous ! Ce jour-là, Jacques Chirac devint, aux yeux de tous, le candidat du président. François Mitterrand s'était vengé.

Georges Pompidou lui aussi avait fait l'objet d'un procès en déloyauté. Il devait tout au Général, qui l'avait sorti de la banque et avait fait de lui son conseiller. Lorsqu'il fut nommé Premier ministre en 1962, personne ne le connaissait et ses débuts à l'Assemblée furent difficiles. Redoutable débatteur, François Mitterrand multipliait les sarcasmes à son encontre. On ne s'en rend pas compte à la télévision parce que les micros des députés sont coupés, mais l'hémicycle est une arène bouillonnante. Les ministres sont positionnés au débouché d'un entonnoir où se déverse le torrent des sifflets, des grondements réprobateurs, des insultes. Tous vous le diront : il faut faire face, parler fort, s'imposer. Le baptême du feu est affolant. On met souvent du temps à comprendre comment répondre. Les premiers jugements sur Georges Pompidou furent cruels : « Il est mauvais, il ne tiendra pas six mois ! »

Mais bientôt, il imposa sa prestance, son style, sa culture. Il apprit très vite et devint un tribun redouté. Avec son mégot au coin des lèvres, ses pull-overs, ses chemises sans col, ses mocassins, ses voitures de sport, il détonnait. La croissance était forte, la France poursuivait sa reconstruction, embellissait. Georges Pompidou encourageait les arts et les artistes. Il était à la fois le Français dans sa quintessence et un homme brillant, doté d'une culture littéraire, un véritable intellectuel. Il impressionnait.

On commença à penser à lui comme potentiel successeur du général de Gaulle. On savait qu'il était là, qu'il avait l'autorité et le charisme nécessaires. Puis vint Mai 68. De Gaulle prit ombrage des initiatives de son Premier ministre. Lorsque au plus fort de la crise, le Général décida de disparaître, il ne mit pas ce dernier dans la confidence. Une fois la situation politique apaisée, Georges Pompidou, froissé, se montra quelque peu hésitant quant à ses intentions. De Gaulle prit ce prétexte pour ne pas le reconduire dans ses fonctions et nommer Maurice Couve de Murville.

Georges Pompidou installa alors ses bureaux boulevard de La-Tour-Maubourg. Il reçut, voyagea. Sans doute pensait-il que son heure viendrait, mais il n'était pas pressé : en principe, le mandat du général de Gaulle ne prendrait fin qu'en 1972.

Pourtant, lors d'un séjour à Rome, des journalistes l'interrogèrent :

— Et si le général de Gaulle s'en va, que ferez-vous ?

— S'il décidait de s'en aller, naturellement, je pense que je pourrais avoir un destin national.

Il n'en fallait pas plus pour que la presse présente l'ancien Premier ministre comme un recours. Georges Pompidou s'en défendit, proclamant sa loyauté sans faille et son attachement intransigeant au gaullisme. Lorsque, quelques semaines plus tard, à Genève, on lui posa une question similaire, il y répondit avec plus de précaution et de nuance, mais le résultat fut le même : « Le traître, il récidive ! » Les gaullistes ne l'avaient jamais aimé : ils ne le lui pardonnèrent pas.

Après l'échec du référendum d'avril 1969 et le départ du général, le champ était libre pour celui qui remporta l'élection présidentielle sans difficulté. Un an et demi plus tard, il annonça, en direct à la télévision, la mort « du héros du 18 juin, de la Résistance et de la Ve République » déclarant solennellement : « la France est veuve ». Il se rendit ensuite à Colombey pour se recueillir devant la dépouille du défunt, mais Yvonne de Gaulle s'arrangea pour que le cercueil soit fermé à son arrivée.

Plus tard, l'immense croix de Lorraine de Colombey fut inaugurée en présence du président de la République. Je commentais la cérémonie en direct à la télévision. George Pompidou vint saluer chaque membre de la famille de Gaulle, chacun à son tour. Mais Yvonne refusa de prendre sa main. Elle le jugeait responsable de la dégradation de la santé de son mari et estimait qu'il usurpait les institutions gaulliennes. Le président resta un moment la main tendue, interdit, puis il comprit que son salut ne lui serait pas rendu.

Édouard Balladur, qui se réclamait de son exemple, se trouva dans la même situation d'usurpateur aux yeux des chiraquiens. Le pouvoir lui allait pourtant si bien que sa candidature de 1995 s'imposa comme une évidence. Il quittait Matignon à 19 heures : sa puissance de travail et son efficacité étaient telles que toutes les décisions importantes de la journée étaient déjà prises. « On s'ennuie ici », répétait-il. Les sondages le plaçaient en tête et la marche qui le conduirait à l'Élysée semblait pouvoir être franchie sans grand effort. Le Premier ministre fumait des cigares de plus en plus longs et les courtisans s'empressaient déjà de lui faire la révérence. Il prenait l'ascendant sur le chef du RPR, dont la candidature ne s'imposait plus de façon naturelle.

Un soir de septembre 1994, alors que j'étais de retour chez moi après une journée passée à France 3 Rennes, Nicole me prévint que Jacques Chirac avait appelé trois fois : il était dans tous ses états et cherchait à me joindre. Pendant le journal de 20 heures, le journaliste Étienne Leenhardt lui demanda si, ce soir-là, il s'exprimait en tant que maire de Paris, chef du RPR ou candidat à la présidence de la République. Il lui posa la question d'une manière malicieuse, qu'il regretta sans doute :

— Qui nous parle ce soir ? Qui êtes-vous, Jacques Chirac ?

— Écoutez, je sais que vous êtes un jeune journaliste, mais je pensais quand même que cette information était parvenue jusqu'à vous !

Quand j'eus Jacques Chirac au téléphone, un peu plus tard, il était fou de rage : « Votre présentateur me demande qui je suis ? Ça fait combien d'années que je fais de la politique ? Qui c'est, ce type ? C'est vous qui avez soufflé cette question ridicule à cet abruti ? »

En janvier 1995, la victoire du Premier ministre paraissait tellement à portée de main que, dans la presse, Nicolas Sarkozy recommandait à Jacques Chirac de se retirer pour ne pas diviser la droite : « Ce n'est pas la peine qu'il continue à faire campagne. Il devrait arrêter et soutenir Balladur. »

Le soir même, le chef du RPR était interviewé par Arlette Chabot :

— Vous n'avez pas l'intention de renoncer ? Irez-vous jusqu'au bout ? Certains s'interrogent... Allez-vous vous maintenir ou bien, comme vous le conseille Nicolas Sarkozy, vous retirer ?

— Vous parlez sérieusement ou vous faites de l'humour ? s'étonna Jacques Chirac, le sourcil froncé. Écoutez, madame Chabot, soyons sérieux, je vous prie.

Il avait réagi sans éclat mais, derrière son grand sourire, on l'avait senti fragile, déstabilisé. Pendant deux ans, il n'adressa plus la parole à la journaliste.

Rien ne semblait pouvoir arrêter Édouard Balladur. Pourtant, Jacques Pilhan ne croyait pas à sa victoire. Le second septennat de François Mitterrand étant proche de son terme, il avait proposé ses services à Jacques Delors, quand tous pensaient – sauf Mitterrand, qui me le disait – que le président de la Commission européenne se présenterait. Jacques Pilhan se tourna ensuite vers Lionel Jospin, qui déclina son offre : « Non merci, je n'ai besoin de personne. »

À la même époque, nous déjeunâmes chez Le Divellec avec un François Mitterrand épuisé, grelottant. Il avait visité une exposition au musée Maillol en compagnie d'Hubert Védrine. Auparavant, Jacques Pilhan m'avait confié sa déception et sa colère : « Ils n'ont pas compris que ce que je fais est un *vrai* métier. Je vais le leur montrer puisqu'ils m'humilient. »

Dominique de Villepin terminait un repas ennuyeux avec un sénateur et vint nous saluer. J'avais fait sa connaissance en 1988 à Washington où il était conseiller presse à l'ambassade de France.

De retour à Paris, Villepin se lia avec Jean-Luc Lagardère. Il fut ensuite conseiller diplomatique de Jacques Chirac à la mairie de Paris, puis directeur de cabinet du ministre des Affaires étrangères, Alain Juppé.

Chez Le Divellec, il me demanda de lui présenter Jacques Pilhan, qu'il ne connaissait pas. Le contact fut excellent, et pour cause : Pilhan démontra avec son art et sa méthode que Chirac, contrairement à ce que tout le monde pensait, allait remonter dans les sondages. « Dites-lui que d'ici trois ou quatre semaines, les courbes vont se croiser. C'est lui qui va gagner. » Dominique de Villepin peinait à y croire, mais la prophétie se réalisa.

Jacques Pilhan avait compris avant tout le monde que Balladur et son équipe s'étaient trompés de stratégie. D'après les entretiens de groupes qu'il organisait à « Temps public », les Français n'étaient pas satisfaits de leur situation. Ils aspiraient à un changement. Aussi, donner à penser que l'élection était jouée d'avance et que la continuité avec la cohabitation prévaudrait était une erreur. Édouard Balladur aurait dû se présenter comme le candidat du changement par rapport au président sortant, celui qui, ayant enfin les coudées franches, répondrait au désir des Français d'une amélioration de leur vie quotidienne. C'est Jacques Chirac qui avait endossé ce rôle. Il ne le quitta plus.

Jacques Pilhan ne croyait pas dans le caractère prédictif des sondages à moyen ou à long terme. Ce n'est que lorsqu'on pousse les sondés à aller plus loin, à s'expliquer, qu'ils en viennent à parler de leur propre vie. Dès lors, leurs représentations superficielles, construites par la télévision, laissent place à la réalité. Pendant la campagne de 1995, Édouard Balladur et ses stratèges n'avaient pas su empêcher le retour du réel.

Plus tard, je ne fus pas surpris d'apprendre que Pilhan conseillait Jacques Chirac – avec l'accord de François Mitterrand – et sa fille Claude. Active et réconfortante, Claude Chirac avait été présente dans les pires moments de doute. Confiante dans la victoire de son père, exigeante, elle était devenue, peu à peu, son inspiratrice à la mairie de Paris et dans les campagnes électorales. Elle le demeura jusqu'au bout.

Elle a du charme, de l'autorité et une gravité profonde, née des souffrances endurées. Secrète, méfiante à l'égard des journalistes comme l'était son père, elle intimidait les plus coriaces d'entre nous. Je me souviens d'un Club de la presse où une dizaine de confrères mitraillaient Jacques Chirac de questions pour le déstabiliser. Il se laissait emporter, frôlant les indiscrétions et multipliant les jugements à l'emporte-pièce. Claude Chirac se tenait face à lui, au fond du studio, silencieuse. Il suffisait d'un regard pour que celui qu'elle appelait « Chirac » change de ton : les confidences étaient terminées.

Aujourd'hui, sollicitée de tous côtés, elle ne cède à personne et reste, avec discrétion et liberté, maîtresse de ses choix.

Pendant leur collaboration, Claude Chirac et Jacques Pilhan se téléphonaient plusieurs fois par jour. Il la trouvait intelligente, rapide, franche, attentive, familière des dossiers les plus difficiles. Un vrai caractère.

À l'Élysée, le tonitruant Villepin prit ombrage de l'influence à la fois calme, drôle et rigoureuse de Pilhan, associé à Claude Chirac. Le secrétaire général de la présidence combattit ce tandem si efficace. En 1997, il convainquit le président et son Premier ministre,

Alain Juppé, de dissoudre l'Assemblée, pourtant dominée par une majorité de droite, et de convoquer des élections anticipées – faute majeure. Battu, l'exécutif fut obligé de cohabiter avec un Lionel Jospin déterminé et sérieux. Villepin chercha à rendre responsable Jacques Pilhan et Claude Chirac tant de la défaite que de la dissolution de l'Assemblée – Jacques Pilhan me le confirma lui-même. Blessé, meurtri, il fut emporté par une maladie fulgurante. Il se serait réjoui de la réélection de Jacques Chirac en 2002.

Jacques Pilhan a inspiré de nombreuses vocations. Quel politique d'envergure ne reçoit pas les conseils de communicants ? Beaucoup de ses pairs se réclament de ce pionnier, mais peu ont sa finesse, sa vision et sa créativité. Peut-être manque-t-il aussi à ses émules le souci de ne pas occulter certaines réalités difficiles à entendre ? Un des modèles de Pilhan était Joseph Fiévée, conseiller secret de Napoléon, dont le ministre de la Police, Fouché, était jaloux. Réputé pour son indépendance d'esprit, Fiévée prévint l'empereur de son souci de ne jamais travestir sa pensée, quand bien même celle-ci lui déplairait : « Dorénavant je ne vous adresserai que des notes telles que je les ferais pour moi ; vous saurez qu'elles sont pour vous, et vous resterez maître de n'en prendre que la part qui vous conviendra. »

Le courage de Fiévée n'est pas la vertu la plus répandue. Comme lui, et Jacques Pilhan, puissent les conseillers du pouvoir ne pas aveugler ceux qu'ils servent.

XVIII

LOYAUX ET LIBRES

En 1991, alors que nous passions des vacances à l'île Maurice dans le même hôtel que Jacques et Bernadette Chirac, Nicolas Sarkozy accorda un long entretien au *Nouvel Observateur*. À l'époque maire de Neuilly et député des Hauts-de-Seine, il était réputé très proche du maire de Paris. Pensant que l'interview intéresserait Jacques Chirac, Nicole voulut la lui montrer. Elle le trouva sur la plage en train de prendre un bain de soleil et lui tendit le texte qu'elle avait découpé. Jacques Chirac prit les pages et, sans même leur accorder un regard, en fit une boule de papier que, d'un geste éloquent, il jeta négligemment derrière lui.

Les relations entre les deux hommes n'étaient déjà pas sans nuages. Nicolas Sarkozy avait tendance à porter à son seul crédit ses incontestables succès électoraux. Jacques Chirac, qui avait appuyé ses ambitions, ne manquait pas de s'en agacer. Le chef de la droite voyait de l'ingratitude dans le triomphalisme de son protégé. En 1975, lors d'un congrès du parti gaulliste à l'hôtel Negresco de Nice, il avait repéré cette jeune pousse de dix-neuf ans dont l'éloquence rageuse et enflammée avait galvanisé l'auditoire. Il l'avait pris sous son aile et s'était occupé de sa formation politique.

Nicolas Sarkozy fit tout pour ressembler à Jacques Chirac qu'il considérait comme un modèle pour sa fougue, son autorité, son esprit de conquête. Un modèle, mais pas un maître : devenu maire de Neuilly à seulement vingt-huit ans, grâce à la bienveillance du chef du RPR, il s'attacha très tôt à manifester son autonomie.

Après l'échec du candidat de la droite face à François Mitterrand en 1988, Nicolas Sarkozy fit son entrée à l'Assemblée nationale sur les bancs de l'opposition. Je perçus alors que la fidélité du jeune député-maire n'était pas inconditionnelle. Lors de nos rencontres régulières, il me confiait déjà, comme à d'autres, que le maire de Paris n'avait plus, selon lui, ni force, ni idées. À mesure qu'il se rapprochait d'Édouard Balladur, dont il devint un ministre clé en 1993, il s'éloignait de son ancien mentor. La rupture entre les deux hommes lors de la campagne présidentielle de 1995 ne fut donc pas un coup de tonnerre dans un ciel serein.

Nicolas Sarkozy finit par se rendre compte de son erreur. Excellent à la tête du gouvernement, le Premier ministre s'avérait un très mauvais candidat. L'élection de Jacques Chirac valut au maire de Neuilly un exil intérieur, quelque peu atténué par la défaite aux législatives de 1997 qui, en renvoyant la droite dans l'opposition, favorisa son retour dans les instances du parti.

En 2002, Dominique de Villepin considéra que la pénitence avait assez duré. Il convainquit Jacques Chirac, réticent, de faire entrer Nicolas Sarkozy au gouvernement. L'amertume du président envers son ancien protégé restait vive. Lors de leurs entrevues, et notamment en Conseil des ministres, les deux hommes ne laissaient rien paraître de leurs mauvaises relations. Jacques Chirac restait silencieux en présence du ministre, qui se comportait vis-à-vis de lui avec une forme de révérence. Cependant, en public, Nicolas Sarkozy n'épargnait au président aucune critique, s'attachant à le faire passer pour un « roi fainéant ».

Au ministère de l'Intérieur, Nicolas Sarkozy était étincelant et sa popularité parmi les sympathisants de droite ne cessait de croître. On appréciait son énergie, son activisme, son franc-parler, même s'il choquait quelquefois. Quand, en 2004, il fut question de donner au quinquennat un nouvel élan en changeant de gouvernement, le secrétaire adjoint de l'Élysée, Frédéric Salat-Baroux, suggéra au président de nommer Nicolas Sarkozy à Matignon. Il reçut une réponse sans équivoque : cette hypothèse était exclue car, disait Jacques Chirac, les relations entre le président et le Premier ministre ne sauraient souffrir la moindre discorde. Il marquait ainsi sa défiance envers le ministre de l'Intérieur qu'un certain 14 juillet 2004 il recadra ouvertement : « Je décide, et il exécute », asséna-t-il sans dissimuler son exaspération. Cette formule, qu'il empruntait à Napoléon, n'avait rien d'improvisé. Le président était lassé des outrances du jeune loup et entendait lui rappeler devant les Français que c'était son front qui avait reçu l'onction du suffrage universel, et non celui de son ministre.

Bien qu'injuste, le procès en inaction et passivité instruit par Nicolas Sarkozy touchait sa cible. Nous qui avions craint Jacques Chirac dans ses années de conquête, nous ne le reconnaissions plus. Le « pur-sang », dont

Marie-France Garaud estimait qu'il lui fallait un « jockey », s'était mu en sage à l'Élysée. Ayant pris un peu d'embonpoint, il ne grimpait plus les escaliers quatre à quatre mais marchait d'un pas lourd et portait de larges costumes. Il refusait les mondanités, s'enfermait jour et nuit dans son bureau et parlait peu.

La stature présidentielle lui était naturelle. En 2003, il sut résister à l'Amérique de Bush qui, aveuglée par le traumatisme du 11-Septembre, cherchait à entraîner la France et les Nations unies dans l'aventure irakienne. Il resta stoïque face aux torrents d'injures que lui valut son courage. Dominique de Villepin, dans son fameux discours aux Nations unies, qui fut le grand moment de sa vie politique, exprima la position personnelle du président. Le texte avait été écrit à trois mains – Bruno Le Maire, Dominique de Villepin, Jacques Chirac –, mais c'est le président qui avait suggéré la formule la plus marquante de cet inoubliable appel à la raison entre pays amis : « Et c'est un vieux pays, la France, d'un vieux continent comme le mien, l'Europe, qui vous le dit aujourd'hui, qui a connu les guerres, l'occupation, la barbarie. »

Ayant su incarner aux yeux du monde une France indépendante et championne de l'État de droit, Dominique de Villepin connut une ascension politique rapide. Bientôt, il s'imposa comme le principal rival de Nicolas Sarkozy, obtenant même d'être nommé à Matignon en 2005. Mais son étoile pâlit en quelques mois : ses projets de réforme du droit du travail, menés à la hussarde, se heurtèrent à l'hostilité de la rue, tandis qu'il proclamait l'état d'urgence pour répondre aux émeutes qui secouèrent les banlieues.

Les deux dernières années de mandat du président furent un crépuscule. Victime d'un accident vasculaire cérébral en septembre 2005, Jacques Chirac dut faire face aux caméras qui l'attendaient à la sortie du Val-de-Grâce où il avait été soigné. Amaigri, élégant dans sa veste en tweed, il souriait, au côté de Bernadette, pour montrer au pays qu'il était rétabli. Il fallait prouver que le président restait en mesure de gouverner.

Toujours silencieux et discret, le secrétaire général de l'Élysée, Frédéric Salat-Baroux, ne disait rien de son inquiétude, ni de ses allées et venues à l'hôpital. Dans les mois qui suivirent le malaise du président, les trahisons, les abandons commencèrent. Les tartuffes à l'échine souple tournaient casaque, sans gêne ni pudeur. En décembre 2005, Jacques Chirac se reposait à Taroudant dans le Sud marocain. À l'Élysée, Frédéric Salat-Baroux était seul dans le silence de son bureau. Depuis ce lieu éminent, d'où beaucoup de grandes décisions partent et où tout remonte, il rédigeait le message de vœux que le président allait adresser aux Français pour l'année 2006. Il annonçait le développement rapide et inéluctable des nouvelles technologies, dont le président se ferait le symbole et le héraut. Non que Frédéric Salat-Baroux y crût lui-même. Mais l'illusion qu'il entretenait visait à tenir jusqu'au bout le camp présidentiel en rangs serrés derrière son chef.

Le soir de son élection, le 6 mai 2007, Nicolas Sarkozy prononça son premier discours en tant que président de la République. Jacques Chirac, Bernadette et quelques proches le regardèrent ensemble à la télévision. Après avoir dit qu'en votant pour lui, le peuple français avait « choisi de rompre avec les idées, les habitudes et les comportements du passé », il n'eut pas un mot pour le président sortant à qui il devait tant. À mesure que les minutes s'égrenaient, le visage de celui-ci s'était fait de marbre. Cet oubli volontaire, violent, cette ingratitude, marqua la rupture définitive entre les deux hommes.

Quant à Frédéric Salat-Baroux, il n'eut pas le destin politique auquel l'appelaient ses qualités, son action et son engagement indéfectible auprès de Jacques Chirac à l'Élysée. Dans les semaines qui suivirent son élection, Nicolas Sarkozy lui promit, devant le président sortant, le ministère de la Santé et des Affaires sociales : « Frédéric, choisis ton directeur de cabinet, lui dit-il, nous allons nous mettre très vite à la tâche. »

Jacques Chirac le mit toutefois en garde : « Ne croyez jamais les promesses des politiques. Trouvez-vous vite un travail, c'est plus prudent. »

Il avait raison. Quelques heures seulement avant l'annonce de la composition du gouvernement, le nouveau secrétaire général de l'Élysée, Claude Guéant, appela Frédéric Salat-Baroux pour lui dire : « Hélas, nous avons dû nommer aux Affaires sociales Xavier Bertrand, dont le poids politique est supérieur au vôtre. »

Sans amertume, Salat-Baroux trouva un emploi à ses principaux collaborateurs, éteignit les lumières, rendit les clés et reprit des études en Angleterre. Il est aujourd'hui considéré comme un des meilleurs avocats internationaux d'affaires. Je le connais : la France s'est privée d'un serviteur de l'État dévoué, à l'écoute des citoyens, doté d'une vision et d'un sens de la justice impartial.

* * *

Si la candidature de Nicolas Sarkozy à la présidentielle s'imposa avec la force de l'évidence, l'émergence de Ségolène Royal fut tout à fait inattendue.

Comme de coutume, les socialistes étaient profondément désunis dans la perspective de l'élection de 2007. À la fin du mois d'avril 2006, avec Rémi Tomaszewski, le secrétaire général de Public Sénat, nous vîmes à la télévision plusieurs dirigeants du PS sortir consternés d'un bureau politique particulièrement houleux. Claude Bartolone était apparu en colère devant les caméras, exaspéré par le désordre qui régnait au sein du Parti et par l'incapacité de ses dirigeants à s'accorder sur un candidat.

L'idée nous vint alors d'organiser un débat sur Public Sénat. Nous pouvions accorder des heures d'antenne sans interruption ni limite de temps. Toutes les formes étaient envisageables, sans contraintes. Au terme de ce débat, un vote désignerait celui ou celle qui partirait à la bataille présidentielle sous les couleurs du PS.

Pour formaliser notre proposition, nous écrivîmes aux candidats potentiels qui, tous, nous donnèrent leur accord de principe. Seul le patron du PS, François Hollande, ne répondit pas. Il nous envoya simplement une émissaire pour bien comprendre nos intentions. Nous lui présentâmes les grands principes du projet : retransmission en direct, égalité de temps de parole, pupitre pour chacun des participants ; des règles précises, définies ensemble au préalable, assureraient la bonne tenue des débats.

À la fin de l'été, François Hollande nous donna son accord mais il nous annonça dans le même temps qu'il ne concourrait pas. En effet, Ségolène Royal voulait prendre part à la compétition et le couple n'envisageait pas de s'affronter dans l'arène politique. Déjà, au début de l'été, alors que j'avais invité François Hollande à une édition du *Grand Rendez-vous*, il avait demandé à être remplacé par Ségolène Royal. On le voyait partout et il souhaitait que l'on parle un peu plus d'elle. J'acceptai et Ségolène Royal fit une très bonne émission. Sa candidature n'était pas moins légitime que celle de son compagnon. Formés aux mêmes écoles, tous deux avaient été un temps des collaborateurs de François Mitterrand. L'équilibre d'un couple comme le leur, si politique, était délicat. Pendant cet été 2006, François Hollande décida de privilégier sa vie personnelle aux dépens de ses ambitions publiques. Sans doute estimait-il aussi que son heure n'était pas venue et n'imaginait-il pas que sa compagne l'emporterait face à des géants du parti comme Laurent Fabius et Dominique Strauss-Kahn.

L'organisation des débats donna lieu à des négociations à couteaux tirés. Les candidats craignaient une bataille rangée, un affrontement virulent et stérile. Ils s'imaginaient face à face autour d'une table, à brandir leur chaussure au-dessus de leur tête, comme Khrouchtchev à la tribune des Nations unies. Ils ne voulaient pas donner une telle image de leurs divisions.

Nous cherchâmes à les rassurer en leur présentant les règles et le fonctionnement des débats des primaires américaines, dont nous entendions nous inspirer. Les réunions entre les porte-parole des candidats, auxquelles j'assistai avec Rémi Tomaszewski, furent des bagarres sans merci, la méchanceté de l'un répondant à la dureté de l'autre. La question des plans de coupe était le point de crispation le plus fort. Il aurait fallu ne montrer à l'image que l'orateur. Les candidats refusaient catégoriquement qu'on filme leurs réactions, la qualité de leur écoute. Ils redoutaient de faire un faux pas et, plus encore, d'être piégés. Les pourparlers durèrent deux jours. Nous bataillâmes longuement pour obtenir les plans en question : « Ce n'est pas possible, vous revenez à la télévision de Brejnev ! Je vous rappelle qu'il est mort ! » Heureusement, nous eûmes gain de cause.

Laurent Fabius et Dominique Strauss-Kahn tenaient à ce débat, contrairement à Ségolène Royal, en tête dans les intentions de vote. Pourtant, elle fut étincelante et surclassa ses adversaires. Elle incarnait le renouveau, seule femme contre deux hommes. Elle parlait environnement, écologie, accès des femmes aux postes de responsabilité. À l'époque, elle avait de l'audace et de l'imagination.

J'assistais aux débats en compagnie des porte-parole des candidats et de François Hollande. Ce dernier hochait la tête pour approuver sa compagne mais, plusieurs fois, je le vis se frapper la cuisse et s'exclamer avec une pointe d'agacement : « C'est pas possible… Il ne faut pas dire ça ! » Les idées transgressives de Ségolène Royal mettaient en difficulté ses adversaires, dont elle ne fit qu'une bouchée. Elle échoua en revanche face à Nicolas Sarkozy.

Repartant à l'assaut de la présidentielle de 2012, les socialistes décidèrent de renouveler l'expérience de la primaire. Au printemps 2011, la compétition était très ouverte : je connaissais le talent et la compétence des principaux candidats. Ségolène Royal s'était de nouveau lancée dans la course. Elle croyait que sa défaite face à Nicolas Sarkozy, comme celles de François Mitterrand en 1974 et de Lionel Jospin en 1995, augurait d'une victoire, mais le souffle de 2006 s'était évanoui. Cette fois, François Hollande s'était déclaré et de petits candidats, Manuel Valls, Arnaud Montebourg, commençaient à émerger. Mais celui que les sondages et les médias présentaient comme le favori de la compétition ne s'était pas encore prononcé.

Ancien ministre de l'Économie et des Finances de Lionel Jospin, Dominique Strauss-Kahn semblait avoir une longueur d'avance. Il était auréolé de son action à la tête du Fonds monétaire international. Attentif aux pays pauvres et en développement, il avait profondément changé l'institution. Surtout, il avait affronté la crise financière de 2008 et ses conséquences. Il maîtrisait les grands dossiers économiques mondiaux, côtoyait les principaux chefs d'État qui l'estimaient. Je le savais sérieux, ambitieux. Il avait la méthode, l'étoffe d'un homme d'État et la carrure pour atteindre le second tour.

Cependant, à supposer qu'il se présentât, rien n'était joué : son image était troublée par des rumeurs autour de son train de vie, que l'on croyait dispendieux. Photographié à la dérobée, devant chez lui, place des Vosges, dans la Porsche d'un de ses amis, il subit une première alerte lorsque l'image fut publiée. C'était, pensait-on, son talon d'Achille.

Je savais par diverses sources qu'il se préparait. Mais au printemps 2011, Dominique Strauss-Kahn était encore accaparé par la crise de l'euro et le sauvetage financier de la Grèce. Son mandat n'était pas terminé et il n'était pas certain qu'il lâche la proie pour l'ombre, la présidence du FMI pour une hypothétique investiture socialiste.

Je l'avais déjà rencontré à plusieurs reprises pour des interviews sur Europe 1 et, deux fois, je l'avais interrogé à Washington, dans son vaste bureau du FMI, sur l'économie mondiale et les conséquences de la crise des subprimes pour la France. En avril 2011, il vint passer une quinzaine de jours à Paris où il rencontra certaines rédactions, dont celle de *Libération*. Je demandai à le voir. Rendez-vous fut pris le 28 avril 2011 à l'hôtel des Vosges. Seul à seul, notre conversation fut agréable, personnelle et politique. Elle prit un tour inattendu : « Tu connais François Hollande ? me demanda-t-il. Est-ce que tu peux lui dire que, pour moi, il aurait tort d'être candidat à la présidentielle ? Je vais me présenter. Et, si je suis élu, je ferai de lui un ministre d'État, chargé de l'Économie et des Finances, puis, après deux ou trois ans, mon Premier ministre. Dis-lui que c'est mieux pour lui d'avancer étape par étape. »

Dominique Strauss-Kahn avait bien l'intention de se présenter et ne s'en cachait plus – je doute fort être le seul journaliste auquel il ait adressé cette demande. Sa décision n'était peut-être pas irrévocable, mais il manœuvrait pour écarter un rival potentiel. Je ne rendis évidemment pas compte à François Hollande de cette conversation : ce n'était pas mon rôle.

Deux semaines plus tard, je me préparais à recevoir Ségolène Royal dans *Le Grand Rendez-vous* sur Europe 1. Elle était en campagne pour la primaire, mais peinait cette fois à imprimer sa marque. Vers 3 ou 4 heures du matin, mon téléphone sonna. « Écoute la radio, écoute la radio ! » Dominique Strauss-Kahn avait été arrêté à l'aéroport JFK et venait d'être inculpé par la justice new-yorkaise pour agression sexuelle, tentative de viol et séquestration.

Je ne pouvais plus dormir. Cette incroyable nouvelle bouleversait le jeu politique. J'espérais que Ségolène Royal ne renoncerait pas au dernier moment. Au contraire, elle vint et parla avec courage, ouvrant la voie aux réactions de ses camarades, restés jusque-là terrés dans le silence.

Comme tous les Français, j'étais à la fois abasourdi par ce séisme au retentissement planétaire et pressé d'en connaître les dessous. Le monde entier avait les yeux rivés sur New York et conspuait le président du FMI, que ses turpitudes désignaient comme un odieux criminel. Le choc était rude : Dominique Strauss-Kahn était un homme d'une intelligence supérieure. Il l'avait montré au sein du gouvernement français et dans de grandes réunions internationales. Quelle que fût l'issue de l'enquête, son avenir politique était brisé.

Quelques semaines plus tard, j'allai à New York pour reconduire les accords annuels qui liaient Public Sénat et la chaîne parlementaire américaine, CSpan. Libéré sous caution, Dominique Strauss-Kahn était alors en résidence surveillée. J'eus envie de lui rendre visite pour lui exprimer ma sympathie. Sans trop y croire, j'appelai Anne Sinclair et lui laissai un message.

Je ne faisais pas partie de la meute hurlante, prête à tout pour arracher un morceau de chair à l'accusé. Certains allaient de plateau en plateau répéter qu'ils seraient heureux de le voir jeté en prison pour trente ans. J'avais des doutes. L'histoire n'était pas claire. Je savais qu'il était capable d'incartades, mais à ce point-là ? J'avais traité toutes les informations le concernant avec rigueur et sobriété, sans jamais chercher à l'accabler. Je faisais valoir la présomption d'innocence et m'opposais à ceux qui s'autorisaient des accusations à la légère. Les faits. Rien que les faits. À New York et à Paris, Dominique Strauss-Kahn avait encore des gens qui le soutenaient dans cette tragédie, même s'ils condamnaient ses méfaits, s'ils étaient avérés.

Le lendemain, je sonnai à la porte de la maison louée par le couple dans le quartier de Tribeca. Les accès étaient surveillés par une caméra de contrôle. Tout était épié. Dans l'entrée, il y avait un garde-chiourme, payé par le détenu – c'était une des conditions de sa libération sous caution. L'agent avait son comptoir, une sorte de loge, à l'arrière, et une télévision. Il vérifia mon identité, nota mon nom sur un registre, mon heure d'arrivée, prit mon passeport. Enfin, il fit coulisser une porte-fenêtre. « *Mister Strauss-Kahn, you have a visitor.* »

Je vis apparaître Dominique Strauss-Kahn, au fond d'un couloir qui menait au salon. Anne Sinclair, en haut d'un escalier, descendit précipitamment. Nous nous saluâmes chaleureusement et DSK m'invita à prendre place sur un canapé, à ses côtés. La pièce était vaste, glaciale, égayée seulement par des tapis et quelques photos de famille. Une sorte de plafond ouvrait sur l'extérieur, mais il avait dû être occulté, car des paparazzis montaient dans les arbres pour photographier le couple.

Dominique Strauss-Kahn portait un pantalon beige, un pull au ras du cou et des mocassins. « Regarde, dit-il en me montrant sa cheville. Un bracelet électronique. Quelle histoire de fou, mais quelle histoire de fou ! Tu as vu ça ? C'est comme à Guantánamo. »

Il me raconta son arrestation. Il avait été ballotté d'un commissariat à un autre, d'une salle d'interrogatoire à une autre. Les policiers eux-mêmes s'interrogeaient sur la rapidité et l'ampleur de l'opération. « Ils ne cessaient de me répéter de ne pas m'inquiéter. Une fois ma caution payée, j'allais sortir. Le lendemain, le juge me fit savoir que je serais libéré le soir même moyennant une caution de deux cent mille dollars. » Il dut finalement attendre quatre jours et payer cinq fois plus.

Entre-temps, il fut détenu dans la prison de Rikers Island. Il me parla de l'isolement, de ces heures interminables passées sous la lumière crue des néons. Sa montre lui avait été retirée. Depuis sa cellule, il entendait des bruits effrayants venus des coursives. On l'assomma d'anxiolytiques. Un psychiatre ou un psychologue lui expliqua : « Vous êtes tombé si bas, de si haut et si vite… »

Il était abattu et très angoissé. Cinq ou six fois, il me dit sa crainte d'être condamné « à vingt-cinq ans dans un pénitencier américain ». Ce mot, « pénitencier », ainsi répété me frappa. Il véhiculait un imaginaire effroyable qui hantait l'ancien président du FMI.

Nous évoquâmes rapidement la politique française. Il n'avait donné aucune directive à ses troupes. « Je les ai assez bouleversées et fait souffrir comme ça. Anne et sa famille aussi. Je les laisse libres de se déterminer. J'avais passé un accord avec Martine Aubry pour la primaire. Elle a joué le jeu. Je ne suis plus dans la course, donc c'est à elle d'y aller. »

Anne Sinclair allait et venait. Elle m'offrit du thé. À un moment, elle s'assit près de nous. « Tu te rends compte, Dominique ? lui dit-elle. Tu avais prévu d'annoncer ta candidature dimanche dernier… »

C'est elle qui avait trouvé cette maison qui permettait à son mari de ne pas retourner en prison. La plupart des propriétaires contactés avaient refusé de leur louer quoi que ce fût. Mal à l'aise, ils invoquaient les nuisances que représenteraient pour eux et leurs voisins les grappes de journalistes suspendus aux basques du couple. À l'entrée d'une des maisons qu'ils visitèrent, un tabernacle était installé sur le linteau de la porte avec, à l'intérieur, une mézouza. Anne Sinclair l'avait embrassé. Réticent jusque-là, le propriétaire avait fait volte-face : « Vous êtes chez vous, ici. »

Le couple ne regardait pas la télévision. Anne Sinclair ne voulait pas voir les images de Dominique Strauss-Kahn menotté ou en cellule. Elle était très calme, inquiète, mais combative, contenant sa tristesse. « Dominique est innocent ! Nous avons encore vingt ans de vie commune. Nous allons vivre notre amour pendant ces vingt ans. On va s'en sortir. » Elle était impressionnante de force et de courage face aux circonstances qui les accablaient.

Elle exprima aussi son désarroi, son incompréhension, sa rage. Leurs amis s'étaient manifestés, mais l'écho de critiques et de ragots leur parvenait. De prétendus intimes se répandaient en commentaires et en confidences. Elle ne l'oublierait pas. D'anxiété, elle s'était blessé la paume avec ses ongles.

L'implacable mécanique de la justice américaine s'était mise en branle. La question de l'innocence ou de la culpabilité de Dominique Strauss-Kahn était devenue secondaire. Les avocats avaient engagé une bataille contre un procureur qui voulait sa tête. Tout ce qui comptait désormais pour le couple, c'était de trouver une solution ou un compromis lui permettant de sortir de cet enfer. La pression de la justice était alors maximale. Rien n'était encore décidé.

Après les avoir quittés, j'ai marché dans les rues de New York pendant deux heures, sonné par la scène que je venais de vivre. Anne Sinclair et Dominique Strauss-Kahn faisaient face à l'inconnu. J'étais touché par leur désarroi, leur refus du désespoir.

L'arrestation de DSK fut un incroyable coup de théâtre dans la course à la candidature socialiste et même l'élection tout court. Elle mettait hors jeu celui que beaucoup jugeaient favori. Sans ce coup du destin – qui, au vu des révélations et des péripéties judiciaires qui le suivirent, serait sans doute tombé à un moment ou à un autre –, le président du FMI aurait-il remporté l'investiture de son camp ? Nul ne peut le dire. Après tout, François Hollande aurait peut-être triomphé de lui lors de la primaire comme il l'avait fait de Martine Aubry, qui était courageusement entrée dans la compétition. Cet accident de la vie politique, tout à fait inattendu, rebattait les cartes et ouvrait un peu plus la voie de l'Élysée au premier secrétaire du PS.

La primaire de 2011 propulsa la candidature de François Hollande qui remporta l'élection présidentielle après une campagne audacieuse. Au Bourget, on le vit transfiguré : « Mon adversaire, c'est le monde de la finance ! » Puis, il annonça une taxe de 75 % sur les revenus supérieurs à un million d'euros, surprenant ses adversaires mais aussi ses collaborateurs – Jérôme Cahuzac, chargé de la fiscalité dans son équipe de campagne, fut informé de ce projet en pleine émission de télévision. Dès le lendemain de l'élection victorieuse, ce marqueur politique, qui fit merveille face au « président des riches », fut une source d'embarras constante pour le gouvernement qui s'évertua à en atténuer les effets.

Le candidat socialiste était sous-estimé – le président le fut aussi, et l'homme l'est encore. Lors du débat de l'entre-deux-tours, on découvrit un François Hollande comme sublimé, que même ses proches ne connaissaient pas. Lorsqu'il déclina sa fameuse anaphore – « Moi, président de la République… » –, on voyait Nicolas Sarkozy encaisser les coups sans réagir, abasourdi. Décontenancé, le président sortant ne parvenait pas à y croire.

Pour Manuel Valls et Arnaud Montebourg, la primaire fut l'opportunité d'accéder à une certaine notoriété. Leur performance lors des débats fut remarquée et, en dépit de la faiblesse de leur score, le coup de projecteur dont ils bénéficièrent leur donna un poids politique inespéré – depuis, bon nombre de politiques ont compris qu'une candidature à une primaire est un bon marchepied pour obtenir un ministère.

En 2012, Manuel Valls devenait ministre de l'Intérieur et Arnaud Montebourg recevait le portefeuille de l'Économie. Tous deux incarnaient une sensibilité différente : sociale libérale, matinée d'autorité républicaine pour le premier ; étatiste, proche de la gauche du PS pour le second.

Au printemps 2014, François Hollande nomma Manuel Valls à Matignon pour orchestrer un deuxième temps de son quinquennat, plus libéral, axé sur une politique économique de l'offre, qui révulsait la gauche du PS. Arnaud Montebourg conserva son poste à Bercy mais multiplia les critiques et les piques envers le gouvernement. Le dimanche 24 août, entouré de sympathisants, il prononça un réquisitoire contre sa nouvelle ligne, appelant à une confrontation avec l'Allemagne sur le terrain du déficit budgétaire et de la dette : « Le ministre de l'Économie que je suis a le devoir de ne pas se taire et de proposer des solutions alternatives. » Drôle de conception de la solidarité gouvernementale ! Pour couronner le tout, Arnaud Montebourg promit d'envoyer à François Hollande une bouteille de la « cuvée du redressement » réalisée pour lui par ses partisans – ultime moquerie qui porta à son paroxysme l'exaspération du président de la République et de son Premier ministre.

Au début du week-end, le cabinet du ministre rebelle avait contacté ma collaboratrice pour demander s'il pouvait être reçu à Europe 1 le lundi matin. Je l'invitai évidemment et suivis de près la comédie qu'il joua pour sa rentrée politique. Pas une seconde, il ne se douta du dénouement.

À Europe 1, détendu et sûr de lui, il plastronnait dans mon bureau devant quelques journalistes, qui riaient de bon cœur. « Vous avez vu la bouteille ? »

Après l'interview, je discutai avec lui quelques minutes :

— Vous n'avez pas peur qu'ils vous virent ?

— Peur ? Mais ils n'en auront pas le courage. Ils sont bien trop faibles et timorés pour ça !

Il nous quitta à 9 h 10. Cinq minutes plus tard, les agences d'information annonçaient en urgence que le président de la République remerciait Arnaud Montebourg et le mettait dehors. Incrédule, sonné, il lâcha pour toute réaction : « Putain, ils l'ont fait ! »

Emmanuel Macron ne s'en doutait pas, mais il allait être le grand bénéficiaire de ces provocations. Ce 28 août 2014, qui scella le sort d'Arnaud Montebourg, fut un point de bascule dans sa vie, dont le cours aurait pu suivre une tout autre pente.

J'avais connu Emmanuel Macron alors que François Hollande n'était pas encore à l'Élysée. Lors des matinales d'Europe 1, je recevais régulièrement le premier secrétaire du PS. Il était accompagné d'un homme jeune, qui écoutait les émissions en régie. Silencieux, secret, attentif, rien ne lui échappait. Souvent, après l'antenne, nous prenions un thé dans un café voisin. Ainsi naquit une relation simple et directe entre nous. Parfois, il m'interrogeait sur telle ou telle situation. Ainsi, au moment de la crise monétaire et financière, qui faillit mettre les économies mondiales sur le carreau, il me demanda si, selon moi, François Hollande devait s'exprimer sur le sujet – je n'en avais pas la moindre idée !

En 2012, Emmanuel Macron rejoint l'Élysée dans le sillage de François Hollande comme secrétaire général adjoint de la présidence. Avec Ramzi Khiroun, nous déjeunions régulièrement en sa compagnie. Il nous confiait son insatisfaction, sa déception, son ennui face au fonctionnement poussif de l'État et des administrations : hésitations à trancher, procrastination, blocages, respect des corporatismes, manque d'imagination. Emmanuel Macron avait pris la mesure du personnel politique et assurait qu'il n'en ferait jamais partie. Il était décidé à quitter ses fonctions et à se détourner des sphères du pouvoir.

— Et après ?

— Peu importe… J'enseignerai, je créerai une entreprise avec des proches… Je verrai, une fois l'été passé.

Emmanuel Macron était en vacances lorsqu'il fut nommé à Bercy après l'éviction d'Arnaud Montebourg. Il s'y attendait encore moins que nous. À quelques semaines ou quelques mois près, l'impatience qui l'a fait s'élever si vite jusqu'au sommet de l'État aurait pu le mener vers un tout autre destin.

Avec Ramzi, notre relation a commencé il y a vingt-deux ans par une vive altercation : deux Méditerranéens face à face. J'avais invité Dominique Strauss-Kahn à la matinale d'Europe 1. Ramzi Khiroun, qui était alors son conseiller, jugeait le moment inopportun et fit reporter l'émission *in extremis*. Je ne lui épargnai pas ma colère et mon agacement, auxquels il répondit vertement. Nos rencontres suivantes furent houleuses, mais une estime et une confiance mutuelles commencèrent à grandir entre nous. S'il veut un jour – cela m'étonnerait – raconter ses treize années passées au service de Dominique Strauss-Kahn, comme attaché parlementaire du député PS, puis comme conseiller, il dira des vérités qui lui appartiennent. À ce poste, il a beaucoup appris : l'économie, le droit, la politique, les astuces et les roueries des hommes qui la font. Il ne cache pas sa gratitude à l'égard de DSK et vante volontiers son intelligence, son humour et son autorité. Mais l'irresponsabilité qui conduisit son patron aux sordides mésaventures de New York, puis de Lille, avec Dodo la Saumure et les prostituées, eut raison de leur collaboration. Ramzi rompit avec lui de manière claire et définitive.

Sur son histoire personnelle, Ramzi se confie peu. Il voue une adoration sans limite à son père, exilé politique d'Algérie, devenu chauffeur de taxi à Paris. Il en parle comme d'un sage dont il a reçu des valeurs :

le travail, la loyauté, le respect, la tolérance et, surtout, l'amour de la France. Il veille à ne pas salir son nom. Son unique attachement est sa famille, qui s'est formée dès le lycée. Sandrine est juive, Ramzi, est musulman. Tout, autour d'eux, les séparait : Roméo et Juliette à Sarcelles. Ils finirent par surmonter les réticences de leurs parents. Sa Juliette est pratiquante ; lui, moins. « Moi aussi, dit-il en riant, je suis un territoire occupé. »

Ses détracteurs ne lui pardonnent ni son ascension sociale ni son statut actuel ni son indépendance. Ils ignorent les petits boulots qu'il a enchaînés, l'angoisse du lendemain, le refus de la précarité. Ils ne supportent pas son succès, construit de longue haleine avec sa démarche souple et désinvolte, ses lunettes noires, ses chaussures à bout pointu, son goût des choses simples – par exemple, naviguer avec « Montoba », en verlant, mon bâteau. Il cultive tant l'anonymat et le secret qu'il fait l'effet d'un personnage tout aussi mystérieux que controversé. Jugé « sulfureux », il est sans cesse soupçonné de coups tordus. Il ne s'en prive pas quand il le faut, mais je l'ai surtout vu en déjouer, pressentir des machinations, les démasquer et les combattre. Il se compare volontiers à un Indien, juché dans un arbre, au milieu de la jungle, qui se nourrit de feuilles et de chenilles et attend patiemment le passage de sa proie avec une seule flèche dans son carquois.

En amitié, Ramzi est fidèle. Il est capable de répondre à un appel urgent en pleine nuit, de sauter dans sa voiture, d'alerter son réseau d'amis médecins, de trouver le spécialiste et l'hôpital à même de vous soigner au mieux. J'en ai personnellement fait l'expérience.

Il a sauvé ma vie, j'ai changé la sienne.

J'avais mesuré son efficacité et sa rigueur dans l'action. En 2006, sur ma recommandation, Arnaud Lagardère le reçut et l'adopta aussitôt. Ramzi est un légitimiste, d'une loyauté exclusive envers son patron du moment. Il dit tout ce qu'il pense, suggère des solutions inventives qu'il met en œuvre avec une dureté et une audace qui n'interdisent pas la fantaisie. Une page de sa vie s'est tournée avec son départ de chez Lagardère. Il en écrira de nouvelles. Craint-il les surprises que lui réserve l'avenir ? Il n'en parle jamais. En quelques semaines, il avait déjà rebondi.

François Hollande ne tenait pas à nommer Emmanuel Macron à Bercy. Non qu'il n'ait pas pris la mesure de son jeune collaborateur, mais il était attaché à promouvoir des hommes de terrain, qui avaient l'expérience du combat politique et tiraient leur légitimité des urnes. François Hollande lui-même possède une expérience charnelle du territoire. Jeune challenger de Jacques Chirac en Corrèze en 1986, élu dans une circonscription voisine en 1988, battu en 1993, réélu en 1997, il était installé dans son département et faisait de réguliers allers et retours depuis Paris. Il s'infligeait d'interminables trajets en train et dormait dans sa permanence de député. Surmontant sa timidité, il allait frapper aux portes, à l'écoute de ses administrés.

Cet ancrage, qui, seul, permet de sentir réellement le pays, manque-t-il à Emmanuel Macron ?

Aujourd'hui, même s'il dispose d'un socle électoral solide, le président paraît coupé des Français. Pendant la campagne de 2022, il a suscité une adhésion spectaculaire au début de la guerre en Ukraine. Comme souvent dans les situations critiques, il se montra sérieux, énergique, entreprenant, tout en observant une certaine sobriété. Il n'a plus besoin de prouver qu'il est capable d'exercer la fonction présidentielle dans un esprit de responsabilité. En revanche, il ne parvient pas encore à l'incarner réellement et à susciter la confiance des Français.

C'est Manuel Valls qui convainquit François Hollande de nommer Emmanuel Macron à Bercy. Le Premier ministre espérait trouver en lui un partenaire avec lequel prendre le président en tenaille. Il se voyait en recours pour 2017. Néanmoins, il découvrirait bientôt que son protégé, Emmanuel Macron, le surclassait par sa vision, sa culture et son cynisme. L'ancien ministre de l'Intérieur savait pouvoir compter sur son image d'autorité, de fermeté sur les questions de sécurité et d'immigration. Mais son cadet révéla davantage d'envergure que lui en matière économique, internationale et culturelle. Il prit le Premier ministre à son propre jeu et le doubla en s'émancipant non seulement de François Hollande, mais des organisations partisanes traditionnelles.

Tout juste nommé, le jeune ministre de l'Économie m'accorda son premier entretien. Il dénonça le fléau de l'illettrisme, qui concerne trois millions de Français. L'opposition l'attaqua aussitôt, lui reprochant de se montrer condescendant envers des salariées illettrées de Bretagne. En 2022, on le lui rappelle encore comme une faute inexpiable. Il ne faisait pourtant que dénoncer une réalité répandue qu'il promettait de combattre : c'est lui qui avait raison.

À l'époque, il nourrissait déjà des ambitions présidentielles. Bercy devint rapidement le cœur de sa stratégie de conquête du pouvoir. Avec Brigitte, son épouse inséparable et si précieuse stratège, il recevait le gratin économique, culturel, de Paris qui, le moment venu, lui offrirait tous les soutiens nécessaires.

Le 16 mars 2016, le ministre de l'Économie accepta mon invitation à la matinale d'Europe 1. À son arrivée dans le studio, il débordait d'énergie, affichant une confiance et une détermination que rien ne semblait pouvoir entamer. Comme un boxeur avant le combat, il manifestait une assurance apparemment inébranlable : « Je suis blindé, parfaitement au point sur tous les dossiers. Surprends-moi ! » Il ne fut pas déçu.

Malgré sa discrétion, les rumeurs sur ses intentions allaient bon train. Je pensais qu'il s'était soigneusement préparé aux questions qu'on ne manquerait pas de lui poser. Afin de le bousculer et d'éviter une réponse convenue, je décidai d'évoquer le principal écueil sur sa route. Le jeune ambitieux allait-il se dresser contre François Hollande, à qui il devait toute sa carrière politique ?

Serein, Emmanuel Macron prit place derrière son micro. L'antenne me fut donnée.

— Connaissez-vous la rumeur d'Alésia ?

— Allez-y.

— Vous ne la connaissez pas ? Brutus aurait le projet de tuer César.

Le jeune ministre blêmit. L'espace d'un instant, je le sentis désarçonné, le regard perdu.

— Où voulez-vous en venir ?

— Vous n'y êtes probablement pour rien, mais on prétend que, pour 2017, une conspiration s'organise déjà.

Il parla de « comédie humaine », puis se ressaisit. « J'ai deux loyautés. L'une, à mon pays, mes idées, et je ne l'ai jamais lâchée, je ne la lâcherai jamais. Tout ce que je peux faire de bien pour mon pays, je le ferai quel qu'en soit le cadre. Et puis j'ai des principes personnels, et je sais à qui je dois le fait d'être là, c'est à François Hollande. »

Trois semaines plus tard, Emmanuel Macron lançait « En Marche ». Objectif : l'Élysée ! À cette époque et vu son âge, il était légitime de penser qu'il se préparait non pour 2017 mais pour 2022. À moins que… Au micro d'Europe 1, il avait esquissé le chemin étroit qu'il entendait emprunter entre loyauté et émancipation.

À la fin du printemps, Jean-Christophe Cambadélis, numéro un du Parti socialiste, convainquit François Hollande, pour calmer la grogne de quelques-uns en interne, de participer à une primaire de la « Belle Alliance populaire ». Par quelle aberration une telle idée fut-elle proposée au président sortant ? Qui aurait osé en faire simplement la suggestion à François Mitterrand en 1988 ? Sans doute, Emmanuel Macron s'estima alors délié de sa promesse de fidélité au président. Libre, il joua sa chance et partit à la rencontre de la France et des Français.

À la fin de l'été, le jeune ministre quittait le gouvernement de lui-même et adoptait envers celui-ci une posture critique. François Hollande dut alors se rendre à l'évidence : son ancien conseiller l'avait trahi « avec méthode ». Affranchi de la solidarité gouvernementale, Emmanuel Macron déclara officiellement sa candidature en novembre 2016. Il n'eut pas à affronter directement son ancien patron, qui renonça à briguer un deuxième mandat deux semaines plus tard.

Pendant son quinquennat, François Hollande n'a pas réussi à imposer son autorité à ses troupes. Il n'a pas su balayer les frondeurs qui, bien qu'élus avec son étiquette, n'ont eu de cesse de critiquer son action. Il aurait dû les sortir du jeu : ils n'étaient rien sans lui. Mieux valait, croyait-il, les garder à l'intérieur de sa majorité. Après onze ans à la tête du parti, il n'est pas parvenu à rompre avec son souci de la synthèse, son sens du compromis et son goût de la manœuvre. C'était une erreur, devenu un regret douloureux, car ces dissidents, qui ne pesaient rien, l'ont empêché de se représenter. Qui sait ce que sont devenus ces hâbleurs autosatisfaits ? Qui se souvient d'eux ?

Il ne sut pas non plus faire preuve de fermeté à l'égard de Manuel Valls. En novembre 2016, alors qu'il n'avait pas encore déclaré ses intentions pour la présidentielle, son Premier ministre laissait entendre dans un entretien au *JDD* qu'il envisageait de se présenter contre lui. François Hollande n'avait pas senti le coup venir et peinait à y croire. Je l'ai vu défait, désemparé, en colère. Il avait le pouvoir de débarquer sur l'heure ce Premier ministre déloyal et de le remplacer par une figure incarnant un renouveau, par exemple Bernard Cazeneuve, l'ami fidèle. La presse n'aurait plus eu d'yeux et d'oreilles que pour elle et Manuel Valls aurait été purement et simplement effacé du paysage médiatique.

Le lendemain, François Hollande convoqua son Premier ministre, qui fit amende honorable, invoquant des propos exagérés par la presse. Le président le sermonna, mais sans trouver la force de prendre la décision qui s'imposait. Épuisé, doutant de lui, il manquait des ressources nécessaires pour repartir au combat. On dit souvent François Hollande insensible aux critiques. Sans doute, au contraire, lui manquait-il cette indifférence que François Mitterrand tenait pour la principale vertu d'un homme de pouvoir.

Manuel Valls resta Premier ministre, François Hollande renonça à la candidature, le frondeur Benoît Hamon remporta les primaires du PS, avant de s'effondrer au premier tour de la présidentielle. Sous la Ve République, le Parti socialiste a donné deux présidents à la France et gouverné cinq ans en cohabitation. En 2022, il a disparu corps et biens.

François Hollande ne mérite pas les critiques assassines dont il fait l'objet. C'est un homme de culture, plein d'humour et doté d'une capacité d'improvisation rare. À rebours de ses hésitations à sanctionner le chahut de la gauche de sa majorité, il a été d'une fermeté sans faille en politique étrangère. L'échec de la coopération avec le Mali ne doit pas faire oublier la nécessité de l'intervention en 2013. Ce pays risquait de tomber aux mains de djihadistes salafistes et de devenir une sorte d'État islamique avant l'heure. Lorsque leurs colonnes de pick-up fondaient sur Bamako, il fallut réagir vite et sans trembler. Avec les opérations Serval puis Barkhane, la France a pris ses responsabilités en faveur de la stabilité du Sahel. Au ministère de la Défense, François Hollande s'est appuyé sur l'expérience de Jean-Yves Le Drian, qu'épaulait énergiquement son directeur de cabinet Cédric Lewandowski. Par discrétion, ce dernier fuit les plateaux de télévision, mais son influence et son efficacité sont inversement proportionnelles à sa notoriété. Comme souvent, je dois à mon métier cette rencontre, devenue une amitié nourrie chaque semaine par nos rendez-vous du samedi matin. Aujourd'hui responsable des cinquante-six centrales nucléaires de l'Hexagone, Cédric Lewandowski veille à ce que les Français ne manquent pas d'électricité et il prépare l'avenir avec une compétence et une autorité qui en agacent plus d'un. Pendant cinq ans, il a œuvré avec François Hollande et son ministre de la Défense dans le domaine confidentiel des opérations militaires extérieures et de la lutte antiterroriste. Le silence n'empêche pas l'action : à leurs côtés, il inspirait la stratégie africaine du gouvernement, la conduite de la guerre contre les djihadistes, les opérations des forces spéciales, la modernisation des armées.

Confronté à la violence barbare du terrorisme qui frappa la France en 2015, François Hollande fit face avec calme. Dans le même temps, la police, les pompiers, tous les services de l'État se comportèrent avec une résolution qui les honorent.

L'histoire réhabilitera la présidence Hollande. Même ce livre, qui lui fit tant de mal, *Un président ne devrait pas dire ça*, s'achève sur une note plutôt élogieuse. C'est le titre, beaucoup plus que le contenu, qui lui porta un coup fatal. Le péché de François Hollande fut de faire trop confiance à sa bonne étoile et à ses « amis » socialistes. Plus encore, l'idée du président « normal » fut une erreur qui le poursuivit tout au long de son mandat. Après le quinquennat de Nicolas Sarkozy, il estimait que les Français voulaient un chef de l'État plus simple et proche d'eux. Naturellement, ils apprécient que leurs dirigeants fassent preuve d'humanité et de sincérité. Mais en aucun cas ils ne veulent d'un homme comme les autres à l'Élysée. Ils attendent de leur président une dimension supérieure et une autorité hors du commun.

Emmanuel Macron m'impressionna tout au long de la campagne de 2017 par son savoir-faire, son culot, son cynisme et une méthode originale : pas d'organigramme, un apparent désordre, mais une discipline de fer, un dévouement total, chacun croyant tenir un rôle indispensable. Soucieux de s'affranchir des formations politiques traditionnelles, Emmanuel Macron se garda bien de se présenter à la primaire de la gauche qui tourna au désastre.

Cette modalité de désignation d'un candidat a fait son temps. Elle a été expérimentée avec un certain succès en 2007, où elle a permis l'émergence d'une figure nationale, Ségolène Royal. Elle a lancé la campagne victorieuse de François Hollande en 2012. Cependant, dès 2016, les primaires ont cessé d'aboutir à des candidatures de rassemblement. Les débats n'ont fait que mettre en évidence et accentuer les désaccords et les fractures à l'intérieur d'un même camp. Ils ont amplifié les divisions au lieu de créer l'unité espérée. Le souci de se distinguer des concurrents a suscité une surenchère qui a profité aux figures les plus radicales de chaque parti : en 2016, le frondeur Benoît Hamon et un François Fillon à la ligne ultralibérale et conservatrice. En 2021, Europe Écologie-Les Verts ne s'est jamais remis de l'affrontement entre la relative modération de Yannick Jadot et la radicalité écoféministe de Sandrine Rousseau. Portée par une « primaire citoyenne » et l'effet de mode, Christiane Taubira a trébuché dès les premiers obstacles et n'a bénéficié d'aucun effet de souffle. À l'évidence, les primaires sont devenues des machines à perdre. La droite LR en fit l'amère expérience.

Sans doute ne sont-elles pas mauvaises en elles-mêmes. En 2006-2007, j'ai été très fier de participer à cette innovation politique, qui avait offert à Public

Sénat une exposition internationale : nous avions battu des records d'audience pour notre chaîne et fait la une de la presse, jusqu'au *New York Times*. Cependant, les partis de gouvernement, que travaillent de puissantes forces centrifuges, sont entrés dans une crise profonde. Les primaires sont une solution trompeuse : elles ne sauraient compenser l'incapacité des formations politiques actuelles à s'accorder sur une ligne claire et cohérente, et sur un leader, seul à même de susciter l'adhésion. Ces formations sont condamnées pour longtemps, sauf si elles se décident à tenir compte des bouleversements accélérés du XXIe siècle. Elles sont mal parties.

Le renouvellement amené par Emmanuel Macron ne fut pas qu'une promesse, mais « l'ancien monde » n'a pas tout à fait disparu. Plus que François Hollande, Nicolas Sarkozy exerçait encore récemment un magistère politique indéniable sur son camp. Il a tissé avec son jeune successeur une relation privilégiée, qui en déconcerte plus d'un parmi Les Républicains. Les deux hommes se voient parfois, se téléphonent longuement, plus souvent qu'on ne le croit. Ils ne se tutoient pas, s'appellent mutuellement « président » et se parlent avec franchise et sans exclusive.

Nicolas Sarkozy a longtemps pensé qu'il reviendrait au pouvoir. Son échec au premier tour des primaires de la droite en 2016 a été une blessure. Il fut défait par Alain Juppé et par son ancien Premier ministre, François Fillon, qui avait relancé sa campagne en le visant directement d'un tonitruant : « Qui imagine le général de Gaulle mis en examen ? » – cette attaque reviendra à son auteur comme un boomerang. Nicolas Sarkozy comprit qu'il ne pourrait pas reconquérir l'Élysée. Il en prit acte. Il n'en demeurait pas moins la figure tutélaire de la droite. Chacun cherchait son assentiment, sa bénédiction. Sa proximité avec Emmanuel Macron entretenait son aura présidentielle.

Mais peu à peu, il s'est détaché des siens. Pour 2022, il ne croyait pas en Valérie Pécresse. Il la tenait pour bonne technicienne, mais pas pour une personnalité capable de porter son camp vers la victoire. Son silence fut éloquent et, en privé, il ne cachait pas son scepticisme auprès de ses nombreux visiteurs. A-t-il eu tort ?

François Baroin aurait certainement fait un meilleur candidat. Je le connais et apprécie depuis longtemps ses qualités. Lorsque je voulus le recruter à Europe 1, alors qu'il n'était encore qu'un jeune homme, j'eus toutes les peines du monde à convaincre sa mère de le laisser embrasser une carrière de journaliste. De guerre lasse, elle nous donna son accord, mais pour seulement quatre mois. Finalement, François resta quatre ans et demi à la radio, comme reporter puis chroniqueur politique. La suite est connue : Jacques Chirac le prit à ses côtés, il fut élu maire de Troyes en 1995 et sert depuis sa ville et son pays avec dévouement. Il a l'étoffe d'un homme d'État. Il aurait pu avoir un destin national. Encore eût-il fallu qu'il le veuille.

Dès le début du printemps 2022, à mesure que la victoire d'Emmanuel Macron se dessinait, Nicolas Sarkozy exprimait plus ouvertement son souhait de nouer une alliance avec le président afin d'assurer à LR le plus grand nombre de députés possible. Ses prises de position n'ont toutefois pas eu l'effet d'entraînement espéré. Beaucoup furent choqués de voir leur ancien chef soutenir des marcheurs contre des candidats Les Républicains. Blessée, sa famille politique se détache aujourd'hui de lui, le rejette et parfois l'abhorre. Nicolas Sarkozy a-t-il cherché à privilégier les intérêts de son pays au détriment de son parti ? En dépit de son caractère et de son énergie hors du commun, l'ambiguïté qu'il a trop longtemps cultivée a abîmé son image et l'a en quelque sorte démystifié. Pour le moment ! Les pèlerins reprennent déjà le chemin de la rue de Miromesnil…

Emmanuel Macron redoute les trahisons et se méfie de tous. Nicolas Sarkozy s'en amuse et le lui dit : pour lui, la trahison est un passage obligé de la vie politique. L'Histoire offre tant d'exemples de ce mariage entre l'ambition et le cynisme. Peut-on s'émanciper, suivre son chemin propre, sans risquer d'être taxé de déloyauté ? Édouard Philippe doit sa bonne étoile à son ralliement à l'homme qu'il avait combattu sur le chemin de l'Élysée. En acceptant de devenir le Premier ministre d'Emmanuel Macron, il coupa les ponts avec la famille politique qui l'avait vu grandir. Son patron, Alain Juppé, ne se priva pas de me le dire publiquement : s'il avait été élu président, il n'aurait certainement pas nommé son lieutenant à Matignon. Après trois ans à la tête du gouvernement, qu'il quitta à regrets, Édouard Philippe a retrouvé sa mairie du Havre et tente de se frayer un chemin au sein de la majorité présidentielle, mais il est entravé par la méfiance de l'Élysée. Les macronistes ne sont pas les seuls à ironiser sur sa place de numéro 1 dans les sondages : c'est, disent-ils, la « popularité de papier » d'un politique qui ne gouverne plus. « L'Irréprochable » a clairement affiché ses intentions : « J'ai été loyal ; je suis libre. » Le ton était donné. Ces propos ne résonnent-ils pas avec ceux que me tint un jeune ministre de l'Économie, à qui étaient prêtées des ambitions présidentielles ? Tant d'autres ont marché sur le même fil.

Bruno Le Maire se rêvait président de la République. Candidat malheureux de la primaire de 2016, où il n'obtint que 2,3 % des suffrages, il compris qu'il n'avait pas d'avenir chez Les Républicains. Comme Édouard Philippe, il leur tourna le dos à l'appel d'Emmanuel Macron. Son score ne l'empêcha pas d'être un excellent ministre de l'Économie, en particulier lors de la pandémie. Il s'est révélé être un des piliers des deux quinquennats, utile pour faire face aux conséquences de la guerre en Ukraine. Toutes ses grandes décisions, il les discute directement avec le chef de l'État. Pourquoi, pense-t-il, ne pourrait-il pas lui succéder à l'Élysée ?

Écrivain talentueux, Bruno Le Maire a accepté plusieurs fois mon invitation à *Bibliothèque Médicis* pour parler de ses livres. En 2007, dans *Des hommes d'État*, il évoquait avec finesse les figures de Jacques Chirac, Nicolas Sarkozy et Dominique de Villepin. Les cinq cents pages ou presque de son témoignage démontraient son sens de l'observation et la force de son écriture. Je le conviais à nouveau et nous discutâmes de son livre. Il me parla de trois cents autres pages, déjà écrites, qu'il ne souhaitait pas publier pour le moment. La cruauté serait pour plus tard.

Fin septembre 2022, Emmanuel Macron m'a convié à l'Élysée pour un déjeuner en tête à tête. Il était concentré sur la guerre en Ukraine et ses conséquences, résolu à tenir les engagements pris devant les Français cinq mois plus tôt. Au cœur du pouvoir, loin du bruissement des Tweets et des petites phrases, les querelles picrocholines entre les impatients de la majorité semblaient à contretemps. Mais, depuis le quinquennat de Nicolas Sarkozy, la Constitution interdit au président de briguer un troisième mandat. Je l'ai interrogé sur cette limitation, qui semble affaiblir l'autorité dont il dispose sur son camp : « Marguerite Yourcenar fait dire à l'empereur Hadrien : "Je ne tiens pas spécialement à me léguer à moi-même." François Mitterrand me confiait qu'un pays a besoin de respirations tous les dix ans, que ce n'était pas au président de choisir son successeur. La république ne connaît pas de dynastie. Chacun doit se débrouiller devant le peuple… »

Emmanuel Macron m'écoute. Un sourire lui vient au coin des lèvres.

— Je suis tout à fait d'accord, me répond-t-il.

— N'est-ce pas une erreur de demander aux ambitieux de la majorité d'attendre 2024 avant de se lancer dans la course à l'Élysée ?

— Je n'ai jamais dit ça.

— Comment ?

— D'autres, peut-être, l'ont dit. Je ne parle jamais de la suite. Je présiderai jusqu'au dernier quart d'heure. Ma fonction est telle que, chaque matin, je dois me remettre en cause, inventer, innover. Jamais je ne cesserai de créer du mouvement.

— La réforme des retraites annoncée, c'est un symbole de cette volonté réformatrice ?

— Ce n'est pas un symbole, c'est un élément de cohérence. Je ne remettrai pas en cause ce que je me suis engagé à faire devant les Français il y a six mois. Le moyen d'y parvenir m'est égal. Les modalités aussi : c'est l'affaire du gouvernement. Mais il faut que cette réforme entre en application à l'été 2023.

C'est une nécessité. Il serait drôle que ceux qui la réclament depuis quinze ans refusent, le moment venu, de la voter.

— Mais la réforme sera-t-elle acceptée ?

— Je sais que les Français sont fatigués, inquiets pour leur avenir et celui de leurs enfants. Mais l'angoisse n'est pas une fatalité. Nous l'avons montré pendant la pandémie et le confinement. La France a des ressources et les Français, du courage.

— Quelle serait la réussite de ce second quinquennat ?

— Il ne faut pas oublier ce que nous avons réalisé lors du premier, en dépit des crises. Il faut de la volonté, de l'énergie, des idées, mais aussi beaucoup d'humilité. Car nous sommes tributaires des circonstances, de nos adversaires, de nos partenaires. Cela dit, c'est précisément pendant la pandémie que nous avons réalisé une des avancées les plus structurantes de l'Europe ces trente dernières années : le plan de relance de l'Union fondé sur un endettement commun. Nous y sommes parvenus grâce à notre relation de confiance avec Angela Merkel, qui, achevant son dernier mandat, était elle-même moins tenue qu'auparavant par des contraintes électorales. Ce qui s'est passé en mai 2020, c'est une révolution, que même la gauche la plus européenne jugeait impensable. Pourtant, elle a été avalée comme un gâteau sans saveur et personne n'en a plus parlé ensuite.

— Et l'accomplissement majeur de votre second quinquennat ?

— Cela se révèlera après, comme dans un tableau impressionniste. Sur le moment, on ne perçoit que des tâches de lumières et c'est en prenant du recul que l'image apparaît dans sa force et sa clarté. Je veux réformer pour assurer notre indépendance nationale. Notre victoire serait que nos enfants puissent encore choisir leur destinée.

— Comment faites-vous pour rester à l'écoute des Français ?

— Je parle avec de nombreuses personnes, mais je suis un solitaire. C'est aussi l'effet de la fonction. Quand on y accède, c'est que l'on s'est confronté au peuple. Contrairement à la plupart de mes prédécesseurs, je passe beaucoup de temps en province. Je dors dans les sous-préfectures. Je sens les choses dans la rue. Je saisis des détails.

— C'est un rapport presque physique…

— Je peux dire l'état de notre pays en fonction des foules. Je perçois l'humeur du territoire où je me déplace : s'il est en colère, s'il est inquiet. Je me rends compte quand je désarme mes interlocuteurs, quand je les convaincs ou quand je n'y parviens pas. Les seules erreurs que j'ai faites, c'est quand je n'ai pas eu la disponibilité pour écouter ce que les Français exprimaient. Au début de la crise des gilets jaunes, j'ai trop tenu compte des avis des uns et des autres autour de moi. Et pas assez de ceux des Français. Pourtant, une part de moi sentait que ce mouvement brassait quelque chose de nouveau. C'est pour cela que j'ai décidé d'organiser le grand débat national. J'étais seul à le vouloir, tout le système était contre. On ne gouverne pas par la peur mais par le respect, la bienveillance, la confiance.

— Pensez-vous à ce que vous ferez après avoir quitté l'Élysée ?

— C'est impossible. On ne peut assumer cette fonction sans être pleinement engagé. Il faut une disponibilité totale à l'événement.

— Mitterrand disait que le pouvoir, c'est l'indifférence…

— Je dirais que c'est l'indifférence personnelle et l'hypersensibilité politique. Mais c'est vrai, si on se préoccupe trop de ce que l'on dit de soi, on ne peut plus rien décider.

En 2027, Emmanuel Macron devra passer la main. Par-dessus tout, il redoute de transmettre sa charge à Marine Le Pen et à l'extrême droite, qui croient leur heure arrivée. Pour l'éviter, il lui faut réussir son second quinquennat. Ensuite, rien ne l'empêchera de poursuivre son engagement politique et d'incarner l'Europe. Ce n'est pas à lui de régler sa succession, mais il doit promouvoir la génération qui a émergée grâce à lui, Élisabeth Borne, Julien Denormandie, Gabriel Attal, Sébastien Lecornu et surtout Jean Castex, qui quitta Matignon populaire, malgré la crise du Covid. Il est l'un des rares à ne pas penser encore au rôle qu'il pourrait tenir en 2027. Avec sa simplicité, sa liberté, il est proche des Français et sait trouver les mots. Pourquoi me fait-il penser à Georges Pompidou à ses débuts ? Si aucune figure du « nouveau monde » ne se détache, le macronisme restera une parenthèse, refermée dès le départ de l'Élysée de son inspirateur – il est le premier à le savoir.

La lutte pour le pouvoir, son exercice, les alliances qui se nouent et se dénouent, les opportunités que l'on saisit, les reniements, les ruptures laissent peu de place aux sentiments. La vie politique est impitoyable et requiert un sens aigu de la dissimulation. Comme l'énonce le jésuite Baltasar Gracián, observateur sans illusion des mœurs des puissants : « C'est le propre d'un esprit né pour commander de pénétrer les pensées des autres, et de cacher les siennes. »

XIX

RENDEZ-VOUS AVEC POUTINE

Tout journaliste rêve d'interroger les grandes figures qui infléchissent la marche du monde. C'est souvent une affaire de patience, de persévérance, de relations. Il y a toujours, dans l'entourage de ces puissants, des proches capables d'ouvrir des portes, en apparence scellées. Je m'imagine comme un pêcheur jetant son filet dans l'eau sombre. Souvent, je ne remonte rien, parfois seulement de tout petits poissons, que je relâche. Mais je ne perds pas leur trace, car l'un d'eux peut me mener vers un géant des mers.

Avec Ramzi Khiroun, nous discutions souvent des personnages inaccessibles que je pourrais tenter d'inviter sur Europe 1. En janvier 2014, nous passions en revue chefs d'État, grands leaders d'opinion, icônes politiques ou spirituelles. Une idée particulièrement audacieuse vint à Ramzi :

— Le pape François ?

— Et pourquoi pas Poutine ? lui répondis-je en plaisantant.

Il y eut ensuite un court silence. Nous nous regardâmes, comme pour chercher l'assentiment de l'autre, puis nous éclatâmes de rire. Pourquoi pas Poutine, en effet ?

Sur le fond, c'était une idée excellente : le président russe était alors l'homme clé de la guerre civile syrienne, celui qui tenait à bout de bras le régime de Bachar el-Assad. En outre, montait en Ukraine un puissant mouvement de contestation. Viktor Ianoukovitch, président pro-russe de l'Ukraine, n'avait pas encore été renversé, mais sa décision de ne pas signer l'accord d'association avec l'Union européenne et de resserrer les liens de son pays avec le voisin russe avait poussé dans la rue des centaines de milliers de manifestants. Dans un tel contexte, la voix de Vladimir Poutine était d'autant plus attendue qu'il s'exprimait rarement dans des médias étrangers.

On me reproche souvent mon intérêt pour les hommes et les femmes de pouvoir. Comment fonctionne un exécutif ? De quelles forces procède-t-il ? Avec quels moyens ? Comment coordonne-t-il son action ? Qui décide ? Le pouvoir est fascinant. Qui ne voudrait pas approcher le cœur brûlant de l'événement et des prises de décision ? Comment être indifférent à ces gouvernants qui infléchissent la vie des peuples et les relations entre les pays ? La conquête et l'exercice du pouvoir sont une affaire de tempérament autant que d'idées et de rapports de forces.

Sans cet intérêt, aurais-je fait toutes ces rencontres ? Aurais-je accompagné les voyages de De Gaulle ? Interviewé Valéry Giscard d'Estaing ? Invité Yasser Arafat, Yitzhak Rabin, Shimon Peres ? Aurais-je été reçu par Anouar el-Sadate puis Hafez el-Assad, sinistre inspirateur de son fils Bachar ? Aurais-je interrogé Nelson Mandela quelques mois seulement après sa libération de Robben Island, où il fut détenu vingt-sept années ? Est-il préférable de tout commenter de loin et de se croire prophète en se trompant sur tout ?

Les responsables politiques agissent-ils par orgueil et recherchent-ils des satisfactions narcissiques ? Bien sûr ! Ce sont des êtres de chair et de sang : s'ils gouvernent et conduisent leurs réformes avec le souci de l'intérêt national, ils veulent également marquer l'Histoire et laisser une trace. Comme chacun d'entre nous – mais sans doute beaucoup plus –, ils ont besoin de reconnaissance.

J'ai connu Nicolas Sarkozy, François Hollande, Emmanuel Macron bien avant leur sacre. Jeunes gens que la lumière des médias n'éclairait pas encore, ils m'impressionnaient par leur intelligence et leur ténacité. Je ne les imaginais pas à l'Élysée, mais je sentais leur ambition et leur potentiel. Je ne leur ai jamais rendu visite pour jouir des ors du Château. Nicolas Sarkozy et François Hollande ont beau avoir quitté leurs fonctions, nos liens d'amitié ne se sont pas dénoués, bien au contraire.

Moi-même, j'ai aimé exercer le pouvoir, à mon échelle. Président de l'audiovisuel public, j'ai recruté, innové, réformé, bâti la maison de France Télévisions. Plus tard, j'ai créé la chaîne parlementaire Public Sénat. J'ai assumé les risques liés à mes fonctions et subi des attaques, selon moi, imméritées.

Ai-je été récompensé de ma prétendue complaisance envers le pouvoir ? Muté pour raison disciplinaire sous de Gaulle, en 1968, remercié sans ménagement sous Giscard d'Estaing, en 1974, abattu et près d'être lynché sous Mitterrand, en 1981, poussé à la démission sous Chirac, en 1996. Qui dit mieux ? Après mes chutes, j'ai connu le silence des lendemains vides, croisé les regards compatissants ou plus souvent remplis de mépris. Combien sont alors précieux les rares proches, qui vous restent fidèles dans l'adversité ! Ils n'oublient pas qui vous êtes et, malgré vos défauts, demeurent à vos côtés dans la peine. C'est parce que j'ai ainsi traversé des déserts que je refuse toujours de me joindre à la meute, prête à broyer un être dès qu'elle flaire l'odeur du sang, dût-elle conduire sa victime à la dépression ou au suicide.

La conquête et l'exercice du pouvoir obligent à concilier des forces contradictoires, à rechercher des compromis, à marcher sur des chemins étroits et escarpés, à anticiper, et surtout à décider. Les journalistes sont un des contre-pouvoirs. Ils exercent un contrôle, veillent à l'honnêteté et au respect des engagements des dirigeants. Ils se doivent de cultiver un esprit critique vigilant. Toutefois, tenir *a priori* en suspicion les responsables politiques et refuser toute discussion avec eux sous prétexte d'objectivité est une erreur. On ne peut apprécier avec pertinence l'action et les projets d'un gouvernant sans connaître sa pratique du pouvoir, ses intentions, les difficultés, les obstacles qu'il rencontre, et son caractère. Il faut entendre et relayer les réquisitoires des opposants autant qu'être en mesure d'expliquer une politique ou une réforme.

Il est donné à peu d'hommes de présider leur pays. Tous ne vivent pas coupés des réalités, isolés dans leur palais. La solitude du pouvoir tient plutôt à l'engagement, sans appel, de leur responsabilité personnelle dans chacun des actes qui relèvent de leur magistrature. François Mitterrand me confia un jour :

« La décision est comme une pointe de diamant. Elle est inaltérable. »

Avant d'écrire à Vladimir Poutine, j'avais déjà interrogé plusieurs chefs d'État russes, au premier rang desquels Mikhaïl Gorbatchev. En lançant la *perestroïka*, il avait voulu transformer son pays en profondeur. Le monde entier, y compris l'Amérique de Ronald Reagan, fut pris soudain de « Gorbimania ». J'en fus témoin à Washington. Mais à Moscou, les changements radicaux que Gorbatchev avait engagés avaient dressé contre lui de nombreux adversaires. Au sein même du Kremlin s'opposaient deux lignes : les partisans de la réforme, dont Vladimir Fédorovski et Andreï Gratchev, aujourd'hui exilés à Paris, et tous ceux, influents, qui n'en voulaient pas.

Le 5 juillet 1989, avec Christine Ockrent et Georges Bortoli, nous avions obtenu d'interviewer Gorbatchev en direct au journal télévisé de 20 heures, à l'issue de discussions avec François Mitterrand. Alors que nous nous préparions, Vladimir Fédorovski vint nous mettre en garde : « Attention, certains conseillers de Gorbatchev sont hostiles à cet entretien. Ils essaient de l'empêcher. »

Nous étions prévenus mais tout à fait démunis. Que faire pour forcer le destin ? Nous étions installés dans une pièce, à côté du salon où, derrière une élégante porte blanche, les deux présidents s'entretenaient en compagnie de leur interprète. Un quart d'heure avant le début du journal, les discussions étaient toujours en cours. L'entretien, attendu par nos rédactions parisiennes, nous semblait gravement compromis. En désespoir de cause, je fis passer un mot à François Mitterrand, espérant son aide. Il en prit connaissance et, saisissant un moment opportun, dit à Gorbatchev :

— Je vous propose de nous arrêter là pour cette séance et, si vous le voulez bien, nous pourrions aller répondre aux questions des journalistes de la télévision française.

— Non, lui répondit son interlocuteur, je n'aime pas la télévision. Mais vous pouvez y aller tout seul.

François Mitterrand insista et, pendant le sommaire du journal, les téléspectateurs virent en direct les deux chefs d'État s'installer dans leur fauteuil pour l'interview. Si nous l'avions mis en scène, nous n'aurions pas fait mieux !

Devant Gorbatchev, Christine Ockrent souleva le problème des nationalités en URSS. La plupart des républiques qui, avec la Russie, formaient l'Union soviétique, étaient peuplées d'importantes minorités russes, notamment l'Ukraine, la Biélorussie, la Lituanie, la Lettonie, l'Estonie. À l'époque, l'indépendance de ces pays était exclue, mais le président soviétique était prêt à concéder davantage de pouvoirs aux républiques :

« La voie vers une solution du problème des nationalités se trouve tant dans le développement de l'Union que dans celui des républiques, dont il faut renforcer la souveraineté. Il faut élargir leurs droits, leur autonomie, y garantir les droits des minorités, développer la culture, en nous fondant sur l'acquis au lieu de le détruire. »

François Mitterrand souligna combien cette question était cruciale pour la sécurité européenne et mondiale : « C'est leur problème, mais cela nous intéresse aussi. Car les répercussions d'ordre ou du désordre, la stabilité ou non en Union soviétique commandent aussi l'équilibre du reste du monde. »

Il esquissa ensuite les perspectives qui s'offraient à la France et à l'URSS de Gorbatchev : « Ce que nous avons à faire en commun, c'est d'abord bâtir une relation franco-soviétique solide, pacifique, constructive. Ensuite, c'est défendre la paix, et donc veiller à un désarmement contrôlé, simultané, les yeux bien ouverts. C'est aussi bâtir l'Europe, notre continent commun. »

En 1991, la dislocation de l'URSS fut mise en œuvre par les rivaux de Gorbatchev, au premier rang desquels Boris Eltsine. Ils proclamèrent l'indépendance des républiques soviétiques pour vider le pouvoir central de sa substance et ainsi marginaliser leur adversaire.

En 1993, le dirigeant soviétique déchu vint une nouvelle fois à Paris avec sa femme Raïssa. J'interrogeai François Mitterrand, qui l'avait reçu, sur la fin de la guerre froide. Le président français attribuait à Gorbatchev un rôle historique sans équivalent dans l'histoire contemporaine : « Lorsqu'il a refusé de donner l'ordre de tirer, notamment en Allemagne de l'Est, le monde changeait », me dit-il.

Plus de soldats, ni de chars pour écraser les révoltes populaires de Budapest, Varsovie ou Prague. « Mais, ajouta-t-il, c'est difficile de conduire une révolution jusqu'à son terme quand on l'a commencée. »

La Russie était alors en plein chaos. Lorsque j'évoquai le naufrage auquel aboutissait la sortie du communisme, Mitterrand me livra une analyse pessimiste de la situation.

— La Russie est un pays en grande difficulté économique. Certaines lois sociales que le communisme avait imposées ont disparu. Il n'y a plus de protection pour personne, économique, sociale, diplomatique, militaire. Cela ne peut que provoquer un désordre durable, et il faudra attendre plusieurs années avant de se trouver face à une autorité russe capable d'engager son pays pour dix ou vingt ans.

— Il y a donc là une menace qui monte ?

— Oui, pour l'Europe. Pour le monde même, c'est dangereux. Je n'y vois pas un danger de guerre – qui aurait intérêt à faire la guerre ? Mais des luttes intestines, des rivalités, peut-être de nouvelles scissions, des guerres locales, en tout cas l'absence d'un pouvoir central, jusqu'au jour où, par nécessité ou lassitude, ce pouvoir fort apparaîtra, mais peut-être pas dans les meilleures conditions pour l'Occident.

Ce jour-là, François Mitterrand prophétisait, en quelque sorte, les guerres de Tchétchénie et l'avènement de Vladimir Poutine.

Lorsque je voulus interroger Poutine, en 2014, il régnait déjà sur la Russie depuis quatorze ans. Nous lui fîmes parvenir notre demande d'entretien par l'intermédiaire de l'ambassadeur russe à Paris, Alexandre Orlov. Notre première rencontre avec lui s'était très mal passée : il nous avait invités à déjeuner, Catherine Nay, Ramzi et moi. Avant de passer à table, l'ambassadeur russe s'était lancé dans une diatribe virulente contre la politique étrangère conduite par François Hollande et son prédécesseur Nicolas Sarkozy. Depuis le temps que je suivais les relations franco-russes, je pouvais témoigner des déceptions nombreuses que les dirigeants de son pays avaient suscitées et ne pouvait laisser passer de telles attaques. Pour couronner le tout, ce repas rendit tous les convives malades. N'ayant pas mangé, je fus le seul à en réchapper.

Après cette entrée en matière houleuse, nous revîmes néanmoins Orlov et nouâmes avec lui des relations sereines. Nous nous rencontrâmes quelquefois dans une période où les périls commençaient à monter dans l'est de l'Europe comme autant de nuages noirs.

En Ukraine, les protestataires d'Euromaïdan chassèrent Viktor Ianoukovitch en février 2014 au cours de journées révolutionnaires violentes. J'étais à Kiev avec Europe 1 lors de cette nuit tragique du 21 février. La conquête de la liberté était mêlée d'odeurs de gaz lacrymogène, de sang et de mort. Les manifestants rêvaient d'installer la démocratie à coups de discours répétés et enthousiastes. La réaction de Vladimir Poutine ne tarda pas. La Russie décréta l'annexion de la Crimée, approuvée par référendum quelques semaines plus tard par sa population très majoritairement russophone. Dans le même temps, un mouvement sécessionniste prenait naissance dans le Donbass, dans l'est de l'Ukraine.

Notre projet d'entretien était plus que jamais à l'ordre du jour, mais notre lettre à Vladimir Poutine était restée sans réponse. Alexandre Orlov était en contact avec le ministre des Affaires étrangères, Sergueï Lavrov, mais ne pouvait atteindre le président. Notre proposition fut transmise au porte-parole du Kremlin, Dmitri Peskov, qui au bout de cinq mois d'échanges, finit par nous répondre. Il acceptait de nous recevoir à Moscou, Ramzi et moi, mais – nous prévint-on – « trente minutes, pas une de plus ! ».

C'était peu, mais suffisant pour plaider notre cause. En fait, nous négociâmes avec lui pendant une heure et demie et sentîmes son intérêt croître de minute en minute.

— Une interview radio ?, nous dit-il d'abord. Poutine n'écoute jamais la radio. Seulement de la musique, le matin. Il considère que les Français ne s'y intéressent pas non plus, alors ne vous fatiguez pas.

— Et un entretien à la radio et à la télévision ?

— Une chaîne de télévision en plus de la radio ? Vraiment ? Pourquoi pas… Mais les journalistes français auxquels nous avons accordé des entretiens n'ont pas été honnêtes avec nous. Sur quarante-cinq minutes, ils n'en ont gardé que trois sur les droits de l'homme où ils faisaient la leçon au président. On ne veut plus de ça, nous dit Peskov.

— Vous ne voulez pas de montage ? Très bien. Nous ne ferons pas de coupe.

— Dans ce cas, d'accord. À condition que vous vous y engagiez par écrit.

Si Dimitri Peskov fit de la diffusion dans leur intégralité des propos de Poutine une condition impérative, il déclara que le président russe nous laisserait une liberté totale sur le questionnement – et ce fut bien le cas.

Quand nous quittâmes le Kremlin, nous avions progressé, mais rien ne nous garantissait que Vladimir Poutine lui-même accepterait cet entretien. En outre, nous avions promis à Dimitri Peskov une diffusion à la télévision. Nous n'étions pas certains que les responsables de l'information de TF1 ou France 2 accepteraient de consacrer, en direct, à 20 heures, une demi-heure d'antenne à Poutine.

Nous appelâmes immédiatement Arnaud Lagardère :

— Peux-tu demander à Martin Bouygues s'il est d'accord pour que TF1 s'associe à nous ?

— Bien sûr. C'est un coup formidable ! Je le fais tout de suite.

Martin Bouygues, lui aussi, soutint avec enthousiasme notre initiative. De retour à Paris, nous restâmes sans nouvelles quelque temps, jusqu'au dimanche 1er juin. Ce jour-là, je travaillais à Europe 1. Je consultais distraitement mes e-mails, quand un nouveau message me fit l'effet d'un coup de fouet. C'était Peskov : Poutine nous recevrait mardi dans sa résidence de Sotchi.

Nous avions moins de quarante-huit heures pour monter toute l'opération. Nous louâmes un avion pour les équipes de TF1 et Europe 1, les cadres qui les accompagnaient, la directrice de l'information de la une, Catherine Nayl, et le patron de la station, Denis Olivennes. Pour interroger Poutine avec moi, c'est Gilles Bouleau que sa direction désigna.

Rendez-vous était pris à 17 heures pour l'entretien. À 15 heures nous étions prêts à enregistrer. Nous attendîmes dans un état de concentration intense, impatients de rencontrer le chef de l'État russe. Mais à 18 heures, il n'était toujours pas venu et personne ne nous en donnait la raison. C'était mauvais signe : allions-nous rentrer à Paris sans même l'avoir vu ?

À Paris, la rédaction nous informa que Barack Obama, arrivé le matin même à Varsovie, avait fait une déclaration sur la sécurité de l'Europe centrale et orientale. Il avait proposé d'affecter un milliard de dollars pour déployer de nouvelles forces américaines, terrestres, aériennes et navales, dans les pays alliés des États-Unis. Cette somme devait également permettre à des pays non membres de l'Otan, l'Ukraine au premier chef, de renforcer leur propre défense et les moyens de coopération avec les Occidentaux. « Armez-vous », les exhortait le président américain.

Peu après cette annonce, à laquelle Poutine allait certainement réagir, nous vîmes arriver un ballet de voitures noires, dont les passagers se rendaient auprès du président russe – je reconnus seulement le ministre des Affaires étrangères Sergueï Lavrov. Les heures continuaient de s'égrener : 19 heures, 20 heures... À 20 h 30, on nous annonça que Vladimir Poutine serait prêt à 23 heures.

Avant de décoller pour Moscou, j'avais appelé François Hollande.

— Nous rencontrons Vladimir Poutine pour une interview mardi.

— Pouvez-vous lui adresser un message en personne ? me demande le président.

— Oui. Je le lui remettrai en main propre.

Une heure plus tard, un motard me déposait deux enveloppes avec les mentions : « Présidence de la République française, à l'attention de Monsieur le président Poutine ».

À Sotchi, j'avais donc sur moi un message de François Hollande. J'en informai une des collaboratrices de Poutine :

— Je voudrais voir le président, j'ai une lettre pour lui de la part de François Hollande.

— Donnez-la-moi, me répondit-elle, je la lui porterai.

— Non, je dois la lui donner moi-même.

Vers 22 heures, la collaboratrice revint :

— Le président Poutine se repose. Vous le verrez après et vous lui donnerez la lettre.

Quelques minutes plus tard, elle invita Ramzi et moi à la suivre. Nous franchîmes une porte et je vis Vladimir Poutine, au bout d'un couloir, marchant vers nous d'un pas rapide, balançant son corps de gauche à droite. Il me tendit la main et m'adressa d'abord un regard insistant de ses petits yeux bleus, comme s'il me sondait. Il était impressionnant. Il se dégageait de sa voix douce une force et une autorité qu'il était préférable de ne pas contester. Je soutins son regard et m'efforçai de lui serrer la main avec la même vigueur que lui. Nous savions ce long moment décisif : déjà il nous jugeait l'un et l'autre. Nous devions lui faire sentir que nous n'avions pas peur de lui. Pour moi, c'était capital avant l'entretien. À ce niveau, il faut établir une certaine égalité avec son interlocuteur.

« Monsieur le président, merci de nous recevoir, lui dis-je. J'ai une lettre personnelle du président Hollande pour vous. » L'interprète traduisit mes propos. « Ah, François ? »

Il prit l'enveloppe et la mit dans sa poche, sans l'ouvrir. Ce qu'elle contenait, je ne l'ai jamais su. Mais avant même que ne débute l'entretien, il l'avait lue. « Remerciez François Hollande, c'est quelqu'un de confiance avec qui il est possible de s'entendre. »

Gilles Bouleau et moi, nous avions préparé notre questionnement ensemble dans la matinée. Naturellement, il aurait été contreproductif d'interroger Vladimir Poutine d'emblée et de façon frontale sur le conflit entre la Russie et l'Ukraine. Quelques jours plus tard, il était invité à assister aux commémorations du débarquement de Normandie dont c'était le soixantième anniversaire. Nous lui demandâmes quel sens sa présence sur les plages françaises avait pour lui et la Russie. Il rendit hommage aux alliés qui avaient pris part à la guerre contre le nazisme et rappela la contribution décisive du peuple soviétique dans ce grand combat existentiel – rien de plus classique !

J'entrai ensuite dans les eaux plus agitées de la politique du Kremlin à l'égard de son « étranger proche ».

— Vous avez dit : « L'éclatement de l'empire soviétique a été la pire catastrophe géopolitique du XXe siècle. » Et encore : « Celui qui ne regrette pas l'Union soviétique n'a pas de cœur, et celui qui veut la reconstituer n'a pas de tête. » Soutenez-vous le nationalisme russe ? Voulez-vous recréer un empire russe étendu jusqu'aux frontières de l'ex-URSS ?

— Nous n'envisageons ni de soutenir le nationalisme russe, ni de reconstituer un empire, nous répondit-il. Quand je disais que la disparition de l'Union soviétique était une des plus grandes catastrophes du XXe siècle, une catastrophe humanitaire avant tout, je voulais dire qu'en URSS existait une population qui, quelle que soit son origine ethnique, vivait dans un pays uni. Or, après sa dissolution, vingt-cinq millions de personnes d'origine russe se sont retrouvées d'un jour à l'autre dans un pays étranger, et cela a été une vraie catastrophe sociale et humanitaire.

Jusque-là, Vladimir Poutine s'était accommodé d'une Ukraine indépendante, dans la mesure où elle était gouvernée par un président à sa botte. Cependant, la révolution Euromaïdan, qu'il qualifiait de « coup d'État anti-constitutionnel », et le nouveau régime mis en place à Kiev lui semblaient remettre en cause les droits des Russes vivant dans le pays.

Cependant, Vladimir Poutine semblait beaucoup plus préoccupé par la rivalité entre la Russie et les États-Unis. Il percevait la politique étrangère américaine comme un impérialisme mondial extrêmement virulent et estimait qu'au regard de cette attitude, la Russie n'avait rien à se reprocher :

— Le pays qui mène la politique internationale la plus dure, la plus agressive, pour défendre ses intérêts tels que ses dirigeants les voient, ce sont les États-Unis. Et ce, depuis de nombreuses années.

— C'est une plaisanterie ?

— Nous n'avons pratiquement pas de présence militaire à l'étranger, alors que des bases américaines sont installées sur presque toute la planète. Et partout où ils se trouvent, les Américains décident activement du sort des peuples, même à des milliers de kilomètres de leurs frontières. Alors nous reprocher de ne pas respecter les règles, me semble un peu étrange de la part de nos interlocuteurs américains.

Nous étions en 2014 et, déjà, le président russe nous mettait en garde : « Si l'Ukraine rejoint l'Otan, les infrastructures militaires de cette organisation – donc, des missiles – vont se retrouver à côté de nos frontières. Ça, nous ne pouvons y rester indifférents : nous ne l'acceptons pas. »

Vladimir Poutine n'était pas encore l'homme des discours délirants sur la dénazification de l'Ukraine. Il plaçait ses espoirs en des négociations entre Européens. Il évoqua le général de Gaulle et son souci de l'indépendance nationale – mais pourquoi, peut-on lui objecter, ne pas en accepter le principe pour l'Ukraine démocratique ? –, il rappela l'esquisse par François Mitterrand d'une confédération unifiant les pays de la « maison commune » européenne, à laquelle la Russie pourrait participer. À ses yeux, l'avenir du continent restait encore largement ouvert.

Fallait-il le croire ? Même s'il nous assurait de ses bonnes intentions, nous nous rendions compte qu'il pouvait aussi manier la mauvaise foi et la dissimulation.

Les États-Unis disaient avoir des preuves que la Russie livrait des armes aux sécessionnistes du Donbass et laissait des combattants passer la frontière ukrainienne.

— S'ils ont des preuves, nous dit-il, ils n'ont qu'à les présenter. Tout le monde a vu le secrétaire d'État des États-Unis Colin Powell montrer, en 2003, au conseil de sécurité de l'ONU des preuves que l'Irak détenait des armes de destruction massive. Finalement, les Américains ont fait entrer leur armée en Irak. Ils ont fait pendre Saddam Hussein. Et après, quoi ? Nous avons appris qu'il n'y avait jamais eu en Irak d'armes de destruction massive.

— Ils sont en train de mentir, les Américains ? lui demandai-je, interloqué.

— Ils mentent. Il n'y a pas de personnel militaire, même pas des formateurs de l'armée russe dans les régions de l'est et du sud de l'Ukraine. Et il n'y en a jamais eu.

— Et vous n'avez jamais tenté de déstabiliser l'Ukraine ? renchérit Gilles Bouleau.

— Non, nous ne l'avons jamais fait, et nous ne le faisons pas.

Après l'interview, il me proposa de poursuivre notre échange. Avec Ramzi, nous nous retrouvâmes seuls avec lui. Cette entrevue impromptue dura une heure et quart. D'abord, il se laissa aller à quelques confidences personnelles : « Je n'aime pas travailler la nuit, veiller, parler et boire. Je ne suis pas insomniaque. Et surtout, je me lève tôt pour consacrer au moins deux heures au sport, musculation et piscine : ça m'est indispensable ! »

En d'autres termes, le contraire de Staline. Il évoqua ensuite les chefs d'État et de gouvernement européens qu'il côtoyait : « Ah, Angela ! Je m'entends bien avec elle. C'est un leader solide. Mais lors de notre dernier entretien, elle est restée muette. Après son départ, ses conseillers m'ont expliqué qu'elle avait peur des chiens. Or je l'avais accueillie avec les miens ! »

Il s'agissait de deux molosses remuants et patibulaires. Manifestement, Poutine prenait plaisir à ce genre de jeu.

Il parla avec chaleur de Nicolas Sarkozy : « Hier, il a déjeuné ici avec moi. C'est un ami : mais quel tempérament ! C'est un geyser. Un fleuve qui a tellement d'énergie qu'il ne cesse de sortir de son lit. Il faut le canaliser. »

Puis, le président russe nous dit sans précaution diplomatique tout le mal qu'il pensait des États-Unis : « La Russie avait mis beaucoup d'espoir en Barack Obama à ses débuts, mais il nous a déçus. Il n'est pas fiable et c'est un faible. Que croit-il avec sa politique d'encerclement de la Russie ? Il a le prix Nobel de la paix et il pense pouvoir nous casser les reins en armant les pays baltes et l'Europe orientale ? Vous savez, il y a six mois, si on m'avait dit que je rentrerais en Crimée, je n'y aurais pas cru. Mais connaissant le rôle de la CIA dans le soulèvement ukrainien, je ne pouvais pas prendre le risque de voir les ports de Crimée livrés à l'Otan et aux Américains. » C'était sa version : était-ce un délire, un mensonge ? C'est ce qu'il disait en 2014.

La volte-face syrienne de Barack Obama faisait encore sentir ses effets. Le président américain avait tracé des lignes rouges que Damas ne devait pas franchir, parmi lesquelles le recours à des armes chimiques contre les rebelles. Le 21 août 2013, Bachar el-Assad avait bombardé au gaz sarin la Ghouta, un faubourg de la capitale. Les avions américains et français étaient prêts à décoller. François Hollande était sur le point de déclencher l'opération et les frappes de représailles. Mais Barack Obama s'y était opposé au dernier moment et avait permis à Poutine d'offrir au dictateur syrien une sortie de crise négociée. Dès lors, le pouvoir de dissuasion de Washington n'existait plus. Six mois plus tard, la Russie s'emparait de la Crimée sans coup férir. Cette agression allait déclencher un scandale, des torrents de protestation. Rien de plus.

Si le président russe refusait catégoriquement de traiter de la question de l'Ukraine avec Barack Obama, il était prêt à discuter entre Européens : « Je suis d'accord pour rencontrer le président ukrainien Porochenko avec François Hollande à l'occasion des cérémonies du débarquement en Normandie. Si François pense qu'il faut associer Angela Merkel, très bien. Mais j'exclus de rencontrer Barak Obama comme il le propose avec insistance. Je lui ai pourtant répété que l'Amérique n'a rien à voir là-dedans. C'est et cela restera une affaire européenne. »

À l'issue de notre entrevue personnelle, nous fûmes rejoints par le reste de l'équipe. Nous bûmes poliment les champagnes russes que notre hôte, enthousiaste, tenait absolument à nous faire goûter – ils ne convenaient pas à nos palais français. Son énergie sans exubérance et son charisme étaient glaçants, mais son accueil, chaleureux. Il ne ressemblait pas à la caricature qu'il est devenu. La fermeté et la raideur qu'il arborait reflétaient un caractère introverti renforcé par le pouvoir absolu.

La rencontre envisagée par Poutine eut bien lieu dans cette configuration diplomatique à quatre – Russie, Ukraine, France, Allemagne – qui prit le nom de « format Normandie ». Elle conduisit au bout de plusieurs heures de dure négociation avec le président Hollande et la chancelière Merkel aux accords de Minsk du 5 septembre 2014, par lesquels ils crurent pouvoir résoudre la crise.

Nicolas Sarkozy, ancien président de la République, avait pris l'habitude de fustiger la politique étrangère de François Hollande. « Moi, je suis allé à Moscou et en Géorgie en pleine crise, me disait-il. François Hollande ne prend même pas la peine d'aller au Kremlin rencontrer Poutine. Il se contente de "canaux indirects". Qui sont ces canaux indirects ? Qu'il le dise ! »

Aujourd'hui, je peux révéler ce que Nicolas Sarkozy tenait tant à savoir : Ramzi et moi étions ces « canaux indirects ». Effet des circonstances : le format Normandie a été créé par notre intermédiaire et a constitué pendant plusieurs années une chance pour la paix.

Malheureusement, les accords de Minsk firent long feu : pendant plus de six ans, les deux parties s'ingénièrent à violer quotidiennement le cessez-le-feu décidé, tandis que les médiateurs français et allemand constataient leur impuissance. Avant l'invasion russe de février 2022, ce conflit « gelé » avait déjà fait plus de quatorze mille morts et entraîné le déplacement d'un million et demi de personnes.

Aujourd'hui, la Russie écrase l'Ukraine sous les bombes. Elle a tenté d'envahir le pays dans les premiers jours de la guerre. La vigueur, la qualité et l'héroïsme des défenses ukrainiennes, l'incroyable courage de Volodymyr Zelensky et de son peuple, efficacement secondés par les renseignements occidentaux, en particulier américains, l'en ont empêché.

Je ne reconnais pas l'homme que j'ai rencontré en juin 2014, ce Poutine qui affirmait : « Je suis persuadé que, dans le monde contemporain, une stratégie basée sur l'expansionnisme ou les conquêtes n'a aucun avenir. La Russie peut et doit être un partenaire de ses alliés historiques. »

À Sotchi, Vladimir Poutine nous mentait-il ? A-t-il changé ? Lors de ses apparitions publiques, il impose à ses interlocuteurs de se tenir à bonne distance. Est-ce la peur du Covid-19 ? La crainte que l'on attente à sa vie ? Le spectacle qu'il donne paraît plus proche du *Dictateur* de Chaplin que d'un chef d'État responsable. Après plus de vingt ans d'un pouvoir sans partage, il s'est isolé. Quel ministre, général ou conseiller oserait encore contrarier ses volontés ?

Je ne le crois pas fou. Avec les encouragements de l'Église orthodoxe russe, il poursuit sans merci son obsession de rétablir une grande Russie, restaurée dans les territoires qu'elle a perdus. En se plaçant au centre du jeu, il croit réparer l'orgueil national blessé. Il écrit l'histoire mais il tord les faits. Il se rêvait en rénovateur de la Russie ; tenant son rang dans l'ordre des nations, il en a fait un État fauteur de guerre.

Pendant plusieurs jours, il réussit à effrayer les opinions occidentales avec sa menace d'utiliser l'arme nucléaire. Assez vite, les dirigeants américains et français lui répondirent avec fermeté : « Nous en sommes également pourvus. » Inutile d'en dire plus. Récemment, Emmanuel Macron me confiait :

— La pratique est de ne pas parler de la dissuasion. Chaque mot doit être pesé au trébuchet. La France est une puissance dotée de l'arme nucléaire. Nous sommes protégés. Nous savons faire face.

— Et Poutine le sait aussi ? Vous en avez parlé ?

— On n'a pas besoin d'en parler. Je sais. Il sait.

On en revint ainsi à la dissuasion nucléaire classique, mâtinée d'une vigilance accrue : attention aux gestes insensés d'un désespéré.

L'Otan exécrée, produit du blocus de Berlin et de la guerre froide, était moribonde avant l'invasion de l'Ukraine. Elle se cherchait une raison d'être après le fiasco afghan de l'été 2021. Son chef, Jens Stoltenberg, écrivait au président Biden que l'Alliance était prête à jouer un rôle au côté des États-Unis dans la zone indo-pacifique. Elle était minée par des conflits internes, déclarée par Emmanuel Macron « en état de mort cérébrale ». Aujourd'hui, le président répète qu'elle n'a rien à faire en Asie. En 1964, le général de Gaulle demandait déjà sa réforme ! Sans le vouloir, le président russe a rendu à l'Otan sa raison d'être et ses ambitions pour longtemps. Il a suscité l'accroissement de sa présence en hommes et en matériel dans les pays d'Europe centrale et orientale, bientôt son élargissement à de nouveaux États, la Finlande et la Suède. La politique de Poutine aboutit à un encerclement de la Russie plus étroit et dangereux encore qu'auparavant – en revanche, elle renforce l'alliance avec une Chine, réservée, mais active, et avec les dictatures voisines.

J'ai vu le soulagement des Européens devant l'engagement politique, économique et militaire résolu des États-Unis. Pourtant, cette guerre est aussi le fruit d'une tendance récurrente de la politique étrangère américaine. En 1964, déjà, le général de Gaulle déclara en Conseil des ministres : « La suprématie américaine est un énorme danger mondial. » En ne fixant pas de limite à son tempérament hégémonique, Washington a entretenu la paranoïa et le complexe obsidional de Vladimir Poutine. Comment croire que le président russe accepterait l'installation de missiles occidentaux à ses frontières ? Avant la guerre, la diplomatie américaine faisait de la possibilité pour l'Ukraine de rentrer dans l'Otan une position de principe. Aujourd'hui, le président Zelensky lui-même renonce à cette idée. Pourquoi avoir laissé ouverte une telle perspective alors que Vladimir Poutine en avait fait un *casus belli* ? La Russie est seule responsable d'une guerre préparée dans le mensonge, mais les Américains n'en ont-ils pas été les boutefeux ? « Le Poutine de 2022, déclarait fort justement Hubert Védrine au lendemain de l'invasion, est largement le résultat, tel un monstre à la Frankenstein, des errements, de la désinvolture et des erreurs occidentales depuis trente ans. »

Les intérêts des États-Unis ne sont pas ceux de l'Europe. Leur économie ne souffre pas directement de la guerre et des sanctions. Les Américains en tirent même des avantages : l'augmentation des cours de l'énergie leur permet d'inonder les marchés avec leur gaz de schiste, leur pétrole, et leur industrie d'armement enregistre des commandes supplémentaires de la part des pays d'Europe centrale et orientale qui, eux-mêmes, alimentent l'effort de guerre ukrainien. Les marchands de bombardiers, de drones tueurs et de missiles à tête nucléaire états-uniens sont les principaux bénéficiaires des « dividendes de la guerre ».

Le débat sur l'efficacité des sanctions prend de l'ampleur : qui ont-elles le plus affaibli ? Quels pays en subissent le plus les conséquences : l'inflation, les pénuries et le rationnement ? Les Européens menaçaient de ne plus acheter de gaz russe dès la fin de l'année 2022. Mais aujourd'hui, c'est Poutine qui gagne la bataille de l'énergie. Il est le maître des livraisons de gaz : un peu pour tel pays, un peu plus pour tel autre. Parfois, il promet des livraisons pour tous, y compris de céréales. Pénalisé par les sanctions, il s'accorde avec la Chine, la Turquie, l'Iran et tient les Européens à la gorge.

Le pivot vers l'Asie demeure la priorité de la diplomatie américaine. La guerre en Ukraine ne change en rien cette orientation. Elle la retarde. La Maison Blanche et le département d'État s'inquiètent à juste titre pour la sécurité des pays baltes, anciennes républiques soviétiques, aujourd'hui membres de l'Union européenne et de l'Otan, où vivent d'importantes minorités russes. Mais ils ont également, et peut-être surtout, à l'esprit Taïwan et la mer de Chine. Ils savent que Pékin, leur rival stratégique, observe attentivement leur attitude. La crise de l'été 2022 a été significative. Nancy Pelosi, bravant Biden et les généraux qui l'en dissuadèrent, se rendit à Taïwan. Son ego fut satisfait, mais son bref séjour a mécontenté les alliés de Washington dans la région.

L'Union européenne veut renforcer sa sécurité, ses frontières et créer enfin cette Europe de la Défense, attendue depuis si longtemps. Les États-Unis laisseront-ils faire ? C'est peu propable, d'autant que, Pologne en tête, les pays de l'Est ne veulent pas fournir aux Américains le prétexte à un désengagement face à Moscou.

La Russie est isolée. En Europe, Viktor Orbán est le seul à ébrécher la solidarité des vingt-sept. Le Premier ministre hongrois pratique une double allégeance. À Bruxelles, il réclame sa part des milliards du plan de relance de 2020. À Moscou, il courbe l'échine devant Vladimir Poutine pour obtenir un peu plus de gaz et de céréales. Le Kremlin a des alliés hors de l'Occident, mais ces partenaires mesurent leur soutien. Au sommet de Samarcande, Xi Xinping a assuré que la Chine ne livrerait pas d'armes à la Russie. *China first*. Le Premier ministre indien, Narendra Modi, a rappelé publiquement que l'heure n'est pas à la guerre. Ces deux dirigeants, qui représentent près de trois milliards d'habitants, ne croient pas en une solution militaire.

Le président russe poursuit par le sang et la violence des objectifs politiques qu'il n'atteindra jamais. Quand ses soldats se retirent, souvent en débandade, ils laissent derrière eux les traces de crimes effroyables. Le valeureux Volodymyr Zelensky peut croire en une Ukraine débarrassée de ses occupants russes. Toutefois, on aurait tort d'attendre la défaite totale de l'un ou l'autre camp pour rechercher un compromis. Les Américains veillent d'ailleurs à ne pas livrer à Kiev d'armes capables de frapper le territoire russe. Le retour au *statu quo ante* 2014, nécessaire pour rétablir l'intégrité territoriale du pays au regard du droit international, est un but politique et moral naturel. Est-il atteignable ? Les Ukrainiens pensent-ils reconquérir la Crimée ? Ce scénario retarde toute possibilité d'accord. On ne saurait offrir une garantie de sécurité sérieuse à l'Ukraine si son antagonisme avec la Russie demeure à vif.

La guerre va durer, sous des formes différentes, avec des escalades meurtrières et destructrices. Elle devra se terminer. Qui fera le premier pas ? À moins que les Russes ne décident eux-mêmes de chasser un Poutine affaibli, il faudra lui laisser une option : celle de négocier. Emmanuel Macron a raison de ne pas vouloir humilier la Russie, contre feu Boris Johnson, qui promettait de l'anéantir. Il faut répondre à l'agression russe, neutraliser Poutine et rétablir un dialogue. Même à l'apogée de la puissance de l'Empire romain, Tacite observait que « les princes terminent plus d'affaires par la négociation que par les armes ».

Un jour, la Russie retrouvera son aura et son prestige de grande nation. Alors, la géographie commandera de donner à ce pays toute sa place dans la maison commune européenne. C'était le vœu du général de Gaulle et un souhait que François Mitterrand, Mikhaïl Gorbatchev et Emmanuel Macron exprimèrent devant moi.

XX

UNE CURIOSITÉ INFINIE

Des souvenirs très vifs, longtemps enfouis, resurgissent parfois de manière inattendue. Il y a quelque temps, je déjeunais chez Lipp avec Nicole, quand un homme d'allure sportive nous aborda. Il avait grandi, nous dit-il, dans l'entourage d'Audrey Hepburn et de ses enfants. J'avais interviewé l'étoile qui illuminait *My Fair Lady* en 1992. Ambassadrice de l'Unicef depuis cinq ans, elle contribuait à la lutte contre la malnutrition et pour l'éducation des enfants dans le monde entier. Trente ans plus tard, cet ami des Hepburn nous raconta comment toute sa famille s'était rassemblée devant la télévision pour regarder cet entretien, dont je me souviens toujours avec émotion.

Audrey Hepburn avait une petite soixantaine d'années lorsque je la rencontrai par l'entremise d'Hubert de Givenchy, son couturier et ami très cher. Ses films avaient enchanté notre jeunesse. Lors d'un voyage en Italie, j'avais loué un scooter et sillonné les rues de la capitale sur les traces du couple mythique qu'elle formait avec Gregory Peck dans *Vacances romaines*.

L'actrice me reçut pendant un essayage chez Givenchy avec une simplicité désarmante. Elle était à moitié nue : « Vous êtes monsieur Elkabbach ? Je vous attendais. Installez-vous ici, je choisis mes chemisiers et mes jupes. » Je l'invitai à parler de son action humanitaire dans l'émission *Repères*. Le mythe Audrey Hepburn accepta sans hésitation.

Elle rentrait de Somalie où sévissait une famine terrible. Je l'interrogeai sur l'enfer insoutenable dont elle avait été témoin. Dans les centres d'accueil d'urgence qu'elle avait visités, elle avait soutenu le regard d'enfants squelettiques, suivi des yeux les petites dépouilles enlevées à leurs parents. Le silence l'avait bouleversée : dans ces refuges, pas un bruit, pas un cri. Les enfants semblaient si fragiles qu'on n'osait pas les prendre dans les bras de peur de leur faire mal.

« Ce n'est pas la sécheresse qui cause la famine, me dit-elle, c'est l'homme. L'Afrique a des ressources en eau. Mais elle manque de pompes et de puits... » Elle parla de son rôle d'ambassadrice sans prétention ni illusion : « Je ne peux que très peu de choses. Si je vois un enfant blessé sur le bord de la route, je ne peux pas l'emmener à l'hôpital. Mais je peux lancer un cri d'alarme. Qui sauve l'enfant ? L'ambulance, le chirurgien. Et moi, un petit peu, en téléphonant. Je suis un témoin. Et avec vous, les médias, je peux ajouter ma voix. »

Je lui rappelai une réplique de *Vacances romaines* : « Ce dont le monde a besoin, c'est de dignité et de douceur. » « De douceur surtout, me répondit-elle. La dignité, je la vois partout. En Somalie, ce sont les mères qui me frappent le plus. Des mamans qui ont déjà perdu six enfants et qui en ont encore trois.

Leurs yeux, leur visage, leur souffrance… Mais avec quelle dignité elles portent cette souffrance ! »

Son témoignage était bouleversant. Elle n'écartait pas la possibilité de jouer à nouveau dans un film, mais son action à l'Unicef était désormais ce qui comptait le plus pour elle.

Adolescente, l'actrice avait elle-même été un de ces enfants, sauvés par l'aide internationale. En 1944-1945, elle habitait les Pays-Bas avec sa famille et avait vécu « l'hiver de la faim » : les Allemands avaient bloqué l'approvisionnement des villes de l'ouest du pays pour les punir de leur soutien aux libérateurs anglo-américains. Les caisses de vivres parachutées par la Croix-Rouge leur avaient permis de tenir.

Je regardais Audrey Hepburn, je l'écoutais. Son élégance était sobre et fine, sa voix douce, sensuelle, intense. Son visage parcouru de quelques rides, la rendaient encore plus émouvante. Après l'entretien, nous eûmes d'autres échanges, toujours aussi forts. Elle retourna à Los Angeles où elle devait passer des examens médicaux. Elle me quitta avec la promesse de prochaines rencontres. Elle ne revint jamais à Paris : une maladie foudroyante l'emporta quelques mois plus tard.

Mon père fut également arraché à la vie dans la force de l'âge. Son avenir semblait ouvert devant lui. Je ne l'ai pas vu vieillir. Il garde à jamais pour moi une vigueur juvénile, de même que, à cause de leur disparition prématurée, Gérard Philippe et Albert Camus en viennent à incarner une éternelle jeunesse. Il y a longtemps que j'ai atteint l'âge que mon père avait à sa mort. Pourtant, je continue de lever les yeux vers lui avec la révérence d'un enfant. Le temps nous joue des tours. Il use, bonifie, fige les êtres.

Je ne cherche pas le repos : j'ai soif de découvertes, de sentir les pulsations de notre société, de la vie politique, l'énergie des créateurs, des artistes, des intellectuels, des entrepreneurs, qui décrivent le monde tel qu'il est, imaginent tous les possibles, affrontent les soubresauts et les accidents de l'histoire.

Je n'écoute jamais les interviews que j'ai réalisées. Je les laisse derrière moi, préférant songer à la suivante : il n'y a pas une minute à perdre. Souvent, je relis les lettres de Sénèque à Lucilius, qui m'ont tant marqué : « Nous ne voyons la mort que devant nous, alors qu'en grande partie, elle est déjà dans notre dos. Tout ce que nous laissons derrière nous de notre existence appartient à la mort. » Le temps qui nous est donné de vivre est notre véritable richesse : « Saisis-toi de toutes tes heures, nous exhorte Sénèque. La vie court, pendant qu'on la remet à plus tard. Rien, Lucilius, ne nous appartient ; seul le temps est à nous. »

En écrivant ce livre, j'ai sans cesse pensé au présent, au futur. Tout au long de ma vie, j'ai été témoin, et parfois acteur, de tant d'événements. J'ai rencontré toutes sortes de personnes, illustres ou inconnues. J'ai cherché à évoquer dans ces pages un passé qui nous parle encore et qui existe toujours en moi. Un passé actuel, dans lequel le présent s'enracine. « Si le passé n'éclaire pas l'avenir, écrit Tocqueville, l'esprit marche dans les ténèbres. »

Je n'associe pas la vieillesse à la mort. Quand on prend de l'âge, on continue de vivre et de créer. J'ai rencontré Daniel Cordier quand, à plus de soixante ans, il commençait la carrière d'historien qui lui valut sa notoriété. À la télévision, il avait vu Henri Frenay, porte-voix des résistants qui avaient longtemps préféré le général Giraud à de Gaulle, attaquer la mémoire de Jean Moulin, lui reprochant d'avoir servi Staline autant que l'homme du 18 juin, le communisme autant que la Résistance. Indigné, Daniel Cordier, qui avait été le secrétaire de Jean Moulin dans la France occupée, rencontra des historiens pour démentir ces attaques infondées et indignes. Il invoquait non seulement son propre témoignage, mais aussi les archives du chef du Conseil national de la Résistance, qu'il avait conservées. Encouragé par Jean-Pierre Azéma, il publia en 1983 son premier livre sur Jean Moulin. Un choc qui renouvela profondément l'historiographie. Galeriste et collectionneur reconnu, il s'était mu en historien par nécessité.

Il me parla de son parcours de jeune réac maurrassien et antisémite, qu'il raconterait plus tard dans *Alias Caracalla*. Révolté par l'armistice, il avait rejoint Londres où, pendant l'été 1940, naissait la France libre. Ce fut pour lui le début d'une métamorphose politique : bientôt, il rompait avec des convictions qu'avait ancrées en lui son milieu familial et social. Pendant deux ans, il reçut une instruction militaire avant d'être parachuté près de Lyon. Il rencontra Georges Bidault qui l'orienta vers Max, un autre responsable de la Résistance. Il se mit à son service, l'assista, porta des messages, distribua des fonds venus de Londres. Moins d'un an plus tard, Max fut arrêté par la Gestapo. Torturé, il n'avait pas parlé. Il était mort dans le train qui le conduisait en déportation.

Après la Libération, en 1945, Daniel Cordier se rendit à Paris. Au cours d'une promenade sur les

Champs-Élysées, des amis lui présentèrent une femme, Laure Moulin.

— C'est la sœur de Jean Moulin, lui dit-on.

— Mais qui est Jean Moulin ? demanda-t-il.

— C'était Max.

Jusque-là, il avait ignoré sa véritable identité.

J'invitais régulièrement Daniel Cordier à la radio ou à la télévision. Lors d'un *Bibliothèque Médicis*, il apporta un vieux livre sur Kandinsky, que lui avait offert Jean Moulin. Le délégué du général de Gaulle en zone libre était un dessinateur et un aquarelliste hors pair, signant ses œuvres sous le pseudonyme de Romanin. Collectionneur exigeant, il adopta, en 1942, la profession de marchand de tableaux et ouvrit une galerie à Nice. Habile couverture : ses fréquents déplacements à travers la France pouvaient dès lors s'expliquer par des rencontres avec des artistes et d'autres collectionneurs. Un jour, Jean Moulin avait emmené Daniel Cordier dans un musée où étaient exposés des peintres modernes, notamment Picasso. Le jeune homme en ignorait tout et avait déclaré à Jean Moulin en riant :

— C'est ça, votre peinture ?

— Vous verrez, lui avait-il répondu, après la guerre, je vous enseignerai ce qu'est l'art moderne. Vous comprendrez mieux.

Et, comme pour sceller sa promesse, il lui avait offert cette monographie sur Kandinsky.

Daniel Cordier n'avait pas voulu s'engager en politique après la guerre ni rejoindre les cercles d'anciens gaullistes. Il avait vingt-cinq ans et rêvait d'une nouvelle vie. Inspiré par son ancien patron, il s'était intéressé à la peinture. Bientôt, il ouvrait une première galerie d'art à Paris, puis à Francfort et à New York.

Il lança des peintres, travailla avec des musées nationaux, fit des donations, notamment à Beaubourg et au musée des Abattoirs à Toulouse.

Il adorait voyager et continuait de parcourir le monde, seul ou avec des amis, même au soir de sa vie. Après la Russie et un long séjour en Inde, il rêvait encore, quelque temps avant sa mort, d'une croisière en Arctique.

Entre les deux tours de l'élection présidentielle de 2017, Marine Le Pen et Nicolas Dupont-Aignan avaient prétendu être les véritables héritiers du gaullisme. Écœuré, j'eus l'idée d'appeler Daniel Cordier, qui avait alors quatre-vingt-dix-sept ans. C'était un samedi.

— Mais que voulez-vous que je fasse ?, me demanda-t-il.

— Venez à Paris dire qui était vraiment de Gaulle et ce qu'était la Résistance.

Le lundi matin, il était à l'antenne, malicieux, combatif impitoyable. Après l'émission, comme il ne semblait pas fatigué, il souhaita rencontrer Emmanuel Macron. Daniel Cordier était l'un des rares compagnons de la Libération encore vivant. Il fallait que le candidat arrivé en tête au premier tour le rencontre. Je contactai donc son état-major et tombai sur un jeune qui déclina ma suggestion sans même la considérer sous prétexte d'un agenda trop chargé. J'appelai alors Richard Ferrand, qui connaissait et admirait Cordier. Il soutint mon idée et, quinze minutes plus tard, nous donnait rendez-vous dans la matinée avec le candidat.

Emmanuel Macron, Richard Ferrand, Daniel Cordier et moi eûmes alors une conversation d'une heure et demie sur de Gaulle, la Résistance, Jean Moulin. Le staff de campagne ne manqua pas de faire circuler des photographies de l'entretien qui montraient de quel côté penchaient réellement les gaullistes. L'entente entre les deux hommes fut si bonne que, par la suite, le jeune président invita le vieux résistant à chacun de ses déplacements liés au général de Gaulle.

À l'occasion d'une autre émission, je visitais avec Cordier le musée de l'Armée où se dresse le mur des compagnons de la Libération. Nous trouvâmes ensemble son nom, gravé au milieu de centaines d'autres. Seule une poignée d'entre eux était encore en vie. Cordier me confia : « Je ne veux pas être le dernier compagnon de la Libération à mourir car, selon le souhait du général de Gaulle, il faudrait que je sois inhumé au mont Valérien. Cette perspective me désole. L'endroit est sombre, froid, lugubre. Je préférerais le cimetière de Cannes, son soleil et, tout proche, la Méditerranée. »

Daniel Cordier s'est éteint dans sa cent unième année. Il échappa au mont Valérien mais repose au Père-Lachaise. Son souvenir ne me quitte pas : sa vitalité tranquille, ses combats, sa loyauté à Jean Moulin, ses vies multiples, son désir d'échapper à un destin tout tracé.

Le 27 octobre 2019, à quelques heures d'une émission où je devais recevoir Gérald Darmanin, je fus soudain pris de vives douleurs au ventre et dans le dos. C'était un dimanche. J'appelai un ami médecin, Thierry Guetta. Il pensa d'abord à un calcul mais me recommanda, par précaution, de faire un scanner. Résultat : la découverte dans mon flanc gauche d'une masse de 13 cm pesant 8 kg.

Mon ami était ébahi. Moins que moi. Chaque matin, je pratiquais une heure d'exercice physique et n'avais, jusque-là, rien senti. Thierry Guetta me recommanda auprès du professeur Sylvie Bonvalot, me disant avec une pointe d'angoisse : « Si elle accepte de te prendre en charge, il est possible que tu sois sauvé. »

Trois jours plus tard, la docteure Bonvalot me reçut à l'Institut Curie. Le regard clair et résolu, la stature impressionnante d'une alpiniste passionnée partant gravir des sommets en Afrique et en Asie, la parole rare et le mot précis, elle m'expliqua la nature de ce mal inattendu, dangereux, qui avait surgi en moi. Il frappait des hommes et des femmes de tous âges et était souvent mal soigné faute d'une expertise suffisante. Elle m'annonça que je serais opéré un mois plus tard. D'ici là, je devais faire des examens complémentaires et, surtout, prendre du poids.

J'espérais que trois mois suffiraient à me remettre d'aplomb.

— Non, me dit-elle. Vous aurez besoin de dix mois de convalescence. Et puis je vais devoir vous enlever un rein.

— Mais pourquoi ? répondis-je, pris d'effroi. Il fonctionne très bien.

— J'y suis contrainte pour enlever la masse sans toucher au psoas. Si ce muscle est atteint lors de l'opération, vous boiterez définitivement.

Je quittai l'hôpital sidéré. J'avais mal, mais je refusais la présence de ce corps étranger dans mon ventre.

Dans les jours qui suivirent, j'absorbai consciencieusement les compléments alimentaires insipides qui m'avaient été prescrits. Puis la masse commença à appuyer sur mes muscles et mes nerfs. La douleur devint insupportable. Pendant dix-sept nuits, je restais assi sur un canapé, dans l'impossibilité de m'allonger.

Chaque soir, Nicole m'administrait une dose de morphine qui m'apaisait quelque peu, sans me permettre de trouver le sommeil.

La maladie s'imposait à moi, implacable. Elle envahissait le temps et l'espace. Pendant ces jours et ces nuits interminables, j'attendais le 3 décembre, date de l'intervention chirurgicale, comme un jour de délivrance.

L'opération, qui dura six heures trente, fut un succès. On m'a raconté qu'à mon réveil, j'ai demandé : « C'est déjà fini ? » Dans mon esprit, cinq minutes, tout au plus, s'étaient écoulées depuis mon entrée au bloc.

Je passai dix jours en soins intensifs, dans un état de faiblesse extrême. En face de mon lit, une horloge. La nuit, je fermais les yeux et m'assoupissais. À mon réveil, j'imaginais que deux ou trois heures avaient passé, que le jour se lèverait bientôt. Mais lorsque j'ouvrais les yeux, l'horloge assénait son verdict : je n'avais dormi que quarante-cinq minutes. Le temps semblait se dissoudre dans un présent perpétuel, dénué d'avenir.

Après cette période critique, je fus conduit dans une chambre, la 411. Je ne tenais pas debout. Je n'aurais pu me rendre à la salle de bains sans m'effondrer. Tous les deux jours, des infirmières m'aidaient à me doucher avec dévouement et discrétion, respectant autant qu'il était possible ma pudeur.

J'ai passé là Noël et le jour de l'An. Je recevais régulièrement la visite de ma femme Nicole, de ma fille Emmanuelle, de quelques amis. Sylvie Bonvalot opérait avec un chirurgien grec, Dimitri Tzanis. Le soir, il venait parfois discuter avec moi dans ma chambre. Il me posait des questions sur mon métier, me parlait du sien, m'apportait des livres. Vite fatigué, je restais éveillé et l'écoutais parler. Gagné par le sommeil, à demi-conscient, je l'entendais réciter des poèmes grecs et fredonner des chansons.

Peu de temps après l'opération, je vis aussi apparaître à travers le brouillard des perfusions de morphine la haute silhouette de Frédéric Salat-Baroux. À plusieurs reprises, il me rendit visite à l'hôpital. Toujours juste, souvent impitoyable, il me parlait de ses lectures, de ses projets, des évolutions qu'il percevait dans la société. Il n'oubliait jamais de m'offrir des chocolats noirs, dont je raffole. Je n'étais pas en état de les savourer – j'avais perdu le goût et l'appétit –, mais les infirmières me disaient en riant qu'elles n'en avaient jamais mangé autant. Je ne fus pas surpris de sa présence à mes côtés. C'était tout lui : sensibilité, fidélité, constance.

Avec l'aide de kinésithérapeutes, je dus réapprendre à respirer. Pendant ces journées de convalescence, toute mon énergie était focalisée sur des objectifs dérisoires : me lever, marcher. D'abord traverser la pièce. Ensuite, faire cinq mètres dans le couloir. J'y parvenais avec un grand sentiment de satisfaction, accru par les encouragements de Nicole, d'Emmanuelle ou d'aides-soignantes qui m'incitaient toujours à faire quelques pas de plus. Je pense souvent avec gratitude à toutes ces personnes généreuses qui, dans les moments d'épreuve, aident à vaincre la solitude, la peur, à reprendre confiance. Je garderai toujours en mémoire l'humanité sobre et empreinte de modestie avec laquelle Sylvie Bonvalot et Dimitri Tzanis soignent leurs patients et les sauvent.

Après trente-cinq jours passés dans la chambre 411, je quittais l'hôpital. J'avais l'impression d'être sorti victorieux d'un combat redoutable et j'éprouvais, malgré ma faiblesse, un sentiment de plénitude et de liberté. Je pensais avec émotion à mes voisins de chambre. Cette jeune fille, frappée par la maladie à seulement seize ans. Ce colosse, un rugbyman, souvent croisé dans le couloir, dont l'état de faiblesse était plus grave que le mien. Nous nous déplacions avec notre potence, entravés, progressant lentement, péniblement, appuyés sur une rampe ou soutenus par des infirmières, Valérie Wagner, la cheffe énergique et drôle, Séverine Dupuy, Tatiana Jeftic. D'un regard ou d'une parole anodine, nous nous marquions notre soutien et notre solidarité. Nous avions lutté ensemble contre le même ennemi et j'étais étrangement peiné de les laisser ainsi derrière moi.

Face à la maladie et à son traitement qui, pour être efficace, avait traumatisé mon corps et m'avait épuisé, l'horizon de mes attentes et de mes plaisirs s'était amenuisé. J'évoluais dans un hors-temps. Au-delà de l'univers clos de l'hôpital, plus rien n'existait. J'étais coupé de mes préoccupations professionnelles habituelles et du rythme de la vie active que j'avais toujours menée. Les contraintes et les impératifs qui s'imposaient auparavant à moi avec la force de l'évidence s'étaient évanouies. Rien de tout cela ne me manquait.

L'état dans lequel j'étais m'évoque mes crises d'asthme de l'enfance. Le manque d'air m'obligeait à me concentrer sur les mouvements les plus anodins : inspirations, expirations. De manière semblable, la maladie épuise le souffle vital. Tout effort excessif donne l'impression de suffoquer. Le désir de vivre ne m'a jamais quitté mais, pendant un temps, il n'a plus eu pour mesure que les gestes du quotidien et mon entourage le plus proche.

Les mois qui suivirent ma sortie de l'hôpital furent un nouveau printemps. Après un hiver rigoureux, où la vie s'était réduite à ses manifestations les plus infimes, je sentais renaître mon énergie. De nouveau, je recevais ceux qui me faisaient l'amitié d'une visite sans fatigue excessive. Je retrouvais mes facultés de concentration, la vivacité de mon esprit. Ce retour à moi-même était une forme de guérison.

J'ai finalement repris le travail, mais je me ménage davantage de temps pour lire. J'écris. J'ai pris une certaine distance avec le temps effréné des médias. Je continue de scruter les frémissements de nos sociétés. Après leurs combats victorieux pour l'émancipation au siècle dernier, les femmes vont continuer de prendre toute leur place dans les pays occidentaux. Mais que cette marche triomphale ne nous aveugle pas : sur tous les continents, des centaines de millions d'entre elles demeurent opprimées, et souvent même réduites en esclavage. Les Afghanes, les Indiennes, les Saoudiennes, les Iraniennes se battent pour soulever leur joug.

Je recherche avidement les tendances qui émergent, le surgissement d'esprits originaux et talentueux. J'observe les mutations de notre vie politique, espérant l'apparition de dirigeants courageux et visionnaires. Le monde bascule, avec la guerre en Ukraine, dans une autre époque, marquée par la rareté des ressources énergétiques, alimentaires, qu'amplifient le dérèglement climatique et la nécessaire transition écologique. La rivalité sino-américaine est désormais exacerbée : aux explosions qui retentissent en Ukraine répondent les bruits de bottes autour de Taïwan. La guerre revient sur le continent européen. Elle menace l'Asie. L'espace, devenu si important pour notre quotidien, avec les satellites de télécommunication et de géolocalisation, suit le chemin irrésistible de la militarisation. Je constate aussi le refus des pays émergents, qui s'imposent aujourd'hui dans l'ordre des nations, de se laisser entraîner dans des conflits qui ne les concernent pas. Leur inquiétude porte bien davantage sur le nouveau colonialisme des grandes puissances, en particulier de la Russie et de la Chine avec ses nouvelles « routes de la soie ».

De ma vie, jamais je ne m'étais tenu éloigné aussi longtemps du métier de journaliste. Je l'ai retrouvé avec plaisir. Je lui attribue sa juste place : celle qui revient à ce compagnon de soixante années de rencontres qui m'ont édifié, enrichi, émerveillé. Qu'ai-je fait depuis tant d'années avec une passion constante et intacte ? Apprendre, découvrir, construire, transmettre, soutenir tous ceux qui, chaque jour, réinventent l'avenir.

Suis-je infidèle à Charles, mon père, et aux serments que j'ai prononcés dans le cimetière d'Oran ? Suis-je infidèle à mes professeurs d'Oran, qui m'ont donné le goût des livres, René Clamadieu, Jean Cohen ? Aux philosophes qui m'ont impressionné, Friedrich Nietzsche, Albert Camus, Raymond Aron, René Girard ? Suis-je infidèle à Konrad Lorenz, René Dumont, Jacques-Yves Cousteau, écologistes avant l'heure et les modes ? À Pierre Simon, Gisèle Halimi, Simone Veil, qui ont obtenu de nouveaux droits pour les femmes ? Suis-je infidèle à Pierre Mendès France, François Mitterrand, au général de Gaulle, que j'ai vu à Bogota, Lima, Cuzco, Rio ou Phnom Penh, acclamé par des peuples avides de liberté ? J'ai toujours admiré les grands réformateurs, les éveilleurs, les bâtisseurs, même si, souvent, ils n'ont pu achever leur œuvre ou ont fini vaincus.

Ma soif de connaissance, d'exploration, ne procède pas du journalisme. Elle était là dès l'enfance et c'est elle qui m'a conduit à mon métier. Pendant longtemps, elle s'est confondue avec lui. Désormais, peu à peu, elle s'en détache et reprend sa liberté. Elle oriente le cours de mes jours, nourrit de nouveaux projets et me mène vers de nouvelles causes.

Tout bien réfléchi, ai-je tant changé ? Je n'ai pas guéri de ma curiosité.

TABLE DES MATIÈRES